AF561676

De l'arme nucléaire française

Logiques Juridiques

Fondée par Gérard Marcou
Dirigée par Jean-Claude Némery et Thomas Perroud

Le droit n'est pas seulement un savoir, il est d'abord un ensemble de rapports et pratiques que l'on rencontre dans presque toutes les formes de sociétés. C'est pourquoi il a toujours donné lieu à la fois à une littérature de juristes professionnels, produisant le savoir juridique, et à une littérature sur le droit, produite par des philosophes, des sociologues ou des économistes notamment.

Parce que le domaine du droit s'étend sans cesse et rend de plus en plus souvent nécessaire le recours au savoir juridique spécialisé, même dans des matières où il n'avait jadis qu'une importance secondaire, les ouvrages juridiques à caractère professionnel ou pédagogique dominent l'édition, et ils tendent à réduire la recherche en droit à sa seule dimension positive. À l'inverse de cette tendance, la collection « Logiques juridiques » des éditions L'Harmattan est ouverte à toutes les approches du droit. Tout en publiant aussi des ouvrages à vocation professionnelle ou pédagogique, elle se fixe avant tout pour but de contribuer à la publication et à la diffusion des recherches en droit, ainsi qu'au dialogue scientifique sur le droit. Comme son nom l'indique, elle se veut plurielle.

Dernières parutions

Gladys TREZENEM, *La dignité de la personne humaine et le juge administratif*, 2021.
Chryssi PAPANIKOLAOU, *Le principe de l'Etat social, Étude sur les limites de l'activité législative en droit comparé français et hellénique*, 2021.
Yves Gabriel Djeya Kamdom, *La responsabilité des ordonnateurs des crédits publics dans le système financier contemporain. Étude des droits camerounais et français,* 2021.
Laurie Marguet, *Le droit de la procréation en France et en Allemagne. Etude sur la normalisation de la vie*, 2021.
Rhita Bousta, *La notion de médiation administrative*, 2021.

Benoît GRÉMARE

DE L'ARME NUCLEAIRE FRANÇAISE

Essai sur la constitutionnalisation de la force de frappe

Préface de David CUMIN

Postface d'Henri PAC

Du même auteur :

« Intérêts vitaux et stricte suffisance – Retour sur le discours de l'École de Guerre du 7 février 2020 », Notes de recherche de l'IEC-IES, n°6, avril 2020, 34 p., ISBN 2592-6802.

5-7, rue de l'École-Polytechnique ; 75005 Paris

http://www.editions-harmattan.fr

ISBN : 978-2-343-24824-0

EAN : 9782343248240

Préface
M. David CUMIN

Maître de conférences (HDR) à l'Université Jean Moulin Lyon 3
Directeur du Centre Lyonnais d'Etudes de Sécurité Internationale et de Défense (CLESID)

C'est une joie particulière que de préfacer un tel ouvrage, issu d'une thèse de doctorat à la soutenance de laquelle j'eus la chance de participer, pour y mener une discussion fructueuse. Son jeune auteur s'inscrit dans la tradition de pensée française sur l'arme nucléaire, plus précisément, la tradition du droit public français, dont Bernard Chantebout et Henri Pac furent les figures tutélaires. Benoît Grémare en est à la fois l'héritier, la relève et le couronnement. Moi-même j'avais été un maillon, lorsque, au lendemain de l'arrêt *Lavaurs* du Conseil d'Etat et de l'avis *Licéité de l'emploi ou de la menace d'emploi d'armes nucléaires* de la Cour internationale de Justice, j'avais été amené à interroger l'arme nucléaire française en droit constitutionnel et en droit international. Avant même d'être consacré docteur en droit public, Benoît Grémare était un spécialiste connu et reconnu des questions nucléaires militaires, juriste compétent en droit positif mais aussi juriste doté d'une culture historique, politique et stratégique, capable d'une réflexion doctrinale de haut niveau. Rare est l'interdisciplinarité ! Puis vint la thèse sur « L'arme nucléaire française. Aspects de droit public » ; enfin le présent livre : *De l'arme nucléaire française. Essai sur la constitutionnalisation de la force de frappe.*

Richement référencé, le livre fait le tour de l'arme nucléaire dans les deux ordres juridiques principaux : le droit international et européen d'une part, le droit constitutionnel et pénal d'autre part. Il se lit comme une pièce de théâtre, dont les deux actes successifs seraient les deux cercles d'intérêt, d'intensité croissante. Au premier cercle, extérieur, l'arme nucléaire française en droit international, en droit international humanitaire et en droit de la maîtrise des armements, à l'ONU et à la CIJ, où l'on retrouve les problématiques des essais, des zones exemptes, de l'emploi ou de la menace d'emploi, de la dissuasion et de l'ultime avertissement, de la non-prolifération (le TNP), de l'interdiction des matières fissiles (le TIPMF) et de l'abolition (le TIAN). Puis l'arme nucléaire française en droit européen, dans le traité CEEA, à la Cour de Justice de l'Union européenne et à la Cour européenne des droits de l'homme, où se trouve confirmée la limitation de la compétence de la Cour de Luxembourg mais où l'on découvre le hiatus entre l'arsenal national et la jurisprudence de la Cour de Strasbourg. Au second cercle, intérieur, l'arme nucléaire en droit constitutionnel comparé, en droit constitutionnel français et en théorie de l'Etat (« l'Etat nucléaire »). Puis l'intégration implicite de l'arme nucléaire dans la Constitution, avec la théorie du « maître de l'atome », ses limites et sa pénalité, suivie de la constitutionnalisation de l'arme nucléaire érigée en force de frappe. Nous sommes là au cœur de l'*essai* de Benoît Grémare.

La France est un Etat nucléaire. Cela ne marque pas seulement son rang, celui d'un membre permanent du Conseil de Sécurité des Nations Unies, ni sa politique de défense, dont le noyau consiste en la dissuasion, assurance-vie de la nation. Cela marque son régime politique, son droit constitutionnel, sa Présidence de la République et sa pratique politique. On observe alors, Benoît Grémare le rappelle, une situation en porte-à-faux avec le droit international et européen en vigueur ou même avec le texte de la Constitution. Le Président « maître de l'atome » (la « monarchie nucléaire ») fait exploser l'Etat de droit et sa légalité, même s'il puise à la légitimité démocratique conférée par l'élection au suffrage universel direct du chef de l'Etat, gardien suprême de l'indépendance nationale. L'idée de « coutume constitutionnelle » ouvrant dérogation au droit constitutionnel écrit ne suffit pas. Il convient et il importe de « constitutionnaliser » la force de frappe, après avoir conceptualisé ladite « force de frappe », en avoir analysé les lois de programme et en avoir montré la valeur constitutionnelle. Tel est l'objectif du présent ouvrage, son apport et sa contribution ; telle était aussi la plus-value de la thèse de Benoît Grémare. Pas seulement offrir un état des lieux de l'arme nucléaire française en droit ni développer une démonstration juridique, mais proposer une révision de la Constitution, à travers un travail original d'interprétation portant sur le concept de Constitution, sur la Constitution de la Ve République française (de 1958 à nos jours) et sur le processus de constitutionnalisation.

A cet égard, l'ouvrage dépasse la réflexion sur l'arme nucléaire – objet « dur » s'il en est, concernant l'ensemble des sciences sociales – pour embrasser la théorie de la Constitution. Concrètement, il s'agit que la disposition la plus forte du droit français (le pouvoir nucléaire discrétionnaire présidentiel indispensable à la crédibilité politique de la dissuasion) sorte du fin fond de la partie réglementaire du Code de la défense (l'article 1411-5) pour être insérée dans la Constitution. Cela passe par une élaboration doctrinale, qui relève, selon moi, de ce que l'on appelait autrefois le *droit politique* et qui était de droit commun en science juridique, avant la réduction de cette dernière en science contentieuse. Benoît Grémare n'est pas le servant du juge, il sait se faire théoricien du droit, en sa matière : ainsi les trois théories juridiques de la dissuasion, de l'ultime avertissement et de la force de frappe. Elles marquent probablement le sommet du présent ouvrage, substantiel par ailleurs.

Introduction
La dialectique du droit nucléaire

> *« Devenu un enjeu national, sociétal, industriel et environnemental majeur, le sujet du nucléaire est bien présent dans la Constitution : si le mot est manquant, celle-ci en appréhende tous les éléments [...] la décision nucléaire, qui ne se conçoit que sur le long terme, relève bien du champ constitutionnel : le non-dit du texte constitutionnel ne doit pas être confondu avec la réalité à laquelle il renvoie*[1] *».*

Puissance démiurge, l'arme nucléaire est un sujet qui ne laisse pas indifférent et qui, dès son avènement, a dû affronter l'adversité[2] autant que la contestation morale[3]. Controversée dans ses applications militaires aux conséquences civiles, celle-ci ne lasse de commentaires, d'analyses, d'expertises, d'études techniques et de pamphlets.

Par définition, l'arme nucléaire dispose de caractéristiques uniques du fait de sa puissance destructrice et de sa capacité à infliger des souffrances à l'Homme, à l'environnement et aux générations à venir. Pourtant, elle est encadrée depuis des décennies par le droit international avec une pluralité d'instruments juridiques relatifs tant à sa non-prolifération, sa limitation, sa destruction, l'interdiction de ses essais, son bannissement zonal ou encore sa licéité d'emploi et d'existence. En France, l'arme nucléaire dans sa doctrine d'emploi vise à prévenir des risques d'invasion et d'anéantissement de l'Etat, enjeux de défense qui impliquent chaque citoyen aux niveaux individuel et national. Mais il existe une ambivalence[4] entre l'armement nucléaire et les pouvoirs publics. Selon Jean-Pierre Camby, la Ve République est un « *régime présidentiel dans lequel l'attribution du feu nucléaire n'est pas sans lien avec l'intérêt général recherché*[5] ». Si l'article 34 de la Constitution réserve à la loi de déterminer « *les principes fondamentaux* [...] *de l'organisation générale de la Défense nationale* », la mise en œuvre de la force nucléaire n'a été jusqu'à présent régie que par deux instruments juridiques, le décret du 14 janvier 1964 relatif aux forces aériennes stratégiques[6], qui fut remplacé par celui du 12 juin 1996 portant détermination des responsabilités concernant les forces nucléaires[7],

---

[1] Jean-Pierre Camby, « Constitution et nucléaire » *in* Olivier Guézou et Stéphane Manson, *Droit public et nucléaire*, Bruylant, 2013, p. 83.

[2] Pierre-Marie Gallois, *L'arme nucléaire face aux nouveaux défis stratégiques*, Institut Stratégique, ISC - CFHM – IHCC, p. 339.

[3] Nicolas Roche, Hubert Tardy Joubert, « Peut-on réconcilier morale et dissuasion nucléaire ? », *Commentaire*, 2019/4, n°168, pp. 795-806. Pour une histoire synthétique de cette contestation, voir Nicolas Roche, *Pourquoi la dissuasion*, PUF, 2017, p. 490-494.

[4] Olivier Guézou et Stéphane Manson, *op cit*, p. 16.

[5] Jean-Pierre Camby, « Constitution et nucléaire » *in* Olivier Guézou et Stéphane Manson, *op cit*, p. 77.

[6] Décret n°64-46 du 14 janvier 1964 relatif aux forces aériennes stratégiques.

[7] Décret n°96-520 du 12 juin 1996 portant détermination des responsabilités concernant les forces nucléaires. Cf. également le décret n°2007-583 du 23 avril 2007 relatif à certaines

et complété par le décret du 17 septembre 2009 relatif au contrôle gouvernemental de la dissuasion nucléaire[8]. A cet effet, Jean-Pierre Camby[9] mesure, à travers le changement de régime juridique de ces décrets, la confirmation de la primauté présidentielle en matière nucléaire militaire, confirmant trente ans de consensus sur la question[10] et illustrant le renforcement de l'exécutif dans la Constitution. Pourtant, comme le remarque Jean-Claude Masclet, « *le pouvoir d'engager la force nucléaire mériterait plus d'un décret. On peut même estimer que sa présence ne déshonorerait pas le texte constitutionnel* »[11].

Objet transverse, souvent conspué du fait de n'être accessible qu'aux *cognoscenti*[12], l'arme nucléaire nécessite l'apport d'autres sources du droit public, notamment l'approche constitutionnelle, et toute réflexion sur la dissuasion nucléaire doit nécessairement partir d'une analyse de l'environnement international. Un ensemble de règles y sont apparues, progressives et disparates, et forment un droit ambivalent du fait que certaines d'entre elles, applicables à un domaine particulier, soient d'origine internationale ou interne. Au carrefour de plusieurs disciplines juridiques, le droit nucléaire est régalien[13], propre à l'Etat, encadré par une puissance publique et à son service ; il est également dérogatoire au sens où plusieurs pans de l'activité nucléaire civile et militaire relèvent exclusivement du pouvoir politique. Il demeure nécessairement un « droit servant[14] » du fait d'être au service d'autres droits ou objectifs poursuivis par l'Etat.

Pourtant, le nucléaire est « *la première des technologies nouvelles pour laquelle un ensemble de dispositions juridiques et institutionnelles présentant un caractère spécifique a été mis en place* [mais] *le droit nucléaire n'existe pas vraiment comme système juridique autonome, il sert plutôt à désigner, de manière commode, plusieurs innovations apportées à plusieurs branches du droit, qui ont le même objet*[15] », l'arme nucléaire. *Sui generis*, le

---

dispositions réglementaires de la première partie du code de la défense (Décrets en Conseil d'Etat et en conseil des ministres).

[8] Décret n°2009-1118 du 17 septembre 2009 relatif au contrôle gouvernemental de la dissuasion nucléaire.

[9] Jean-Pierre Camby, *Un décret sur l'engagement des forces nucléaires*, *RDP*, septembre-octobre 1996, pp. 1237-1241.

[10] *Ibid.* Voir aussi Yannick Pincé, « La construction politique du consensus nucléaire français », *Note de recherche de l'IESD*, coll. « Pensée stratégique », n°5, novembre 2020, et Jacques Favin-Lévêque, « Discours de l'Île Longue : tournant pour la doctrine de dissuasion nucléaire de la France ? », *Revue Défense Nationale*, mai 2006, p. 5.

[11] Jean-Claude Masclet, « Article 15 » *in* François Luchaire, Gérard Conac et Xavier Prétot, *La Constitution de la République française, analyses et commentaires*, Paris, Economica, 1979, p. 538.

[12] Jean-Marc Rainaud, *Le droit nucléaire*, PUF, Paris, 1994, p. 89.

[13] Du latin *regalis*, « royal », l'adjectif « régalien » renvoie à ce qui est attaché à la souveraineté d'un chef d'État, qui est du ressort de l'exercice de la puissance gouvernante, et par extension l'ensemble des choses prises en charge par l'État.

[14] Jean-Marie Pontier, « Le droit du nucléaire, droit à penser », *AJDA*, n°30/2015, p.1687.

[15] Patrick Reyners, « Le droit nucléaire confronté au droit de l'environnement : autonomie ou complémentarité ? », *Revue québécoise de droit international*, 2007, p. 161.

droit nucléaire s'est développé dans les années 1950[16], les juristes assistant avec le nucléaire civil à l'« invention d'un système juridique[17] ». Phénomène comparable à celui de l'espace extra-atmosphérique[18] mais plus restreint par le secret défense, le nucléaire militaire quant à lui s'est développé sur la base de décrets nationaux et de traités internationaux. Reflet de l'état des connaissances scientifiques[19] et « *souvent mal rédigé par des non-juristes,* [le droit nucléaire] *s'est développé à mesure que des questions nouvelles exigeaient des réponses normatives, par ajouts successifs*[20] ». Les Etats concernés ont alors saisi l'opportunité de mettre en commun leur expertise afin d'élaborer des normes adaptées à ces nouveaux besoins et de promouvoir une harmonisation à l'échelle internationale en vue de leur transposition ultérieure dans le droit interne. Ainsi, le développement du droit nucléaire a pris généralement la forme de conventions internationales mais aussi de textes techniques élaborés et adoptés au sein d'organisations internationales. Mais ne pouvant se limiter au droit du désarmement, lequel manquait de maturité associé à une technicité peu séduisante[21], le droit nucléaire fut longtemps écarté du champ de prospection des internationalistes[22].

Par la longue absence d'étude systématique du droit régissant la fonction étatique de la défense nucléaire, hormis celle d'Henri Pac lequel proposa une réflexion juridique originale, dans ses ouvrages *Le droit de la défense nucléaire* en 1989 et *Droit et politiques nucléaires* en 1994, avec la théorie de « l'Etat nucléaire », le constat demeure de la rareté des formules juridiques rencontrées dans le domaine des armes nucléaires. Pour preuve, l'absence de définition juridique de la pratique de dissuasion nucléaire[23], rarement

---

[16] Les pays impliqués dans le développement de la bombe atomique ont adopté la première législation nucléaire qui couvrait à la fois les aspects civils et militaires des activités nucléaires. Il faut mentionner la loi américaine sur l'énergie atomique de 1946 connue sous le nom de Loi MacMahon (Public Law 79-585, 60 Stat. 755), la loi canadienne sur le contrôle de l'énergie atomique de 1946 (*Statutes of Canada*, 10 Geo VI, ch. 37), la loi du Royaume-Uni sur l'énergie atomique de 1946, (9 & 10 Geo. 6 ch. 80). Juste après la fin de la Seconde Guerre Mondiale, la France s'est lancée dans les utilisations pacifiques de l'énergie nucléaire en adoptant dès 1945 une ordonnance créant le Commissariat à l'Énergie atomique (ordonnance n°45-2563 du 18 octobre 1945, *Journal officiel* du 31 octobre 1945 p. 7065). Voir également la loi sur l'énergie atomique adoptée en 1945 en Nouvelle-Zélande (loi n°41 de 1945).

[17] Anne-Sophie Millet, *L'invention d'un système juridique : nucléaire et droit*, thèse, Nice, 1991.

[18] Voir J-M Auby, C.A. Colliard, R. Charlier et notamment H. Puget, *Aspects du droit de l'énergie atomique*, 1967.

[19] Katia Boustany, « Normativité nucléaire : quelques réflexions », *Bulletin de Droit Nucléaire*, n°51, 1993, p.7.

[20] Patrick Reyners, *Op Cit*, p. 164.

[21] Florent Baude, *La Zone Exempte d'Armes Nucléaires en droit international public. Essai de théorisation*, thèse de droit public sous la direction du Pr. Olivier Pirotte, Université de Lille 2, 2000, vol. 1, p. 5.

[22] Selon Jean Klein, « cette désaffection des juristes ne devrait pas surprendre, car les Etats n'ont manifesté aucun empressement à se soumettre à des obligations strictes en matière de désarmement », *in* « Signification et perspectives du désarmement », *J.D.I.*, 1967, p. 819.

[23] Carl Von Clausewitz, *De la guerre*, Paris, Les Editions de Minuit, rééd. 1955, p. 79 : « l'engagement est l'unique activité efficace de la guerre ; c'est dans et par l'engagement que la

considérée comme un objet de droit pour cause de réalités dominées par la dimension politique plutôt que juridique[24].

Sans effet juridique obligatoire et sans commune mesure, l'emploi de l'arme nucléaire dans l'organisation de la défense relève d'un droit implicite[25] proche de l'*opinio juris* permettant d'approfondir ou d'innover sur la question d'une *lex specialis nucleari*[26], dont le paroxysme s'éleva en 1995 lorsque la Cour Internationale de Justice, dans son avis consultatif du 8 juillet 1996, dût établir une jurisprudence aux commentaires contradictoires, mais élevant l'arme nucléaire au rang d'objet digne d'études juridiques. Par suite, les bouleversements de l'après-guerre froide amenèrent à s'interroger sur l'avenir de la dissuasion nucléaire, un colloque lui étant spécifiquement consacré en janvier 1997 sous la direction de Serge Sur[27]. Ainsi placée entre la réserve et l'attente, l'arme nucléaire a suscité moins de débats publics en France[28], suite à la résolution de la question sur sa légitimité au regard d'un contexte hors affrontement soviétique, et dans ce champ scientifique aux productions éparses, une étude réalisée en 2000 par David Cumin, intitulée *L'arme nucléaire française devant le droit international et le droit constitutionnel*, permet de dresser le bilan de cette période en la doublant d'une prospective juridique sur la transformation des pouvoirs publics par l'arme nucléaire.

Conçu au départ dans une perspective prométhéenne, tel une victoire de l'homme luttant contre les forces du mal et œuvrant pour le développement technologique de la planète, le nucléaire a rapidement trahi la peur et l'angoisse d'une civilisation mortelle. Le droit nucléaire s'est alors construit sur la dialectique de la peur et de l'espoir[29], bien que résulte la hantise

destruction des forces qui nous sont opposées constitue le moyen d'aboutir à nos fins. Il le constitue même quand l'engagement n'as pas lieu réellement, car la décision se fonde en tous cas sur l'idée que cette destruction ne fait pas de doute ».

[24] Cour Internationale de Justice, *Licéité de la menace ou de l'emploi d'armes nucléaires*, avis consultatif, 8 juillet 1996, § 96. Cette solution paradoxale s'explique, notamment, par le fait que la Cour ne pouvait « ignorer la pratique dénommée "politique de dissuasion" à laquelle une partie appréciable de la communauté internationale a adhéré pendant des années ».

[25] Katia Boustany, « Le développement de la normativité nucléaire ou l'art de l'évasion juridique », *Bulletin de Droit Nucléaire*, n°61, 1998, p. 43.

[26] Le développement du droit nucléaire est l'occasion de concepts innovants par rapport aux pratiques antérieures comme pour la radioprotection. Cf. Jacques Lochard et Marie-Claude Grenery-Boehler, « Les bases éthiques et juridiques du principe d'optimisation de la radioprotection », *Bulletin de Droit Nucléaire*, n°52, 1993, p. 9 ou encore la gestion des déchets radioactifs comme héritage administratif. A ce sujet, la notion de « droit des générations futures » auquel se réfère notamment la loi française sur la gestion des déchets radioactifs de 1991 suscite certaines questions car personne n'est en mesure d'exercer un tel droit subjectif, ni par avance ni rétrospectivement pour un engagement contractuel dont la gestion s'étalerait sur des milliers d'années. Cf. Pierre Strohl, « Prévention et responsabilité pour le risque technologique : Émotions, concepts et réalités », *La Vie des sciences*, n°297, 1996, p. 313.

[27] Serge Sur, *Le droit international des armes nucléaires : évolutions récentes, journée d'étude de la S.F.D.I.*, Pedone, 1998.

[28] Maurice Vaïsse, *op cit.*

[29] Jean-Marie Rainaud, *Op Cit*, p. 5. L'un des premiers ouvrages consacrés aux *Aspects du droit de l'énergie atomique* fut publié en 1967 pour le Centre français de droit comparé. Puis en 1979

permanente d'une hécatombe nucléaire. Il est vrai que ce champ de la prospective juridique[30] comporte une certaine inhibition à penser l'après-frappe nucléaire : l'image de l'Apocalypse est tant prégnante dans les esprits qu'elle insinue une barrière mentale rebutant toute réflexion sur la résilience qui s'ensuivrait. En cette circonstance, le droit international apparaît contraint parce qu'il est susceptible d'être concurrencé par des pratiques, des discours qui lui assignent une place fortement réduite, voire décorrélée, du fait de leurs exigences humanitaires et doctrinales : bien qu'ouvert[31], le droit nucléaire n'est pas mobilisé par les stratèges dans la réflexion d'une guerre nucléaire[32].

---

parut une étude du Commissariat à l'Energie Atomique, *Droit nucléaire* pour laquelle on notera le glissement sémantique car l'expression « droit atomique » n'était plus utilisée dans les textes réglementaires

[30] Alain Sayag, *Quel droit des affaires pour demain ? : essai de prospective juridique*, Centre de recherche sur le droit des affaires, Librairies techniques, Paris, 1984, 1 vol. (279 p.). Voir aussi Boris Barraud, *La prospective juridique*, Logiques Juridiques, L'Harmattan, 2020.

[31] Benoît Pelopidas, « Pour une histoire transnationale des catégories de la pensée nucléaire » in *Maîtrise des armements et désarmement*, *Revue Stratégique*, n°108, Institut de Stratégie Comparée, 2015.

[32] Nicolas Haupais, « L'ordre nucléaire, la dissuasion et les limites du droit international » in Regad C., *Aux limites du droit*, Paris, Mare & Martin, 2016, pp. 105-126 : « Le droit n'est d'ailleurs pas mobilisé par les stratèges, les théoriciens ou les décideurs politiques lorsqu'ils évoquent les dévastations issues d'une guerre nucléaire. Leur vocabulaire est éclairant. Si la guerre nucléaire doit être évitée, ce n'est pas parce qu'elle constitue une violation des Conventions de Genève mais parce qu'elle serait « horrible », « inhumaine », « affreuse ». Saint-Jean est mobilisé : ce serait « l'apocalypse ». Il s'agirait d'une « tragédie ». Encore faut-il souligner l'ambivalence du discours stratégique, dans les doctrines de dissuasion, en ce qu'elles sont à la fois des doctrines de non-emploi et des doctrines dont la viabilité est fondée sur le développement d'armes dont la vertu – et non le vice – est d'être non discriminantes [...] la guerre nucléaire mobilise plus l'imagerie de Jérôme Bosch que celle des Cours de justice ».

Première Partie
Définir l'arme nucléaire en droit public

Elément incontournable sur la scène internationale, l'arme nucléaire doit être cernée en droit public au regard de sa contribution à l'ordre mondial, avec cette dimension annihilatrice qui lui confère sa spécificité. Présentant le caractère d'un véritable *jus in rem*, l'arme nucléaire dispose d'un régime particulier qu'il convient de déterminer en la considérant comme un objet d'étude.

Sa première définition juridique relève d'un texte particulier, à savoir le paragraphe 1 de l'Annexe II du Protocole III des Accords de Paris du 23 octobre 1954 sur le contrôle des armements du Traité de l'Union de l'Europe Occidentale, lequel identifie une arme nucléaire comme : « *Toute arme qui contient ou est conçue pour contenir ou utiliser un combustible nucléaire ou des isotopes radioactifs et qui, par explosion ou autre transformation nucléaire non contrôlée ou par radioactivité du combustible nucléaire ou des isotopes radioactifs, est capable de destruction massive, dommages généralisés ou empoisonnements massifs* [...]. *Sont compris dans le terme « combustible nucléaire » le plutonium, l'uranium 235,* [...] *et toute autre substance capable de libérer des quantités appréciables d'énergie atomique par fission nucléaire ou par fusion ou par une autre réaction nucléaire de la substance* ».

A la suite, le Traité de Moscou conclu en 1963 entendit mettre fin à la course aux armements[33], sans toutefois définir son objet[34]. Puis par l'article 5 du Traité de Tlatelolco du 14 février 1967 visant l'interdiction des armes nucléaires en Amérique latine, l'arme nucléaire est alors définie comme « *tout dispositif susceptible de libérer de l'énergie nucléaire de manière non contrôlée, et qui possède un ensemble de caractéristiques propres à l'emploi à des fins belliqueuses. L'engin pouvant servir au transport ou à la propulsion du dispositif n'est pas compris dans cette définition, s'il peut être séparé du dispositif ou ne fait pas partie intégrante de celui-ci* ». Paradoxalement, le Traité de Non-Prolifération du 1er juillet 1968 ne contient pas de définition des armes nucléaires même si l'article premier emploie à trois reprises la formule « *Armes nucléaires ou autres dispositifs nucléaires explosifs* ».

Aussi, les traités régionaux établissant des zones exemptes d'armes nucléaires[35] ont tenté de préciser leur objet juridique. Deux de ces traités ont adopté des définitions larges, notamment l'article 5 du traité de Rarotonga de 1985 et l'article 1 c) du traité de Pelindaba de 1996 lequel dispose « *par "dispositif explosif nucléaire" toute arme nucléaire ou tout dispositif explosif capable de libérer de l'énergie nucléaire, quelle que soit la fin à laquelle celle-ci pourrait être utilisée. Cette expression couvre ces armes ou ces dispositifs sous forme non assemblée ou*

---

[33] Georges Fischer, « L'interdiction partielle des essais nucléaires », *Annuaire Français de Droit International*, 1963, n°9, pp. 3-34.

[34] Article premier, paragraphe 1 du Traité d'Interdiction Partielle des Essais Nucléaires, Moscou, 1963.

[35] Antarctique en 1961, Tlatelolco en 1967, Rarotonga en 1985, Bangkok en 1997, Pelindaba en 2009, Semipalatinsk en 2009.

partiellement assemblée, mais elle ne couvre pas les moyens de transport ou les vecteurs de ces armes ou de ces dispositifs s'ils peuvent en être séparés et n'en constituent pas une partie indivisible ». Compte tenu des divergences à propos de la distinction entre « arme » et « dispositif explosif », la difficulté juridique d'une définition de l'arme nucléaire perdure puisque ni le Traité d'interdiction complète des essais nucléaires (TICE) de 1996, ni le Traité d'interdiction des armes nucléaires (TIAN) de 2017, ne contiennent de définition précise[36]. Ainsi, le droit en matière nucléaire reste encore dans une dialectique constructive[37].

---

36 Abdelwahab Biad, « Le traité d'interdiction des armes nucléaires : Un instrument ambitieux a l'avenir incertain », *Annuaire français de relations internationales*, 2018, XIX, p. 829.

37 Pierre Stohl, « Ethique, droit et politique de gestion des déchets radioactifs », *Bulletin de Droit Nucléaire*, n°46, 1990, pp. 10-21.

Titre I
Le statut de l'arme nucléaire en droit international et en droit européen

Objet de condamnation universelle, l'arme nucléaire se trouve pourtant au cœur d'un espace normatif développé, reposant sur des normes juridiques internationales générales telles que la Charte de l'ONU, le *jus ad bellum* et le *jus in bello*, des normes internationales spécifiques liées au régime de non-prolifération, les garanties de sécurité collective, les traités établissant des zones dénucléarisées ainsi que des normes sociales, d'origine tant nationales qu'internationales, pouvant être relatives aux doctrines d'emplois jusqu'aux constitutions. Résolument positif, le droit public international caractérise l'arme nucléaire en lui conférant un statut complexe et ambivalent. Car chaque fois qu'une juridiction internationale a tenté de traiter une question touchant au nucléaire militaire, il fut allégué que le différend n'était pas justiciable par sa nature régalienne. C'est ce caractère éminemment politique de l'arme nucléaire qui empêche ou restreint la compétence de la justice internationale de statuer sur cet objet en arguant la non-juridicité de la matière nucléaire, voire l'absence de différends[38].

L'une des sources principales du droit international est la coutume[39], en soi formuler un état des choses antérieur. Or la cohérence générale du *jus in rem* des armes nucléaires apparait disparate et contrastée, suscitant une dynamique paradoxale dans le traitement de sa question puisqu'un progrès réalisé en droit nucléaire sur le volet de sa limitation, par exemple les garanties de sécurité par la résolution 984 du Conseil de Sécurité de l'ONU du 11 avril 1995 peut conditionner ou entraîner des développements sur un autre – la prorogation indéfinie du TNP par l'Assemblée Générale des Nations Unies le 11 mai 1995, ou encore l'obligation au désarmement nucléaire déboutée le 5 octobre 2016 à la CIJ accélérant la conclusion d'un traité interdisant l'arme nucléaire à l'ONU le 7 juillet 2017.

A partir du moment où l'arme nucléaire est un enjeu régalien[40], le droit nucléaire oscille entre son interdiction improbable et son autorisation impossible. Cette bivalence rythme l'évolution régulière de la question sur laquelle s'opposent partisans et abolitionnistes, et influe sur la définition du statut juridique de l'arme nucléaire en droit international.

---

[38] Comme l'illustre la réserve faite aux déclarations facultatives de juridiction obligatoire de la Cour Internationale de Justice en matière de dissuasion et d'essais nucléaires, faite sur le fondement de l'article 36 paragraphe 2 du statut de la Cour comme l'illustrent l'Affaire de la licéité et de l'emploi de l'arme nucléaire de 1996 et l'Affaire de l'obligation au désarmement nucléaire de 2016.

[39] Julio A. Barberis, « Réflexions sur la coutume internationale », *Annuaire Français de Droit International*, XXXVI, 1990, Editions du CNRS, Paris, p.11-17.

[40] Marie-Françoise Furet, *Expérimentation des armes nucléaires et droit international public*, thèse de doctorat en droit, Pédone, Paris, 1966, p.22.

Chapitre I
L'arme nucléaire devant l'ONU et la CIJ

Le rapport entre les instances internationales et l'arme nucléaire est aussi complexe que le traitement juridique de son objet. La réalisation d'un monde exempt d'armes nucléaires est l'un des objectifs les plus anciens de l'Organisation des Nations Unies, visant au contrôle de l'énergie nucléaire et à l'élimination de tout type d'armes de destruction massive. Ce *statu quo* demeure auprès des instances internationales car celles-ci sont partagées entre l'abolition et la constatation d'existence de cet outil de destruction, dont la menace d'emploi appuie la sécurité collective par la retenue pose un dilemme originel aux Nations Unies (I), la Cour Internationale de Justice, malgré les affaires relatives à l'armement nucléaire, ne pouvant l'aider à fonder définitivement en droit l'enjeu de sa légalité (II).

I. Le dilemme des Nations Unies sur l'arme nucléaire

Allant jusqu'à déclarer le 26 septembre comme étant la journée internationale pour l'élimination totale des armes nucléaires[41], l'Assemblée générale (AGNU) a, dès ses débuts, mobilisé la communauté internationale en faveur du désarmement nucléaire mondial, illustrant une position coutumière sur la question (1). Néanmoins, devant l'impératif de sécurité collective, le Conseil de Sécurité des Nations Unies (CSNU) a toujours conçu l'arme nucléaire comme un outil de stabilité de la communauté internationale (2).

1. L'opposition coutumière de l'Assemblée Générale à l'arme nucléaire

Dès l'origine, l'arme nucléaire a retenu l'attention de l'Organisation des Nations Unies laquelle, en interdisant la guerre avec l'article 2 § 4 de sa Charte, posa la question du désarmement atomique au travers de la toute première résolution adoptée par l'Assemblée générale le 24 janvier 1946, portant création d'une commission chargée d'étudier les problèmes soulevés par la découverte de l'énergie atomique. Cette commission devait notamment faire des « *propositions déterminées* [afin] *d'éliminer, des armements nationaux, les armements atomiques et toutes autres armes importantes permettant des destructions massives*[42] ».

[41] Résolution A/68/32 adoptée par l'Assemblée générale le 5 décembre 2013. Voir également la résolution A/69/58 pour son invitation à tous les États Membres, le système des Nations Unies et la société civile, y compris les organisations non gouvernementales, les milieux universitaires, les parlementaires, les médias et les particuliers, à marquer et à promouvoir la journée par toutes sortes d'activités d'information et de sensibilisation du public. Une demande qui figure dans d'autres résolutions, 70/34, 71/71, 72/251, 73/40, 74/54 et 75/45.

[42] Résolution 1 (I), para. 5c, Assemblée générale des Nations unies, 24 janvier 1946.

En ce sens révélatrice du désir grandissant de la part de la communauté internationale de bannir, par une interdiction spécifique et expresse, l'existence de l'arme nucléaire, l'Assemblée Générale des Nations Unies exerça une pression politique régulière[43] sur les Etats nucléaires afin de développer une conscience d'obligation collective et, ainsi, donner naissance à une coutume si ceux-ci se conforment à cette pression[44]. A cette fin, une série de résolutions de l'AGNU condamna l'utilisation des armes nucléaires en appelant régulièrement à la conclusion d'une convention sur l'interdiction de leur emploi[45].

L'examen de la valeur normative des résolutions de l'Assemblée Générale des Nations Unies permet de saisir l'insistance d'adopter chaque année[46] des résolutions qui rappellent le contenu de la résolution 1653 (XVI) du 24 novembre 1961. Celle-ci consistait en une déclaration sur l'interdiction de l'emploi des armes nucléaires et thermonucléaires, invitant les Etats membres à conclure une convention interdisant l'utilisation des armes nucléaires en toutes circonstances. Lors de l'Affaire des essais nucléaires français, l'AGNU avait opté par sa résolution 3261 F (XXX) du 9 décembre 1974, d'entreprendre une *Etude complète de la question des zones exemptes d'armes nucléaires sous tous ses aspects*[47] laquelle aboutit à un revers, au sens où aucune définition générale du concept ne fut proposée à l'époque, de même qu'avec l'étude complémentaire sollicitée en 1982.

Sommairement, l'initiative de l'AGNU visant à éliminer les armes nucléaires peut se décliner en quatre phases parfois simultanées[48], à savoir

---

[43] La résolution 3314 adoptée en 1974 par l'Assemblée générale des Nations Unies permet de définir l'agression comme « l'emploi de la force armée par un Etat contre la souveraineté, l'intégrité territoriale ou l'indépendance politique d'un autre Etat, ou de toute autre manière incompatible avec la Charte. Toutefois, le principal problème qui se pose concerne l'article 51 lequel ne définit pas l'expression « agression armée ». Lors de la conférence de San Francisco, les Etats ont renoncé à en donner une définition, tout comme à en dresser une liste. Cf. Guillaume Le Floch, « Le principe de l'interdiction du recours à la force a-t-il encore valeur positive ? », *Droit et cultures*, n°57, 2009, pp. 49-76.

[44] Paul Reuter, *Droit international public*, Paris, PUF, Thémis, 1974.

[45] Les résolutions 1653, 2289, 2936, 33/71B, 34/83G, 35/152D, 36/92I, 36/100C, 38/73G, 39/63H, 40/151F, 41/60F, 42/39C, 43/76E, 44/117C, 45/59B, 46/37D, 47/53C, 48/76B ; les articles 53, 54, 64 et 66-a relatifs au *jus cogens* de la convention de Vienne du 22 mai 1969 sur le droit des traités ; les Règles de La Haye sur la guerre aérienne de décembre 1922-février 1923 ; la résolution de la SDN du 30 septembre 1938 sur la « protection des populations civiles contre les bombardements aériens en cas de guerre » ; le jugement du tribunal de Tokyo dans l'affaire *Shimoda c. Etat japonais* du 7 décembre 1963, déclarant illicites les bombardements d'Hiroshima et Nagasaki.

[46] En ce sens, les résolutions 1380 (XIV) du 20 novembre 1959, 1576 (XV) du 20 décembre 1960 et 1665 (XVI) du 4 décembre 1961 traitent de la prévention d'une plus large diffusion des armes nucléaires et visent toutes trois ce qui sera désigné plus tardivement sous le vocable de non-prolifération des armes nucléaires.

[47] Nations Unies, Conférence du Comité du désarmement, *Etude complète de la question des zones exemptes d'armes nucléaires sous tous ses aspects*, Rapport spécial, 1976, A/10027/Add. 1, 104 p.

[48] Antônio Augusto Cançado Trindade, *L'obligation universelle du désarmement nucléaire – étude de cas*, Alexandre de Gusmão foundation, FUNAG, Brasilia, 2017, 233 p.

les résolutions sur l'importance du désarmement nucléaire (1961-1981), les résolutions sur le gel des armes nucléaires (1982-1992), les résolutions sur la condamnation juridique des armes nucléaires (1982-2017), et les résolutions sur l'avis consultatif de la CIJ (1996-2016). En 2017, la résolution L41 permit de concrétiser un Traité d'interdiction des armes nucléaires (TIAN) longtemps souhaité par la communauté internationale. Or, ces résolutions peuvent être perçues comme un affrontement de deux tendances opposées. La première, humaniste, est basée sur l'intérêt de l'humanité toute entière d'éliminer les armes nucléaires : elle reflète la volonté d'une majorité grandissante au sein de l'Assemblée Générale d'aboutir à une interdiction de toute utilisation des armes nucléaires. La seconde, réaliste, concerne la pratique de la dissuasion nucléaire[49], pratique adoptée par les Etats nucléaires lesquels s'opposent en ce sens à toute initiative tendant à interdire l'emploi de leurs arsenaux. Car accepter cette interdiction détruirait le fondement même de la dissuasion, garant ultime de leur sécurité nationale, et la justification de l'éventuel emploi de l'arme nucléaire[50].

Cependant, les résolutions demeurent dépourvues de la moindre autorité sur les organes subordonnés, et privées de tout mécanisme de suivi normatif[51]. Toutefois déclaré comme un instrument juridiquement contraignant par son entrée en vigueur en 2021, le TIAN entend contenir une norme juridique pour rendre les armes nucléaires illicites pour la communauté internationale, ce qui a amené les puissances nucléaires à manifester leur désaccord avec le texte dès son adoption, afin d'éviter que puisse se former une règle d'application globale selon les principes du droit coutumier. Le TIAN illustre la position coutumière de l'AGNU sur l'arme nucléaire, relativement à l'importance croissante du droit humanitaire et aux initiatives juridiques visant à protéger les civils lors des conflits armés. Elle favorise également l'antagonisme profond qui divise la communauté internationale sur le bien-fondé de la dissuasion nucléaire, pourtant perçue comme indispensable pour garantir la stabilité internationale.

---

[49] Général Beaufre, *Dissuasion et stratégie*, Armand Colin, Paris, 1960, p.20 : « La dissuasion au contraire vise à empêcher une puissance adverse en présence d'une situation donnée, de prendre la décision d'employer les moyens coercitifs (violents ou non) en lui faisant craindre l'emploi de moyens coercitifs existants ».

[50] SC Res 1540, S / Res / 1540 (2004) ; SC Res 1977, S / Res / 1977 (2011); SC Res 2094, S / Res / 2094 (2013) ; SC Res 2105, S / Res / 2105 (2013). A cet égard, le Conseil de sécurité a paradoxalement déclaré que les armes nucléaires menaçaient la paix et la sécurité internationales. Il a expressément proclamé l'utilisation des armes nucléaires en tant que violation directe de la Charte des Nations Unies et du droit international.

[51] En 1996 dans son avis consultatif sur la licéité de la menace ou de l'emploi de l'arme nucléaire, la Cour ne pouvait que constater cette fragilité des résolutions de l'Assemblée générale relatives à cette question. Elle a en effet constaté que « *ni le droit international coutumier ni le droit international conventionnel ne comporte d'interdiction complète et universelle de la menace ou d'emploi des armes nucléaires en tant que telles* ».

2. Le Conseil de Sécurité, gardien de l'arme nucléaire

En parallèle de la réduction des arsenaux nucléaires, le Conseil de Sécurité des Nations Unis (CSNU), à qui revient « *la responsabilité principale du maintien de la paix et de la sécurité internationales*[52] », est composé des cinq puissances nucléaires officielles et admises par le droit international avec le Traité de Non-Prolifération. Club fermé, le Conseil de Sécurité incarne un ordre juridique nucléaire tant décrié malgré les recommandations de l'AGNU relatives au désarmement. Pourtant, le CSNU a été sollicité pour donner des engagements aux Etats non dotés de l'arme nucléaire parmi lesquels figurent les garanties dites *positives* et *négatives* de sécurité[53]. Les premières prévoient l'obligation de consulter et de saisir les cinq membres permanents du CSNU en cas de menace ou d'attaque nucléaire, via la résolution 255 du 19 juin 1968 sur les assurances positives de sécurité[54], en s'engageant à ce que le Conseil, conformément aux obligations de la Charte, prenne les mesures immédiates appropriées.

De plus, certains actes terroristes acquérant la dimension d'infraction internationale ont conduit à la naissance d'un droit pénal international nucléaire, les Etats se dotant d'un corpus juridique original sur cette question conventionnelle[55]. Si les premières réactions ont donné lieu à des conventions internationales[56], le terrorisme nucléaire étant déjà sous-entendu dans le paragraphe 2 (a) de la résolution 1373 du 28 septembre 2001 du CSNU[57], la résolution 1540 adoptée le 28 avril 2004 concerna la lutte contre la prolifération des armes de destruction massive et les risques liés à l'acquisition de telles armes par des acteurs non étatiques. Cette résolution visait à combattre les menaces que les actes de terrorisme font peser sur la paix et la sécurité internationale en se fondant explicitement sur le Chapitre VII de la Charte[58], et donna lieu à une objection relative au

[52] Article 24 de la Charte des Nations Unies.

[53] Conseil de sécurité, résolution 984 (1995), 11 avril 199, S/RES/984(1995).

[54] Nicolas Roche, *Pourquoi la dissuasion*, *op cit*, p. 153.

[55] Amel El Mejri, *L'arme nucléaire dans la jurisprudence internationale*, Editions Universitaires Européennes, Sarrebruck, 2016, p. 46-52.

[56] Walter Gehr, « Le cadre juridique universel de la lutte contre le terrorisme nucléaire », *Bulletin de Droit Nucléaire*, n°79, 2007, pp. 5-16.

[57] *Ibid*, p.12.

[58] Le Préambule affirme notamment « qu'il faut combattre par tous les moyens, conformément à la Charte des Nations Unies, les menaces que les actes de terrorisme font peser sur la sécurité internationale ». Quant aux acteurs non étatiques, l'alinéa 8 évoque les acteurs non étatiques « tels que ceux visés par la liste de l'ONU établie et tenue par le Comité du Conseil de sécurité crée par la résolution 1267 ou ceux visés par la résolution 1373 », c'est à dire en relation avec le terrorisme. Mais le § 2 du dispositif mentionne au sujet des acteurs non étatiques l'acquisition d'ADM « en particulier les fins terroristes », c'est à dire de façon non exclusive. La prolifération étatique n'est jamais vraiment exclue dans la référence au terrorisme.

pouvoir normatif du Conseil de sécurité[59]. Selon Serge Sur, la résolution reposait sur l'idée « *que le Conseil s'arrogeait indûment une autorité de caractère législatif, générale et permanente, alors que le Conseil est conçu pour réagir à des situations concrètes, par définition transitoires*[60] ». De fait, le CSNU ne peut prendre des mesures autoritaires en dehors d'une menace ou d'une atteinte à la sécurité internationale lesquelles induiraient une transformation du droit international positif[61] . Les puissances nucléaires acceptèrent néanmoins l'adoption de la résolution 984 de 1995 qui prend en compte la possibilité d'une agression nucléaire par une puissance nucléaire ou par un Etat proliférant, et établit la légalité d'une sanction nucléaire[62], stipulant : « *qu'en cas d'agression ou de menace d'agression, avec emploi d'armes nucléaires contre un Etat non doté de telles armes qui est partie du Traité sur la non-prolifération des armes nucléaires, tout Etat peut appeler immédiatement l'attention du Conseil de sécurité sur la question, de manière à prendre des mesures urgentes afin de fournir, conformément à la Charte, une assistance à l'Etat victime de l'acte d'agression ou menacé d'une telle agression* ». Sur cette question, la Cour Internationale de Justice renvoie *de jure* à la compétence du CSNU, conformément à l'article 39 de la Charte, pour décider et appliquer individuellement ou collectivement ladite sanction, les puissances nucléaires demeurant maîtresses de leurs armements respectifs[63].

Toutefois dans son avis consultatif de 1996, la Cour s'est explicitement gardée d'examiner les contentieux soulevés par l'emploi d'armes nucléaires au titre de représailles en période de conflits armés[64], ainsi que son utilisation en vertu d'une décision du CSNU[65]. Ces décisions ne sont que le reflet de son malaise à traiter la question des armes nucléaires en droit international public.

---

[59] Serge Sur, « La Résolution 1540 du Conseil de sécurité (28 avril 2004) entre la prolifération des armes de destruction massive, le terrorisme et les acteurs non étatiques », *Revue Générale de Droit International Public*, 2004, n° 4, p. 855-882.

[60] *Ibid*, p. 567.

[61] *Ibid*, p. 568 : « L'intégrité des instruments conventionnels comporte en effet une double signification. D'un côté les obligations conventionnelles ne sont pas affectées dans leur portée ou dans leur contenu, et la résolution ne leur apporte aucune modification, pas davantage qu'elle n'en suspend ou n'en élargit aucune disposition à l'égard des Etats parties. Certains auraient par exemple pu souhaiter que le retrait de ces conventions, et spécialement du TNP, soit interdit. D'un autre côté, il n'est pas question d'étendre l'effet de ces traités en dehors du cercle des Etats parties pour calmer les inquiétudes de l'Inde et du Pakistan. Ces Etats redoutaient, ou feignaient de redouter, qu'on ne tente de leur imposer le respect de traités auxquels ils se refusent à participer ».

[62] Abdelwahab Biad : « Les arrangements internationaux pour garantir les Etats non dotés d'armes nucléaires contre l'emploi ou la menace de ces armes », *AFDI*, 1997, pp.227-252.

[63] Ce en fonction de leurs doctrines propres : les alliés n'excluent pas, en théorie du moins, de procéder à d'autres frappes nucléaires pour rétablir la dissuasion en cas d'échec initial, avec l'engagement des arsenaux pour des dommages inacceptables.

[64] Cour Internationale de Justice, *Licéité de l'utilisation des armes nucléaires par un Etat dans un conflit armé*, avis consultatif, rôle général n°93, paragraphe 46, 8 juillet 1996, § 46.

[65] *Ibid*, § 49.

II. La Cour Internationale de Justice face aux contentieux internationaux relatifs à l'arme nucléaire

Juridiquement, l'arme nucléaire s'est développée sur la base de décrets nationaux et de traités internationaux, et l'illustration la plus fulgurante demeurant l'exercice grandeur nature des essais nucléaires. Cette pratique suscita une controverse juridique dès lors qu'aux traités internationaux va s'ajouter la nécessité pour la France de finaliser son arsenal nucléaire pour s'imposer dans le concert des nations, suscitant ainsi débats doctrinaux et jalousies politiques. Portée par l'Australie et la Nouvelle-Zélande dans le but de nuire à la présence française dans le Pacifique, l'affaire de 1974 relative aux essais nucléaires se présente alors comme une tentative de fonder l'illégalité de la pratique des essais nucléaires par le biais du contentieux de la responsabilité[66] (1). Vingt ans plus tard, la CIJ fut à nouveau invitée à se positionner sur la légalité de l'arme nucléaire en droit public (2).

1. L'Affaire des essais nucléaires atmosphériques

La France ne ratifia pas le traité de Moscou limitant les essais, la bombe atomique constituant sa priorité militaire absolue pour son indépendance nationale, et le principe de souveraineté de l'Etat étant sensé la préserver des contraintes internationales malgré la coutumière condamnation de l'AGNU[67]. Après les premiers essais au Sahara et l'indépendance de l'Algérie, les essais nucléaires français furent transférés en 1966 au centre d'expérimentation du Pacifique Sud, à Mururoa et Fangataufa en Polynésie Française.

Or, avant même le premier tir aérien en Polynésie Française, qui eut lieu le 10 juillet 1966, la Nouvelle-Zélande fit savoir au gouvernement français par la note du 10 juin 1966 qu'elle se réservait « *le droit de rendre le gouvernement français responsable de tous dommages ou de toutes pertes que viendrait à subir la Nouvelle-Zélande ou les îles du Pacifique dont elle a spécialement la responsabilité ou la charge, à la suite de ces essais* ». Dans cet échange diplomatique fut mis en jeu l'affirmation du principe d'une responsabilité pour risque, indépendamment de toute prise de position sur la légalité des expériences. A sa suite, le gouvernement français déclara le 10 juin 1966 que « *dans l'éventualité d'un accident qui surviendrait en rapport avec le programme français d'expériences, [celui-ci] ne*

[66] A savoir si tout Etat a un intérêt juridique pour réclamer réparation du préjudice juridique constitué par la seule violation du droit, soit sous forme de cessation de la violation (*restitutio in integrum*) soit sous forme d'un jugement déclaratoire proclamant l'illégalité (réparation par équivalent).

[67] La résolution 1379 (XIV) de 1959 concernait la question des essais nucléaires français au Sahara, qui avait été inscrite à l'ordre du jour sur la demande du Maroc : dans cette résolution, l'Assemblée Générale « prie la France de s'abstenir de procéder à ces essais ». N. U. Doc. off. Assemblée Générale Annexe 14e session, point 68 de l'ordre du jour. En 1963, avec le traité de Moscou, l'Assemblée Générale se réfère fréquemment à ce document dans sa condamnation des essais nucléaires.

pourrait accepter de voir sa responsabilité engagée, même partiellement, qu'après une étude minutieuse des circonstances qui auraient entouré l'accident. Il ne saurait en tout cas l'accepter dans l'hypothèse où les victimes ne se seraient pas conformées aux prescriptions d'usage concernant la zone dangereuse des essais[68] ». La France s'opposa directement à une responsabilité automatique, ne serait-ce qu'une responsabilité pour risque.

Au cours des années suivantes, la France poursuivit ses campagnes de tir et l'Australie engagea contre elle une première affirmation diplomatique de l'illégalité des essais nucléaires le 3 janvier 1973. Puis deux requêtes furent portées devant la CIJ par l'Australie et la Nouvelle-Zélande en date du 9 mai 1973, par l'introduction d'une instance contre la France au sujet d'un différend portant sur des essais d'armes nucléaires dans l'atmosphère, priant la Cour de dire et juger que la poursuite des essais atmosphériques n'est pas compatible avec les règles applicables du droit international afin d'ordonner à la France de cesser ses essais.

Or, ayant modifié le 16 mai 1966 sa déclaration d'acceptation de la juridiction obligatoire de la Cour afin d'exclure les « *différends concernant les activités se rapportant à la défense nationale*[69] », la France ne participa pas au débat juridictionnel et dénia à la CIJ sa compétence en la matière du fait que la Cour n'avait pas déterminé en amont si elle était compétente et si cette demande en indication de mesures conservatoire était recevable. Pourtant, la Cour osa rendre le 22 juin 1973 deux ordonnances en indiquant à la France de s'abstenir de procéder à des essais nucléaires qui provoqueraient des retombées radioactives sur les territoires australien et néozélandais[70].

La France n'a pas tenu compte de ces ordonnances[71] et a poursuivi son programme nucléaire sous la pression internationale[72]. Absente aux plaidoiries, elle s'est contentée de faire connaître sa position en publiant en

---

[68] Brigitte Bollecker-Stern, « L'affaire des essais nucléaires français devant la Cour internationale de justice », *Annuaire français de droit international*, XX, 1974. pp. 299-333.

[69] Paragraphe 3 de la déclaration du 20 mai 1966 faite par le Gouvernement français sur la base de l'article 36, paragraphe 2, du Statut de la Cour ; que le paragraphe 3 de cette déclaration exclut de l'acceptation de la juridiction obligatoire les essais nucléaires français dans le Pacifique.

[70] Guy de Lacharrière, *Commentaires sur la position juridique de la France à l'égard de la licéité de ses expériences nucléaires*, Association Française de Droit International, 1973, p. 235-251. Cité par Maurice Torrelli, « La reprise des essais nucléaires français », *AFDI*, XLI, 1995, une politique juridique extérieure est « une politique à l'égard du droit et non pas nécessairement déterminée par le droit ».

[71] A la suite des ordonnances en indication de mesures conservatoires prononcées le 22 juin 1973, la France avait mis fin aux deux bases de compétence retenues *prima facie* par la CIJ en dénonçant le 2 janvier 1974 l'Acte général de 1928 et retirant le 10 janvier 1974 sa déclaration d'acceptation de la juridiction de la Cour.

[72] Les tests nucléaires français continuèrent, notamment avec l'essai *Gémeaux* à Mururoa le 7 juillet 1974 alors que se déroulaient les plaidoiries sur la compétence et sur la recevabilité du 4 au 12 juillet 1974.

juin 1974 un Livre Blanc sur les essais nucléaires[73] dans lequel elle rappela que l'Australie et la Nouvelle-Zélande avaient en 1954 accepté de coopter les essais nucléaires américains, malgré l'avis de l'Union Soviétique et de l'Inde[74] lesquels avaient demandé à la CIJ un avis consultatif sur la légalité de ces expérimentations – une ironie au principe d'estoppel. Prenant acte que la CIJ poursuivait la procédure malgré ses mises en garde, la France retira son acceptation de la compétence consultative de la Cour, n'étant plus liée par elle ni par ses propos. Et comme au long de l'histoire des essais nucléaires français, c'est par décision présidentielle que se dénouent les crises, le président Giscard d'Estaing mit fin après le 41e tir de la campagne de 1974 aux expérimentations nucléaires aériennes en Polynésie, pour transiter dès 1975 au stade des essais souterrains[75], à l'instar des autres puissances nucléaires. Notant à la fois l'arrêt des essais atmosphériques et le recul de sa compétence d'acceptation, la Cour conclut l'affaire dans son arrêt du 20 décembre 1974 en déclarant que la demande de l'Australie était désormais sans objet et qu'il n'y avait dès lors plus lieu à statuer, sans avoir à fournir une déclaration du caractère illicite de ces expériences[76].

La France entama alors un nouveau cycle d'essais nucléaires à partir du 42e essai *Achille* en 1975, en décidant unilatéralement l'arrêt de ses essais atmosphériques. Curieusement, la Cour a sous-entendu un caractère *obligatoire* à cette déclaration en déclarant que la France en est liée tant qu'elle ne l'infirmât pas par d'autres déclarations, précisant que « *des déclarations*

---

[73] « Les tirs [aériens] ne sont effectués que lorsque les conditions météorologiques offrent tout sécurité, ce qui est le cas pendant l'hiver austral où les vents, à toutes les latitudes, soufflent de l'Ouest vers l'Est, c'est-à-dire vers une zone océanique de plus de 6000 km, vide d'habitants » in *Livre Blanc sur les expériences nucléaires, 1973.* De même, comme l'indique la Cour Internationale de Justice dans son ordonnance du 22 juin 1973 sur l'affaire des essais nucléaires (Australie c. France) - mesures conservatoires « *Les renseignements soumis à la Cour n'excluent pas qu'on puisse démontrer que le dépôt en territoire australien de substances radioactives provenant des essais cause un préjudice irréparable à l'Australie* ».

[74] Délégation du gouvernement néo-zélandais et australien, 561e séance du Conseil de tutelle, 15 juillet 1954 « *le gouvernement néozélandais estime que ces essais sont compatibles avec les obligations que les Etats-Unis ont assumées en vertu de la Charte des Nations Unies* » ; vote contre le projet de résolution soviétique T/L 499 et contre le projet indien T/L 498 pour demander un avis consultatif de la Cour Internationale de Justice sur la légalité des expériences atmosphériques américaines en Micronésie et qui recommandait la suspension des essais dans l'attente de cet avis.

[75] Jean-Pierre Cot, « Affaire des Essais nucléaires (Australie c/ France et Nouvelle- Zélande c/ France). Demandes en indication des mesures conservatoires. — Ordonnances du 22 juin 1973 », *AFDI*, XIX, 1973, p. 255. Le contentieux juridique de fond soulevé entre la France et les Etats océaniens (Nouvelle-Zélande et Australie) ne disparaissait pas avec la fin de la campagne de tir de 1974. Juridiquement, la question qui demeure en litige est celle de savoir si les essais nucléaires atmosphériques qui ont effectivement eu lieu en 1973 et 1974 étaient compatibles avec les règles du droit international.

[76] A l'article 30 de l'arrêt Australie c. France de 1974, la Cour a en effet constaté que « le demandeur a eu pour objectif initial et conserve pour objectif ultime la cessation de ces essais » et qu' « on ne saurait considérer que sa demande tende à obtenir un jugement déclamatoire ».

revêtant la forme d'actes unilatéraux et concernant des situations de droit ou de fait peuvent avoir pour effet de créer des obligations juridiques » sans tenir compte du caractère circonstanciel. Or, dans l'attente de manifestation de volonté contraire, l'engagement est pris sans limitation de durée temporaire ou permanente[77], et du seul fait de la souveraineté de la France qui possède, par son propre arbitrage, le pouvoir de se délier de son obligation en cas de nouvelles circonstances.

Au-delà du problème de l'inexistence de dommage et de la compétence de la Cour, la question la plus complexe était celle de l'existence d'une règle internationale interdisant les essais nucléaires atmosphériques. Ainsi, dans l'opinion dissidente commune, l'affaire « *concerne l'applicabilité pour l'avenir d'une règle de droit international coutumier, qui pourrait être en voie de formation*[78] » et qu'il faut « *considérer comme une possibilité juridique qu'à un certain moment, le droit international coutumier interdise ou ait déjà interdit, les essais d'armes nucléaires*[79] ». A cela, se référant à sa propre jurisprudence, la Cour au début des arrêts du 20 décembre 1974, souligna qu'elle « *s'abstiendra non seulement d'exprimer une opinion sur des points de fond, mais aussi de se prononcer d'une manière qui pourrait préjuger ou paraître préjuger toute décision* [qu'elle] *pourrait rendre sur le fond* » ce qui témoigne d'une ingéniosité juridique[80] du fait que les demandes australienne[81] et néo-zélandaises étaient sans objet, permettant d'éviter le piège d'un gouvernement des juges[82] qui aurait été décrié dans les relations internationales. Ainsi, avec cette décision prise, l'Affaire des essais nucléaires de 1974 aboutit à l'absence de condamnation de la France, pouvant s'interpréter comme une décision reconnaissant de façon implicite que le droit international ne contient pas de règle interdisant les essais nucléaires.

En 1995, la reprise des essais nucléaires français fut un prétexte pour la Nouvelle-Zélande de porter contre la France un nouveau litige qui sera débouté. En effet, la CIJ fut saisie par la Nouvelle-Zélande au nom d'un *changement de circonstance* relatif à la reprise des essais nucléaires français du fait que l'arrêt de 1974 au titre 63 permettait un examen de la situation si le fondement de l'arrêt était remis en cause. Or l'arrêt portant exclusivement sur des essais nucléaires *atmosphériques*, lesquels par suite furent réalisés en

---

[77] C.I.J. Rec. 1974, p. 448.
[78] C.I.J. Rec. 1974, p. 321.
[79] C.I.J. Rec. 1974, p. 435.
[80] Hubert Thierry, « Les arrêts du 20 décembre 1974 et les relations de la France avec la Cour Internationale de Justice », *AFDI*, XX, Editions du CNRS, 1974, p. 294.
[81] Dès les années 1970, les motivations réelles de l'Australie sont de l'ordre de la rivalité géopolitique avec la France pour l'hégémonie régionale, constatant que ses deux principales actions auront été, jusqu'au traité de Rarotonga et les Accords de Matignon, l'élaboration d'un traité résolument dirigé contre les essais nucléaires français via le Forum du Pacifique Sud et le parrainage chaque année d'un projet de résolution concernant le statut du territoire de la Nouvelle-Calédonie à l'Assemblée Générale des Nations Unies.
[82] Brigitte Bollecker-Stern, *op cit*, p. 302.

souterrains, la demande présentée par la Nouvelle-Zélande fut écartée[83] par une conclusion inéluctable au paragraphe 62 : « *Considérant que le fondement de l'arrêt que la Cour a rendu dans l'affaire des Essais nucléaires (Nouvelle-Zélande c. France) était en conséquence l'engagement pris par la France de ne plus procéder à des essais nucléaires atmosphériques ; que, dès lors, ledit fondement n'aurait été remis en cause que dans le cas d'une reprise par la France de ses essais nucléaires dans l'atmosphère ; et que cette hypothèse ne s'est pas réalisée*[84] ».

Puis, invoquant le risque de pollution du territoire d'Etats situés à plusieurs milliers de kilomètres par des particules radioactives emprisonnées dans du basalte, la Nouvelle-Zélande entendit profiter du contexte de reprise pour remettre en cause l'arrêt prononcé en 1974 sur les retombées radioactives en atmosphère, en élargissant son objet à l'interdiction totale des essais nucléaires. S'appuyant sur le développement du droit de l'environnement avec la protection de l'environnement marin[85], l'argument néo-zélandais posait à la CIJ un problème de droit inter-temporel dans la mesure où sa demande d'examen de la situation reposait explicitement sur l'apparition d'obligations postérieures à l'arrêt de 1974. La Cour y répondit en rappelant à son paragraphe 62 qu'elle « *se limit*[e] *à l'analyse de l'arrêt de 1974* [et qu'] *elle ne peut rouvrir cette question* ». Drapé du principe de précaution, l'objectif de la Nouvelle-Zélande était de condamner juridiquement les essais nucléaires en obligeant la France à prouver l'innocuité totale des essais, s'appuyant sur une démarche de *lex ferenda* plus que sur le droit positif. A cela, la France répliqua que même le droit de l'environnement obéissait au principe reconnu *actori incombit probatio* et renvoya la Nouvelle-Zélande à prouver elle-même ses allégations sur autre chose que des scénarios catastrophes[86]. Au final, la procédure fut déboutée en parallèle d'une affaire plus cruciale car relative à la licéité de l'arme nucléaire elle-même.

2. L'Affaire de la licéité de la menace et de l'emploi de l'arme nucléaire

Avec la fin de la Guerre Froide et durant la décision française de reprise de ses essais nucléaires dans le Pacifique Sud, une bataille juridique s'est livrée dans le cadre des négociations sur la prorogation du Traité de Non-prolifération (TNP) et d'un Traité d'Interdiction Complète des Essais

[83] C.I.J., *Demande d'examen de la situation au titre du paragraphe 63 de l'arrêt rendu par la Cour le 20 déc. 1974 dans l'affaire des essais nucléaires, Nouvelle-Zélande c. France*, Rec 288 et s., ordonnance du 22 septembre 1995.

[84] C.I.J., *Nouvelle-Zélande c./ France*, Rec, 1974, paragraphe 62, p.305-306.

[85] Avec une argumentation fondée sur la Convention de Nouméa du 25 novembre 1990 relative à la protection des ressources naturelles et de l'environnement de la région du Pacifique Sud entrée en vigueur le 22 août 1990 après sa ratification par la France le 19 juillet 1990. Toutefois, la France avait précisé à sa ratification que les dispositions relatives aux déchets radioactifs ne sauraient s'appliquer « aux déchets et autres matières entraînant une pollution par radioactivité inférieure aux recommandations de l'AIEA ».

[86] Maurice Torrelli, *op cit.*

nucléaires (TICE). En 1995, la Cour Internationale de Justice est devenue la tribune des arguments favorables et hostiles aux armes nucléaires au cours d'un avis consultatif[87] relatif à une question posée laquelle obligeait la Cour *« à se comporter en véritable législateur international* [et à] *s'immiscer dans un processus politique et diplomatique par essence*[88] ». Déjà le 3 septembre 1993, l'Organisation Mondiale de la Santé (OMS) avait soumis à la CIJ une première question : *« Compte tenu des effets des armes nucléaires sur la santé et l'environnement, leur utilisation par un Etat au cours d'une guerre constituerait-elle une violation de ses obligations au regard du droit international, y compris la Constitution de l'OMS ? ».*

Constatant que la question posée portait non sur les effets de l'utilisation d'armes nucléaires sur la santé, mais sur la licéité de l'utilisation de telles armes au regard de leurs effets sur la santé et l'environnement, la CIJ avait estimé que la question de l'OMS ne se posait pas dans le cadre de cette organisation et s'était abstenue d'émettre un avis sur la question. En effet, l'institution dont émane la requête doit être dûment autorisée, l'avis sollicité doit porter sur une question juridique et cette question doit se poser selon la Cour Internationale de Justice dans le cadre de l'activité de l'institution requérante, ce qui n'était pas le cas de l'OMS[89].

Pourtant, le 6 janvier 1995, l'Assemblée Générale des Nations Unies pressa la CIJ d'émettre dans les meilleurs délais un avis sur la question suivante : *« Est-il permis en droit international de recourir à la menace ou à l'emploi d'armes nucléaires en toute circonstance ? ».* Cette double procédure devant la CIJ a donné lieu à une production d'écrits et d'études considérables avec la participation de 35 Etats. A la suite d'une longue réflexion d'un an et demi, la Cour déclara le 8 juillet 1996 dans le paragraphe 2E du dispositif que : *« La menace ou l'emploi d'armes nucléaires serait généralement contraire aux règles du droit international applicable dans les conflits armées »* [mais qu'] *« au vu des éléments de fait dont elle dispose, la Cour ne peut cependant conclure de façon définitive que la menace ou l'emploi d'armes nucléaires serait licite ou illicite dans une circonstance extrême de légitime défense dans laquelle la survie même d'un Etat serait en cause ».*

Devant se livrer au difficile exercice d'appréciation de l'arme nucléaire au regard du *jus ad bellum* et du *jus in bello*, la Cour n'a finalement pas émis d'avis véritable sur la question, préférant le *non liquet* (« ce n'est pas clair ») au *non licet* (« ce n'est pas autorisé »), et reconnaissant qu'il ne lui appartenait pas de résoudre cette ambigüité, la réponse devant provenir de la part des Etats concernés et du Conseil de Sécurité du fait qu'elle engendrerait

---

[87] Anne-Sophie Millet, « Les avis consultatifs de la Cour Internationale de Justice du 8 juillet 1996 – Licéité de l'utilisation des armes nucléaires par un Etat dans un conflit armé », *Licéité de la menace ou de l'emploi d'armes nucléaires*, *Revue générale de Droit International Public*, Pedone, 1997, p. 315-336.

[88] Alain Pellet, exposé oral de la France auprès de la Cour Internationale de Justice, Audience du 1 novembre 1995 dans le cadre de l'affaire sur la Licéité de la menace ou de l'emploi de l'arme nucléaire, CR 95/23, § 61-2.

[89] Cour Internationale de Justice, *Licéité de l'utilisation des armes nucléaires par un Etat dans un conflit armé*, avis consultatif, rôle général n°93, paragraphe 1, 8 juillet 1996.

potentiellement une remise en cause de la notion de légitime défense subordonnée à l'article 51 de la Charte des Nations Unies – à l'appréciation du Conseil. Affirmant la volonté de ne pas choisir entre la licéité et l'illicéité, l'avis du *non liquet* transforme une réalité politique en règle de droit, ou plutôt en « lacune de droit[90] » laquelle se base sur deux arguments à savoir l'existence de lacunes en droit international et la possibilité matérielle d'envisager toutes les circonstances de menace ou d'emploi des armes nucléaires[91].

Durant cette procédure, les Etats hostiles aux armes nucléaires se sont attachés à démontrer l'existence de pratiques effectives en droit international et d'une *opinio juris* relatives à l'illicéité de l'utilisation de ces armes, se basant sur les nombreuses résolutions de l'Assemblée Générale des Nations Unies qui, depuis la résolution 1653, fixent comme objectif le désarmement général ou l'élimination des armes nucléaires. Certains ont considéré que ces résolutions « *constituaient en fait des décisions de l'AG établissant que les règles fondamentales et impératives existantes en droit international humanitaire sont applicables à l'emploi de l'arme nucléaire*[92] » ce qui indique à l'inverse qu'il n'existe pas de règle générale de droit coutumier interdisant l'emploi de l'arme nucléaire[93]. Or la CIJ a écarté la thèse d'une condamnation de l'emploi des armes nucléaires fondée sur les résolutions de l'Assemblée Générale car, bien qu'elles « *constituent la manifestation claire d'une inquiétude profonde à l'égard du problème des armes nucléaires, elles n'établissent pas encore l'existence d'une opinio juris quant à l'illicéité de l'emploi de ces armes*[94] ».

Pour sa part, le juge Guillaume a considéré que la Cour avait reconnu par cet avis la licéité des politiques de dissuasion[95], le gouvernement français affirmant que l'avis confortait la politique française de dissuasion telle qu'elle était pratiquée depuis trente ans et n'avait rien d'incompatible avec son Libre blanc de 1994 ainsi qu'avec la loi de programmation militaire de

---

[90] Serge Sur, préface à l'ouvrage de Marie-Pierre Lanfranchi et Théodore Christakis, *La Licéité de l'emploi d'armes nucléaires devant la Cour Internationale de Justice, analyse et documents*, *op cit.*

[91] Marcelo G. Kohen, « L'avis consultatif de la CIJ sur la Licéité de la menace ou de l'emploi d'armes nucléaires et la fonction judiciaire », *op cit*, pp 342-343. Au fait qu'il existe des domaines des relations internationales qui ne sont pas régis par le droit international, dans lesquels prévaut l'autonomie de la volonté des Etats, toute restriction dans lesdits domaine est le fruit de la volonté des Etats.

[92] Egypte, exposé oral, CR 95/23.

[93] En réaction aux conclusions de la Cour, Eric David a eu l'occasion de commenter : « *on fait donc prévaloir une opinion minoritaire limitant la portée des règles anciennes sur l'opinion majoritaire donnant à ces règles la portée qui leur vient en vertu des textes eux-mêmes, au nom d'une pratique elle-même contestable* », Eric David, « L'avis de la Cour internationale de justice sur la licéité de l'emploi des armes nucléaires », *op cit.*

[94] Cour Internationale de Justice, *Licéité de la menace ou de l'emploi d'armes nucléaires*, avis consultatif du 8 juillet 1996, paragraphe 71.

[95] Marcelo G. Kohen, *Op Cit*, p. 351 : « Il s'agirait d'interpréter les références aux « objectifs militaires », aux « nécessités militaires » et à l'« avantage militaire attendu » contenues dans les règles pertinentes du droit des conflits armés en tenant compte de la nature des armes nucléaires et du but poursuivi par leur emploi ».

1996[96]. La Cour, à son paragraphe 97, semblait regretter le peu d'« *éléments de fait mis à sa disposition* » mais introduit *ex abrupto* à la fin de l'exposé le « *droit fondamental de l'Etat à la survie* » en insistant sur la politique de dissuasion pour expliquer qu'elle ne saurait conclure de façon définitive à la licéité ou à l'illicéité de l'emploi d'armes nucléaires au regard du *jus ad bellum*[97]. Cette constatation tardive justifie *a posteriori* les arguments avancés par les partisans de la licéité dont la France, sur le caractère hypothétique et spéculatif de l'analyse que la Cour était amenée à rendre[98].

L'arme nucléaire a ainsi fait l'objet d'une effervescence diplomatique et juridique dans la décennie 1990 amenant à définir son essence licite ou illicite, à savoir sa conformité au droit international, et permettant au travers de la CIJ d'élaborer son statut en utilisant les différents registres du droit international pendant que son statut coutumier était débattu pour la première fois devant la Cour, cette dernière se défendant de s'immiscer dans les politiques de défense des Etats tout en apparaissant pour certains comme un législateur ingérant[99]. Avec une référence *in brevibus verbis* à certaines constatations de ces études, l'avis consultatif a conclu qu' : « *il est impératif que la Cour tienne compte des caractéristiques uniques de l'arme nucléaire, et en particulier de sa puissance destructrice, de sa capacité d'infliger des souffrances indicibles à l'homme, ainsi que de son pouvoir de causer des dommages aux générations à venir*[100] ».

---

[96] David Deharbe, « Du bon recours au juge dans les relations internationales – Les avis de la Cour Internationale de Justice sur la licéité de l'arme nucléaire » in CURAPP, *La politique ailleurs,* PUF, 1998. A cet égard, la stricte sanctuarisation nucléaire du territoire national n'apparaît pas incompatible avec le droit international car celui-ci permet de cadrer l'usage de l'arme nucléaire au travers de traités et d'actes juridiques conventionnels. Cf. Vincent Coussirat-Coustère, *La licéité des armes nucléaires en question*, RGDI, 1996, p. 337-356.

[97] Marcelo G. Kohen, *Op Cit*, p. 345 : « Les règles juridiques sont censées être construites de manière abstraite et il s'agira tout simplement de classifier un fait, acte ou situation dans telle catégorie juridique ou telle autre. C'est là en fait l'« art » de la fonction juridictionnelle. En bref, ce qui n'est pas explicitement prohibé par une règle spécifique peut l'être en fonction d'autres règles plus générales, applicables à la situation en cause » mais le juge ne doit toutefois pas suppléer aux Etats dans leurs fonctions de créateurs de normes.

[98] Marc Perrin de Brichambaut, *Les avis consultatifs rendus par la CIJ le 8 juillet 1996 sur la licéité de l'utilisation des armes nucléaires dans un conflit armé (OMS) et sur la licéité de la menace et de l'emploi d'armes nucléaires (AGNU), Annuaire français de droit international*, *op. cit.*, pp. 315-336.

[99] Alain Pellet, *op cit*, § 61-2. Voir aussi Mohammed Bedjaoui, « Préface » in Abdelwahad Biad, *La Cour internationale de justice et le droit international humanitaire : une lex specialis revisitée par le juge*, Bruylant, Bruxelles, 2011, p. XL.

[100] Cour Internationale de Justice, *Avis consultatif sur la licéité d'emploi des armes nucléaires*, 1996, paragraphe 36.

Chapitre II
L'Europe contre l'arme nucléaire

Par sa maîtrise de l'arme nucléaire, la France permet de placer l'Union européenne sur la scène internationale comme une entité nucléaire. Préalablement, la construction d'une Europe de l'atome au travers d'une industrie nucléaire solide avait nécessité une entente communautaire spécifique et interventionniste si bien que les singularités des questions nucléaires apparaissent dans une jurisprudence volontariste de la Cour de Justice de l'Union Européenne (CJUE), destinées essentiellement à la protection sanitaire de la population et à la prévention de la prolifération nucléaire[101]. Outre l'absence de considération de culture stratégique au sein des instances de l'Union européenne[102], les pays européens qui ne possèdent pas l'arme nucléaire sont majoritairement défavorables au concept de dissuasion nucléaire, un sentiment accentué par le monopole de la France, puisque par défaut externalisée à l'OTAN. De fait se dégage une hostilité politique de l'Union européenne envers l'arme nucléaire malgré les propositions de la France d'assurer la protection du continent européen avec sa dissuasion nationale.

Juridiquement, l'Union européenne n'est pas une puissance nucléaire au prétexte qu'un unique Etat-membre dispose de l'arme nucléaire et pratique une politique de dissuasion nucléaire. Les alignements opérés lors de la procédure devant la CIJ sur la licéité des armes nucléaires ont été extrêmement révélateurs de l'hostilité européenne à l'arme nucléaire, au regard d'autres Etats qui ont choisi d'abolir l'arme nucléaire au travers d'instruments juridiques incriminants[103]. Alors qu'en France, la procédure devant la Cour n'a guère eu de retentissement en dehors des milieux spécialisés, les audiences ont été largement diffusées dans les autres pays européens. En parallèle, lors de la campagne de reprise des essais nucléaires français de 1995, sur les quinze membres de l'Union Européenne de l'époque, treize par leur vote aux Nations Unies avaient pris position contre la France ou s'étaient abstenus[104]. Cette hostilité se manifeste particulièrement dans la jurisprudence de la législation européenne (I) et fait l'objet d'une attention particulière de la Cour Européenne des Droits de l'Homme (II).

---

[101] Emmanuelle Saulnier-Cassia, « La question nucléaire devant les juges de l'Union européenne » *in* Olivier Guézou et Stéphane Manson, *Droit public et nucléaire*, Bruylant, 2013, p. 109.

[102] Olivier Lemesle, *La construction d'une défense nucléaire européenne*, mémoire de recherche sous la direction de Jean Joana, Institut d'Etudes Politiques de Toulouse, 2012.

[103] Loi n°2016-113 du 5 février 2016 portant application du protocole additionnel à l'accord entre la France, la Communauté européenne de l'énergie atomique et l'Agence internationale de l'énergie atomique relatif à l'application de garanties en France.

[104] David Cumin, *Op Cit.*

I. L'opposition de la législation européenne à l'arme nucléaire

Alors que les débuts euphoriques de l'utilisation de l'énergie nucléaire transparaissent dans l'établissement de leur cadre juridique, les garanties que les matières nucléaires ne seraient pas détournées à des fins non pacifiques étaient dès l'origine inscrites à l'ordre du jour européen. Cette ambition s'est traduite par la rédaction très précoce de traités[105], notamment Euratom. Un projet de traité européen sur l'énergie atomique fut aussi proposé en comprenant des dispositions par lesquelles les puissances signataires s'interdisaient de fabriquer des armes nucléaires, même expérimentales, et également des mesures portant sur la propriété collective des matières fissiles[106]. Mais les débats à l'Assemblée nationale n'engagèrent pas la liberté de la France, le Parlement prenant conscience en 1956, dans la suite du refus de la CED, de la possibilité de fabriquer en France des armes atomiques[107]. L'objectif d'Euratom fut alors ramené à la facilitation de l'utilisation de l'énergie nucléaire tant sur le plan national qu'international, dans le paragraphe 2 de l'Article 1 du traité instituant la Communauté européenne de l'énergie atomique (traité CEEA dit « Euratom »), « *La Communauté a pour mission de contribuer, par l'établissement des conditions nécessaires à la formation et à la croissance rapides des industries nucléaires, à l'élévation du niveau de vie dans les États membres et au développement des échanges avec les autres pays* ». Mais, à la suite des différents traités de la construction européenne[108] intégrant la notion d'arme nucléaire, le traité Euratom, conçu dans un souci de développer l'industrie nucléaire européenne, ne dissimule pas les dangers que représentent les matières nucléaires[109] et contient plusieurs contraintes juridiques lesquelles ne concernent pourtant pas les applications militaires (1) malgré les tentatives de la Cour de Justice de l'Union Européenne de légiférer sur la question (2).

---

105 Voir la Convention OECE sur l'Établissement d'un Contrôle de Sécurité dans le Domaine de l'Énergie Nucléaire du 20 décembre 1957 (*Bundesgesetzblatt* 1959 II p. 586) ; articles 77-85 du traité Euratom (note de bas de page 22).

106 Charles Ailleret, *L'aventure atomique française. Comment naquit la force de frappe*, Grasset, Paris, 1968, p. 182.

107 *Ibid*, p. 195.

108 A titre d'exemple, le Traité de Bruxelles voyait comme condition d'entrée que l'Allemagne, désarmée et occupée après la Seconde Guerre Mondiale, renonce à l'arme nucléaire pour intégrer une alliance militaire dont elle n'assurerait pas la direction mais l'intendance. Le Traité de l'Union de l'Europe Occidentale n'évoque pas l'arme nucléaire mais s'intègre à l'Organisation du Traité de l'Atlantique Nord, détentrice au travers des Etats-Unis et du Royaume-Uni de l'arme nucléaire. L'échec de la Communauté Européenne de Défense a fortement contribué à diviser l'Europe sur la question souverainiste.

109 L'action normative de la Commission européenne définit sa compétence de façon limitative par les dispositions du Traité Euratom, agissant par voie de directives et de règlements dont le respect s'impose aux Etats de l'Union Européenne.

1. Le traité Euratom et le contrôle européen des activités nucléaires

Instauré au chapitre 7 du titre II du traité, le contrôle de sécurité poursuit un objectif civil et pacifique tout en tenant compte des risques de la prolifération nucléaire, du fait que son champ d'application s'étende à toutes les matières nucléaires localisées dans la Communauté. Cependant, si l'alinéa 1er de l'article 84 précise qu'il n'est pas fait de discrimination dans l'exercice du contrôle, celui-ci « *ne peut s'étendre aux matières destinées aux besoins de la défense qui sont en cours de façonnage spécial pour ces besoins, ou qui, après ce façonnage, sont conformément à un plan d'opérations, implantées ou stockées dans un établissement militaire*[110] ». Cette disposition exonère les activités militaires nucléaires du contrôle d'Euratom et permet de situer le moment précis à partir duquel les matières nucléaires sortent du régime civil pour entrer dans le régime militaire. Et inversement, un accord tripartite AIEA – Euratom – France fut conclu les 20 et 27 juillet 1978 et entré en vigueur le 12 septembre 1981, avant d'être complété par le protocole additionnel du 22 septembre 1998 portant sur des matières nucléaires à donner connaissance aux fins de contrôle à l'AIEA. De fait, la France fournit la liste des installations et des matières soumises à vérification, demeurant libre de modifier cette liste sous réserve de notification préalable. Puis, par le décret n°2011-607, la France créa le Comité technique Euratom, composé d'experts du CEA et appuyé par l'IRSN, afin d'assurer le suivi de la mise en œuvre des contrôles internationaux sur les matières nucléaires exercés en France par la Commission européenne et l'AIEA[111].

Au sein de l'Union européenne, les populations doivent être informées des risques liés à la radioprotection[112]. En parallèle, les cercles militants exercent de fortes pressions sur la classe politique pour que soit abordée le plus souvent possible la problématique de non-prolifération afin que

---

[110] Article 3, alinéa 3 du Traité Euratom.

[111] Sur la question de l'harmonisation des règles de responsabilité sanitaire nucléaire au sein de l'Union européenne, la commission dans sa communication du 4 octobre 2012 envisage, sur le fondement de l'article 98 du traité Euratom, « de proposer un acte législatif contraignant dans le domaine de l'assurance et de la responsabilité en matière nucléaire ». Cf. *Communication de la Commission au Conseil et au Parlement européen sur les évaluations globales des risques et de la sûreté (« tests de résistance ») des centrales nucléaires dans l'Union européenne et les activités y afférentes*, COM (2012), 571 final, 4 octobre 2012, p.14.

[112] La directive n°89/618 Euratom du Conseil Européen datée du 27 novembre 1989 concernant l'information de la population sur les mesures de protection sanitaire applicables et sur le comportement à adopter en cas d'urgence radiologique (JOCE, n° L 357, 29 juin). Dans son arrêt en date du 6 mars 2006 concernant les dispositions de cette directive, la Cour de Justice a réaffirmé le caractère civil du Traité Euratom, « le champ d'application des directives de droit dérivée ne pouvant, sous peine de nullité, excéder celui de leur base juridique, l'inapplicabilité de l'article 31EA aux activités militaires implique forcément la non-application de la directive auxdites activités ». Cf. CJCE, 9 mars 2006, Commission c/ Royaume-Uni, soutenu par la France, arrêt *HMS Tireless*, aff. C-65/04, Rec. I 2239, point 27.

l'unique puissance nucléaire européenne réduise son arsenal jusqu'à l'objectif final d'une dénucléarisation absolue[113].

Lors de la reprise des essais nucléaires français en 1995, ceux-ci avaient été largement débattus dans le cadre européen. Il fut reproché à la France de ne pas avoir consulté ses partenaires et, par sa résolution du 20 septembre 1995, le Parlement européen avait réclamé la tenue d'un Conseil européen extraordinaire sur la politique de sécurité commune. Sans revenir sur son droit souverain de tester son armement nucléaire, la France avait proposé aux membres de l'Union d'étudier les possibilités d'une dissuasion concertée, mais les divergences d'intérêts nationaux entre les Etats-membres soulevèrent de nombreuses difficultés. Mis à part le Royaume-Uni, européen à l'époque, les autres Etats de l'Union n'ont pas été les alliés de la France lors de sa dernière campagne de tirs : à la résolution de l'Assemblée Générale des Nations Unies du 12 décembre 1995, les deux tiers des Etats de l'Union européenne ont voté à l'ONU des résolutions dénonçant les essais de leur partenaire français, sans aucune solidarité communautaire[114].

Bien plus, cette opposition a incité la Commission européenne à traiter la question des essais nucléaires. Si ceux-ci font partie des activités qui ne sont pas interdites par le droit international - la CIJ n'eut pas eu le loisir de créer par deux fois un précédent juridique qui eût pu soutenir la thèse contraire, que ce fût en 1974 comme en 1996 - la Cour de Justice des Communautés européennes aurait également pu être amenée à se prononcer sur les obligations de la France en matière de protection sanitaire pour la tenue de ses essais nucléaires, notamment en cas d'« *expériences particulièrement dangereuses* » telles qu'elles résultent de l'article 34 et 35 du chapitre III du traité Euratom : « *Tout Etat membre sur les territoires duquel doivent avoir lieu des expériences particulièrement dangereuses, est tenu de prendre des dispositions supplémentaires de protection sanitaire sur lesquelles il recueille préalablement l'avis de la Commission* » et « *Chaque Etat membre établit les installations nécessaires pour effectuer le contrôle permanent du taux de radioactivité de l'atmosphère, des eaux et du sol* ».

Bien qu'il ne s'applique pas aux activités militaires nucléaires, le traité Euratom fut utilisé par le Parlement européen, en totale opposition avec la reprise des essais nucléaires français, pour assimiler ces derniers aux expériences décrites dans l'article 34, et invita la Commission à faire appliquer l'article 35 sur le contrôle de la radioactivité puis, sur la base de l'article 141 du traité Euratom, à saisir la Cour de Justice à l'encontre du

---

[113] En mai 2004, un document de travail est soumis par la Belgique, la Norvège et les Pays-Bas au Comité préparatoire de la Conférence des Parties chargée d'examiner le Traité sur la non-prolifération des armes nucléaires en 2005. Ce texte énonce dans son article 19 que : « *Nous préconisons une diminution du rôle des armes nucléaires dans les politiques de sécurité afin de réduire au minimum le risque que ces armes ne soient jamais utilisées et pour faciliter le processus de leur élimination totale.* »

[114] La France et la Grande-Bretagne ont voté contre ; l'Allemagne, la Grèce et l'Espagne se sont abstenus ; les 10 autres membres de l'Union Européenne ont voté en défaveur de la France.

gouvernement français en cas de non-respect desdits articles[115]. Or l'article 34 n'est applicable qu'à partir du moment où une expérience particulièrement dangereuse est menée, dont le caractère est défini au seul objet des articles 30 et suivants, à savoir la protection de la population et des travailleurs contre les radiations ionisantes. Et la consultation de la Commission portant sur les dispositions *supplémentaires* de protection sanitaire requises et non sur les expériences elles-mêmes, celle-ci devrait ouvrir une procédure d'infraction et établir, preuves à l'appui, que l'Etat membre avait violé les obligations imposées pour des essais qui n'ont pas encore eu lieu. Néanmoins, les articles 34 et 35 ne confèrent aucune compétence pour demander la suspension ou l'arrêt des expériences[116]. Le gouvernement français rappelant à cette occasion que « *les dispositions du chapitre III du traité ne s'appliquent pas aux activités nucléaires dans le domaine militaire*[117] », la Commission conclut à l'inapplicabilité du traité Euratom aux activités militaires, tout en estimant que les essais français ne sont pas des « *expériences particulièrement dangereuses*[118] » au sens de l'article 34 du traité.

Par la suite, l'adoption du Traité de l'Union Européenne en 2007 a confirmé la position de l'Union européenne dans sa lutte contre la prolifération nucléaire aux articles 2 et 7 du TUE, et paradoxalement, le maintien de la CEEA comme communauté européenne eut pour conséquence de disposer d'une personnalité juridique séparée de celle de l'Union et de faire du droit issu du traité Euratom la source particulière du droit communautaire[119].

2. La compétence limitée de la Cour de Justice de l'Union Européenne

Le nucléaire militaire est source de plusieurs limitations à l'activité jurisprudentielle. La Cour de Justice de l'Union Européenne (CJUE), compétente pour les différends qui surviendraient entre les Etats-

[115] JO C 269 du 16 octobre 1995. Voir Jean-Pierre Cot, *Remarques sur l'application du chapitre III Euratom aux essais nucléaires français*, Juris-Classeur, Europe, novembre 1995, p. 1-4.

[116] Dans l'arrêt *Jason* du 12 avril 2005 concernant les rejets d'effluents radioactifs causés par le démantèlement d'un réacteur nucléaire anglais, a été réaffirmé le champ d'application civil du Traité Euratom et par conséquent l'exclusion du contrôle de la Commission sur les activités militaires, l'article 37 EA n'imposant pas de fournir à la Commission des données générale relatives au projet de démantèlement. Cf. CJUE, 12 avril 2005, Commission c/ Royaume-Uni, soutenu par la France, « arrêt Jason », aff. C-61/03, Rec. I. 2477, points 44 et 45.

[117] TPI, Affaire T.219/95, *Danielsson et autres c/ Commission*, 22 décembre 1995, paragraphe 33. L'interprétation de la Commission a été rappelée dans sa recommandation 1999/889/Euratom du 6 décembre 1999 concernant l'application de l'article 37 du traité Euratom.

[118] *Ibid.*

[119] Didier Blanc, « L'Euratom et la Constitution d'une Europe de l'énergie nucléaire : une politique publique à la vitalité paradoxale » *in* Olivier Guézou et Stéphane Manson, *Droit public et nucléaire*, Bruylant, 2013, p. 96.

membres[120], semble toutefois restreindre sa compétence concernant ce domaine[121]. Relatif au traité Euratom, la question de son application fut évoquée dans l'affaire de la Convention de sûreté nucléaire de 1994, la CJUE a maintenu son interprétation extensive du champ d'application du traité Euratom en accroissant sa propre compétence en la matière, déclarant que « *selon l'article 37 du traité CEEA, la Communauté dispose d'une compétence au regard de "tout projet de rejet d'effluents radioactifs sous n'importe quelle forme" si la mise en œuvre de ce projet est susceptible d'entrainer une contamination radioactive des eaux, du sol ou de l'espace aérien d'un autre Etat membre*[122] ». Cette évolution signifiait l'élargissement des compétences de la Cour elle-même, mais cette possibilité a par suite été écartée lors de la reprise des essais nucléaires français en 1995, la CJUE déclarant qu'il « *n'y a pas lieu de se prononcer, au préalable,* [...] *sur la question de savoir si le chapitre III du traité Euratom, consacré à la protection sanitaire, et notamment son article 34, est applicable aux activités nucléaires dans le domaine militaire*[123] ». La CJUE eut toutefois l'occasion de rappeler sa jurisprudence de l'arrêt du 4 octobre 1991 opposant le Parlement au Conseil lorsqu'elle « *a refusé de retenir l'interprétation restrictive des articles 30 et suivants du traité CEEA proposée par le Parlement. Elle a jugé que lesdits articles avaient pour objet d'assurer une protection sanitaire cohérente et efficace de la population contre les dangers résultant des radiations ionisantes, quelle qu'en soit la source*[124] ».

Si le nucléaire n'est jamais expressément visé dans ces affaires, la formulation générale laisserait entendre que les dispositions sur la protection sanitaire s'imposeraient également aux activités de défense. Or dans une série d'affaires opposant la Commission au Royaume-Uni, soutenu par la France en 2005, la CJUE a rappelé que lesdites activités ne sont pas couvertes par le traité Euratom, concluant « *que le traité n'est pas applicable aux utilisations de l'énergie nucléaire à des fins militaires*[125] ». Une affirmation rappelée en 2006, « *eu égard de l'absence dans le traité CEEA de toute dérogation fixant les modalités selon lesquelles les Etats membres seraient autorisés à invoquer et à protéger lesdits intérêts essentiels, les activités relevant du domaine militaire échappent au champ d'application de ce traité*[126] ». La CJUE semble néanmoins se réserver une compétence d'appréciation au cas par cas quant à la pertinence de l'exclusion des règles du traité Euratom quand elle affirme que « *l'applicabilité des dispositions dudit traité aux activités relevant du domaine militaire dépendrait de la nature et de la portée des obligations que ces dispositions imposent aux Etats membres. Il*

---

120 Article 273 du traité sur le fonctionnement de l'Union Européenne (TFUE) lequel dispose que : « la Cour de justice est compétente pour statuer sur tout différend entre Etats membres en connexité avec l'objet des traités, si ce différend lui est soumis en vertu d'un compromis ».

121 TPI, Affaire T.219/95, *Danielsson et autres c/ Commission*, 22 décembre 1995.

122 CJUE, *Affaire C-29/99 du 10 décembre 2002, Commission c/ Conseil*, Rec., 2002, p. I – 11224.

123 *Ibid*, paragraphe 62.

124 CJUE, *Affaire C-70/88, Parlement c/ Conseil*, arrêt du 4 octobre 1991, Rec., p. 8-4529, pt. 14.

125 CJUE, *Affaire C-61/03 du 12 avril 2005, Commission c/ Royaume-Uni*, Rec., 2005, p. I – 2527, par.44.

126 *Ibid*, par.36. Le même paragraphe est repris dans l'affaire *C-65/04 du 9 mars 2006, Commission c/ Royaume-Uni*, Rec., 2006, p. I – 2259, par.19.

y aurait dès lors lieu d'apprécier dans chaque ca l'atteinte que l'exécution de ces obligations est susceptible de porter aux intérêts essentiels de la défense nationale desdits Etats[127] ».

Soumis à la critique des règles du traité Euratom, le droit national doit rester vigilant sur les tentatives d'empiétements qu'il pourrait subir de la part du droit européen sur ses prérogatives, notamment régaliennes quand elles concernent l'arme nucléaire, également sous les attaques viscérales et idéologiques de la Cour Européenne des Droits de l'Homme.

II. La Cour Européenne des Droits de l'Homme contre l'arme nucléaire

1. La jurisprudence évolutive de la CEDH sur les questions nucléaires

Au nom de l'interdiction des traitements inhumains ou dégradants, la jurisprudence de la CEDH a créé une jurisprudence à l'encontre de la pratique de dissuasion nucléaire et le silence caractéristique des activités de secret défense. Au regard de l'article 3 de la CEDH lequel impose que : *« Nul ne peut être soumis à la torture ni à des peines ou traitements inhumains ou dégradants »*, cette disposition semble de prime abord éloignée des questions d'information et de secret défense, mais une lecture compréhensive de la part de la Cour lui a permis de l'invoquer dans des situations où le silence opposé au nom d'intérêts divers (ou l'esquive de l'information) peut être assimilé à un tel traitement. Or, comme l'a souligné la Cour, la carence de l'Etat revêt une certaine gravité et peut susciter une angoisse pouvant raisonnablement passer pour des traitements dégradants prohibés par l'article 3, *« Les conditions dans lesquelles la requérante et sa famille vécurent pendant quelques années furent certainement très difficiles, mais elles ne constituent pas un traitement dégradant au sens de l'article 3 »*[128]. Autrement dit, le fait que le silence soit gardé sur les activités militaires nucléaires de dissuasion, malgré l'état d'angoisse subséquent des familles et des proches, ne suffit pas nécessairement à caractériser un tel traitement, qui aurait imposé corrélativement à l'Etat de lever le secret sur l'activité en cause. Par application de la politique de dissuasion nucléaire, il y a cependant loin des conditions de vie *difficiles* à l'*angoisse permanente*. Comme l'a jugé la Cour, si la population « *a dû vivre dans un état d'angoisse et d'incertitude accentuées par la passivité des autorités nationales, qui avaient le devoir de fournir des informations suffisantes et détaillées quant aux conséquences passées, présentes et futures de l'accident écologique sur leur santé et l'environnement et aux mesures de prévention et recommandations pour la prise en charge de populations qui seraient soumises à des*

[127] CJUE, *Affaire C-65/04 du 9 mars 2006, Commission c/ Royaume-Uni*, Rec., 2006, p. I – 2260, par.26.

[128] CEDH, 9 déc. 1994, *Lopez Ostra c. Espagne*, n° 16798/90.

événements comparables à l'avenir. A cela s'ajoute la crainte due à la continuation de l'activité et à la possible reproduction, dans le futur, du même accident »[129].

Le caractère non contraignant des arrêts de la CEDH en limite l'exécution du fait que la Cour ne possède pas de pouvoir coercitif si l'Etat ne prend pas les mesures nécessaires à l'exécution de l'arrêt rendu, si bien que la CEDH n'a pas le droit d'annuler une décision juridictionnelle nationale. Les juridictions internes demeurent souveraines du règlement des litiges qui leur est soumis. De plus, si certaines conventions relatives aux Droits de l'Homme peuvent interférer avec les règles inhérentes à l'activité de défense, le Gouvernement de la République Française a pris soin, au moment solennel de leur ratification, d'adjoindre certaines réserves pour se prémunir de tout vice d'inconventionnalité. Ainsi, la ratification de la Convention européenne de sauvegarde des libertés fondamentales et des droits de l'homme du 3 mai 1974, dite CEDH, a été accompagnée du dépôt de deux réserves intéressant la Défense dont celle attrayant au régime dit « des circonstances exceptionnelles[130] » relative à l'application de l'article 16 de la Constitution. La proclamation de l'état d'urgence, prévue par l'article 15 de la CEDH, permet de déroger, de manière temporaire, limitée et contrôlée, à certains droits et libertés garantis par la Convention. Néanmoins pour le Gouvernement français, ce type de restriction ne saurait limiter le pouvoir du Président de la République de prendre les mesures exigées par les circonstances tout en risquant d'invalider l'application de l'article 16. De fait, les arrêts de la Cour n'ont qu'un caractère déclaratoire[131].

Cas d'école lors de l'activation le 24 novembre 2015 de l'article 15 de la CEDH par le gouvernement Valls, le Conseil d'Etat n'est pas revenu sur la jurisprudence *Carminati* interdisant, sauf exceptions, au juge des référés d'examiner un moyen tiré de l'inconventionnalité de la loi, au fait qu'il ait considéré que « *la demande en référé doit être examinée par le Conseil d'Etat au regard et compte tenu des dispositions de l'article 6 de la loi du 3 avril 1955*[132] ». Se faisant, le Conseil d'Etat a écarté des normes de référence tels que le droit

---

[129] CEDH, 29 janv. 2009, *Tatar c. Roumanie* ; dans son arrêt, la Cour a conclu, à l'unanimité, à la violation de l'article 8 (droit au respect de la vie privée et familiale) de la Convention européenne des droits de l'homme, concernant le manquement des autorités roumaines à protéger le droit des requérants, vivant à proximité d'une mine d'extraction d'or, à la jouissance d'un environnement sain et protégé.

[130] CE, 28 juin 1918, *Heyriès*, req. n°63412, GAJA, 20e éd., Dalloz, 2015, n°31. En vertu d'une jurisprudence qui remonte à la Première Guerre Mondiale, les règles de droit qui s'imposent à l'Administration ne sont pas les mêmes en période de « circonstances exceptionnelles » et en temps normal. Selon la formule du Conseil d'Etat, « dans des circonstances exceptionnelles, les autorités administratives peuvent prendre des mesures dépassant le cercle de leurs attributions normales en vue de pourvoir d'extrême urgence aux nécessités du moment ».

[131] De telles réserves relatives aux circonstances exceptionnelles ont également été formulées lors de la ratification le 4 novembre 1980 du Pacte des Nations Unies relatif aux droits civiques et politiques.

[132] CE, Sect, 11 décembre 2015, n°395009, cons. 24.

international et les dispositions de la CEDH[133] pour soumettre les mesures de police prises sur le fondement de l'état d'urgence à « *l'entier contrôle du juge de l'excès de pouvoir*[134] », abandonnant la jurisprudence *Agostini* de 1985 qui limitait le contrôle de ces mesures à la seule erreur manifeste d'appréciation.

Enfin, une requête interétatique comporte souvent une dimension politique[135], et les juristes de la CEDH ont usé de recours pour se constituer une pièce maîtresse dans le système de garantie collective des droits découverts et protégés par la CEDH, laquelle dispose d'une jurisprudence évolutive et contradictoire[136], illustrée avec la question des essais nucléaires.

2. Les essais nucléaires devant la convention européenne des droits de l'Homme

Expérimentations grandeur nature et objets de nombreuses crispations idéologiques, les essais nucléaires firent l'objet de plusieurs affaires juridiques les accusant de violer les principes de la CEDH, accusés d'être racialement discriminants, car effectués hors du territoire européen, et préjudiciables à la santé ainsi qu'à l'environnement.

Le 10 août 1995, des sympathisants de l'organisation Greenpeace déposent une requête introductive d'instance devant la CEDH, alléguant que la décision présidentielle française de reprise des essais nucléaires violait la Convention aux articles 2-1, 3, 8, 13 et 14 et de son protocole annexé n°1, en qualité de victimes et de discriminés. Immédiatement rejetée par le président de la CEDH, et confirmée le 5 septembre 1995 par la Commission sur la base de l'article 36 de son règlement intérieur de la Commission, la requête a été une seconde fois rejetée le 4 décembre 1995, la Commission la jugeant irrecevable au motif que les requérants n'avaient pas la qualité de victime au sens de l'article 25 de la Convention[137]. En l'espèce : « *la seule évocation des risques inhérents à l'utilisation de l'énergie nucléaire ne suffit pas pour permettre aux requérants de se prétendre victimes d'une violation de la convention*[138] ».

L'article 14 de la Convention européenne sur la discrimination dans les droits a été évoqué du fait que les essais nucléaires, ayant lieu en Polynésie Française, constitueraient pour les requérants une « discrimination raciale » envers « une race non-européenne ». Cette discrimination était argumentée sur le choix non exclusif du site, les requérants exposant qu'il existerait en France métropolitaine des sites, tels que le Massif Central, qui comportaient

---

133 Christophe Fardet, « L'état d'urgence : point de vue du droit administratif », *Civitas Europa*, 2016, n°36, p. 166.

134 CE, Sect, 11 décembre 2015, n°394990, cons. 16.

135 Linos-Alexandre Sicilianos, *La cour européenne des droits de l'Homme face à l'Europe en crise*, Conférence SEDI/ESIL, CEDH, 16 octobre 2015, p. 11.

136 *Ibid*, p. 13.

137 Marc Guillaume, *Les contentieux liés à la reprise des essais nucléaires français*, Annuaire Français de Droit International, XLII, 1996, p.926-928.

138 CEDH, Commission (Plénière), *Tauira et 18 autres c. France*, 4 décembre 1995, 28204/95

des formations géologiques suffisamment solides pour résister à la pression résultant d'une explosion nucléaire souterraine. En outre, la conduite des essais en Polynésie était extrêmement coûteuse puisque la bombe étant fabriquée en métropole devait être transportée à Mururoa à grands frais. Le choix des sites de Mururoa et Fangataufa ne s'expliquait donc que par le fait qu'il était *politiquement plus acceptable* d'exposer une population minoritaire et non-européenne aux risques découlant des essais nucléaires. Or la Commission n'a aperçu en l'espèce aucun élément permettant de conclure à une discrimination via l'article 14 qui n'édicte une telle interdiction de discrimination que dans la jouissance des droits et libertés reconnus par la Convention : « *le grief tiré d'une prétendue discrimination doit également être rejeté pour défaut manifeste de fondement, conformément à l'article 27 par. 2 (art. 27-2) de la Convention*[139] ».

Lors de la dernière campagne de tirs en 1995-1996, dix Etats européens avaient voté à l'ONU les résolutions dénonçant les essais de leur partenaire français. Cette opposition avait alors incité la Commission européenne à s'intéresser à la question des essais nucléaires au travers du traité Euratom pour toutefois conclure de l'inapplicabilité dudit traité aux activités nucléaires, tout en estimant que les essais français ne sont pas des « expériences particulièrement dangereuses » au sens de l'article 34 du traité[140]. Cette conclusion fut attaquée par les sympathisants de Greenpeace devant le Tribunal de Première Instance des Communautés[141]. Au travers de l'affaire T.219/95 *Danielsson et autres c. / Commission*, les plaignants demandèrent l'annulation de la prise de position de la Commission selon laquelle l'article 34 CEEA n'était pas applicable aux essais nucléaires français du fait qu'ils ne comportaient pas de risques perceptibles d'exposition significative à des radiations. Dans son ordonnance du 22 décembre 1995, le Tribunal de Première Instance rejeta la demande de sursis à exécution par ordonnance de son président, le recours au principal apparaissant irrecevable. Après le rejet de leur demande en référé, les intéressés se sont désistés de leur requête, reconnaissant l'échec du contentieux.

Enfin, les essais nucléaires que les Britanniques réalisèrent sur l'île Christmas en 1957 et 1958 permirent à la Cour européenne des droits de l'homme de rendre un arrêt relatif à la reconnaissance d'un droit à un environnement sain. L'arrêt du 9 juin 1998 relatif à l'affaire *McGinley et Egan c. Royaume-Uni* porte sur deux militaires anglais stationnés dans le Pacifique Sud lesquels, à l'occasion d'essais nucléaires, se sont estimés victimes d'une violation de l'article 8 de la Convention[142]. Selon les requérants, le but de

139 *Ibid.*

140 R. Medhi, *Les essais nucléaires et le traité Euratom*, L'Observatoire des Nations Unies, 2, 1997, p.49-5.

141 Tribunal de Première Instance, ordonnance du 22 décembre 1995, *Mme Danielsson et autres c. Commission*, aff T.219/95

142 L'article 8 de la CEDH pose en principe le fait que : 1. Toute personne a droit au respect de sa vie privée et familiale, de son domicile et de sa correspondance. 2. Il ne peut y avoir

cette procédure était d'exposer délibérément des individus à des rayonnements, ce à des fins expérimentales. Les requérants eurent par la suite des problèmes de santé qu'ils attribuèrent à leur participation à ces essais nucléaires. Devant la Cour, ils se plaignirent du fait que les autorités britanniques ne leur aient pas fourni les documents - tels que les relevés des niveaux de rayonnement atteints sur l'île Christmas - qui leur auraient permis de vérifier s'ils avaient ou non été exposés à des niveaux dangereux de rayonnement et d'apprécier les conséquences possibles des essais sur leur santé. Pour la CEDH, l'article 8 était applicable : l'accès aux informations souhaitées aurait pu apaiser leurs craintes, leur permettre d'évaluer le danger auquel ils avaient été exposés, et prendre les dispositions *ad hoc*. Cet accès présentait un lien suffisamment étroit avec leur vie privée et familiale au sens de cet article. Ainsi, « *dès lors qu'un gouvernement s'engage dans des activités dangereuses* [...] *susceptibles d'avoir des conséquences néfastes cachées sur la santé des personnes qui y participent, le respect de la vie privée et familiale garanti par l'article 8 exige la mise en place d'une procédure effective et accessible permettant à semblables personnes de demander la communication de l'ensemble des informations pertinentes et appropriées* »[143].

Ainsi, la Cour considéra que l'article 8 faisait peser sur l'Etat une obligation positive à cet égard. Mais elle ajouta néanmoins que les requérants n'avaient pas fait ce qu'il fallait pour obtenir certains documents qui les auraient informés des niveaux de rayonnement dans les zones où ils avaient été stationnés lors des essais et qui auraient pu les rassurer à cet égard. La Cour conclut qu'en établissant une procédure permettant d'obtenir les documents pertinents, l'Etat avait rempli son obligation positive telle que découlant de l'article 8 et que, dès lors, il n'y avait pas eu violation de cet article[144].

Ainsi, la Convention européenne des droits de l'Homme est par essence opposée à l'arme nucléaire, que ce soit envers la pratique politique de dissuasion ou envers les essais militaires, sans toutefois parvenir à la faire

---

ingérence d'une autorité publique dans l'exercice de ce droit que pour autant que cette ingérence est prévue par la loi et qu'elle constitue une mesure qui, dans une société démocratique, est nécessaire à la sécurité nationale, à la sureté publique, au bien-être économique du pays, à la défense de l'ordre et à la prévention des infractions pénales, à la protection de la sante ou de la morale, ou a la protection des droits et libertés d'autrui.

[143] CEDH, *McGinley et Egan c. Royaume-Uni*, Rec., 1998-III, 9 juin 1998, p. 1362. La CEDH avait, dans un autre cadre, considéré que « lorsque des documents sont couverts par le secret-défense, le ministre peut refuser de les communiquer, et les requérants ont apporté la preuve que les demandes du président de la PAT visant à obtenir des données concernant les tirs de l'île Christmas avaient été rejetées pour des raisons de sécurité nationale. En outre, à réception d'un tel refus de la part du ministre, la PAT doit décider si l'absence de ces données risque de porter préjudice à la cause du demandeur – si tel n'est pas le cas, elle n'a d'autre choix que de poursuivre l'examen de l'affaire du demandeur sans disposer de ces documents et doit alors surseoir à l'examen de l'affaire sine die, jusqu'à ce que le facteur de sécurité nationale ne soit plus un obstacle. (...) ».

[144] Cour Européenne des Droits de l'Homme, 9 juin 1998, « Affaire McGinley et Egan c/ Royaume-Uni » (extraits), *Revue Européenne de Droit de l'Environnement*, n°1, 1999. pp. 42-44.

condamner par le biais de la Cour européenne, cette dernière ne pouvant prendre le risque de provoquer un contentieux politique avec les puissances nucléaires au titre de leur stratégie de défense. Cette perspective doit être aussi relativisée par la possibilité des instances nationales de se prémunir de toute ingérence : en cas de crise grave, le gouvernement français sera à même d'arguer de l'article 15 de la convention européenne des droits de l'Homme pour en suspendre l'application[145].

Le droit européen ne partage pas l'ambiguïté du droit international concernant l'arme nucléaire, il combat son existence. Pourtant difficilement conventionnelle, ayant pour base la disproportion dans son emploi, au regard du ratio gain – perte lequel fonde la dissuasion nucléaire dans les relations internationales, l'arme nucléaire a été toutefois précisée dans sa conventionnalité par des organisations régionales lesquelles, usant du droit international public, ont cherché à la limiter, voire à l'abolir juridiquement.

---

[145] Article 15 : dérogation en cas d'état d'urgence. 1. « En cas de guerre ou en cas d'autre danger public menaçant la vie de la nation, toute Haute Partie contractante peut prendre des mesures dérogeant aux obligations prévues par la présente Convention, dans la stricte mesure ù la situation l'exige et à la condition que ces mesures ne soient pas en contradiction avec les autres obligations découlant du droit international », 2. « La disposition précédente n'autorise aucune dérogation à l'article 2, sauf pour le cas de décès résultant d'actes licites de guerre, et aux articles 3, 4 (§ 1) et 7.3. Toute Haute Partie contractante qui exerce ce droit de dérogation tient le Secrétaire Général du Conseil de l'Europe pleinement informé des mesures prises et des motifs qui les ont inspirés. Elle doit également informer le Secrétaire Général du Conseil de l'Europe de la date à laquelle ces mesures ont cessé d'être en vigueur et les dispositions de la Convention reçoivent de nouveau pleine application ».

Chapitre III
L'arme nucléaire dans le monde : entre limitation et interdiction

Alors que la CIJ s'est heurtée, dans sa recherche d'un hypothétique fondement normatif de l'interdiction de certains usages de l'arme nucléaire, à l'absence de tout consentement des Etats nucléaires, différents types d'actes unilatéraux ont en parallèle été édictés tels que la renonciation aux armes nucléaires (Afrique du Sud), le moratoire conditionnel suivi de l'arrêt des essais nucléaires (Etats-Unis, France), l'adhésion d'Etats dotés d'armes nucléaires aux conventions préexistantes ou à des protocoles de traités régionaux établissant des zones exemptes de ces armes (France). Ces actes juridiques illustrent la prise en compte de l'armement nucléaire comme enjeu international, sinon comme base, du moins comme argument pour orienter les relations diplomatiques. La jurisprudence relative qui s'en ressort permet de spécifier le cadre conventionnel de l'arme nucléaire à propos du bannissement juridique de son déploiement (I) avant d'aborder la question de son éventuelle interdiction (II).

I. Le bannissement juridique du déploiement de l'arme nucléaire

Le droit conventionnel sur l'arme nucléaire s'est développé au travers des négociations sur les arsenaux nucléaires entre puissances rivales, américaines et russes principalement. Jusqu'en 2017, l'acquisition, la fabrication, la possession, le déploiement, les essais ne comportent pas d'interdiction générale d'emploi. Et à la suite de l'avis consultatif de la CIJ de 1996 sur la licéité d'emploi ou de menace de l'arme nucléaire, qui s'est fondé sur la recherche de règles générales et coutumières, le droit de l'arme nucléaire a pu être esquissé sans nécessairement devenir coutumier. S'est alors traduit un principe de spécialité du droit desdites armes résultant fondamentalement d'engagements écrits et spécifiques, mais des règles coutumières propres aux armes ne se sont pas développées sur la base des instruments en vigueur, si ce ne fut celle de la non-prolifération.

En revanche, si la Cour a précisé dans son avis consultatif que l'arme nucléaire a des caractéristiques uniques en raison de ses capacités de destruction, elle n'en reste pas moins soumise au droit international général[146]. Comme toute arme, elle peut être illicite et, de prime abord, sa menace ou son emploi pourrait violer la réglementation du recours à la force dans le cadre du *jus in bellum*, ou bien dans le *jus in bello* son usage deviendrait contraire au droit humanitaire ou à l'exigence de proportionnalité aux vues des conséquences de son usage. Mais la Cour n'a pas conclu que cette généralité était absolue. Ne pouvant résoudre le conflit de normes entre un

---

[146] Cour Internationale de Justice, *Licéité de la menace ou de l'emploi d'armes nucléaires*, avis consultatif, 8 juillet 1996, paragraphe 77.

droit de légitime défense dans des circonstances extrêmes, et un droit humanitaire avec ses règles intransgressibles, la Cour n'a pu déduire l'illicéité de l'arme nucléaire en toutes circonstances, renvoyant la limitation de l'arme nucléaire à la responsabilité des Etats et aux instruments juridiques existants. En ce sens, des traités ont été conclus pour limiter son exercice d'emploi (1) et pour exclure l'arme nucléaire de certaines zones de souveraineté (2).

1. Les traités de limitation et d'interdiction des essais nucléaires

Signé le 5 août 1963, le Traité d'interdiction partielle des essais nucléaires dit Traité de Moscou, est le premier instrument juridique à limiter l'expérimentation nucléaire dans l'atmosphère, dans l'espace extra-atmosphérique et sous l'eau[147]. Les essais souterrains n'étaient pas compris dans l'interdiction du fait qu'ils n'entraînaient pas la présence de déchets radioactifs hors des limites territoriales de l'État ayant procédé aux essais. A noter que ce traité avait été précédé d'un moratoire par le Royaume-Uni, l'URSS et les États-Unis en novembre 1958 avant d'être interrompu unilatéralement par l'URSS laquelle procéda à une nouvelle campagne nucléaire[148].

D'autres traités ont été contractés à commencer par celui sur l'Antarctique interdisant toute activité à caractère militaire tout en établissant une zone exempte d'armes nucléaires à partir de 1959 ; le traité sur l'espace conclu le 10 octobre 1967 interdit la mise en place d'armes nucléaires sur l'orbite de la Terre, sur la Lune ou tout autre corps céleste[149]. En 1971, le traité de désarmement sur le fond des mers et des océans crée une zone dénucléarisée dans les fonds marins. En 1974 est adopté par les Etats-Unis et l'URSS le Traité dit de seuil limitant la puissance de leurs explosions souterraines à 150 kilotonnes – mais ces derniers se sont entendus pour reporter cette interdiction à 1976, après l'expérimentation de leurs ogives supérieures à cette puissance. En outre, cette limite plutôt élevée n'a eu aucun impact réel sur la course aux armements nucléaires entre les deux superpuissances, déjà engagés dans la miniaturisation des charges nucléaires[150]. C'est pourquoi le traité du Seuil est le seul dans ce domaine à

---

147 Georges Fischer, « *L'interdiction partielle des essais nucléaires* », *Annuaire français de droit international*, vol. 9, 1963, p.3-34.

148 Ce moratoire a été effectif de novembre 1958 à septembre 1961, rompu à cause des vérifications qu'Américains et Britanniques voulaient entreprendre en territoire soviétique pour s'assurer, *in situ*, qu'on ne réalisait pas de tirs. L'URSS s'y refusait et a fini par dénoncer unilatéralement l'accord par une batterie de tirs en 1961 - 30 essais en soixante jours - marquant spectaculairement la fin du moratoire.

149 L'article 4 du traité Il interdit la mise en place d'armes nucléaires ou de toute autre forme d'arme de destruction massive sur l'orbite de la Terre, leur installation sur la Lune ou tout autre corps céleste, voire leur stockage dans l'espace hors de la Terre.

150 Georges Fischer, « Le Traité américano-soviétique relatif à la limitation des essais souterrains d'armes nucléaires », *Annuaire Français de Droit International*, 1974, n°20, pp. 153-172.

n'avoir jamais été salué par l'Assemblée générale des Nations unies[151]. Puis avec le moratoire des essais en 1992 et la prorogation du TNP en 1995, le Traité d'Interdiction Complète des Essais nucléaires (TICE) fut négocié en septembre 1996 mais ne put jamais être réellement appliqué.

En effet, la négociation du TICE fut facilitée par la fin de la Guerre Froide mais aussi par la pression du Mouvement des Non-Alignés, qui utilisa habilement la possibilité de transformer le Traité de seuil de 1974 en un traité d'interdiction totale au moyen de la procédure d'amendement. Même si elle était vouée à l'échec du fait du veto assuré des dépositaires du traité de Moscou (Etats-Unis, URSS, Royaume-Uni) et de l'absence de la France et de la Chine, cette initiative a abouti en 1994 à lancer la négociation du TICE à la Conférence du désarmement. Si les puissances nucléaires du TNP se mirent d'accord sur la portée de l'interdiction (« *toute explosion expérimentale d'arme nucléaire ou* [...] *autre explosion nucléaire* »), l'Inde et le Pakistan exigèrent que le traité comportasse un calendrier de désarmement nucléaire et que sa portée fusse étendue aux essais par simulation, laquelle permettaient aux puissances nucléaires de maintenir et de développer qualitativement leurs arsenaux. Ces deux exigences ayant été rejetées, l'Inde et le Pakistan refusèrent d'adhérer au TICE. Or les puissances nucléaires du TNP avaient insisté pour conditionner l'entrée en vigueur du TICE à sa ratification par une liste de pays incluant non seulement les cinq du TNP mais également l'Inde et le Pakistan ainsi qu'Israël et la Corée du Nord. L'absence d'adhésions de ces Etats proliférants a empêché ainsi l'entrée en vigueur du TICE. Bien qu'un moratoire unilatéral reste observé par toutes les puissances nucléaires du TNP, on peut s'interroger sur l'impact réel que le TICE aurait eu sur le désarmement nucléaire s'il avait été effectif[152].

De plus, l'article 14 du TICE conditionne son entrée en vigueur à la ratification des 44 Etats qui possèdent des réacteurs nucléaires. Cause directe de l'absence de consensus, cet obstacle illustre l'opposition irréductible d'Etats critiquant un traité qui « *dans la pratique des négociations multilatérales* [...] *va à l'encontre du droit international coutumier qui stipule qu'un traité ne crée pas d'obligations pour un Etat tiers sans son consentement*[153] » Parmi eux, les Etats-Unis, la Chine, l'Inde et le Pakistan ont refusé de le ratifier, rendant le TICE inapplicable. Toutefois, bien que le TICE fut suivi par de nombreuses législations nationales[154], les essais nucléaires indopakistanais

---

[151] Jozef Goldblatt, « Arms Control », *PRIO*, Oslo, 2002, p. 45.

[152] Marc Finaud, « Négociations et accords de désarmement nucléaire : le dessous des cartes », Conférence internationale « Vers un monde sans armes nucléaires », Paris, 26-27 juin 2014.

[153] A/50/PV.123, p. 16 et A/50/PV.125, p. 4.

[154] En Allemagne, la loi du 9 juillet 1998 relative au Traité d'interdiction complète des essais nucléaires en Allemagne ; en Australie, la loi modifiée de 1998 relative au Traité d'interdiction complète des essais nucléaires en Australie, certains en attente de l'entrée en vigueur du Traité ; en Autriche, la loi constitutionnelle fédérale du 1er juillet 1999 concernant une Autriche dénucléarisée ; au Cambodge, la loi relative à l'interdiction des armes chimiques, nucléaires, biologiques et radiologiques ; au Canada, la loi de mise en œuvre du Traité

ont désavoué la portée universaliste du TICE dès 1998, lequel prévoyait pourtant en son article 9 qu'une compromission des intérêts suprêmes d'un pays constituerait un motif suffisant de dénonciation du traité et de renonciation à toutes obligations relatives[155], entraînant le retrait d'un Etat du TICE avec un préavis de six mois.

Bien qu'en apparence cadré par les traités multilatéraux, lesquels furent affermis par la prorogation indéfinie du TNP, l'arme nucléaire a donc connu de nombreux instruments juridiques qui témoignent de la complexité de sa question, sans pour autant entraîner la formation de règles coutumières. Des innovations juridiques sont néanmoins apparues, telles que les ZEAN.

2. Les Zones Exemptes d'Armes Nucléaires

Arme de pouvoir et emblème de la souveraineté nationale, l'arme nucléaire a fait l'objet de consensus régionaux pour être interdite dans certaines zones géographiques[156], usant d'instruments juridiques pour

---

d'interdiction complète des essais nucléaires de 1998 ; au Danemark, la loi n° 403 du 2 juin 1999 sur les mesures d'application du Traité d'interdiction complète des essais nucléaires ; en Estonie, la loi de 1999 portant ratification du Traité d'interdiction complète des essais nucléaires ; en Russie, la loi fédérale de 2000 portant ratification du Traité d'interdiction complète des essais nucléaires ; en Hongrie, la résolution n°2087 du 5 mai 1999 relative à la ratification du Traité d'interdiction complète des essais nucléaires et à la désignation de l'Autorité nationale ; aux îles Cook, la loi d'interdiction des essais nucléaires de 2007, y compris l'interdiction de provoquer toute explosion expérimentale d'arme nucléaire ou toute autre explosion nucléaire que ce soit, d'encourager l'exécution d'une telle explosion ou d'y participer ; en Irlande, la loi de 2008 relative à l'interdiction des essais nucléaires ; en Italie, la loi n°484 du 15 décembre 1998 sur la ratification et la mise en œuvre du Traité d'interdiction complète des essais nucléaires modifiée par la loi n°197 du 24 juillet 2003 ; en Mongolie, la loi relative à l'exemption d'armes nucléaires du 3 février 2000 et la résolution 19 du Grand Khoural de Mongolie sur l'interdiction de tester ou d'utiliser des armes nucléaires ; en Nouvelle-Zélande, la loi de 1987 relative à la dénucléarisation, au désarmement et au contrôle des armements, y compris l'interdiction de tout essai d'engin explosif nucléaire puis la loi de 1999 relative à l'interdiction des essais nucléaires ; au Qatar, la décision n°26 du Conseil des ministres de 2004 portant création d'un Comité national pour l'interdiction des armes ; au Royaume-Uni, la loi de 1998 sur les explosions nucléaires (Interdiction et inspections) ; en Slovaquie, la résolution n°514/1997 du 8 juillet 1997 désignant l'Autorité nationale ; au Sri Lanka, l'article 22 de la loi portant création d'une agence de l'énergie atomique dispose que ni l'agence, ni personne ne doit produire ou développer des armes nucléaires ; en Suède, la loi SFS 1998:1702 relative aux inspections menées au titre du Traité d'interdiction complète des essais nucléaires et la loi n°1984:3 relative aux activités nucléaires.

[155] CD/1425, p. 35 et A/50/PV.125, p. 9. Si l'argument relatif à la dénonciation doit être pris en considération, en revanche, la situation d'un Etat qui a signé et ratifié un traité durant la période antérieure à l'entrée en vigueur n'est pas aussi simple que le Pakistan semble l'indiquer, relatif à l'article 18 de la Convention de Vienne de 1969 sur le droit des traités avec l'obligation de ne pas priver un traité de son objet et de son but avant son entrée en vigueur.

[156] La première initiative tendant à créer une ZEAN dans une zone peuplée a été lancée par l'URSS en 1956. La proposition concernait une zone de limitation et d'inspection des armements en Europe centrale, et en particulier une interdiction d'installer et de stationner dans la zone indiquée des formations militaires ainsi que des armes atomiques ou à hydrogène. Cf. Lisa Tabassi, « Mise en œuvre et application sur le plan national des traités

protéger certains milieux par une démilitarisation zonale[157]. Le concept de Zone Exempte d'Armes Nucléaires (ZEAN) remonte à la résolution 2028 de l'AGNU du 19 novembre 1965 qui portait sur la création d'un futur traité de non-prolifération des armes nucléaires et qui précisait qu' : « [aucune] *clause du traité ne devra porter atteinte au droit d'un groupe quelconque d'Etats de conclure des traités régionaux de façon à assurer l'absence totale d'armes nucléaires sur leurs territoires respectifs*[158] ». L'AGNU proposa une nouvelle définition des zones exemptes d'armes nucléaires en 1975, à savoir qu'« *une zone dénucléarisée est un territoire reconnu comme tel par l'Assemblée générale des Nations unies que tout groupe d'États, dans l'expression libre de leur souveraineté, décide d'établir par l'intermédiaire d'un traité. Ce dernier définît le statut qui régît le processus de dénucléarisation totale, ainsi que la façon dont la zone est délimitée. Il veille à ce que soit mis en place un dispositif international de vérification et de contrôle conforme au statut de zone dénucléarisée*[159] ». Une fois la zone proclamée, les puissances nucléaires doivent s'engager, par un traité, convention ou protocole, à en respecter le statut, à s'abstenir d'actes impliquant la violation de l'acte constitutif et à ne pas utiliser ou menacer d'utiliser des armes nucléaires contre les Etats qui font partie de la zone.

Selon Florent Baude dont la thèse portait sur sa théorisation, une zone exempte d'arme nucléaire est « *un statut régional fondé sur une zone délimitée conformément au droit international dans laquelle les Etats d'une région interdisent la prolifération horizontale et le stationnement des armes nucléaires tout en se réservant le droit d'utiliser l'énergie nucléaire à des fins pacifiques. Ce statut est établi par traité et le contrôle des obligations conventionnelles des Etats est assuré par une institution régionale et par l'Agence internationale de l'énergie atomique* ». Il est toutefois apparu indispensable, pour qu'elle acquière sa valeur, que la ZEAN obtienne l'adhésion des puissances nucléaires présentes sur zone. Ainsi, par ce biais, les Etats possesseurs d'armes nucléaires s'obligent en particulier à ne pas employer, ou menacer de le faire, des armes nucléaires contre les Etats parties audit traité[160].

Mise en place en 1961, la zone inhabitée de l'Antarctique fut le premier périmètre dans lequel furent interdits les essais nucléaires et l'entrepôt de déchets radioactifs. Par suite, plusieurs conventions régionales établirent un régime géographique d'exclusion de l'arme nucléaire, telles que le traité de

---

établissant des zones exemptes d'armes nucléaires », *Bulletin de droit nucléaire*, n°83, 2009/1, p. 37.

157 Pierre-Marie Dupuy, *Droit international public*, 1992, p. 425, n°558.

158 Assemblée Générale des Nations Unies, résolution 2028 (XX) du 19 novembre 1965, article 2, paragraphe e.

159 Assemblée Générale des Nations Unies, Étude complète de la question des zones exemptes d'armes nucléaires sous tous ses aspects, A/RES/3472 (XXX) A C.1 44 A/PV.2437 du 11 déc. 1975, 126-0-2 A/10441.

160 Florent Baude, *La zone exempte d'armes nucléaires en droit international public. Essai de théorisation*, thèse de droit public sous la direction d'Olivier Pirotte, soutenue en 2000 à l'Université de Lille 2, p. 520-521.

Tlatelolco en 1967 pour l'Amérique Latine[161], le traité relatif au fonds des mers de 1971, le traité de Rarotonga en 1985 pour le Pacifique Sud[162], le traité de Bangkok pour l'Asie du Sud-Est en 1995, le traité de Pelindaba pour l'Afrique[163] en 1996, et le traité de Semipalatinsk pour l'Asie Centrale en 2006. La zone exempte d'armes nucléaires contribue à la fois à la non-prolifération nucléaire et à la non-dissémination. La renonciation aux dispositifs explosifs nucléaires est donc l'obligation fondamentale de ces zones lesquels se définissent dans le traité de Pelindaba et ces Protocoles, comme « *toute arme nucléaire ou tout dispositif explosif capable de libérer de l'énergie nucléaire, quelle que soit la fin à laquelle celle-ci pourrait être utilisée* ». Cette expression couvre ces armes ou ces dispositifs sous forme non assemblée ou partiellement assemblée, « *mais elle ne couvre pas les moyens de transport ou les vecteurs de ces armes ou de ces dispositifs s'ils peuvent en être séparés et n'en constituent pas une partie indivisible*[164] », excluant de l'interdiction les sous-marins et les missiles. Seule l'expérimentation est véritablement contrecarrée. Dans le même cas, le traité de Bangkok désigne par arme nucléaire « *tout dispositif explosif capable de libérer de l'énergie nucléaire de manière incontrôlée, mais n'inclut pas le moyen de transport ou de lancement de ce dispositif, s'il peut en être séparé et ne forme pas une partie intégrante de celui-ci*[165] ».

Similaires, les traités de Bangkok et de Pelindaba comportent les mêmes clauses de dénonciation de l'arme nucléaire et sont ouverts aux pays

[161] Assemblée Générale des Nations Unies, Application de la résolution 2286 (XXII) de l'Assemblée générale relative à la signature et à la ratification du Protocole additionnel I au Traité visant l'interdiction des armes nucléaires en Amérique latine (Traité de Tlatelolco) résolution A/RES/3262(XXIX) C.1 100 A/PV.2309 du 9 déc. 1974, 115-0-17 A/9908 : « toute zone reconnue comme telle par l'Assemblée générale de l'Organisation des Nations Unies, que tel ou tel groupe d'Etats, agissant dans le libre exercice de leur souveraineté, a établie en vertu d'un traité ou d'une convention aux termes duquel ou de laquelle : a) est défini le statut d'absence totale d'armes nucléaires auquel la zone sera soumise, avec la marche à suivre pour délimiter la zone ; b) est établi un système international de vérification et de contrôle en vue de garantir le respect des obligations découlant de ce statut ». Visant à l'interdiction des armes nucléaires en Amérique Latine, le traité se voulait le modèle de référence pour l'instauration des futures zones dénucléarisées. Mais ce dernier comporte deux failles à savoir la possibilité de reporter son entrée en vigueur en l'absence de toutes les ratifications et l'autorisation de procéder à des explosions nucléaires pacifiques.

[162] Angelo Miatello, *L'arme nucléaire en droit international*, Peter Lang, Berne, 1987, pp. 297-304.

[163] A la suite des essais nucléaires français, les pays africains ont soulevé, pour la première fois en 1960, le problème d'une ZEAN en Afrique. La résolution 1652 (XVI) 1961 demandait aux Etats membres de ne pas procéder à des essais en Afrique, de considérer celle-ci comme une zone dénucléarisée et de respecter ce statut. En juin 2009, le Traité de Pelindaba est entré en vigueur en juillet 2009 par la ratification des 28 États nécessaires. Afin de parvenir à l'universalité il faudrait le dépôt des ratifications des 53 États de la zone plus de la République arabe sahraouie démocratique. Parmi les États hors de la zone, la Chine et la France ont ratifié les protocoles auxquels ils sont respectivement éligibles et l'Espagne, la Russie et le Royaume-Uni les ont signés. Seuls les États-Unis n'en ont signé et ratifié aucun.

[164] Article 1 alinéa C du Traité de Pelindaba.

[165] Article 1 alinéa C du Traité de Bangkok.

détenteurs de l'arme nucléaire[166]. Toutefois, les puissances nucléaires se sont réservé le droit de recourir à ces armes dans certaines conditions, et ces réserves n'ont suscité aucune objection de la part des parties ou du Conseil de Sécurité[167]. Si chaque traité reflète les préoccupations et la situation spécifique d'une région, les traités de Bangkok et de Pelindaba présentent incontestablement des caractéristiques voisines et sont proches des traités de Tlatelolco et de Rarotonga, dont le dernier est considéré comme un modèle de traité constitutif[168] de zone exempte d'armes nucléaires par ses clauses spécifiques dans la mesure où le statut mis en place obéit à des règles et des principes bien établis aujourd'hui, fournissant un cadre d'ensemble aux dispositions conventionnelles. Pour sa part, le traité de Semipalatinsk va plus loin que les précédents traités en incorporant explicitement les dispositions du TICE, tout en exigeant des parties qu'elles aident à la réhabilitation environnementale des territoires contaminés par les activités passées de développement, de production ou de stockage d'armes nucléaires ou d'autres dispositifs explosifs nucléaires, en particulier les dépôts de déchets d'uranium et les sites où ont été menés des essais nucléaires[169]. Paradoxalement, ce traité prévoit explicitement qu'il n'affecte pas les droits et obligations des parties en vertu d'autres traités, y compris ceux appelant à une assistance militaire mutuelle, même nucléaire.

Ces traités se réclament aussi de l'application régionale du désarmement prônée par le Traité de Non-Prolifération[170] bien que le concept de ZEAN en ait un sens plus étendu, *ratione materiae*[171]. Concevant la licéité de l'arme nucléaire du fait qu'il les intègre pleinement dans les relations internationales, un traité constitutif d'une ZEAN n'est pas opposable *erga omnes* du fait de son hétérogénéité, qui en fait un concept difficilement définissable et qualifiable sur un mode unitaire. Porteur d'une *autonomie* par la volonté d'Etats régionaux de créer une norme nouvelle spécifique, en même temps qu'une *hétéronomie* par la volonté desdits Etats d'imposer cette norme à l'ensemble des Etats tiers, notamment possesseurs d'armes nucléaires, cette mixité normative entend mettre en place un statut juridique unitaire de ZEAN opposable *a priori* aux Etats qui souhaiteraient créer une telle zone et opposable *a posteriori* aux tiers par l'existence de ce statut territorial. Toutefois, pour être immédiatement opposable *erga omnes*, ce statut ne peut être objectif qu'une fois acquises la reconnaissance et la

166 Sandra Szurek, « De Rarotonga à Bangkok et Pelindaba. Note sur les traités constitutifs de nouvelles zones exemptes d'armes nucléaires », *Annuaire français de droit international*, XLII, 1996, pp. 164-186.

167 Anne-Sophie Millet, « Les avis consultatifs de la Cour Internationale de Justice du 8 juillet 1996 », *R.G.D.I.P.*, Tome 1, 1997, p. 164.

168 ONU, A.G., AI Cl 1461 9, p. 5 § 20, première réunion d'Addis-Abéba et AI 47 1468, p. 6 § 8, 2e réunion de Lomé.

169 Lisa Tabassi, *op cit*, p. 47.

170 Sandra Szurek, *op cit*, p. 164.

171 Georges Fischer, « La zone dénucléarisée du Pacifique Sud », *Annuaire français de droit international*, vol. 31, 1985, p. 25.

garantie de sécurité des Etats nucléaires[172]. Il ne peut donc s'agir que d'un statut à vocation objective ou statut objectif imparfait[173].

Cas spécifique car ne pouvant faire partie d'une ZEAN en raison du contexte géopolitique et de son positionnement géographique, la Mongolie a décidé le 28 février 2002 de faire reconnaître son statut d'Etat non nucléaire. Cette disposition fut rendue possible en vertu de la résolution 3261F de l'Assemblée générale des Nations Unies, adoptée lors de la vingt-neuvième session de 1974, laquelle énonçait que « *les obligations découlant de la création de zones exemptes d'armes nucléaires peuvent être assumées non seulement par des groupes d'Etats*, [...] *des continents entiers ou de vastes régions d'Etats, ou même [par] des pays individuels* »[174]. Unique zone exempte d'armes nucléaires demandée par un seul État, la ZEAN de Mongolie fut l'opportunité pour l'Etat de proclamer sa neutralité politique devant deux puissances nucléaires, un statut reconnu par l'Assemblée générale des Nations unies[175] avec la résolution 55/33S du 20 novembre 2000.

Le principal obstacle aux effets de ces traités instituant des zones excluant l'arme nucléaire réside dans l'inclusion d'application des intérêts souverains relatifs aux plateaux continentaux et à leurs zones économiques exclusives[176] : les Etats nucléaires sont ainsi très réservés sur le fait que ces traités limitent leur droit de libre circulation et de navigation conformément à la convention du droit de la mer de Montego Bay signée en 1982. En ce sens, chaque État partie est libre de décider s'il autorise les navires étrangers contenant des dispositifs nucléaires explosifs, et il n'existe aucune sorte de limitation quant à la durée de telles visites, l'interdiction du stationnement d'armes nucléaires sur les territoires des États de la zone pouvant être affectée. Au surplus, les Etats nucléaires ont assorti leur accord de déclarations précisant les situations dans lesquelles ils se considéreraient déliés de leur engagement[177]. Ces déclarations n'ont pas suscité d'objection de la part des Etats-parties aux traités, et aucun desdits traités ne spécifie que les mesures de dénucléarisation soient valables tant en temps de paix qu'en temps de guerre[178].

---

[172] Abdelwahad Biad, « Les zones exemptes d'armes nucléaires : enjeux et perspectives pour la non-prolifération », *Bulletin de Droit Nucléaire*, n°58, 1996, p. 26.

[173] Florent Baude, *La zone exempte d'armes nucléaires en droit international public, op cit*, p. 411.

[174] Assemblée Générale des Nations Unies, résolution 3261-F, A/RES/3261(XXIX) A-G C.1 35 A/PV.2309 du 9 déc. 1974, A/9907.

[175] A noter que l'Autriche a adopté en 1999 une loi Constitutionnelle dans l'esprit d'une zone exempte d'armes nucléaires, non reconnue en tant que telle par l'Assemblée générale des Nations Unies ce qui la prive du statut dont bénéficie la ZEAN de Mongolie au niveau international.

[176] Sandra Szurek, *art. préc.*, p. 186.

[177] Vincent Coussirat-Coustère, « Armes nucléaires et droit international. A propos des avis consultatifs du 8 juillet 1996 de la Cour internationale de Justice », *Annuaire français de droit international*, XLII, 1996.

[178] Josef Goldblat, « Zones exemptes d'armes nucléaires : une vue d'ensemble » *in* Serge Sur, *Le droit international des armes nucléaires. Journée d'étude de la SFDI*, Paris, Pédone, 1998, p. 54-55 :

La Cour Internationale de Justice n'a ainsi pas vu dans ces actes un engagement général et absolu de renoncer aux armes nucléaires et, au surplus, l'existence de zones d'autorisation ruine le principe d'universalité de l'interdiction des armes nucléaires[179]. Dans le sens où la menace et l'emploi d'armes nucléaires ne font pas l'objet d'une incrimination universelle, les traités instituant des ZEAN ne prévoient pas de sanction à l'encontre des Etats parties qui chercheraient à posséder, fabriquer ou stocker des dispositifs nucléaires. Certains traités précisent les modes de règlement de différends tels que l'article 24 du traité de Tlatelolco[180] ou encore l'article 15 du traité de Pelindaba[181]. D'autres traités tels que celui de Rarotonga prévoient même l'interdiction des essais d'armes et des explosions nucléaires à des fins pacifiques en définissant lesdits dispositifs explosifs mais en ignorant l'élément subjectif, à savoir l'intention de l'auteur de l'acte alors que, sur le plan technique, on ne saurait différencier une explosion nucléaire pacifique d'un essai nucléaire[182].

« *Seuls les traités de Rarotonga et de Pelindaba précisent clairement que les interdictions couvrent aussi les engins nucléaires explosifs en pièces détachées ou partiellement assemblées* » et « *Toute partie peut dénoncer le traité de Rarotonga après une ratification préalable de trois mis si, à ses yeux, surviennent des circonstances exceptionnelles qui affectent ses intérêts supérieurs ou la paix et la sécurité d'une ou plusieurs parties au Traité* ».

179 Florent Baud, *thèse préc.*, p. 22.

180 La France a émis des réserves à l'égard du traité de Tlatelolco en 1967 dans la mesure où il implique une limitation de la dissuasion : prendre l'engagement prévu au protocole I reviendrait à admettre que la dissuasion ne couvrirait qu'une fraction du territoire national. Cette réserve se traduisit au moment du vote de la résolution 2286 du 5 décembre 1967 par l'abstention de la France. La France a signé et ratifié le protocole II bien avant le protocole I. La France n'a signé le protocole I qu'en 1979 et ne l'a ratifié qu'en 1992. Cette adhésion tardive est liée à l'évolution française vis à vis du traité de non-prolifération. Elle est, ici encore, assortie de réserve à l'égard du protocole I au fait premièrement qu'« *aucune disposition de ce Protocole ou des articles du Traité auquel il renvoie ne saurait porter atteinte au plein exercice du droit de légitime défense confirmé par l'article 51 de la Charte des Nations Unies* ». Deuxièmement, la France a par ailleurs rejeté l'extension du traité à la haute mer en précisant que pour elle, la zone d'application du traité est celle mentionnée à son article 3, se limitant au territoire défini comme incluant mer territoriale et espace aérien, et non celle mentionnée à l'article 4. Troisièmement, la France a déclaré qu'elle ne renonçait pas à la possibilité de faire transiter par ses propres territoires des armes nucléaires : « *Le Gouvernement français n'accepte pas que les obligations résultant du Protocole N°1, qui renvoie aux articles 1er et 13 du Traité, s'appliquent au transit, par des territoires de la République française situés dans la zone du Traité et à destination d'autres territoires de la République française, de dispositifs définis à l'article 5 du Traité.* » Quatrièmement, afin d'éviter une interprétation extensive qui aurait indirectement touché les programmes nucléaires militaires français, elle a ajouté que le Gouvernement français « ne saurait accepter » que les obligations auxquelles il souscrit sur les territoires français au titre desquels est signé le protocole I, « *puissent s'interpréter comme limitant en aucune façon la participation des populations de ces territoires* » aux activités proscrites par l'article 1 du protocole « *se déroulant en dehors de la zone et à l'effort de Défense nationale de la République française* ».

181 « *Tout différent résultant de l'interprétation du Traité est réglé par la négociation, par saisine de la Commission ou par toute autre procédure convenue par les Parties, qui peut comporter le recours à un tribunal arbitral ou à la Cour Internationale de Justice* ».

182 Fischer Georges, *Op Cit*, p. 34.

Conçus à son époque comme « *un des moyens les plus efficaces pour les pays non nucléaires de contribuer à leur propre développement,* [...] *la zone dénucléarisée revêt une importance supérieure à celle du TNP*[183] » en retournant son aspect discriminatoire envers les puissances nucléaires. Or la prorogation du TNP en 1995 marqua l'intérêt accru porté aux zones dénucléarisées, trois dispositions leur étant consacrées[184]. En revanche, aucun des traités instituant des ZEAN n'érige en infraction pénale les activités interdites ni n'impose de sanctions au grand dam des abolitionnistes de l'arme nucléaire lesquels, afin de créer une norme d'interdiction tant désirée, ont établi un instrument juridique plus contraignant.

II. Le Traité d'Interdiction des Armes Nucléaires

Conclu le 7 juillet 2017, le Traité d'Interdiction des Armes Nucléaires (TIAN) est composé d'un préambule de vingt-quatre paragraphes et de vingt articles dont sept posant les principes du traité, les treize restants étant consacrés à son fonctionnement. Orné de tous les dons[185], il reflète la volonté d'opérer une révolution dans l'ordre nucléaire fondé par le TNP perçu comme inégalitaire[186], en rendant illégale l'arme nucléaire par le droit international des traités. Dans son article 4 tendant à l'élimination complète des armes nucléaires, le traité stipule que : « *Tout Etat qui, après le 7 juillet 2017, a été propriétaire d'armes nucléaires ou d'autres dispositifs explosifs nucléaires ou qui en a possédé ou contrôlé et qui a abandonné son programme d'armement nucléaire, y compris en éliminant ou en reconvertissant irréversiblement toutes les installations liées aux armes nucléaires, avant l'entrée en vigueur du présent Traité à son égard, coopère avec*

183 Angelo Miatello, *Op Cit*, pp.293-303.

184 Ainsi le § 5 de la Décision 2 (Annexe II) réaffirme la conviction que la création de zones exemptes d'armes nucléaires (ZEAN) internationalement reconnues, sur la base d'arrangements librement négociés entre Etats de la région, renforce la paix et la sécurité mondiale et régionale. En particulier, selon le § 7, « *Ces zones exemptes d'armes nucléaires et les protocoles qui s'y rattachent n'atteindront leur efficacité maximale que si l'ensemble des Etats dotés d'armes nucléaires apportent leur coopération en ce sens et s'ils se conforment auxdits protocoles et les appuient* ». Cf. Sandra Szurek, *op cit*, p.166 : « *Dans son préambule, le traité de Bangkok consacre trois alinéas au TNP, réaffirmant son importance (al. 6), rappelant l'article VII (al. 7), et les principes et objectifs de non-prolifération et de désarmement nucléaires adoptés lors de la Conférence de 1995 des parties au TNP, notamment le principe de la nécessaire coopération des Etats dotés d'armes nucléaires par leur appui aux protocoles. Le traité de Pelindaba se réfère également dans son préambule au TNP, réaffirmant son importance et la nécessité d'en faire appliquer toutes les dispositions (al. 9)* ».

185 Le TIAN comporte aussi des dispositions tout à fait inédites : d'une part, une interdiction d'emploi et de menace d'emploi de l'arme nucléaire (art. 1d) et, d'autre part, une interdiction d'autoriser l'implantation, l'installation ou le déploiement d'armes nucléaires ou d'autres dispositifs explosifs nucléaires sur son territoire ou en tout lieu placé sous sa juridiction ou son contrôle (art. 1g).

186 Tiphaine de Champchesnel, « Vers l'interdiction des armes nucléaires ? Autour de l'attribution du Prix Nobel de la Paix à l'ONG antinucléaire ICAN », *Note de recherche n°49*, IRSEM, décembre 2017, p. 3.

l'autorité internationale compétente désignée en application du paragraphe 6 du présent article afin de vérifier l'abandon irréversible de son programme d'armement nucléaire ».

A l'évidence, la *ratio legis* du TIAN est de générer des effets juridiques immédiats. Or l'ordre et le rythme d'avancement des initiatives en faveur de la non-prolifération ont toujours été tributaires des décisions du Conseil de Sécurité. A cet effet, le TNP, instrument juridique de référence en la matière, ne peut être amendé ou révisé sans le consentement dudit Conseil de Sécurité, et la Conférence d'Examen que le Traité prévoit tous les cinq ans a pour but d'évaluer les efforts d'implémentation, ainsi que de proposer des initiatives censées y contribuer[187]. Son échec en 2015 a déterminé l'Assemblée générale des Nations Unies à l'initiative juridique en la matière[188]. En tant qu'instance de négociations multilatérales unique pour l'ensemble des questions internationales couvertes par la Charte, l'Assemblée Générale remplit une fonction essentielle dans l'établissement de normes et la codification du droit international[189]. Or le raisonnement qui sous-tend l'initiative est l'idée qu'un traité crée une norme qui affecte le comportement des États même lorsqu'ils ne rejoignent pas le traité, en oubliant que les obligations d'un traité ne peuvent être opposées aux Etats souverains qui n'ont pas souscrit[190]. Le TIAN entend combler un « vide juridique » international qui aurait jusque-là servi de paravent[191] à l'apathie des États nucléarisés en matière de non-prolifération. Toutefois, la formation d'une norme supposerait une adhésion universelle telle que souhaitée dès son adoption de l'ensemble de la communauté internationale (1), y compris celle des États concernés par cette interdiction (2).

---

[187] Dont la décision du Conseil de Sécurité des Nations Unies. Cf. Philippe Weckel, « Le Conseil de sécurité des Nations Unies et l'arme nucléaire », *Annuaire Français de Droit International*, 2006, n°52, pp. 178-197.

[188] Le chapitre IV, article 11 de la Charte des Nations Unies dispose que « *l'Assemblée Générale peut étudier les principes généraux de coopération pour le maintien de la paix et de la sécurité internationales, y compris les principes régissant le désarmement et la réglementation des armements* ».

[189] D'ailleurs, la requête contentieuse introduite devant la CIJ par les îles Marshall le 24 avril 2014 s'inscrit pleinement dans la campagne humanitaire contre les armes nucléaires. Cf. *Requête contentieuse déposée simultanément contre les cinq États dotés, ainsi que la Corée du Nord, l'Inde, Israël et le Pakistan*, les Îles Marshall accusant ces pays de ne pas s'acquitter de leurs obligations relatives à la cessation de la course aux armes nucléaires à une date rapprochée et au désarmement nucléaire. La CIJ rejeta la plainte le 5 octobre 2016 en se déclarant incompétente tout en retenant l'argument des trois puissances nucléaires (Royaume-Uni, Inde, Pakistan) fondé sur l'absence de différend entre les parties et estimant que la Cour ne peut procéder à l'examen de l'affaire au fond dans ces trois cas.

[190] Article 26 de la Convention de Vienne sur le droit des traités, 1969, partie III, section 4, corollaire du principe *Pacta sunt servanda* qui veut que les traités doivent être respectés par leurs parties en réciprocité.

[191] Jean Yves Ndzana Ndzana, *op cit*, p. 11.

1. L'adoption du Traité d'Interdiction des Armes Nucléaires

Entre 1945 et 2017, les armes nucléaires ne furent pas spécifiquement interdites par un instrument juridique, à la différence d'autres armes ayant fait l'objet de traités d'interdiction absolue et inconditionnelle en raison de leur impact humanitaire[192]. Jusqu'alors, « *il n'exist[ait] ni dans la Constitution de l'OMS ni en droit international général, de prohibition d'emploi des armes nucléaires. Certains signes montrent au contraire que le droit international général admet l'éventualité de cet emploi*[193] ». La légalité de l'emploi des armes nucléaires découle de la liberté de chaque Etat de choisir son organisation politique et militaire[194], du fait de sa souveraineté[195]. Or plusieurs organisations non gouvernementales ont cherché à faire reconnaître cette absence d'interdiction formelle comme une lacune du régime de non-prolifération, avançant l'idée d'une convention pour interdire les armes nucléaires. Et, adopté à une large majorité à l'AGNU du 7 juillet 2017, le Traité d'Interdiction des Armes Nucléaires entend abolir les armes nucléaires en les rendant illégales sur la base des principes du droit humanitaire et des droits de l'Homme. Etape importante dans le désarmement international, son article premier dispose que : « *les Etats s'engagent à ne jamais, en aucune circonstance : mettre au point, mettre à l'essai, produire, fabriquer, acquérir de quelque autre manière, posséder ou stocker, transférer, accepter, d'employer ni menacer d'employer, autoriser l'installation ou le déploiement d'armes nucléaires ou autres dispositifs explosifs nucléaires* » ce qui amène à interdire la politique de dissuasion nucléaire, sans tenir compte de l'Avis consultatif de la Cour Internationale de Justice de 1996, ni l'efficience du droit positif sur la question depuis un demi-siècle.

S'agissant de souligner le caractère immoral de l'arme nucléaire pour en obtenir son illégalité dans une approche similaire à celle retenue afin d'obtenir par un traité l'interdiction des armes chimiques en 1972, des armes chimiques en 1993, des mines antipersonnel en 1997 et en 2008 des bombes

---

[192] Par exemple la convention d'interdiction des armes chimiques (CIAC) ou la convention sur l'interdiction des armes biologiques (CIAB), la convention d'Ottawa sur les mines antipersonnelles ou d'Oslo sur les armes à sous-munitions.

[193] CIJ, *Licéité de la menace ou de l'emploi d'armes nucléaires*, Recueil, exposé de la France, CR 95/23, p.2.

[194] *Ibid*, p.22. La France cite, en appui de sa thèse devant la Cour Internationale de Justice, la jurisprudence de la Cour elle-même dans l'affaire des activités militaires et paramilitaires au Nicaragua et contre celui-ci, lorsqu'elle a déclaré dans son arrêt du 27 juin 1986, p.135 : « *il n'existe pas en droit international de règles, autres que celles de l'Etat intéressé peut accepter, par traité ou autrement, imposant la limitation du niveau d'armement d'un Etat souverain, ce principe étant valable pour tous les Etats sans distinction* ».

[195] A l'inverse de la proportionnalité, un Etat disposant de l'arme nucléaire ne peut être obligé de disposer de moyens non nucléaires suffisamment aptes à offrir une riposte graduée. Le niveau d'armement d'un pays reste soumis au principe énoncé dans l'arrêt de 1986 Nicaragua c./ Etats-Unis selon lequel la seule limitation acceptée fait l'objet de traités. Cf. CIJ, Rec. 1986, p.315, paragraphe 269 : « *Il n'existe pas en droit international de règles autres que celles que l'Etat peut accepter, par traité ou autrement, imposant la limitation du niveau d'armement d'un Etat souverain* ».

à sous-munitions[196], le TIAN vient défier le TNP en tant que norme structurante de l'ordre nucléaire international. L'initiative humanitaire qui le porte, appuyée sur la volonté de stigmatiser les armes nucléaires et leurs possesseurs, introduit un élément de rupture contestant la logique de fond du TNP[197]. Le TIAN fut négocié afin de constituer un instrument d'abolition des armes nucléaires pour être adopté sans les Etats concernés ce qui, pour répondre aux attentes légitimes sur le désarmement en question, renvoie à son effectivité et limite son effet au fait qu'il ne lie aucune puissance nucléaire et ne crée aucune obligation sans leur consentement, conformément à l'article 34 de la convention de Vienne. Au-delà de l'opposition des puissances nucléaires à la logique abolitionniste, l'article 18 du TIAN concentre les conflits de légitimité entre ceux qui souhaitent à tout prix prohiber les armes nucléaires comme norme essentielle et ceux qui, voulant réduire le risque immédiat d'utilisation de l'arme nucléaire, entendent éviter sa subordination au TNP[198].

Traité humanitaire[199] dont l'objectif est de délégitimer la dissuasion nucléaire, le TIAN établit d'une part un cadre normatif alternatif, produisant des effets de droit[200], et cette qualité est d'autant plus incontestable que l'objet de l'acte concerne une norme juridique objective : il consiste dans une modification unilatérale, à la charge de l'Etat engagé, du champ d'application de la norme en question, modification dans le sens - le seul qui puisse faire l'objet d'un acte unilatéral - d'un élargissement des obligations, ou donc d'une diminution des droits, impliqués par cette norme. En l'occurrence, il s'agit de la renonciation, *erga omnes*, sans condition de réciprocité et avec effet immédiat, à la faculté primaire du droit souverain d'obtenir l'arme nucléaire, en respectant la non-prolifération imposée par le droit international coutumier, relative à la sécurité internationale. Enfin, l'objet du TIAN a la valeur d'une norme ; ne pouvant être annulée par l'attitude négative - et licite - d'autres Etats, au même titre que la norme du non-recours en premier de l'arme nucléaire.

Porteur d'un droit d'altérité aspirant à l'abolition de l'oligarchie nucléaire, le TIAN déploie ses effets de façon inégale. L'Etat signataire est tenu par son engagement, dont le caractère obligatoire n'est pas affecté par l'attitude négative des principaux destinataires de l'engagement ; mais ceux-ci ne

[196] Avec un succès moindre, les deux derniers traités n'ayant pas été ratifiés par les Etats clés tels la Russie, les Etats-Unis la Chine et l'Inde. Cf. Ghislain Poissonnier, « Interdiction de l'arme nucléaire en droit international : nouvelle étape », *Recueil Dalloz*, 2017, p. 1824.

[197] Emmanuelle Maître, « Vers la naissance d'une norme d'interdiction des armes nucléaires ? », *Observatoire de la dissuasion*, bulletin n°68, Fondation pour la Recherche Stratégique, septembre 2019, p. 13.

[198] Laura Considine, « Contests of legitimacy and value: The Treaty on the Prohibition of Nuclear Weapons and the logic of prohibition », *International Affairs*, vol. 95, n°5, 2019.

[199] Céline Jurgensen, « La France, la maîtrise des armements et le désarmement » in Nicolas Haupais (dir.), *La France et l'arme nucléaire*, *Op Cit*, p.193.

[200] Charles Rousseau, *Droit international public*, tome 1. 1, Sirey, 1970, p. 417 ; Jean-Paul Jacqué, *Eléments pour une théorie de l'acte juridique en droit international public*, L.G.D.J., 1972, p. 255-257.

pourront se prévaloir dudit engagement pour en réclamer l'exécution ou, le cas échéant, pour en sanctionner le retrait prévu, le TIAN contenant à l'article 17 paragraphe 2 une clause de retrait autorisant chaque Etat-partie « *à se retirer du présent traité s'il décide que des évènements extraordinaires en rapport avec l'objet du Traité ont compromis ses intérêts suprêmes* ». Ce type de réserve émise[201] contredit l'objet du Traité interdisant l'arme nucléaire en toute circonstance car la clause de retrait sous-entend qu'il existe certaines raisons de posséder l'arme nucléaire, dressant un parallèle avec la notion de survie de l'Etat évoquée par la CIJ[202] et retrouvée dans les doctrines nucléaires des Etats dotés de l'arme nucléaire. Avec un tel fondement « bancal et lacunaire[203] », l'argument principal et généraliste ne repose que sur les irrémédiables conséquences humanitaires de l'emploi de l'arme, excluant le caractère contextuel de la discrimination opérationnelle[204] de son usage. Lacunaire sur son système de vérification, l'application du TIAN ne semble pas contribuer à la formation d'un droit coutumier en consolidant les positions d'objecteurs persistants, confirmant l'absence de norme et d'*opinio juris* sur cet enjeu[205]. Au même titre que les résolutions de l'AGNU, la portée du TIAN demeure biaisée du fait qu'il n'ait pas de valeur obligatoire. Les instruments relatifs aux Droits de l'Homme ne reconnaissent pas un caractère absolu au droit à la vie, notamment du fait d'actes licites de guerre ; en outre, le droit de l'environnement ne saurait être le fondement d'une prohibition d'emploi des armes nucléaires, car aucun des instruments de ce droit ne contient une telle portée.

Théorique, le TIAN repose à la fois sur la théorie de la valeur juridique *pré-normative* des résolutions des organisations internationales, sur la théorie des traités *quasi-universels* selon laquelle les dispositions acceptées à titre de règles conventionnelles par un grand nombre d'Etats s'imposeraient aux autres Etats à titre de règles coutumières, sur la théorie de la *déconventionnalisation* des traités selon laquelle la valeur normative des règles conventionnelles est renforcée par leur intégration au droit coutumier, considéré comme supérieur, et sur la théorie du *jus cogens* et des obligations *erga omnes* selon laquelle tous les Etats ont l'obligation de respecter les normes impératives du droit international coutumier ou conventionnel, et d'engager la responsabilité des Etats qui ne les auraient pas respectées. Ainsi

---

201 A cet égard peut s'établir un parallèle avec la clause de retrait figurant dans les conventions multilatérales sur la maîtrise des armements, dont l'article IV du traité d'interdiction partielle des essais nucléaires, signé le 5 août 1963, est le modèle.

202 La CIJ devait se prononcer sur la validité de la dissuasion nucléaire et le fondement de la politique de défense des plus grandes puissances. Après une dizaine d'audiences publiques et un délibéré durant plus de sept mois, le verdict rendu trois ans après la demande a vu la CIJ se déclarer incompétente pour la première fois de son histoire.

203 Tiphaine de Champchesnel, « Que faire du traité sur l'interdiction des armes nucléaires ? », *Revue Défense Nationale*, n°809, avril 2018, p.113.

204 Jean-Baptiste Jeangène Vilmer, « Interdire les armes nucléaires : une fausse bonne idée » in Nicolas Haupais (dir.), *La France et l'arme nucléaire*, *Op Cit*, pp.179-182.

205 Jean-Baptiste Jeangène Vilmer, *Op Cit*, p.195.

perçu *in statu nascendi* comme une interdiction générale des armes nucléaires, le TIAN fait apparaître une norme prohibant les armes nucléaires laquelle se heurte toujours à l'ancienne norme permissive internationale[206], illustrant l'adhésion encore forte à la pratique de la dissuasion des puissances nucléaires. Au même titre que le concept de ZEAN, il apparait ainsi comme une norme *autonome*, se donnant sa propre fin, et *hétéronome* au fait qu'elle s'inscrive en porte-à-faux avec le droit issu du TNP qui postule la licéité de l'arme nucléaire et en réserve l'apanage[207].

Sans même évoquer la formation d'une norme coutumière en droit international, le TIAN dessine la perspective de la création d'une norme et celle d'une influence de la norme sur le comportement des États[208]. Or si le précédent du TICE en 1996 n'a pas créé une norme juridique interdisant les essais nucléaires[209], l'effet *erga omnes* de telles conventions repose « *sur la volonté et la capacité des Etats parties d'en garantir le respect par les autres Etats [...] L'ancienneté des situations établies, mais aussi leur conformité aux principes de droit international prédominants à chaque époque, conditionnent le maintien de telles conventions*[210] » dont l'existence repose sur le consentement, tacite la plupart du temps, des Etats[211]. En matière nucléaire, les Etats se réfèrent à une situation objective formalisée par le TNP, à la différence d'une situation objective traditionnelle qui se caractérise par le consentement donné par des Etats à un traité auquel ils ne sont pas parties[212]. Le maintien de cette situation reste fragilisé car le consentement au TNP ne repose que sur le bon vouloir des Etats tiers, plus ou moins orienté par les capacités de contrainte dont disposent les Etats nucléaires fondant cette situation, et l'ensemble des traités concernés, dont le TNP est la pierre angulaire, a pour

---

206 Cour Internationale de Justice, *Licéité de la menace ou de l'emploi d'armes nucléaires*, avis consultatif du 8 juillet 1996, opinion dissidente du juge Schwebel, § 5.

207 Pour que le statut du TIAN devienne objectif à l'égard de tous, il nécessite que les Etats concernés *ratione materiae*, c'est-à-dire les puissances nucléaires définies par l'article IX § 3 du TNP, reconnaissent ce statut.

208 Florent Baude, *La zone exempte d'armes nucléaires en droit international public essai de théorisation*, thèse de droit public sous la direction d'Olivier Pirotte, soutenue en 2000 à l'Université de Lille 2, p.523 : « [à propos des ZEAN,] *ce droit de transition est amené à évoluer, voire même à disparaître. Il pourrait ainsi faire les frais de l'adoption d'une convention multilatérale prohibitive de l'arme nucléaire* ».

209 Tiphaine de Champchesnel, *Op Cit*, p. 9 : « *L'exemple du TICE donné par B. Finh demanderait à être explicité pour avoir une chance de convaincre car ce traité, pourtant signé par 183 États, n'a pas empêché la conduite d'essais nucléaires par la Corée du Nord. L'absence de la conduite d'essais par d'autres États possesseurs d'armes nucléaires depuis la conclusion du TICE ne s'explique sans doute pas entièrement par l'existence d'une norme. D'autres facteurs sont à prendre en compte, ainsi que la mise en place d'un puissant système de surveillance (en fonctionnement bien que le TICE ne soit pas encore entré en vigueur)* ».

210 Patrick Daillier et Alain Pellet, *Droit international public*, Paris, LGDJ, 7ème édition, 2002, p. 251, § 161.

211 Jean-Pierre Dupuy, *La guerre qui ne peut pas avoir lieu. Essai de métaphysique nucléaire*, Desclée de Brouwer, Paris, 2019.

212 Hamza Cherief, « Les équivoques de la lutte contre la prolifération nucléaire », *Diploweb.com : la revue géopolitique*, 30 janvier 2011.

conséquence la solidification de l'avantage acquis par les Etats possédant l'arme nucléaire[213].

Si l'existence d'une volonté étatique et internationale d'assurer la non-prolifération des armes nucléaires ne saurait faire de doute, cette volonté n'est pas univoque[214]. A l'inverse, la répétition de résolutions, pour autant que leur contenu comporte un énoncé normatif, ne vaut pas nécessairement formation d'un droit coutumier international. Car si le principe majoritaire découle de l'égalité des Etats, ceux-ci ne sont pas en situation matérielle d'égalité, tout au plus en situation d'*égalité souveraine* au sens de l'article 2-1 de la Charte des Nations Unies. Ce n'est donc pas la majorité des Etats qui est le principe du droit mais le consentement de chaque Etat[215]. La convention reste le modèle de l'engagement juridique par sa précision, sa rigueur formelle, son degré de certitude et son respect de la volonté des Etats. C'est pourquoi les sources de la maîtrise des armements et du désarmement sont conventionnelles, non coutumières. Un traité multilatéral devient éventuellement le fondement d'une coutume si ses dispositions ont un caractère normatif, si cette norme est observée par les Etats particulièrement intéressés, et si cette pratique repose sur la reconnaissance d'une obligation juridique, une règle impérative *erga omnes*. Mais l'opposition explicite de toutes les puissances nucléaires empêche de considérer qu'il y a assentiment de l'ensemble des Etats du monde pour le TIAN[216].

A l'instar d'une ZEAN, le TIAN tend à être opposable aux tiers dès lors qu'il est établi, or il ne s'agit pas pour autant d'un statut immédiatement objectif, soit opposable *erga omnes* : ce statut ne deviendrait objectif qu'une fois acquise la reconnaissance et la garantie des puissances nucléaires (Etats concernés *ratione materiae*). Le refus de cette reconnaissance entrainerait *ipso*

---

213 Compétent pour les situations de crise particulièrement graves, constituant une menace à la paix et à la sécurité internationales, le Conseil de Sécurité des Nations Unies a d'ailleurs rappelé, dans une résolution 1887 du 24 septembre 2009 son large pouvoir d'appréciation en la matière au fait que « toute situation de non-respect des obligations en matière de non-prolifération sera portée à l'attention du Conseil, qui appréciera si cette situation constitue une menace pour la paix et la sécurité internationales, et souligne la responsabilité principale du Conseil pour lutter contre ces menaces ».

214 C'est précisément l'attachement de certains Etats aux politiques de dissuasion qui empêche, selon la Cour, la formation d'une norme coutumière interdisant l'emploi des armes nucléaires. CIJ, *ibid.*, § 73.

215 C'est renverser les rapports entre les Etats et le droit international que de s'exprimer comme si ce droit engendrait, par une délégation inconnue, les compétences des Etats alors que l'Histoire enseigne que ce sont les Etats qui engendrent le droit international. De même, l'ONU exerce des compétences par délégation des Etats, et non les Etats par délégation de l'ONU. Cf. Michel Virally, « Sur un pont aux ânes : les rapports entre droit international et droits internes », *Mélanges Rolin*, Paris, Pédone, 1964, pp.488-505.

216 Durant les négociations du TIAN, cette hostilité s'est traduite en France par la publication du Rapport du Sénat n°560 le 23 mai 2017 sur la modernisation de la dissuasion nucléaire, avec des références à la « garantie de la souveraineté nationale », « la crédibilité », « d'effort soutenable », « effet de levier d'excellence ». Dans le même cadre, cf. Guy de Lacharrière, « Commentaires sur la position juridique de la France à l'égard de la licéité de ses expériences nucléaires » in *Annuaire français de droit international*, volume 19, 1973, p.245.

jure l'impossibilité de rendre effectif le TIAN, il ne peut donc s'agir que d'un statut à vocation objective, ou statut objectif imparfait[217], illustrant l'impossibilité de son universalité.

2. Les limites de l'effectivité du Traité interdisant les armes nucléaires

Il a été démontré en doctrine que chaque traité de désarmement institue un régime complètement autonome et qu'il ne se fond pas dans un ensemble juridique commun[218]. En ce sens, un groupe d'Etats peut adopter un traité remettant complètement en cause la pratique connue jusqu'alors, affirmant de façon doctrinale et sur le plan politique, mais non juridique, une juxtaposition entre les traités qui n'est pourtant pas inhérente[219]. Comparativement, le TIAN néglige le statut licite des Etats dotés de l'arme nucléaire au sens du TNP et aux dépens de la jurisprudence d'un jubilé, sans s'inscrire dans le cadre du désarmement général promu à l'article VI du TNP du fait d'absence de mesures de vérification, et enfin avec une clause de retrait équivoque. De plus, les coopérations scientifiques et les transferts de technologies nucléaires détaillées dans le TNP ne sont pas prévus dans le TIAN, alors que l'acceptation du principe de non-prolifération par les Etats non dotés de l'arme nucléaire en avait été la condition de prorogation indéfinie.

Si le TNP implique pour les puissances nucléaires de négocier leur désarmement nucléaire, la CIJ ne saurait prévaloir de l'avenir et condamner *per se* l'absence de résultat global[220] alors qu'il apparait, à l'instar du traité de

---

[217] Florent Baude, *La Zone Exempte d'Armes Nucléaires en droit international public. Essai de théorisation*, thèse de droit public sous la direction du Pr. Olivier Pirotte, Université de Lille 2, 2000, vol. 1, p. 21. Toutefois selon l'auteur, les promoteurs des ZEAN renvoient la responsabilité aux Etats nucléaires de la création des zones exemptes au titre de leur responsabilité suivant la résolution 2028 (XX) du 19 novembre 1965, élevant au rang de principe l'octroi aux Etats nucléaires d'un contrat d'adhésion fixant a priori leurs responsabilités et qui, même en cas de refus de signature, ne pourrait juridiquement empêcher un traité constitutif d'une zone d'entrer en vigueur.

[218] Serge Sur, « Désarmement et droit international », *Stratégique*, 47, 1990, p. 110.

[219] Cf. Serge Sur, « La vérification en matière de désarmement », *R.C.A.D.I.*, 1998, vol. 273, pp. 34-35. A comparer avec la position d'Ernest Nys, *Le droit international. Les principes, les théories, les faits*, tome 2, Bruxelles, M. Weissenbruch, Imprimeur du Roi, Editeur, 1912, p. 498 : l'auteur envisage le traité « *comme une manifestation de la volonté des Etats dont la répétition suffisamment fréquente fournit une théorie de ce qui se pratique concernant tel ou tel problème de droit international* ».

[220] Dans les affaires relatives aux Essais nucléaires, la Cour a estimé que, la France s'étant engagée, dans plusieurs déclarations publiques, à ne plus effectuer d'essais nucléaires dans le Pacifique Sud, les demandes de l'Australie et de la Nouvelle-Zélande ne comportaient plus d'objet. Elle a rejeté l'argument de ces dernières selon lequel un arrêt affirmant l'obligation de la France pourrait encore présenter un intérêt. Et la Cour de conclure qu'elle « *ne vo*[yait] *donc pas de raison de laisser se poursuivre une procédure qu'elle sa*[vait] *condamnée à rester stérile* », avant d'ajouter ce qui suit : « *Dès lors que la Cour a constaté qu'un Etat a pris un engagement quant à son comportement futur, il n'entre pas dans sa fonction d'envisager que cet Etat ne le respecte pas* ». Cf. *Essais*

1971 sur la dénucléarisation des fonds marins que les parties au traité demeurent tributaires des puissances nucléaires pour obtenir un résultat efficient[221].

Une règle coutumière peut être déclarative d'une règle coutumière préexistante ; ou bien, liant à l'origine les seuls Etats cocontractants, elle peut acquérir la qualité d'une règle coutumière[222]. Sur le statut de l'arme nucléaire en droit public, le TIAN apparait en conflit avec le TNP et ne saurait bénéficier de la même valeur coutumière. Non moins classiquement, un Etat non-partie n'est pas protégé par une règle prohibitive conventionnelle mais seulement par l'hypothétique règle coutumière en la matière, ce que ne saurait bénéficier le TIAN en cas de conflit de normes. Concernant les activités de défense, domaine régalien d'essence volontariste, l'expression du consentement des Etats ne résulte normalement que d'actes explicites, conventions, actes unilatéraux expressément acceptés ou exprimés, lesquels précisent l'étendue de leurs obligations. La règle vaut notamment pour les activités d'armement, et le cas de l'arme nucléaire est particulièrement topique de ce point de vue[223]. Si la non-prolifération nucléaire satisfait au schéma d'identification d'une norme générale précisée par la CIJ dans son arrêt du 20 février 1969[224], il demeure aux vues du TIAN effectivement difficile de démontrer à l'inverse une coutume interdisant l'arme nucléaire en droit international coutumier au fait que toutes les puissances nucléaires se voient placées à son égard en situation d'objecteurs persistants[225], hostiles à toute cristallisation d'une coutume abolitionniste en la matière. Lecture positiviste de la coutume, l'Etat n'est ainsi pas lié s'il n'a pas acquiescé[226], les traités engageant ceux qui y adhèrent

nucléaires (Australie c. France) et *Essais nucléaires (Nouvelle-Zélande c. France)*, arrêt, CIJ, *Recueil*, 1974, p.271, par. 58, p. 272, par.60 et p.477, par.61-63.

221 Georges Fischer, « La Conférence d'examen du Traité sur la dénucléarisation des fonds marins », *Annuaire français de droit international*, volume 23, 1977, p.813.

222 David Cumin, *Le droit de la guerre. Traité sur l'emploi de la force armée en droit international*, vol. 2, 2015, L'Harmattan, p.706.

223 Florent Baude et Fabien Vallée, *Code de la Défense*, Ellipses, 2012, p. 30.

224 CIJ, arrêt, 20 février 1969, *Affaire du Plateau continental de la Mer du Nord (République Fédérale d'Allemagne/Danemark ; République Fédérale d'Allemagne/Pays-Bas)*, Rec. 3.

225 I. Brownlie, *Principles of Public International Law*, 3e édition, Oxford, Clarendon Press, 1979, p. 10-11 pour lequel la théorie de l'objecteur persistant est le fait pour un Etat « *qui ne peut empêcher une règle coutumière de se former,* [de pouvoir] *du moins par sa résistance continue, s'extraire de son champ d'application* ».

226 Serge Sur, « La coutume internationale. Sa vie, son œuvre », *Droits*, n° 3, 1986, p. 111-124. Des auteurs qui ne sont pas favorables à cette argumentation positiviste affirment que la théorie de l'objecteur persistant ne se fonde que sur un précédent unique concernant de surcroît une coutume régionale – et non une coutume générale. Cf. Michael Akehurst, *Custom as a Source* of International Law, British Yearbook of International Law, Volume 47, 1975, pp. 1-53. Pour Pierre-Marie Dupuy, "A propos de l'opposabilité de la coutume générale : enquête brève sur l'objecteur » *in Le droit international au service de la paix, de la justice et du développement : mélanges Michel Virally*, Paris, A. Pedone, 1991, p. 270 : « *l'un des principaux [inconvénients de l'objection persistante] est, pour celui qui l'invoque, de s'avouer minoritaire, donc sur la défensive, tant il est vrai que la dynamique est de l'autre côté. Second effet pervers, l'objection persistante, en attirant encore*

par-delà tout impérialisme. Déjà l'ancien président de la Cour Internationale de Justice le signalait à propos de la licéité de la menace ou de l'emploi de l'arme nucléaire : « [La] *pratique nucléaire n'est pas le fait d'Etats "objecteurs persistants" isolés et d'importance.* [...] *c'est la pratique d'Etats – une pratique appuyée par un nombre important et imposant d'autres Etats – qui, pris ensemble, représentent l'essentiel de la puissance militaire, économique, financière et technologique du monde et une très grande proportion de sa population* »[227]. Ainsi, pour qu'une coutume puisse valablement exister, celle-ci nécessite l'appui des Etats particulièrement intéressés[228] sur la question, sous-entendus possesseurs de l'arme en question, « *les plus puissants* [jouant] *le rôle déterminant dans la formation de la coutume, en raison de la place prépondérante qu'ils prennent naturellement dans la formation de la pratique, et de la capacité de résistance réduite des autres Etats* »[229]. Enfin, une règle purement conventionnelle peut s'intégrer à l'ensemble du droit international général et être acceptée par l'*opinio juris*, mais la CIJ lui pose trois conditions à savoir un caractère fondamentalement normatif[230] ; une pratique « fréquente et pratiquement uniforme dans le sens de la disposition évoquée[231] » ; et une participation large et représentative des Etats particulièrement intéressés[232] » lesquels la déclare inopposable à leur égard. Cette dernière condition semble la plus difficile pour rendre le TIAN effectif en droit international public.

Vecteur d'une norme d'interdiction intrinsèque, complète mais non universelle, rappelant le pacte Briand-Kellogs[233], le TIAN apparait au mieux comme un traité imitant une ZEAN[234] d'échelle mondiale, à défaut de pouvoir instituer une interdiction abolutoire de l'arme nucléaire au niveau international et ne servant qu'à condamner moralement les manœuvres des puissances nucléaires dans la mise en œuvre de leurs politiques de dissuasion.

---

davantage l'attention sur la règle nouvelle risque dans bien des cas de hâter sa consécration. Enfin, même brandie par une grande puissance, la dissidence normative devient généralement intenable sur le long terme ».

227 Cour Internationale de Justice, *op cit*, opinion dissidente du juge Schwebel, *Rec.* 312.

228 J.-P. Queneudec, « La notion d'Etat intéressé en droit international », *R.C.A.D.I.*, 1995/V, vol. 255, p. 410.

229 Michel Virally, « Panorama du droit international contemporain », *R.C.A.D.I.*, 1983/V, vol. 183, p. 179.

230 CIJ, arrêt, 20 février 1969, *Affaire du Plateau continental de la Mer du Nord, loc. cit*, p. 42, §72.

231 *Id.*, p.43, §74.

232 *Id.*, p. 42, §73.

233 Emmanuel Bergusien, *La Dotation Carnegie pour la Paix internationale : évaluation de trente années au service de la Pax (1911-1941)*, mémoire de master 2, Université Paris 1 Panthéon-Sorbonne, juin 2010.

234 Les controverses afférentes à ces zones relèvent à l'origine d'intérêts contradictoires. L'opposition a d'abord concerné la notion même d'arme nucléaire : les EDAN estimaient qu'il ne fallait pas établir de distinction entre dispositifs nucléaires explosifs utilisables à des fins militaires ou pacifiques alors que les ENDAN souhaitaient réaliser cette distinction dans un but de progrès technologique. Cf. Jean-Marie Rainaud, *Le droit nucléaire*, *Op Cit*, p.85. Il est pertinent de comparer les Etats adhérents aux ZEAN et ceux au TIAN pour dresser les similitudes, permettant de constituer de nouvelles ZEAN en Europe et au Moyen-Orient.

Titre II
Les problématiques normatives de l'arme nucléaire en droit international

« *Unusquisque tantum juris habet,*
quantum potentia valet[235] »

L'aphorisme de Spinoza semble résumer l'épreuve de force à laquelle est confronté le droit international en tentant de cadrer les conflits armés. User d'une arme nucléaire implique de se poser la question du cadre juridique et du droit le plus directement pertinent qui légitimerait l'emploi de cette force, nonobstant les règles en vigueur. Si le droit international considère comme un crime la guerre d'agression, reste conforme le recours à la force au titre de la légitime défense et celui entrepris au profit d'autrui au titre de l'assistance nécessaire[236].

Toutefois, la dimension nucléaire implique une normativité particulière, spécifique, inédite du fait de l'absence de statut juridique unanimement accepté de l'arme nucléaire, la communauté internationale étant partagée entre sa licéité constatée et son illicéité désirée.

En parallèle des conflits asymétriques, tout conflit violent peut toujours monter aux extrêmes de la lutte à mort et du suicide-meurtre réciproque, en se référant à Clausewitz[237]. Ce raisonnement offensif ramène à un corollaire, à savoir le caractère apocalyptique de la puissance annihilatrice et contaminante de l'arme nucléaire, combattue par le droit humanitaire et environnemental (I). Celle-ci étant pourtant déployée en permanence, son usage défensif amène à considérer deux concepts originaux de la doctrine nucléaire française, à savoir la stratégie de la dissuasion (II) et la tactique de l'Ultime Avertissement (III).

---

[235] « Chacun a autant de droits que le lui permet sa puissance », tiré de Spinoza, *Tractatus Politicus*, II, 8.

[236] Article 51 de la Charte des Nations Unies. Est également considéré comme légitime à l'article 41 le recours à la force en application d'une décision ou recommandation d'un organe compétent d'une autorité internationale ainsi que le recours à la force à titre d'intervention humanitaire.

[237] Georges-Henri Soutou, « Le retour du nucléaire militaire : une introduction » in Jean Baechler et Georges-Henri Soutou, *Le Retour du nucléaire militaire*, collection de l'Académie des sciences morales et politiques, Hermann, Paris, 2019, p. 15.

Chapitre I
L'arme nucléaire confrontée au droit humanitaire

L'impact de l'arme nucléaire est conséquent dans l'évolution du droit humanitaire et du droit de l'environnement. Droit de la nature et droit positif s'accorderaient à traiter la subséquence de l'emploi de l'arme nucléaire par son impact sur l'existant, faune, flore et humanité. Pour la Cour Internationale de Justice, « *Certes, les armes nucléaires ont été inventées après l'apparition de la plupart des principes et règles du droit humanitaire applicables dans les conflits armés* »[238] mais cette branche juridique entend bien s'appliquer aux armes nucléaires par-delà leur particularisme (I), jusqu'à ce que le réalisme du droit positif déroge à certains principes humanitaires (II).

I. Les principes du droit humanitaire et le particularisme nucléaire

Sur le plan juridique et par ses effets dévastateurs, l'arme nucléaire poserait un dilemme insoluble envers les exigences des Droits de l'Homme (1) si elle ne bénéficiait pas en l'état d'une exception de leurs applications au regard du *jus cogens* (2).

1. Le dilemme des droits de l'Homme avec la proportionnalité de l'arme nucléaire

Les effets de l'emploi de l'arme nucléaire doivent être rapprochés des principes du droit humanitaire que la CIJ, dans son avis consultatif de 1996, rappelle ainsi : « *Le premier principe est destiné à protéger la population civile et les biens de caractère civil, et établit la distinction entre combattants et non-combattants ; les Etats ne doivent jamais prendre pour cible les civils, ni en conséquence utiliser des armes qui sont dans l'incapacité de distinguer entre cibles civiles et cibles militaires. Selon le second principe, il ne faut pas causer de maux superflus aux combattants : il est donc interdit d'utiliser des armes leur causant de tels maux ou aggravant inutilement leurs souffrances ; en application de ce second principe, les Etats n'ont pas un choix illimité quant aux armes qu'ils emploient* » [239]. En parallèle, sur la définition du génocide, la CIJ fonde le critère de responsabilité à l'article II de la Convention pour la prévention et la répression du crime de génocide du 9 décembre 1948 en tenant compte de la notion d'*intentionnalité* à savoir : *« L'intention de détruire, en tout ou en partie, un groupe national, ethnique, racial ou religieux, comme tel ».*

Discriminantes, les armes dites aveugles ont un caractère illicite du fait de leur incapacité de distinguer les éléments civils et militaires, combattants ou non-combattants sur un terrain. Bien qu'il faille différencier la bombe nucléaire dans son acte de lancement et l'effet produit de son explosion,

---

[238] Cour Internationale de Justice, *Licéité de la menace ou de l'emploi d'armes nucléaires*, avis consultatif du 8 juillet 1996, § 86.

[239] *Ibid*, § 78

celle-ci bien que généraliste dans ses conséquences reste précise en cause, les moyens techniques modernes permettant de guider un missile balistique intercontinental de manière précise. L'argument d'une incapacité de distinction entre les cibles combattantes et non-combattantes renvoie d'une part à la responsabilité de la population civile impliquée dans le conflit et dans la zone d'intérêt stratégique, d'autre part aux manœuvres de l'ennemi qui brouillerait le guidage du missile entrainant des dommages civils et collatéraux sur la population dont il a la charge et la responsabilité juridique. L'arme nucléaire ne produit pas nécessairement d'effets indiscriminatoires sur les civils[240] : l'ennemi visé est bien l'Etat adverse, entité juridique et personne morale, non la population bien que partisane et niée dans son individualité.

La grande difficulté du droit est de concilier les nécessités de la guerre avec les principes humanitaires, tous deux étant régis par un certain réalisme. Un belligérant ne doit pas provoquer de maux *superflus* ou de souffrances *inutiles* aux combattants. En ce sens, la puissance destructrice d'une arme n'est pas remise en cause car sont pris en considération dans cette question de légalité la souffrance insufflée contrebalancée par l'avantage militaire stratégique acquis, en vue de la fin des hostilités[241]. Au cours des exposés donnés pour prononcer l'avis consultatif de la CIJ du 8 juillet 1996 sur la licéité de l'emploi des armes nucléaires, le Royaume-Uni a affirmé que l'utilisation de l'arme nucléaire n'est pas interdite dans la mesure où les maux qu'entrainerait son usage étaient : « *nécessaires dans l'optique d'un objectif militaire légitime* [..] *A supposer que tous les autres moyens s'avèrent insuffisants, comment prétendre alors que le recours aux armes nucléaires serait disproportionné ? A moins de postuler l'existence d'un point à partir duquel la victime d'une agression perd tout droit de se défense à cause des souffrances que pourrait entrainer sa riposte. Pareil argument est contraire tant à la logique qu'à la pratique*[242] ».

---

[240] Exposé oral des Etats-Unis, CR 95/34. La citation renvoie au Rapport du groupe de gestion de l'OMS sur la réalisation de la résolution WHA 36.28, *Effets de la guerre nucléaire sur la santé et les services de santé*, OMS, Genève, 1987.

[241] Représentant la France lors de l'affaire sur la licéité de la menace des armes nucléaires, le juge Guillaume au paragraphe 5 de son opinion individuelle développe ce point : « Ainsi le droit coutumier humanitaire comporte une seule interdiction absolue : celle des armes dites « aveugles » qui sont dans l'incapacité de distinguer entre cibles civiles et cibles militaires. Mais à l'évidence les armes nucléaires n'entrent pas nécessairement dans cette catégorie. Pour le surplus, ce droit suppose des comparaisons. Les dommages collatéraux causés aux populations civiles ne doivent pas être « excessifs » par rapport à 1'avantage militaire attendu. Les souffrances causées aux combattants ne doivent pas être « superflues », c'est-à-dire, pour reprendre l'expression même de la Cour, « supérieures aux maux inévitables que suppose la réalisation d'objectifs militaires légitimes » (par. 78). Dès lors l'arme nucléaire ne saurait être regardée comme illicite du seul fait des souffrances qu'elle est susceptible de causer. Encore faut-il comparer ces souffrances aux « avantages militaires attendus » ou aux « objectifs militaires » poursuivis ».

[242] Exposé oral du Royaume-Uni, CR 95/34.

L'autre principe fondamental du droit humanitaire, à savoir la protection des populations civiles[243], résulte aussi d'une question de proportionnalité lorsqu'il est question d'employer l'arme nucléaire. S'il est illicite au travers de la Convention de Genève relative à la protection des populations civiles en temps de guerre du 12 août 1949 et des protocoles additionnels, d'attaquer la population civile et de lui infliger des dommages collatéraux excessifs, risques qu'engendrerait indéniablement une frappe nucléaire, il en demeure pour les tenants de la licéité que le critère crucial pour en juger reste la proportionnalité qui met en balance l'avantage militaire résultant d'une attaque et son effet sur la population civile[244]. Ce n'est que si ce dernier est entièrement disproportionné au premier que le principe est violé, suivant l'idée qu'une frappe nucléaire ne puisse être utilisée que dans l'optique d'un avantage militaire très considérable, voire en dernier recours dans le cadre de la légitime défense et la survie de l'Etat[245]. L'arme nucléaire, selon le *jus in bello*, est en nature et en degré un moyen de provoquer la défaite de l'ennemi par l'affaiblissement de son potentiel militaire, non par l'anéantissement physique de sa population civile[246].

Sauf à considérer l'hypothèse que l'ennemi endoctrine sa population par une propagande de masse laquelle, soutenant le régime agresseur, devient responsable de ses actes et floute la distinction entre civils et militaires, et à ne pas considérer une certaine responsabilité de l'Etat agresseur lui incombant du fait qu'il expose intentionnellement sa population aux représailles nucléaires, le feu nucléaire est condamnable au regard du droit humanitaire, la CIJ posant une présomption d'incompatibilité : « *Eu égard aux caractéristiques uniques des armes nucléaires* [...], *l'utilisation de ces armes n'apparaît effectivement guère conciliable avec le respect* [des] *exigences* [du droit humanitaire] »[247].

2. L'exception juridique nucléaire relative au *jus cogens*

Un dilemme demeure, impliquant le droit international humanitaire et la légitime défense des Etats. Ce droit ne s'appliquant que *durante bello* et non aux postures adoptées en amont telles que la politique de dissuasion

---

243 Convention (IV) de Genève relative à la protection des personnes civiles en temps de guerre, 12 août 1949 ; Protocole 1 additionnel de 1977.

244 L'unique exemple dans l'histoire jusqu'à présent reste les bombardements atomiques d'Hiroshima et de Nagasaki ayant entrainé la reddition du Japon impérial et la fin à la Seconde Guerre Mondiale. L'avantage militaire s'est mû en avantage politique, le cas de légitime défense est sans illustration.

245 « Lorsqu'il s'agit de choisir entre la survie nationale et l'assujettissement à la conquête, lequel peut être extrêmement brutal et asservissant, il est dangereusement erroné de dire que l'utilisation d'une arme nucléaire ne saurait jamais répondre au critère de la proportionnalité », exposé oral du Royaume-Uni, *op cit.*

246 David Cumin, *L'arme nucléaire français devant le droit international et le droit Constitutionnel*, *op cit*, p.91.

247 *Ibid*, § 95.

nucléaire, l'arme nucléaire ne serait pas comparable aux autres armes au regard du droit des conflits armés et du droit humanitaire. Au fait qu'elle remplisse cette fonction spéciale « *de décourager le déclenchement d'un conflit de grande envergure entre certaines puissances nucléaires* »[248], l'arme nucléaire constitue le fondement de la politique de défense des plus grandes puissances. La CIJ a donc choisi de consacrer la pratique de dissuasion nucléaire, laissant ouverte la question de la licéité de l'emploi de l'arme nucléaire quand, en cas d'échec, l'existence de l'Etat de droit est en jeu. Ainsi, en plaçant la dissuasion nucléaire sous l'égide du droit de la légitime défense, la CIJ coupait court à toute discussion sur sa validité en droit humanitaire[249], celui-ci étant inférieure à celui-là, la soustraction au droit humanitaire du feu nucléaire d'un Etat n'étant envisagé que dans « *une situation extrême de légitime défense dans laquelle sa survie même serait en cause* »[250].

Du point de vue du droit international, la dissuasion nucléaire n'est donc pas en soi une menace contraire au droit de la paix et de la sécurité ce qui, dans cette mesure, a amené la Cour à le banaliser dans le cadre de la légitime défense. En parallèle, elle la domestique[251] en déclarant que toute doctrine de dissuasion n'est pas admissible au regard de l'article 2 § 4 de la Charte des Nations-Unies, restriction qu'elle accentuera quand elle ajoutera qu'est aussi illicite la menace d'un emploi envisagé contrevenant aux exigences du droit international humanitaire[252]. Cependant, la Cour a refusé de se prononcer sur le point de savoir si les normes du droit humanitaire font partie du *jus cogens*[253], évitant au juge de se demander si ce droit primait sur celui de la légitime défense.

A cet égard, d'autres lectures du droit humanitaire appliqué à l'arme nucléaire sont plus pessimistes car, en déclarant que l'emploi de l'arme nucléaire est généralement incompatible avec les règles du droit humanitaire, la CIJ reconnaît qu'il existe effectivement des situations selon lesquelles l'emploi de l'arme nucléaire pourrait être compatible avec les règles du droit des conflits armés internationaux. Ironiquement, l'arme nucléaire est soudain réhabilitée par le droit humanitaire lui-même, contrairement aux convictions tranchées des activistes du désarmement nucléaire qui invoquent le même droit humanitaire pour accumuler les justifications de l'illicéité de l'emploi des armes nucléaires, dans le sens où il banalise l'idée de l'emploi de l'arme nucléaire et donc son existence comme un armement

---

[248] CICR, *Commentaire des Protocoles additionnels du 8 juin 1977 aux Conventions de Genève du 12 août 1949*, Martinus Nijhoff Publishers, 1986.

[249] Vincent Coussirat-Coustère, « La licéité des armes nucléaires en question », *op cit*, 7, p. 342.

[250] *Ibid*, p. 338.

[251] Vincent Coussirat-Coustère, « Armes nucléaires et droit international. A propos des avis consultatifs du 8 juillet 1996 de la Cour internationale de Justice », *Annuaire français de droit international*, volume 42, 1996, alinéa 21, p. 349.

[252] CIJ, *Avis*, AGNU, § 78.

[253] Le concept de *Jus Cogens* concerne des principes de droits réputés universels et supérieurs constituant des normes impératives du droit international, sorte de *droit naturel* à savoir des règles fondamentales liées à la conscience universelle de l'humanité.

parmi tant d'autres. Lors d'une crise nucléaire, dans un contexte de guerre totale[254] et de doctrine totalitariste des sociétés, l'arme nucléaire apparaît comme une arme de masse pointée en direction de la volonté d'un groupe où le concept d'individu n'est pas pris en compte dans ce type d'affrontement[255]. La masse enrégimentée ne se révolte pas sur les choix politiques de la marche à la guerre et les libertés étant supprimées, le *jus cogens* n'existe plus dans ce type de société[256]. Pour faire face à ce contexte, l'arme nucléaire parait répondre proportionnellement au rapport de force en étant dirigée vers un ennemi de masse qui ne reconnaît pas l'individu et sa responsabilité.

Si certains principes humanitaires du droit des conflits armés font partie du droit impératif auquel aucune dérogation n'est permise, la situation d'extrême nécessité pour la survie de l'Etat l'emporte tautologiquement[257], la revendication du droit et la responsabilité étant subordonnées à l'existence. En termes de droit coutumier, la CIJ n'a pas eu à prendre position sur l'appartenance des principes cardinaux du droit humanitaire mais les a qualifiés de « *principes intransgressibles* ». Or « *dire que l'emploi de l'arme nucléaire ne serait pas nécessairement contraire au droit humanitaire dans une situation extrême de légitime défense, c'est placer cette situation au-delà encore des circonstances de l'état de nécessité*[258] ». De plus dans son avis consultatif de 1996, la CIJ a estimé que le droit humanitaire, soit l'interdiction de génocide et la protection du droit à la vie, n'était pas un instrument de mesure de la licéité de l'arme nucléaire du fait que la première requiert une intentionnalité, n'étant pas discriminatoire, caractères qui ne sont inhérents à aucune arme, et la seconde n'envisageant

---

[254] René Girard, *Achever Clausewitz*, Paris, Carnets Nord, 2007.

[255] Charles de Visscher, *Théories et Réalités en droit international public*, Paris, Pédone, 1970, p. 352 : « *par l'illimitation des forces qu'elle déchaîne, la guerre totale a atteint la forme absolue qu'avaient entrevue ses théoriciens du XIXe siècle, particulièrement von Clausewitz. Rendue possible par la maîtrise du pouvoir sur les ressources morales et matérielles de la nation, préparée dès le temps de paix par l'extension des contrôles d'État à tout ce qu'exige la conduite des hostilités, caractérisée par une technique de destruction massive exclusive de toute distinction entre combattants et non-combattants, la guerre à trois dimensions ne connaît plus ni localisation à une zone de combat, ni restriction dans l'emploi des moyens de destruction. La guerre atomique fournit l'arme adéquate à ce processus d'anéantissement* ». Mais comme le souligne l'auteur, les prévisions de von Clausewitz sont dépassées, dans une certaine mesure, puisqu'il n'est plus réellement possible d'appréhender la guerre comme un simple instrument politique : « *La guerre totale est démesure ; les hommes en perdent graduellement la maîtrise. Elle n'a plus ni objectif politique certain, ni terme prévisible* ».

[256] Jean Baudrillard, *Les Stratégies fatales*, Paris, Grasset et Fasquelle, 1983, pp. 39-40 : « [...] Dans la stratégie nucléaire, les populations civiles et les grandes métropoles urbaines servent d'otages aux états-majors : leur mort et leur destruction servent d'argument de dissuasion ».

[257] Antoine Pillet, « Recherches sur les droits fondamentaux des Etats dans l'ordre des rapports internationaux et sur la solution des conflits qu'ils font naître », *RGDIP*, 1898, p.69 : « *le droit international n'existe et ne peut exister qu'entre nations distincts, séparées, vivant de leur propre vie* [...] *il doit donc écrire au fronton des de son édifice que les nations ont le droit de se conserver et de prendre librement les mesures qui tendent à cet objet » ; Florence Poirat, « La doctrine des droits fondamentaux »*, *Droits, Revue française de théorie juridique*, 1992, vol. 16, pp. 83-91.

[258] Vincent Coussirat-Coustère, *Armes nucléaires et droit international, art. préc.*, 21, p. 349.

que la privation arbitraire de la vie dépend de la licéité des circonstances de l'emploi des armes[259], dans le cadre de la légitime défense.

Dans cette situation, la présomption de contrariété au droit humanitaire s'amenuise et la CIJ ne peut pas conclure à l'illicéité ou la licéité : le droit humanitaire s'est vu limité par l'avis consultatif de 1996 en cas de conflit nucléaire[260], la Cour n'ayant pas subordonné l'exercice ultime du droit de la légitime défense aux contraintes du droit humanitaire. Si en principe, le droit de ne pas être privé de la vie est reconnu par la CIJ pendant les hostilités, la Cour ajoute toutefois qu'en pareil cas, c'est « *à la lex specialis applicable, à savoir le droit applicable dans les conflits armés, conçu pour régir la conduite des hostilités, qu'il appartient de déterminer ce qui constitue une privation arbitraire de la vie*[261] » et qu' « *ainsi, c'est uniquement au regard du droit applicable dans les conflits armés, et non au regard des dispositions du pacte lui-même, que l'on pourra dire si tel cas de décès provoqué par l'emploi d'un certain type d'armes au cours d'un conflit armé doit être considéré comme une privation arbitraire de la vie contraire à l'article 6 du pacte*[262] ».

II. Les limites du droit humanitaire face à l'arme nucléaire

A l'image du droit humanitaire, l'arme nucléaire est contrainte dans ses activités par le droit de l'environnement lequel voit le Protocole I des Conventions de Genève comme une valeur coutumière apte à abolir l'arme nucléaire (1), bien qu'il ne tienne pas compte de la réserve d'interprétation des puissances nucléaires à cet égard (2).

1. L'exemple du Protocole I des Conventions de Genève

Les participants à la conférence diplomatique sur le développement du droit international humanitaire vont adopter en 1977 deux dispositions intégrés au Protocole I des Conventions de Genève, à savoir les articles 35 et 55 destinés à protéger l'environnement des effets de la guerre. L'article 35 paragraphe 3 prévoit qu' : « *Il est interdit d'utiliser des méthodes ou des moyens de guerre qui sont conçus pour causer, ou dont on peut attendre qu'ils causeront, des dommages étendus, durables et graves à l'environnement naturel* ». L'article 55 répète l'interdiction et renforce la protection de l'environnement sous l'angle humanitaire : « *La guerre sera conduite en veillant à protéger l'environnement naturel contre les dommages étendus, durables et graves. Cette protection inclut l'interdiction d'utiliser des méthodes ou des moyens de guerre conçus pour causer ou dont on peut attendre qu'ils causent de tels dommages à l'environnement naturel, compromettant de ce fait la santé ou la survie de la population* ».

---

[259] *Ibid*, 13, p. 345.

[260] Marcelo G. Kohen, L'avis consultatif de la CIJ sur la licéité de la menace ou de l'emploi des armes nucléaires et la fonction judiciaire », *Op Cit*, pp. 336-362.

[261] Cour Internationale de Justice, *Avis consultatif*, paragraphe 25.

[262] *Ibid.*

La Cour Internationale de Justice, si elle reconnaît la valeur coutumière des quatre conventions de Genève, souligne néanmoins que ses prescriptions constituent « *de puissantes contraintes pour tous les Etats qui ont souscrit à ces dispositions* »[263]. Car ce protocole, interdisant l'usage de l'arme nucléaire, a un effet limité du fait qu'il ne s'applique qu'aux parties contractantes, c'est-à-dire aux belligérants ayant expressément accepté les obligations dudit Protocole dans le respect du principe *pacta sunt servanda.* Des puissances nucléaires déclarées, seul le Royaume-Uni s'est engagé à le respecter après sa ratification en 1998, tandis que d'autres puissances nucléaires, telles que la France, n'ont pas souscrit à ces contraintes.

Par la suite, plusieurs règles conventionnelles ont été évoquées par les partisans de l'illicéité en se basant sur les ressources du corpus du droit international de l'environnement[264], dont les obligations en découlant seraient violées par l'emploi d'armes nucléaires en cas de conflit armé. A ces propositions, les partisans de la licéité ont répondu, d'une part, que ces instruments n'avaient pas été négociés dans la perspective d'énoncer des règles et des prohibitions applicables dans un conflit armé et, d'autre part, qu'aucun de ces instruments n'était applicable en temps de conflit armé[265], la CIJ se rangeant sous l'avis de la France lors de son avis consultatif de 1996 en n'estimant pas que : « *les traités en questions aient entendu priver un Etat de l'exercice de son droit de légitime défense en vertu du droit international, au nom des obligations qui sont les siennes de protéger l'environnement* » [266].

2. La restriction des principes humanitaires par la « clause nucléaire »

La France renonça à signer l'instrument par crainte qu'une simple déclaration ne suffise pas à soustraire sa stratégie nucléaire au *jus in bello.* Elle n'y adhéra finalement que le 11 avril 2001 par la loi du 30 janvier 2001[267], en l'assortissant de 18 « réserves et déclarations interprétatives », comprenant une « clause nucléaire »[268]. Celle-ci indique solennellement qu'elle continuait de considérer que les dispositions du Protocole ne saurait ni réglementer, ni

263 CIJ, *Licéité de la menace ou de l'emploi d'armes nucléaires*, avis consultatif, 8 juillet 1996, Recueil, 1996, paragraphe 31.

264 Parmi lesquels la Convention de Montego Bay de 1982 sur le droit de la mer, la Convention de Vienne de 1985 sur la protection de la couche d'ozone, la Convention-cadre des Nations Unies sur les changements climatiques, la Convention de 1992 sur la diversité biologique, la Convention pour la protection du patrimoine mondial et naturel de 1972 *et al.*

265 CIJ, *Licéité de la menace et de l'emploi de l'arme nucléaire*, avis consultatif de 1996. Voir l'exposé oral de la France, CR 95/24 p. 24

266 CIJ, *Licéité de la menace et de l'emploi de l'arme nucléaire*, avis consultatif de 1996, paragraphe 30.

267 JO, 31 janvier 2001, p. 1650. La loi autorisant la ratification est adoptée par le Sénat le 24 octobre 2000 et par l'Assemblée nationale le 18 janvier 2001.

268 Cyril Laucci, « La France adhère au protocole I relatif à la protection des victimes des conflits armés internationaux », *RGDIP*, 2001-3, pp. 677-704.

interdire le recours à l'arme nucléaire[269], la compatibilité du Protocole I avec la doctrine de la dissuasion nucléaire semblant se confirmer[270] après l'adhésion de trois des cinq puissances nucléaires déclarées. Cependant, dix-huit rubriques sans distinction entre réserves et déclarations interprétatives[271] ont été déposées par la France en condition à son adhésion.

Ainsi, par sa déclaration interprétative n°2, la France considère que les dispositions du Protocole I se limitent exclusivement à l'usage des armes classiques, et de ce fait ce texte ne saurait servir de base ou d'argumentaire pour réglementer voire interdire le recours à l'arme nucléaire[272]. Or en indiquant clairement que les règles du Protocole concernent exclusivement

---

[269] Dans cette mesure, les articles R1141-1 à 1141-6 du Code de la Défense définissant la compétence nucléaire du Chef de l'Etat ne risquent pas d'être inconventionnels.

[270] JO, 25 octobre 2000, Débats, Sénat, Compte rendu intégral, Intervention de M. Jean Faure, rapporteur de la Commission des Affaires étrangères, de la défense et des forces armées devant le Sénat, Séance du 24 octobre 2000, p. 5461 : « *avec le recul d'une vingtaine d'années d'application, la crainte de voir le protocole interprété dans un sens contraire à nos intérêts de sécurité s'est estompée. En outre, le dépôt de réserves et de déclarations interprétatives, à l'image de ce qu'ont fait nos principaux alliés, peut permettre à la France d'adhérer à un texte quasi universellement reconnu tout en évitant les contradictions avec notre doctrine militaire* ».

[271]Voir l'audition du 16 janvier 2001 de Ronny Abraham, directeur des affaires juridiques au ministère des Affaires étrangères devant la Commission des Affaires étrangères de l'Assemblée nationale. *Rapport Aubert*, Annexe I, p. 22-23 : « *En théorie, il y a réserve lorsqu'un État entend limiter la portée de son engagement et déclaration interprétative lorsqu'il se borne à donner son interprétation pour éclairer l'ensemble des États-Parties, une telle déclaration étant purement indicative. Certains textes internationaux excluent expressément les réserves, d'autres les autorisent ou ne comportent aucune indication (cas du Protocole I) ; Dans ce dernier cas, il est admis qu'un État peut faire des réserves si elles n'aboutissent pas à vider le texte de sa substance, c'est-à-dire qu'elles ne sauraient être contraires à l'objet et au but du traité. Dans la première hypothèse, seules sont permises les déclarations interprétatives stricto sensu. Dans la deuxième, la manière de qualifier a moins d'importance. Si le texte est qualifié de réserve, il est opposable aux Parties, s'il est qualifié de déclaration interprétative on peut toujours le requalifier en réserve. L'État qui fait une déclaration interprétative préserve ses droits et n'est tenu de l'appliquer que selon l'interprétation qu'il a donnée précédemment.* » Voir aussi l'exposé de Charles Rousseau, lors de la séance publique du 14 avril 1951 devant la Cour internationale de justice : « *On ne peut certainement pas qualifier de réserves les déclarations unilatérales par lesquelles un État précise le sens qu'il convient de donner selon lui à telle ou telle disposition du traité ou la portée des obligations issues de celui-ci, dès lors, encore une fois, que cet effort d'interprétation n'a pas pour objet de restreindre la portée des obligations conventionnelles assumées par cet État* » (Réserves à la Convention pour la prévention et la répression du crime de génocide, avis consultatif, CIJ, 28 mai 1951, Exposé de M. Charles Rousseau, représentant du Gouvernement français cité par A. Kiss, Répertoire de la pratique française en matière de droit international public, Paris, CNRS (date), 7 vol., t. I, no 548, p. 276). Pour une étude détaillée de chacune des 18 déclarations interprétatives, voir C. Laucci, *article précité*, et E. Decaux, *article précité*.

[272] « *Se référant au projet de protocole rédigé par le Comité international de la Croix-Rouge qui a constitué la base des travaux de la Conférence diplomatique de 1974-1977, le Gouvernement de la République française continue de considérer que les dispositions du Protocole concernent exclusivement les armes classiques et qu'elles ne sauraient ni réglementer ni interdire le recours à l'arme nucléaire, ni porter préjudice aux autres règles du droit international applicables à d'autres activités, nécessaires à l'exercice par la France de son droit naturel de légitime défense* ». Ce texte reprend, d'ailleurs, pour une large part, les termes d'une déclaration interprétative au statut de la Cour pénale internationale déposée par la France le 9 juin 2000

les armes classiques, cette interprétation légitime, dans une certaine mesure, la politique française de dissuasion nucléaire[273].

Si le droit de la guerre ne fait aucune distinction concernant le caractère offensif ou défensif des armes, le droit de légitime défense consacré à l'article 51 de la Charte des Nations Unies ne saurait être la base de justification d'usage d'une arme interdite ou d'un emploi de celle-ci expressément interdit. Et force est de constater que la formulation de la déclaration interprétative 2 n'est pas nouvelle. La position en retrait de la France par rapport à ce Protocole était avant tout liée au risque que le fait d'être partie à ce texte pouvait faire peser sur la légitimation de la doctrine de la dissuasion nucléaire française. En effet, le projet de 1973 préparé par le CICR[274] énonçait que le Protocole se limiterait aux armements conventionnels. Or cette précision ne figurait plus explicitement dans le texte final, laissant planer un doute sur la compatibilité du Protocole avec la doctrine de dissuasion nucléaire française. Enfin, la déclaration interprétative 2 se justifie, selon la France, en l'absence de disposition du Protocole I excluant expressément l'application de ses règles à l'arme nucléaire, d'autant plus qu'« il n'y a pas eu de consensus sur l'application ou non des protocoles aux armes nucléaires[275] ». Ainsi, la clause nucléaire ajoutée par la France écarta les principes intransgressibles du droit humanitaire et du droit de l'environnement de toute application envers ses activités militaires, notamment sa dissuasion nucléaire.

Par le biais de ces réserves qui, sur le plan juridique, se définissent comme des actes unilatéraux étatiques[276], les éventuelles incompatibilités entre conventions internationales et droit internes sont *ab initio* évacuées. Leur importance est d'autant plus indéniable qu'elles paralysent l'application

---

273 Stéphane Solassol, « Les déclarations interprétatives françaises au premier Protocole additionnel aux Conventions de Genève de 1949 relatives à la conduite des hostilités », *CRDF*, n°2, 2003, p. 115.

274 *Ibid*, p. 116 : « *Le Gouvernement français a pris acte dès 1973 de ce que le CICR n'avait pas inclus dans ses projets une réglementation des armes atomiques. En participant à l'élaboration des dispositions des Protocoles additionnels, le Gouvernement français n'a donc pris en considération que les conflits menés avec des armements conventionnels. Il tient par suite à marquer qu'il considère pour sa part que les règles desdits Protocoles ne s'appliquent pas à l'emploi des armes nucléaires* », cf. *Actes VII*, p. 198-200, CDDH / SR. 56, § 3.

275 Emmanuel Decaux, « La ratification par la France du Premier Protocole additionnel aux Conventions de Genève de 1949 », *RTDH*, n°50, 1er avril 2002, p. 330. Malgré la ratification, les déclarations interprétatives françaises ont fait l'objet des plus vives critiques, tant de la part de la Commission des Affaires étrangères de l'Assemblée nationale lors des travaux préparatoires à la ratification que de la Commission nationale consultative des droits de l'homme (CNCDH). Dans son avis du 6 juillet 2001 sur l'adhésion française au Protocole additionnel aux Conventions de Genève du 12 août 1949 relatif à la protection des victimes des conflits armés internationaux, la CNCDH « déplore néanmoins les nombreuses réserves et déclarations interprétatives qui assortissent l'adhésion française », tout en regrettant de ne pas avoir été consultée au cours des travaux préparatoires.

276 Neuf États ont formulé des déclarations relatives aux armes nucléaires lors de la ratification du Protocole (Allemagne, Belgique, Canada, Espagne, France, Irlande, Italie, Pays-Bas, Royaume-Uni), contre deux lors de la signature (États-Unis, Royaume-Uni).

de tout un pan du droit international conventionnel, afin de ne pas faire obstacle au droit naturel de légitime défense par l'arme nucléaire[277]. En cas de contestation basée sur le Protocole I, il n'est pas exclu que la France s'estime conduite à affirmer, comme le font les Etats-Unis depuis 1973, que la planification nucléaire ne vise pas les populations *en tant que telles*[278]. En l'espèce, le soin n'est pas de moraliser l'arme nucléaire – c'est l'agression qui est immorale, non la dissuasion qui cherche à l'éviter – que de se prémunir contre une contestation de la légitimité de la dissuasion nucléaire, laquelle est juridiquement théorisable.

[277] Bruno Tertrais, *Op Cit.* Voir également Emmanuel Decaux, « La ratification par la France du Premier Protocole additionnel aux Conventions de Genève de 1949 », *RTDH*, n°50, 1er avril 2002, p. 321-334.
[278] *Ibid.*

Chapitre II
Éléments pour une théorie juridique de la dissuasion nucléaire

Pratique *ex post facto* puisqu'issue de la période de la Guerre Froide, la dissuasion nucléaire relève d'abord de la science politique, de la géopolitique et de la géostratégique avant de se fonder en droit[279]. Pourtant, « *penser l'arme nucléaire comme un ordre de contrainte, le percevoir comme concurrent des mécanismes de sécurité collective, c'est ainsi penser l'une des limites fondamentales du droit international public au sens classique du terme, avec ses traités, ses coutumes, ses normes appelées à réguler la violence des Etats, à contenir la guerre*[280] ». S'il n'existe pas de définition juridique de la dissuasion nucléaire dans les relations internationales du fait que son objet même n'est pas volontairement défini pour ne pas être stratégiquement figé, sa théorie a été cependant établie[281] et un consensus prévaut[282] à savoir une doctrine politique d'usage, nationale et partagée sur l'emploi de l'arme nucléaire (I) laquelle pratique de dissuasion nucléaire, bien qu'intégrée dans la notion de légitime défense, nécessite dans son exercice même d'être régie par des principes de droit positif (II).

I. L'exercice de la dissuasion nucléaire et la doctrine de défense française

Le concept de la dissuasion repose sur l'idée fondamentale de montrer sa force pour ne pas avoir à s'en servir[283], reprenant l'adage *Si vis pacem para bellum* réactualisé par le pouvoir égalisateur de l'atome[284]. La menace dissuasive ne signifiant pas l'entrée en guerre, la pratique de la dissuasion nucléaire ne relève pas en conséquence du *jus in bello* mais du *jus ad bellum*, bien que son exercice inclut la virtualité de la guerre et donc celle de son droit. Si l'article 51-2 du protocole I de 1977 interdit les *« menaces de violence dont le but principal est de répandre la terreur parmi la population civile »*, cette disposition *durante bello* n'apparait pas applicable à la dissuasion nucléaire *durante pacis*. En effet, une menace illicite telle que la dissuasion nucléaire, au regard du *jus in bello*, si elle

---

[279] Nicolas Haupais, « L'ordre nucléaire, la dissuasion et les limites du droit international » *in* Regad C., *Aux limites du droit*, Paris, Mare & Martin, 2016, pp. 105-126 : « *Les doctrines stratégiques, les postures nucléaires visent précisément à assurer l'adversaire que, face à un défi sécuritaire essentiel, les mains des dirigeants ne trembleront pas devant les conséquences, qu'ils seront prêts à s'abstraire de toute considération morale, juridique, au nom de l'intérêt suprême de défense de l'Etat* ».

[280] *Ibid.*

[281] Sur la théorie de la dissuasion nucléaire, cf. Daniel Colard, *Les relations internationales de 1945 à nos jours*, 8e éd., Paris, Armand Colin, 1999, p. 131 : « *toute la problématique de la dissuasion nucléaire consiste (…) à pouvoir menacer l'adversaire, sans pour autant être contraint de passer à la mise à exécution de la menace* » ; Raymond Aron, *Les dernières années du siècle*, Paris, Julliard, 1984, p. 63 et s.

[282] Patrick Buffotot, « L'inflexion de la doctrine française de dissuasion à l'aube du XXIe siècle », *Annuaire Français des Relations Internationales*, vol. VIII, 2007, p. 413-414.

[283] Voir à ce propos Louis Hubert Gonzalve Lyautey, *Du rôle social de l'officier*, 1891.

[284] Pierre-Marie Gallois, *Stratégie de l'âge nucléaire*, 1960.

prévient la guerre et sert la paix par son effet dissuasif, devient licite au regard du *jus ad bellum*, donc du droit international général, en raison de la hiérarchie des buts et principes de ce droit. La licéité de la dissuasion nucléaire est ainsi bâtie sur la prépondérance du *jus ad bellum* sur le *jus in bello*[285], base sur laquelle s'établit la doctrine nucléaire française (1), et sur laquelle peuvent se dégager les éléments de sa théorisation juridique (2).

1. Définition de la doctrine française de dissuasion nucléaire

A partir de la première patrouille océanique stratégique de la Marine Nationale[286], la dissuasion nucléaire française fut actée comme permanente et imparable en étant rendue publique avec la parution du Livre Blanc de la Défense de 1972 lequel souligna clairement l'institutionnalisation[287] de cette conception stratégique. Celle-ci est précisée par la suite au fait que « *le risque nucléaire confère à la défense une dimension radicalement nouvelle. Il donne aussi à la politique un tour nouveau. Il fonde l'ère de la dissuasion. La dissuasion nucléaire repose sur une commune intelligence par les adversaires de la démesure du risque encouru, fruit de la puissance nucléaire et de la détermination de qui la détient. Elle ne vaut et ne s'applique que dans le cas d'une menace directe sur les intérêts vitaux de l'un et si elle fait peser sur l'autre un risque immédiat hors de proportion avec l'enjeu du conflit* »[288]. Apparaît ici le caractère exclusivement national et essentiellement défensif de la dissuasion, que l'évolution stratégique à la fin du monde bipolaire ne remit pas en cause au nom du principe d'indépendance et la permanence de la dissuasion nucléaire, « *crédible et constamment adaptée à l'évolution des menaces* »[289] . De la préface du Livre blanc de 2008 au discours de l'Ecole de Guerre

---

[285] Dans l'avis consultatif sur la licéité de la menace et de l'emploi des armes nucléaires de 1996, la CIJ a révisé le principe de l'égalité des belligérants devant le *jus in bello*, qu'elle avait pourtant affirmé auparavant. Une circonstance extrême de légitime défense, selon l'alinéa 2 du paragraphe E, peut empêcher l'application générale du DIH dans le sens de l'alinéa 1 dudit paragraphe. Selon David Cumin, en donnant à la victime d'une agression la faculté de ne pas se considérer liée par le *jus in bello*, la Cour suggère que le *jus ad bellum* l'emporte sur le *jus in bello* et que la réserve du cas d'exception établit une hiérarchie entre les droits fondamentaux de l'Etat et les principes fondamentaux du DIH. Cf. David Cumin, *L'arme nucléaire française devant le droit international et le droit Constitutionnel*, *op cit*, p.101.

[286] Dès mars 1963, le gouvernement du général de Gaulle commanda le *Redoutable*, le premier des six sous-marins nucléaires lanceurs d'engins dits SNLE devant permettre à la Marine nationale de mettre en œuvre la dissuasion nucléaire française aux côtés des Forces aériennes stratégiques [FAS]. Puis en 1965, les travaux pour construire la base sous-marine de l'Île-Longue en Bretagne furent décidés, ce qui donnera à l'époque le plus grand chantier d'Europe. La construction du *Redoutable* prit environ huit ans et, une fois admis en service au travers de la Force Océanique Stratégique dite FOST, ce bâtiment, alors doté de 16 missiles mer-sol balistiques et avec un équipage de 135 marins, partit pour sa première patrouille le 28 janvier 1972.

[287] André Dumoulin et Christophe Wasinski, « Justifier l'arme nucléaire. Le cas français pendant les années 1990 », *Etudes internationales*, Institut Québécois des Hautes Etudes Internationales, vol. 41, n°1, 2010, p. 83.

[288] *Livre Blanc de la Défense*, 1972, chapitre I, « La politique de défense de la France », p. 4.

[289] *Livre blanc*, 1994, p. 3.

de 2020 se confirme l'importance de l'indépendance de la France dont la garantie ultime demeure la dissuasion nucléaire[290].

Or théoriser le concept de dissuasion nucléaire revient à l'élargir du fait qu'il englobe d'autres concepts, systématise son application et débouche nécessairement sur une théorisation de l'emploi de l'arme nucléaire[291]. Dans cette singularité, la doctrine stratégique française se confond avec la doctrine juridique des représailles nucléaires laquelle a pour objet de justifier le premier emploi des armes nucléaires, en reproduisant la thèse de la déchéance du bénéfice des droits du *jus in bello* encourue par l'Etat agresseur à titre de sanction ou de châtiment. L'agression constituant l'infraction suprême, l'Etat victime et ses alliés seraient en droit d'utiliser contre l'agresseur tous les moyens de le combattre. Cette argumentation admet la séparation entre le *jus ad bellum* et le *jus in bello* comme un principe de base du droit international, marqueur de conjoncture, avec la mise en œuvre de la légitime défense laquelle pourtant doit normalement être compatible avec les lois et coutumes de la guerre. Mais elle souligne que ni le *jus ad bellum* ni le *jus in bello* ne sauraient nuire au droit à la survie de l'Etat ni au but premier de la Charte[292], qui est de prévenir la guerre et d'assurer la paix mondiale grâce à la dissuasion. Si les armes nucléaires tactiques sont considérées comme des armes spécifiques, au même titre que les armes nucléaires stratégiques, la doctrine française de dissuasion se caractérise par le refus de la conventionnalisation des armes nucléaires[293], les armes nucléaires tactiques ne sont donc pas le prolongement d'un arsenal conventionnel, et leur emploi s'inscrit dans le cadre de la manœuvre dissuasive générale[294].

Pratiquant, en parallèle de la sanctuarisation de ses intérêts vitaux une sanctuarisation normative[295], la France agit sur le principe de souveraineté impliquant que l'Etat détermine par lui-même ses obligations juridiques. La doctrine de défense française est spécifiquement liée à sa capacité limitée de riposte conventionnelle, comparativement aux Etats-continents. Depuis la création de ses Forces Aériennes Stratégiques en 1964, la France a été le seul Etat doté d'armes nucléaires à adhérer officiellement à une stratégie anticités d'emploi en premier de l'arme atomique en riposte à une attaque

[290] *Livre blanc*, 2008, p. 9, 65 et 99. Voir aussi Benoît Grémare, « Intérêts vitaux et stricte suffisance – Retour sur le discours de l'École de Guerre du 7 février 2020 », *Notes de recherche de l'IEC-IES*, n°6, avril 2020, 34 p.

[291] Daniel Colard, « Rappel des fondements de la doctrine et du concept de dissuasion nucléaire française » *in* P. Pascallon et H. Paris (dir.), *La Dissuasion nucléaire française en question(s)*, L'Harmattan, 2005, pp.135-139.

[292] Préambule alinéas 1, 5, 6 et 7, art.1-1, 2-3, 2-4, 24, 26, 33, 37, 39, 40, 47-1, 48-1, 51, 52-1, 73, 76-a et 99 de la Charte des Nations Unies.

[293] Nina Tannenwald, « Stigmatizing the Bomb. Origins of the Nuclear Taboo », *International Security*, vol. 29, n° 4, 2005, p. 24-26.

[294] Bastien Irondelle, *op cit*, p. 7.

[295] Nicolas Haupais, *La France et l'arme nucléaire*, *op cit*, p. 34.

classique[296]. Et la récusation de la riposte atomique à une attaque classique étant le plus petit dénominateur commun des tenants de l'illicéité de l'emploi des armes nucléaires, et également des partisans qui font dépendre cette licéité du respect du *jus in bello* – en soi tous les Etats sauf la France – la doctrine française est de fait la plus vulnérable et la plus exposée à la contestation antinucléaire internationale.

De plus, la doctrine française de dissuasion nucléaire se définit par ce qu'elle rejette, plus que par ce qu'elle pense positivement, notamment en refusant le principe de non-emploi en premier d'où de nombreuses ambiguïtés[297]. Nourrie des réflexions américaines et britanniques ainsi que des principaux stratèges français en poste à l'OTAN, parmi lesquels des colonels Beaufre et Gallois, principaux architectes de la stratégie des représailles massives[298], la stratégie nucléaire française a développé deux innovations conceptuelles à savoir la *théorie du Détonateur* (selon laquelle la France oblige ses alliées à s'engager avec elle en ouvrant la première le feu nucléaire) et *l'Ultime Avertissement* (selon lequel un tir unique rétablirait l'inhibition de la dissuasion nucléaire). Ces conceptions illustrent, au niveau stratégique, les variables que propose l'arme nucléaire laquelle, en droit international, fait également l'objet de limites et de paradoxes juridiques. Pour autant, ces hésitations révèlent une tension fondamentale, voire consubstantielle à l'arme nucléaire et à la dissuasion, relative à sa licéité.

2. Licéité de la doctrine française de dissuasion nucléaire

Basiquement, la dissuasion repose sur la simple possibilité factuelle de recourir à l'arme nucléaire, indépendamment de son caractère licite ou illicite, invitant l'ennemi à la circonspection[299]. Si les Etats ont les moyens de commettre des faits internationalement illicites et de se comporter en violation du droit international, celui-ci tient compte de la possibilité de voir les Etats ne pas s'acquitter de leurs obligations et responsabilités internationales. Pour cette raison, il existe un corpus qui règle la conduite des Etats en cas de conflit armé.

Nonobstant, l'association quasi systématique entre les termes « dissuasion » et « nucléaire » est un trait caractéristique de la réflexion stratégique française, ajouté à la notion de menace par représailles. La

---

[296] David Cumin, *L'arme nucléaire française devant le droit international et le droit Constitutionnel*, *op cit* p. 4.

[297] Jean-Damien Pô, *Les Moyens de la puissance. Les activités militaires du CEA (1945-2000)*, Paris, Ellipses, 2001.

[298] Formalisée par les documents otaniens MC-48 (1954), MC-48/1 (1955) et MC-48/2 (1957).

[299] Charles de Gaulle, *Mémoires d'Espoir, Le Renouveau, 1958-1962*, Plon, 1970 : « *La dissuasion existe dès lors qu'on a de quoi blesser à mort son éventuel agresseur, qu'on y est très résolu et que lui-même en est bien convaincu. C'est par là que l'armement moderne de la France, non seulement constitue pour elle la garantie incomparable de sa sécurité, mais encore introduit dans un monde dangereux un élément nouveau et puissant de sagesse et de circonspection* ».

France ne conçoit l'exercice de sa dissuasion nucléaire que dans des circonstances extrêmes, reposant sur le principe de légitime défense, lui-même reconnu par l'article 51 de la Charte des Nations Unies. Bien qu'en décalage par rapport à la *légitime défense qualifiée*[300] retenue par la Cour, cette particularité fut reprise dans l'argumentation française devant la CIJ. Dans son avis de 1996 sur la licéité d'emploi de l'arme nucléaire et les conclusions afférentes, la CIJ a incontestablement consacré la dissuasion nucléaire[301], sa conclusion 2B étant explicite puisqu'elle précise que « *ni le droit international coutumier ni le droit international conventionnel ne comportent d'interdiction complète et universelle de la menace ou de l'emploi des armes nucléaires en tant que telles*[302] ».

Bien qu'elle lui donne une qualification a-juridique comme étant « *la pratique dénommée politique de dissuasion à laquelle une partie appréciable de la communauté internationale a adhéré pendant des années* »[303], cette pratique n'est pas étrangère au développement des normes relatives aux armes nucléaires. Amenée à s'inscrire dans la coutume du fait d'être reconnue, appliquée et pérenne, elle comporte d'incontestables éléments juridiques tels que les garanties négatives de sécurité souscrites par les Etats nucléaires et qui constituent des engagements conventionnels ou unilatéraux. Cette pratique courante depuis la Guerre Froide permet d'apprécier l'existence d'une *opinio juris* relative aux élans réguliers d'interdiction des armes nucléaires dans le monde. Or la dissuasion nucléaire n'est pas en soi contraire au droit international tant qu'elle est pratiquée dans l'exercice du droit de légitime défense prévu à l'article 51 de la Charte des Nations Unies. Reconnue comme un fait par la Cour Internationale de Justice dépassant le *jus nascendi*, la dissuasion nucléaire est ainsi fondée sur le droit de légitime défense, permettant à la France d'affirmer que l'avis de la Cour n'avait rien d'incompatible avec les textes fondateurs de sa doctrine nucléaire, celle-ci agréant le principe même de la sanctuarisation et de la dissuasion comme garante ultime des intérêts vitaux de l'Etat[304]. Depuis le discours de Cherbourg de 2008, la France a même repris les termes de la CIJ en affirmant que l'usage de l'arme nucléaire ne serait possible que dans des circonstances extrêmes de légitime défense[305], des termes qui « *sont très proche*

[300] Fondée sur le droit de légitime défense, la particularité de la déclaration française permet de revêtir une portée plus générale, inhérente au caractère global de la dissuasion. De fait, la France pourrait user de son armement nucléaire en cas d'atteintes portées à ses intérêts vitaux par un Etat exempt d'armes nucléaires et usant d'armes conventionnelles, nucléaires, biologiques ou chimiques.

[301] Vincent Coussirat-Coustère, *Armes nucléaires et droit international*, *Op Cit*, alinéa 27, p. 353.

[302] CIJ, *Licéité d'emploi de l'arme nucléaire*, *Avis consultatif*, conclusion 2B.

[303] *Ibid*, paragraphes 67 et 96.

[304] Florent Baude, *La Zone Exempte d'Armes Nucléaires en droit international public. Essai de théorisation*, thèse de droit public sous la direction du Pr. Olivier Pirotte, Université de Lille 2, 2000, vol. 1, p. 472 : « *La Cour a usé d'une expression nouvelle pour caractériser cette situation : celle de "circonstance extrême de légitime défense dans laquelle la survie d'un Etat serait en cause"* ».

[305] Bruno Tertrais, *La France et la dissuasion nucléaire*, *op cit*, p. 98.

de ceux que la France utilise pour décrire sa politique de dissuasion »[306]. De fait, la dissuasion nucléaire permet une stratégie défensive, politique et militaire, de dissuasion avec une force de frappe constituée d'un armement nucléaire, et elle constitue un « principe fondamental de l'organisation générale de la défense nationale » tel que le conçoit l'article 34 de la Constitution. On serait en droit d'attendre à ce que les normes la concernant soient établies par la loi[307], et d'en établir une définition juridique.

II. Essai d'une définition juridique de la pratique de dissuasion nucléaire française

Synthétiquement, le Code de la Défense fait référence aux armes nucléaires dans le cadre de la dissuasion (articles L 1333-1 à L 1333-14), aux armements nucléaires (articles R 1122-9 à 1122-10), la préparation et la mise en œuvre des forces nucléaires (articles R 1411-1 et s.) et au contrôle gouvernemental de la dissuasion nucléaire (article R 1411-7 et s.). Ces dernières dispositions résultent de la codification des dispositions du décret n°96-520 du 12 juin 1996 portant détermination des responsabilités concernant les forces nucléaires conférant au Président de la République la responsabilité du déclenchement du feu nucléaire, l'une des trois polémiques les plus vives concernant les armes nucléaires en comptant également les essais nucléaires et la licéité de l'emploi et de la menace d'icelles. Dans ce registre, si la partie législative du Code de la Défense fait part de la mise en œuvre de la défense militaire, faisant l'objet du Livre IV respectif des parties législatives et réglementaires, la dissuasion nucléaire est surtout concernée, au sein dudit Code, par les articles relatifs à la préparation et la mise en œuvre des forces nucléaires aux articles R 1411-1 à R 1412-6. A cet égard constate-t-on que la mission, la composition et les conditions d'engagement des forces nucléaires ne résultent que d'un article de la partie réglementaire du Code alors que la dissuasion constitue un principe fondamental de la défense nationale[308].

Enjeu dès lors d'une politique de défense héritée depuis la Guerre Froide, la dissuasion nucléaire octroyant le rang de puissance nucléaire[309]

---

306 Marc Perrin de Brichambaut, « Les avis consultatifs rendus par la CIJ le 8 juillet 1996 sur la licéité de l'utilisation des armes nucléaires dans un conflit armé (OMS) et sur la licéité de la menace et de l'emploi d'armes nucléaires (AGNU) », *Annuaire français de droit international*, XLII, 1996, p. 336. Le communiqué de presse du ministère des Affaires étrangères du 8 juillet 1996 exprime la compatibilité de la politique française avec l'avis de la CIJ en raison de sa nature purement dissuasive, *Documents d'actualité internationale*, 1996, n° 17, p. 697.

307 Florent Baude et Fabien Vallée, *Code de la Défense*, Ellipses, 2012, p. 97.

308 *Ibid*, p. 42.

309 Maurice Vaïsse, « Historique du concept français de dissuasion nucléaire 1945-1994 » in Pierre Pascallon (dir.), *Quel avenir pour la dissuasion nucléaire française ?*, Bruxelles, Bruylant, 1996, p. 4. Voir aussi Dominique Mongin, *La bombe atomique française 1945-1958*, Bruxelles, Paris, Bruylant, L.G.D.J., 1997, 487 p., Louis Ruehl, « La politique militaire de la cinquième république », *Cahiers de la F.N.S.P.*, n°193, Paris, 1976, p. 235 et s. ; Marcel Duval, « L'arme

mérite une définition juridique (1) établissant sa nature et son objet au-delà de sa période de maturation, son particularisme, et son ambivalence juridique nécessitant d'être synthétisée pour devenir un objet de droit public[310] (2).

1. Les caractéristiques juridiques de la dissuasion nucléaire

Afin d'assurer la protection des citoyens, d'éviter l'intrusion des forces ennemies et d'en assurer leur destruction implacable, la doctrine de la dissuasion nucléaire française consiste à dissuader un agresseur d'entreprendre une action militaire, nucléaire ou conventionnelle, contre les intérêts vitaux de la Nation[311], par la menace communiquée de représailles exorbitantes assurées par une capacité de destruction opérationnelle.

De vertu stabilisatrice, apparaissant comme un atout dans un monde d'érosion des normes[312], la stratégie de dissuasion repose sur trois principes, affirmés dès le premier Livre Blanc de 1972 et confirmée par le ministre des Affaires étrangères le 6 avril 1995 au Sénat, dans une formulation très proche de l'argumentaire développé par la France devant la CIJ[313] : d'une part, la stratégie de dissuasion a un caractère strictement défensif en affirmant le refus de l'emploi ou de la menace d'emploi à des fins agressifs, adjoints du principe de suffisance limitant au strict nécessaire les capacités nucléaires ; d'autre part, elle s'appuie juridiquement sur le droit inaliénable à la légitime défense en vertu de l'article 51 de la Charte des Nations Unies ; enfin, la dissuasion a pour objet la protection des intérêts vitaux au regard de la nature de la menace, peu importe les moyens adverses employés. Cette

---

nucléaire avant De Gaulle » in *La IVe République face aux problèmes d'armement*, CEHD, Addim, 1998, p. 599-606.

310 Il est fondamental de rappeler que la dissuasion nucléaire implique, à la fois, une « manœuvre virtuelle permanente » et un « emploi réel ». Ainsi, « la manœuvre se développe à deux niveaux étroitement corrélés. D'une part une politique déclaratoire exprimée à intervalles irréguliers et d'autre part par la génétique des forces permettant la disponibilité permanente des forces bien réelles, prêtes pour l'emploi afin d'assurer la crédibilité de l'occurrence des représailles ». Cf. François Géré, « Le désarmement entre intemporel et temporel, entre idéal et pragmatisme », in Pierre Viaud (dir.), « Le désarmement en perspective », *Revue Défense Nationale*, Paris, Economica, 2010, p. 50.

311 Nicolas Haupais, *La France et l'arme nucléaire*, CNRS Editions, Paris, 2019, p.17 : « *L'expression est juridiquement creuse, indéterminée dans sa signification. L'Etat n'a pas besoin de les définir. Stratégiquement également, il faut veiller à ne pas fixer trop précisément une doctrine d'emploi potentiel de l'arme nucléaire. Cela reviendrait à déterminer des cas dans lesquels l'arme ne serait pas utilisée et à « autoriser » l'adversaire à agir dans tout ce qui ne rentre pas dans le champ des « intérêts vitaux » sans craindre une riposte nucléaire. L'indétermination des cas de recours est une condition de la viabilité de la dissuasion* ». Voir aussi Benoît Grémare, « Intérêts vitaux et stricte suffisance – Retour sur le discours de l'École de Guerre du 7 février 2020 », *Notes de recherche de l'IEC-IES*, n°6, avril 2020, 34 p.

312 Emmanuel Macron, *Discours à l'École de Guerre*, Paris, 7 février 2020.

313 Cf extraits du Mémorandum français de Marc Perrin de Brichambaut, directeur des affaires juridiques du ministère des Affaires étrangères, cités dans Pascal Boniface, *Repenser la dissuasion nucléaire*, La Tour d'Aigues, Editions de l'aube, 1997, p. 122.

doctrine de dissuasion conduit cependant la France à rejeter plusieurs concepts stratégiques en vogue : le principe du non-emploi en premier de l'arme nucléaire, la bataille nucléaire, la riposte graduée ou encore la conception de l'arme nucléaire comme un « dernier recours » – ces concepts demeurant contraires et incompatibles avec sa stratégie française de dissuasion et de représailles. Cette pratique de la dissuasion nucléaire doit également s'effectuer en toute autonomie politique, conformément aux concepts constitutionnels de souveraineté à l'article 3, et d'indépendance nationale à l'article 5 de la Constitution.

Basée sur la menace du recours à l'arme nucléaire, la politique de dissuasion ne peut toutefois pas être déclarée illicite au regard de l'interdiction du recours à la force prohibé par l'article 2, paragraphe 4 de la Charte des Nations Unies. Dans son avis, la CIJ s'est contentée de clarifier le sens de l'article cité quant à la notion de menace et son rapport avec le recours effectif à la force déclarant pour l'illustrer qu' : « *Aucun Etat – qu'il ait défendu ou non la politique de dissuasion – n'a soutenu devant la Cour qu'il serait licite de menacer d'employer la force au cas où l'emploi de la force envisagée serait illicite* [...] *Il peut en effet, être justifié d'inférer de la possession d'armes nucléaires qu'on est prêt à utiliser celles-ci. Pour être efficace, la politique de dissuasion, par laquelle les Etats qui détiennent des armes nucléaires ou qui se trouvent sous leur protection cherchent à décourager l'agression militaire en démontrant que cette dernière ne servira aucun objectif, nécessite que l'intention d'employer des armes nucléaires soit crédible. Qu'il y ait là une menace contraire à l'article 2, paragraphe 4, dépend du fait de savoir si l'emploi précis de la force envisagée serait dirigé contre l'intégrité territoriale ou l'indépendance politique d'un Etat ou irait à l'encontre des buts des Nations Unies, ou encore, dans l'hypothèse où il serait conçu comme un moyen de défense, il violerait nécessairement les principes de nécessité et de proportionnalité*[314] ». Ainsi, il ressort implicitement des paragraphes 96 et 97 de l'avis rendu par la Cour que la détention d'armes nucléaires avec l'intention de s'en servir en cas de menace attentatoire à la survie de l'Etat constitue les fondements de la dissuasion[315].

S'il semble que le monde de la dissuasion nucléaire crée une forme d'ordre juridique à part, lié à la Charte mais s'en différenciant largement[316], dans lequel la menace constituée par la possession d'armes nucléaires dans le cadre d'une politique de dissuasion n'est pas interdit au sens précisé par la Cour puisque dormante et non coercitive, n'étant théoriquement activée que par une agression[317], sans violation du droit international[318]. De plus, l'emploi ou la menace doivent s'exercer dans le cadre de la légitime défense définie par la Charte des Nations Unies : la menace de recours à la force devient licite selon l'article 2, paragraphe 4 pour prévenir et éviter le recours

---

314 CIJ, *Licéité de la menace ou de l'emploi d'armes nucléaires, Op Cit.*, paragraphe 47.

315 Florent Baude, *La Zone Exempte d'Armes Nucléaires en droit international public, op cit*, p. 472.

316 Nicolas Haupais, « L'ordre nucléaire, la dissuasion et les limites du droit international » *in* Caroline Regad (dir.), *Les limites du droit*, Marc & Martin, Paris, 2016, pp.105-126.

317 Anne-Sophie Millet, *Op Cit*, pp.141-175.

318 Vincent Coussirat-Coustère, *Op Cit*, p.353.

même de la force. C'est pourquoi, quand la menace de recours à la force est organisée dans le cadre d'une action des Nations Unies, elle ne peut nullement être entachée d'illicéité[319], de même que pour une action de légitime défense individuelle ou collective, la dissuasion se basant sur une menace de riposte nucléaire dans le cadre de la légitime défense. Consubstantiel à la structure de la société internationale, la consécration de la pratique de dissuasion nucléaire garantit à chacune des puissances nucléaires son droit à l'existence, sur la base de la légitime défense.

Dans sa réflexion stratégique, la doctrine française a évolué au regard du contexte géopolitique. A l'origine, la dissuasion sous-entend le bombardement démographique de l'ennemi par les missiles nucléaires. Ce caractère opérationnel engendrant l'Apocalypse se concrétise par la frappe anti-cité, en mettant l'accent sur le caractère réellement utilisable des armes nucléaire, d'abord parce qu'une stratégie antiforces nécessite des moyens bien supérieurs à ceux dont peut se doter une puissance non continentale, ensuite parce que la dissuasion repose sur la crainte que doit avoir l'adversaire de l'ampleur des dommages que lui causerait la riposte nucléaire pour empêcher toute résilience nationale de l'ennemi.

A cet égard, dans son avis consultatif de 1996, la CIJ a été amenée à se prononcer sur la valeur juridique de la politique de dissuasion, laquelle pouvait contenir la présomption d'existence d'une *opinio juris* relative au non-emploi de l'arme nucléaire et donc une potentielle valeur juridique[320] ? Dans son mémoire déposé devant la CIJ lors des débats sur la licéité d'emploi de l'arme nucléaire, la France a considéré que la Cour ne devait pas exercer sa compétence consultative sur cette question, celle-ci étant de nature à impliquer « *une appréciation sur les politiques de défense des Etats, sur la place politique de la dissuasion, sur les équilibres stratégiques actuels* »[321] et lui demanda, avant d'argumenter subsidiairement sur le fond, de ne pas répondre à la demande d'avis sollicitée pour ne pas se saisir d'une question relative au nucléaire militaire. En ce sens, la Cour dans son avis consultatif précisa qu'elle « *n'entend*[ait] *pas se prononcer ici sur la pratique dénommée* politique de dissuasion »[322], constatant seulement le nombre d'Etats qui ont adhéré à cette pratique « *pendant la plus grande partie de la guerre froide et* [qui] *continuent d'y adhérer* »[323] ; et les conclusions, loin d'amener une nouvelle jurisprudence sur la question, ont reflété la difficulté pour un organisme juridique de légiférer

[319] Abdulhay Sayed, *Quand le droit est face à son néant. Le droit à l'épreuve de l'emploi de l'arme nucléaire*, Bruylant, 1998, 203 p.

[320] Voir pour cet axiome, David Cumin, *Op Cit*, p. 83 : « *La dissuasion n'est donc pas une stratégie insusceptible d'être juridiquement qualifiée. En droit interne, elle est à la base du régime spécial de l'Etat nucléaire et de la défense nucléaire, donc de l'organisation de l'Etat et de la défense tout court* » d'où la théorie de l'Etat nucléaire émise par Henri Pac dans ses ouvrages *Le droit de la défense nucléaire* (1989) et *Droit et politiques nucléaires* (1994).

[321] Marc Perrin de Brichambaut, exposé oral de la France, CR 95/23.

[322] CIJ, avis consultatif, *Licéité de la menace ou de l'emploi d'armes nucléaires*, 8 juillet 1996, déclaration de M. Shi.

[323] *Ibid.*

sur une telle question politique, comme l'avait déjà enjoint la France en 1974 puis en 1995.

Clamant dès 1972 l'option anticité du fait de la nécessité stratégique d'infliger à l'adversaire le maximum de dégâts, la dissuasion nucléaire française ne semble pas évoluer vers une stratégie coercitive même avec la décision politique du tir nucléaire d'Ultime Avertissement[324]. Le Livre Blanc de la Défense de 2013 rappelle que « *la dissuasion est la garantie ultime de la sécurité, de la protection et de l'indépendance de la Nation. Elle garantit en permanence notre autonomie de décision et notre liberté d'action dans le cadre de nos responsabilités internationales,* [...]. *La dissuasion nucléaire s'inscrit donc dans le cadre plus global de la stratégie de défense et de sécurité nationale qui prend en compte l'ensemble des menaces, y compris celles qui se situent sous le seuil des intérêts vitaux.* »

Comme pour les autres puissances nucléaires, la dissuasion nucléaire française se caractérise par sa permanence, sans nécessité de frontière traditionnelle entre le temps de paix et le temps de guerre. Si le Code de la Défense renvoie de manière explicite au caractère permanent de la Défense avec les articles D1431-1 et D1441-1, ceux-ci précisent que la défense maritime et aérienne du territoire est permanente pour faire respecter en tout temps la souveraineté nationale. De plus, l'article R1421-1 du Code de la Défense précise qu'il incombe aux autorités militaires la défense opérationnelle du territoire avec pour mission de participer à la protection de la force nucléaire stratégique. De fait, cette mission peut être mise en relation avec les articles R1411-7 et R1411-8 du Code de la Défense consacrés au contrôle gouvernemental de la dissuasion nucléaire. Au sein desdits articles, le caractère permanent transparait clairement au constat que doit être assuré au Président de la République en toutes circonstances les moyens de la dissuasion nucléaire. Ce contrôle est notamment exercé dans le domaine de l'engagement des forces nucléaires afin de garantir à tout moment au Président de la République sa capacité d'engager lesdites forces.

2. Le principe juridique de la dissuasion nucléaire : une nature et une portée controversée

La notion de dissuasion nucléaire a-t-elle pour autant acquis la valeur d'un principe ? Cette question revient à s'interroger sur les conditions auxquelles doit satisfaire un principe pour recevoir l'onction juridique en droit positif. Pour cela, deux critères conditionnels peuvent être avancés, à savoir organique ou matériel. Pour le critère matériel, un principe juridique se définit comme celui qui, en toute tautologie, produirait des effets juridiques, tels des traités et conventions sur son objet. Or si l'arme nucléaire correspond à cette définition, la pratique de la dissuasion nucléaire

---

[324] Georges-Henri Soutou, « Le retour du nucléaire militaire : une introduction » *in* Jean Baechler et Georges-Henri Soutou, *Le Retour du nucléaire militaire*, collection de l'Académie des sciences morales et politiques, Hermann, Paris, 2019, p. 7.

n'est régie par aucun instrument juridique et n'est rattachée à aucune convention, seul demeure le constat de son effectivité. Concernant le critère organique, celui-ci se détermine au fait que serait un principe juridique celui qui fait l'objet d'affirmation par diverses sources formelles du droit international et par croisement de ces sources.

A cela, la pratique de la dissuasion nucléaire a été reconnue par des instances internationales telles la Cour Internationale de Justice, et son inscription dans un certain nombre d'instruments juridiques, notamment conventionnels, la rendrait susceptible d'être qualifié de principe juridique. Ainsi, la pratique de la dissuasion nucléaire constituerait en elle-même une règle du droit international général au constat de l'effectivité organique des puissances nucléaires, bien que les nombreux textes et accords internationaux qui font état de l'arme nucléaire n'accordent ni la même portée ni nécessairement le même contenu à la politique de dissuasion nucléaire relativement récente au regard des relations internationales.

Toutefois, pour que la dissuasion nucléaire puisse se muer plus ou moins rapidement en droit coutumier, celle-ci doit réunir trois conditions à savoir une pratique étoffée et confirmée, un contenu stable et précis, et enfin la constatation d'une *opinio juris* partagée sur l'objet. L'état de développement de la pratique de la dissuasion nucléaire nous offre plusieurs indications. Sans être nouvelle, la pratique stratégique de la dissuasion nucléaire lui confère un constat et une récurrence suivie par les puissances nucléaires dans l'ordre international. Mais selon la CIJ, « *le fait qu'il ne se soit écoulé qu'un bref laps de temps ne constitue pas nécessairement en soi un empêchement à la formation d'une règle nouvelle de droit international coutumier* »[325]. Précédemment évoquée, et bien qu'établie par des doctrines propres aux Etats possesseurs de l'arme nucléaire, la pratique de la dissuasion nucléaire n'a fait l'objet d'aucune convention et sa permanence n'est établie qu'auprès d'une minorité d'Etats, sans nécessaire partage souhaité par les instances internationales[326].

De plus, si son existence est indispensable au fait qu'elle donnerait authentiquement corps à une règle en émergence, la dissuasion nucléaire ne dispose que de rares législations et de décisions judiciaires nationales lesquelles, peu nombreuses, l'empêchent d'atteindre le degré d'extension et de généralité exigé pour une *opinio juris*, et dont le manque d'unanimité ne permet pas de la définir comme un principe coutumier. La dissuasion repose sur l'arme nucléaire et celle-ci est difficilement saisissable de manière univoque en droit conventionnel : encadrée par une pluralité d'instruments juridiques, l'arme nucléaire n'en est pas pour autant formellement interdite en droit international du fait de l'existence des Etats possesseurs et

---

[325] CIJ, *Affaires du plateau continental de la mer du Nord*, arrêt du 20 février 1969, Rec. 1969, p. 43, § 74.

[326] *Ibidem* : « *Il demeure indispensable que* [...] *la pratique des Etats, y compris ceux qui sont particulièrement intéressés, ait été fréquente et pratiquement uniforme* ». Or cette condition entre en conflit avec le Traité de Non-Prolifération lequel tend à limiter la possession de l'arme nucléaire à l'échelle internationale.

d'objecteurs persistants. Il est de surcroît du plus grand intérêt de savoir l'attitude observée par le juge international face au principe de la dissuasion nucléaire lequel, via l'avis consultatif de la CIJ de 1996 sur la licéité de la menace et de l'emploi de l'arme nucléaire, constate son existence comme généralement contraire aux principes de certains droits, sans parvenir pour autant à la condamner au nom desdits principes.

De facto, la dissuasion nucléaire a une fonction inhibitrice, n'étant doctrinalement pas prévue pour être employée, son utilité consiste à prévenir pour empêcher la guerre, son existence et son statut s'en trouvant justifiés. *De jure*, cette politique déclamatoire est réservée au niveau international à cinq pays au travers du Traité de Non-Prolifération nucléaire. Ainsi, sans unanimité juridique du fait de son objet principal, il apparaît prématuré de qualifier la pratique de la dissuasion nucléaire comme une règle ressortissant du droit international général.

Chapitre III
Éléments pour une théorie juridique de l'Ultime Avertissement

La dissuasion nucléaire vise à éviter la guerre. Toutefois, lors de tensions diplomatiques, des coups de force peuvent survenir dans lesquels l'adversaire ne contraint pas son attaque, marquant la limite de la politique déclamatoire de la dissuasion. A cela, l'Ultime Avertissement est une réponse qui consiste en une frappe nucléaire préemptive, unique dans un contexte de crise. Conçu comme une démonstration d'intention ayant pour objectif non pas de prendre un avantage tactique, de remporter une bataille ou de modifier le cours des opérations militaires, mais de rétablir politiquement la pratique de la dissuasion nucléaire ébréchée[327], l'Ultime Avertissement illustre le paradoxe d'emploi tactique d'une arme stratégique (I) et comporte une dimension juridique conséquente à son exécution (II).

I. Le paradoxe de l'Ultime Avertissement : l'emploi tactique d'une arme stratégique

Théorisé dans le cadre de la dissuasion nucléaire qui vise à éviter le déclenchement du feu nucléaire, l'Ultime Avertissement consiste à brandir la menace nucléaire stratégique et à l'affirmer par un usage tactique limité. De fait, il convient de s'interroger sur les fondements juridiques de cette menace comme délimitation du *jus ad bellum* avant sa bascule dans le *jus in bello* (1) et de la doctrine d'une frappe nucléaire préventive telle que le conçoit officiellement le concept français de l'Ultime Avertissement (2).

1. La limite juridique de la doctrine de la dissuasion nucléaire

Menace paradoxalement présentée comme un ultimatum au service de la paix, la dissuasion nucléaire se base sur le droit de légitime défense de l'Etat, même en cas de frappe préemptive. Au constat des différentes politiques de dissuasion nucléaire, la Cour Internationale de Justice, dans son avis de 1996 sur l'affaire de la licéité de la menace et de l'emploi de l'arme nucléaire, n'a pas condamné la menace des armes nucléaires dans les relations internationales. Au travers du dilemme du *non liquet* au regard de la retenue que l'arme nucléaire entretient chez ses détenteurs, la Cour a refusé de se prononcer sur la politique de dissuasion et d'en faire la promotion au nom de la Paix[328].

Du point de vue de la doctrine française, la dissuasion n'étant pas la guerre, le *jus in bello* est inopposable du fait que ladite dissuasion ne s'inscrit

---

[327] Alexis Baconnet, « Les mutations du concept d'ultime avertissement », *Revue Défense Nationale*, n°794, novembre 2016, p.116.

[328] CIJ, *Licéité de la menace ou de l'emploi d'armes nucléaires*, avis consultatif du 8 juillet 1996, paragraphe 71.

pas *durante bello* et qu'à l'intention manque l'acte-condition d'une éventuelle criminalité[329]. En cas d'échec de la menace dissuasive, c'est-à-dire en cas d'entrée en guerre effective, les stipulations du droit des conflits armés deviendraient applicables. Tel est l'écart normatif, « *l'aporie nucléaire*[330] » : la menace, la stratégie *contra bellum* de dissuasion, est licite. La légalité de la dissuasion, s'appréciant selon les règles du *jus ad bellum*, ne rend donc pas l'emploi légal au regard des règles du *jus in bello*, ce « mur[331] » engendrant l'improbable illicéité de l'arme de dissuasion nucléaire en droit international.

L'Ultime Avertissement est un message qui clarifie une détermination défensive afin de renforcer la crédibilité du décideur au même titre que la responsabilité de l'escalade en cas de riposte nucléaire à une attaque conventionnelle. Si la logique du concept français la considère comme une frappe nucléaire préemptive[332], alternative nationale au dilemme de la riposte graduée, la doctrine française considère que le vrai responsable n'est pas le belligérant plus faible qui, pour des raisons de défense, se voit obligé de recourir en premier à l'arme nucléaire, mais le belligérant plus fort lequel a déclenché l'offensive au risque, connu du fait de la stratégie déclaratoire de son adversaire nucléaire, de provoquer des représailles nucléaires. Le vrai responsable n'est donc pas celui qui franchit le premier le seuil nucléaire, c'est-à-dire qui recourt, en violation du *jus in bello*, à des moyens militaires plus puissants que ceux dont il a été initialement victime, mais celui qui franchit le premier le seuil de la guerre, c'est-à-dire qui recourt à la force armée en violation du *jus ad bellum*. La représaille nucléaire n'est donc qu'une sanction de l'agression : la légitime défense rend licites les moyens de la défense et dans le cadre de l'Ultime Avertissement, le *jus ad bellum* l'emporte sur le *jus in bello*[333].

Toutefois, si le sens commun considère la première frappe comme fondamentalement contraire au principe de non-recours à la force, l'idée de *légitime défense préventive* est acceptée dans la doctrine française ainsi que l'idée de deuxième frappe en représailles. Pour éviter cette conjoncture et quels que soient l'adversaire et les circonstances de la crise, la France maintient sa capacité d'indiquer au moment choisi que ses intérêts vitaux sont menacés et qu'elle est déterminée à les sauvegarder afin de rétablir la dissuasion. De fait,

---

329 David Cumin, *L'arme nucléaire française devant le droit international et le droit Constitutionnel*, *Op Cit*, p.78 : « *Les armes nucléaires, instruments de guerre et de non guerre, ressortiraient ainsi de deux ordres juridiques distincts : le droit de la guerre au sens du droit des conflits armés ; le droit de la paix au sens du droit de la dissuasion* ».

330 Henri Meyrowitz, « Les juristes devant l'arme nucléaire », *RGDIP*, 1963-4, pp.820-873.

331 Cette image du *mur* est empruntée à Henri Meyrowitz, « Le statut des armes nucléaires en droit international », *GYIL*, 1982, note 24, pp.223-226, estimant que la doctrine de la légalité absolue de la dissuasion porte en elle son complément logique, la légalité de l'emploi. Voir aussi du même auteur, « Problèmes juridiques relatifs à l'arme à neutrons » in *AFDI*, 1981, p.93.

332 Bruno Tertrais, *La France et la dissuasion nucléaire : concept, moyens, avenir*, La Documentation française, 2017, p. 117-119.

333 David Cumin, *Ibidem*.

la doctrine française a évoqué en 2006 le cas d'un État terroriste, non signataire du Traité de Non-Prolifération, et qui aurait recours à des moyens terroristes contre la France, lequel pourrait relever de la dissuasion nucléaire à la condition que les intérêts vitaux de la France soient en jeu[334]. Cette bivalence permet de garder un large spectre d'emploi théorique de l'arme nucléaire, l'Ultime Avertissement offrant un usage tactique et limité d'une arme stratégique.

2. L'Ultime Avertissement ou l'usage tactique de l'arme nucléaire

L'Ultime Avertissement incarne l'évolution de la doctrine tactique de l'arme nucléaire. A l'origine, l'arme nucléaire tactique (ANT) était une catégorie de l'armement nucléaire dont la portée et la puissance étaient adaptées en vue d'un emploi sur le champ de bataille[335], délivrant des représailles massives tout en permettant de constater le degré de forces de l'agression ennemie. Dès 1959, le général Ailleret lui attribua la mission de « *tir de barrage nucléaire* [...] *permettant de gagner, par une manœuvre retardatrice, le temps nécessaire à l'exécution des opérations décisives de la force de frappe* »[336]. Le général Beaufre voyait en 1964 ces armes comme un « détonateur » pour polariser la situation sur le théâtre européen. Consolidant ces travaux par l'apport des réflexions du général Gallois, le lieutenant-colonel Lucien Poirier élabora en 1965 avec le Centre de Prospective et d'Evaluation (CPE) le concept de « coup de semonce[337] » lequel planifiait le tir d'une arme

---

[334] Allocution de M. Jacques Chirac, Président de la République, lors de sa visite aux forces aériennes et océanique stratégiques à Landivisiau - L'Ile longue / Brest (Finistère), le jeudi 19 janvier 2006, annexe 1 du Rapport d'information n° 36 (2006-2007) de M. Serge Vincon fait au nom de la commission des affaires étrangères, déposé le 24 octobre 2006 : « *La dissuasion nucléaire n'est pas destinée à dissuader des terroristes fanatiques. Pour autant, les dirigeants d'États qui auraient recours à des moyens terroristes contre nous* (...) *doivent comprendre qu'ils s'exposent à une réponse ferme et adaptée de notre part. Et cette réponse peut être conventionnelle. Elle peut aussi être d'une autre nature* ».

[335] Louis-Marie Baille, « Histoire et doctrine d'emploi de l'armement nucléaire tactique français (1959-1996) », *Cahier de la pensée mili-Terre*, Histoire et Stratégie, 9 juillet 2018.

[336] Charles Ailleret, *Essai de stratégie nucléaire*, Commandement interarmées des armes spéciales, synthèse de conférences dans le cadre de l'enseignement militaire supérieur, Paris, mai 1959, p.158 : « *C'est par la mesure de la force de l'agression ennemie que l'on saura si celle-ci justifie le tir de barrage nucléaire. Il en résulte que le bouclier qui constitue le thermostat de l'agression doit répondre aux deux conditions essentielles suivantes : être en mesure de stopper toutes les agressions de volume minime, c'est-à-dire empêcher les agressions en dessous d'une température donnée ; déclencher à partir du moment où il ne sera plus en lui-même capable de stopper le courant d'agression la machine de haute puissance qui prendra à son compte l'interdiction de l'accès au continent, c'est-à-dire mettre en marche à partir d'une certaine température le mécanisme à grand rendement destiné à éteindre l'incendie* ».

[337] Lucien Poirier, « Dissuasion et puissance moyenne », *Revue Défense Nationale*, n°309, mars 1972, pp. 376-377: « *Dans les mains du chef de l'Etat, seul habilité à décider le moment et les modalités de son emploi, [l'arme nucléaire tactique] permettrait, par un tir de semonce effectué sur les seules forces assaillantes, de matérialiser d'une manière non-équivoque le moment où nous estimerions que l'agression ennemie va franchir le seuil d'agressivité critique* [...] *Cette capacité de semonce est donc un ultime élément du dialogue avec un adversaire que nous appellerions ainsi à la raison en lui indiquant, par ce signe sans*

nucléaire sur un objectif précis, à portée limitée, pour éviter la riposte massive des forces nucléaires stratégiques et permettre au Président de la République de dépasser l'alternative entre l'emploi des forces nucléaires stratégiques et l'inaction, dans le but de paralyser l'ennemi et d'établir une inhibition[338]. Mais les avis divergèrent sur ces suggestions, les généraux Fourquet et Maurin le perçurent comme un moyen de provoquer un « coup d'arrêt » aux opérations ennemis en prouvant sa résolution[339], et le Tir de Semonce fut mal accueilli par la haute hiérarchie militaire, en particulier par le chef d'Etat-major des Armées, le général Ailleret estimant que le CPE n'avait pas compétence pour traiter de stratégie[340]. Avec les concepts du tout azimut et de la permanence à la mer, la doctrine française de dissuasion nucléaire fut publiquement codifiée en 1972 dans le Livre Blanc[341] et le concept de lancer une frappe nucléaire, unique et non-renouvelable attendit 1977 pour prendre le nom d'« arme de dernier avertissement » dans le discours public[342]. Par la suite, une conférence du général Lacaze, chef d'Etat-major des Armées, confirma en 1981 ce marqueur de la limite des intérêts vitaux[343] désigné sous le nom d'Ultime Avertissement[344] dans le

---

équivoque, que nous avons décelé ses intentions et que nous sommes résolus à le punir ». Voir aussi du même auteur l'ouvrage *Des Stratégies nucléaires*, Hachette, Paris, 1977, p.337.

338 Henri Pac, *Le droit de la défense nucléaire*, PUF, 1989, pp.22-23. Voir aussi Philippe Cothier, « Corée du Nord : peut-on se passer du nucléaire ? », *Revue Défense Nationale*, n°794, novembre 2013, p.114 : « *Ainsi sont nées la distinction entre armements tactiques anti-forces et armements stratégiques anti-cités, la doctrine de l'« ultime avertissement » tactique préalable à l'engagement all-out des armes stratégiques, dans le scénario d'un affrontement Est-Ouest* ».

339 André Dumoulin et Christophe Wasinski, « Justifier l'arme nucléaire. Le cas français pendant les années 1990 », *Etudes internationales*, Institut Québécois des Hautes Etudes Internationales, vol. 41, n°1, 2010, p. 84.

340 Marcel Duval, Dominique Mongin, *Histoire des forces nucléaires françaises depuis 1945*, PUF, Paris, 1993, p.59. Voir également Samy Cohen, *La Défaite des généraux : le pouvoir politique et l'armée sous la Ve République*, Fayard, Paris, 1994, 276 p. : « *Ces thèses furent accueillies avec indulgence par de Gaulle. Il ne les rejeta pas mais ne les reprit pas à son compte, ne désirant pas s'enfermer dans un cadre doctrinal rigide. Les subtilités des penseurs du CPE lui étaient étrangères, et le nombre d'armes nucléaires tactiques prévu fut supérieur à celui que préconisait Lucien Poirier* ».

341 Conférence de Pierre Messmer, ministre des Armées, 21 octobre 1996, cité dans David Yost, *La France et la sécurité européenne*, Paris, PUF, 1985, p.149. Cf. *Livre blanc sur la Défense nationale*, Cedocar, Paris, juin 1972, 68 p.

342 Raymond Barre, « Discours prononcé au camp de Mailly - 18 juin 1977 », *Revue Défense Nationale*, n°369, août-septembre 1977, p.7-19 : « De plus, si, par extraordinaire, l'adversaire passant outre à toutes ces menaces, décidait de nous attaquer, l'atome tactique lui donnerait très vite le dernier et solennel avertissement qui conviendrait, avant l'apocalypse ».

343 Conférence du général Lacaze, chef d'Etat-major des Armées au CHEAr, Paris, 29 septembre 1981 : « *l'ultime avertissement* [...] *serait adressé à l'agresseur avant l'utilisation des armements stratégiques, afin de l'amener à renoncer à son entreprise. Cela signifie qu'il faut que cet avertissement ait un effet militaire, c'est-à-dire qu'il soit efficace et brutal, ce qui conduit à un emploi relativement massif, donc limité dans le temps et dans l'espace. Mais il faut surtout que cet avertissement s'intègre bien dans la manœuvre dissuasive générale* ».

344 « La cohérence d'une politique de défense », allocution du Premier ministre Pierre Mauroy à l'IHEDN, 24 septembre 1981. Voir aussi Nicolas Roche, *Pourquoi la dissuasion*, PUF, Paris, 2017, p.105.

même temps que fut qualifiée de préstratégique l'ANT en 1983, François Mitterrand établissant un lien systématique et exclusif entre les armes tactiques et la dissuasion stratégique[345]. Réaffirmée dans le Livre Blanc de la Défense[346] de 1994, la frappe d'Ultime Avertissement entend cibler un objectif périphérique ou d'intérêt mineur, sans logique anti-démographique et se limitant à des enjeux militaires tels que les centres de commandement, les bases d'opération, les installations de production et de stockage d'armes. La frappe pourrait alors être directe ou exploser en vol pour créer une impulsion électromagnétique neutralisant les circuits électriques, et paralyser ainsi l'action de l'ennemi[347].

Avec sa « mission d'éclairage général[348] » spécifique à la doctrine française, sans parallèle d'usage avec la *riposte graduée* américaine et la *frappe de désescalade* russe du fait qu'il n'a pas vocation à arrêter une offensive conventionnelle, l'Ultime Avertissement établit un lien plus contraignant au niveau doctrinal entre le nucléaire tactique et stratégique[349], et demeurera conservé au travers de la composante aérienne et réaffirmé en 2001, 2006, 2008 et 2015 dans les discours présidentiels[350]. Or si la capacité juridique du décideur du feu nucléaire doit être indiscutée pour renforcer sa crédibilité d'action[351], la question se pose de savoir ce qu'il adviendrait juridiquement si le Président de la République usait de l'option de l'Ultime Avertissement.

Depuis son origine, deux permanences conditionnent la force de frappe française à savoir une composition strictement nationale au service de l'Indépendance Nationale, permettant à la France de disposer d'une entière autonomie de décision[352], et une seule autorité de décision pour déclencher le feu nucléaire, réservée au Président de la République. Qu'elle fût jadis concrétisée par la FATAC et les régiments Pluton, aujourd'hui par les FAS

---

345 Bastien Irondelle, *Stratégie nucléaire et normes internationales : La France face au tabou nucléaire*, communication pour la Table Ronde « L'énonciation des normes internationales », Congrès de l'association française de science politique, Lyon 14-16 septembre 2005, p.7.

346 Livre Blanc de la Défense, 1994 : « *Nous devons disposer d'une capacité de marquer, le moment venu, dans des situations diverses, la limite de ces intérêts vitaux et de rappeler sans ambigüité notre détermination : c'est le rôle de l'ultime avertissement* ».

347 *Allocation de Jacques Chirac, président de la République, lors de sa visite aux forces aériennes er océaniques stratégiques, Op Cit.* Le *Livre Blanc sur la défense et la sécurité nationale* de 2008 l'évoquait en mentionnant la possibilité de paralyser la liberté d'action de l'adversaire, p.170.

348 Lucien Poirier, *Des Stratégies nucléaires*, Editions Complexe, Bruxelles, 1988, p.324.

349 Samy Cohen, *La Défaite des généraux, op cit.*

350 François Hollande, au discours d'Istres de février 2015, indiquait que : « *la France peut, en dernier ressort, marquer sa volonté à défendre nos intérêts vitaux par un avertissement de nature nucléaire ayant pour objectif le rétablissement de la dissuasion* ».

351 Maurice Duverger, « La crédibilité du décideur » in *L'aventure de la Bombe. De Gaulle et la dissuasion nucléaire 1958-1969*, Plon, 1985, p.325.

352 Jean-Charles Poggi, *Les vecteurs et l'espace face au XXIème siècle*, ISC-CFHM-IHCC, 2005 : « *La précision de leur tir peut être meilleure, leur trajectoire reliant deux points dont les coordonnées géographiques sont parfaitement connues. Les progrès du guidage inertiel permettent même d'imaginer l'utilisation du SSBS pour des frappes chirurgicales sur les objectifs délimités, dans le cadre d'une mission préstratégique ayant valeur d'ultime avertissement* ».

et les SNLE[353], la responsabilité présidentielle est une constante établie par l'article 15 de la Constitution par lequel le Président de la République est le chef des armées. A ce titre, le commandement présidentiel des forces nucléaires, s'il n'est pas constitutionnellement spécifié, est illustré par un consensus coutumier[354] au niveau des alternances politiques et en dehors des évolutions doctrinales[355].

En cas de crise grave mettant en jeu les intérêts vitaux de la France et amenant le président à envoyer à l'encontre de l'adversaire un Ultime Avertissement nucléaire, l'article 16 pourrait être déclenché, de même que l'article 36 décrétant l'état de siège si la situation venait à l'exiger en Conseil des Ministres. Par ailleurs, une explosion nucléaire préemptive entrainerait-elle nécessairement une déclaration de guerre au titre de l'article 35 au fait qu'elle entend recourir, dans le cadre de l'Ultime Avertissement, à prévenir le risque de guerre pour faire cesser les agissements de l'agresseur ? Il est du pouvoir présidentiel français de décider ce lancement sans déclaration préalable à l'Assemblée nationale laquelle, par l'article 35, entérinerait la décision présidentielle par une autorisation de déclaration de guerre parlementaire. Mais cette option parait par trop précipitée du fait que l'Ultime Avertissement vise expressément à éviter la suite des hostilités et à rétablir la retenue de la dissuasion[356]. Elle n'entraine pas nécessairement une déclaration de guerre au travers du Parlement et la mobilisation générale qui s'ensuivrait[357].

Il n'en demeure qu'au gré des évènements, l'Assemblée nationale sera devant un choix à effectuer : avaliser un tir nucléaire préventif par l'article 35 de la Constitution ou condamner l'action présidentielle en déclenchant l'article 68. Cette procédure de destitution du Président de la République,

---

353 Alexis Baconnet, *Op Cit*, p.118 : « *Le tir relèverait, pour partie, de la mission des Forces aériennes stratégiques (FAS) voire des forces aéronavales nucléaires (FANu) avec le missile ASMP-A, mais les capacités technologiques détenues par la France n'empêchent pas, a priori, d'imaginer que ce tir puisse être effectué par un missile MSBS, équipé d'une seule tête de faible puissance* ».

354 Benoît Grémare, « La présidence du feu nucléaire comme coutume Constitutionnelle », intervention devant le Xe Congrès de l'Association française de droit Constitutionnel, faculté de droit de Lille, 23 juin 2017.

355 Marcel Duval, Dominique Mongin, *Op Cit*, p.77 : « *Par la suite, on qualifiera d'* « *ultime avertissement* » *la finalité de l'emploi éventuel de notre armement nucléaire tactique, et de* « *préstratégiques* » *au lieu de* « *tactiques* », *les armes chargées de l'appliquer* ».

356 Intervention du Président de la République, M. François Mitterrand, sur la politique de défense de la France et la dissuasion nucléaire, Paris, 5 mai 1994 : « *Il y avait un débat difficile sur l'ultime avertissement nucléaire, sur le fait qu'il ne devait y en avoir qu'un seul. Les autres avertissements sont en effet d'un tout autre ordre. C'est l'ambassadeur qui se rend au palais présidentiel du pays ennemi, comme on le faisait auparavant* ». Source : http://www.mitterrand.org/Francois-Mitterrand-et-la-618.html

357 L'initiative appartient à l'exécutif en vertu des articles 5, 15, 16, 20, 21 de la Constitution au travers du Président s'il décide de mettre en application l'article 16, mais aussi du Premier ministre s'il choisit de déposer un projet de loi en ce sens ou de faire une déclaration sur le fondement de l'article 49. Le Parlement pourrait lui aussi décider *proprio motu* d'autoriser l'exécutif à déclarer la guerre par le biais d'une proposition de loi.

existante depuis la révision constitutionnelle de 2008, démettrait le Chef de l'Etat pour faute grave si l'attaque nucléaire était contestée par les parlementaires, mais cette procédure est suspendue au contrôle de plein droit fixé par l'article 16 au terme de 60 jours d'exercice des pouvoirs exceptionnels, la crise pouvant être résolue et la dissuasion rétablie avant ce terme. Ces hypothèses amènent à envisager la portée juridique d'une frappe nucléaire préventive.

II. La portée juridique de l'Ultime Avertissement

Par l'effroi de son usage, l'arme nucléaire limite la pensée en étant présentée comme un horizon indépassable avec une nature pulvérisée par l'Homme, un holocauste sans rédemption. D'abord contenu dans la pratique de la dissuasion, cet horizon trouve sa conclusion par l'Ultime Avertissement dont l'exécution de sanctions nucléaires amènera immanquablement une condamnation de la part de la communauté internationale (1) si les outils juridiques de prévention et de sauvegarde n'ont pas été préalablement établis (2).

1. Le cadre juridique d'une sanction nucléaire internationale

Le droit international a été amené à étudier la possibilité de sanctions nucléaires en apportant un corpus juridique original sur cette hypothèse atypique tout en la considérant, au même titre que l'Ultime Avertissement, comme une opération de rétablissement de la paix.

Dans son avis consultatif de 1996, la Cour Internationale de Justice a explicitement refusé d'examiner les problèmes juridiques soulevés par les trois hypothèses suivantes : l'emploi d'armes nucléaires à titre de représailles en période de conflits armés au paragraphe 46, son utilisation en vertu d'une décision du Conseil de Sécurité des Nations Unies (CSNU) au paragraphe 49, et l'emploi de ces armes au plan interne au paragraphe 50[358]. Si le droit humanitaire exclut de base la possibilité de représailles contre la population civile[359], l'hypothèse de l'emploi d'armes nucléaires en vertu d'une décision

[358] Marcelo G. Kohen, « L'avis consultatif de la CIJ sur la Licéité de la menace ou de l'emploi d'armes nucléaires et la fonction judiciaire », *European Journal of International Law*, vol. 8, n°2, 1997, pp 356.

[359] Cf. l'article 46 de la Convention 1, l'article 47 de la Convention II, l'article 13 de la Convention III et l'article 33 de la Convention IV. Le Protocole additionnel I de 1977 interdit les attaques dirigées à titre de représailles contre la population civile et les biens civils (articles 51, paragraphe 6, et 52, paragraphe 1). On sait que ces articles ont été critiqué par certaines puissances nucléaires y voyant un obstacle à leur politique de dissuasion, et que celles-ci ont explicitement indiqué qu'elles considéraient les travaux de la Conférence diplomatique pour le développement du droit humanitaire comme concernant exclusivement l'armement conventionnel (cf. les déclarations des représentants de la France, des Etats-Unis et du Royaume-Uni in *Actes de la Conférence diplomatique sur la réaffirmation et le développement du droit humanitaire applicable dans les conflits armés*,1974-1977, vol. VII, pp.199-200, 301 et 309-10).

fondée sur l'article 42 de la Charte a amené la Cour à rappeler que cet article envisage certes un recours licite à la force, pour ajouter qu' « [a]*u vu des exposés qui lui ont été présentés, la Cour n'estime pas nécessaire de traiter des questions que pourrait soulever, dans un cas donné, l'application du chapitre VII*[360] » de la Charte des Nations Unies. De fait, la Cour n'a pas considéré ces éventualités qui échappent à sa fonction judiciaire au risque de devoir se placer en juge de la légalité des décisions du CSNU et de la politique de dissuasion nucléaire.

Or ce silence de la part de la Cour sur l'engagement des forces nucléaires sur décision et habilitation du CSNU révèle le consensus nucléaire entre les Etats aux termes duquel les dispositions du premier Protocole additionnel de 1977 sont inapplicables aux armes nucléaires[361]. De fait, si la reconduction et l'extension illimitée du TNP en 1995 ont conduit les Etats non-détenteurs de l'arme nucléaire à demander que les engagements de la résolution 255 de 1968 soient renforcés, notamment sous la forme d'un traité[362], cette proposition ne fut pas retenue par les cinq Etats détenteurs d'armes nucléaires (EDAN) lesquels acceptèrent néanmoins l'adoption par le CSNU de la résolution 984 de 1995. Celle-ci prend en compte la possibilité d'une agression nucléaire par un EDAN ou par un Etat proliférant, et établit la légalité d'une sanction nucléaire[363], stipulant : « *qu'en cas d'agression ou de menace d'agression, avec emploi d'armes nucléaires contre un Etat non doté de telles armes qui est partie du Traité sur la non-prolifération des armes nucléaires, tout Etat peut appeler immédiatement l'attention du Conseil de sécurité sur la question, de manière à prendre des mesures urgentes afin de fournir, conformément à la Charte, une assistance à l'Etat victime de l'acte d'agression ou menacé d'une telle agression* ». La Cour renvoie *de jure* à la compétence du CSNU, conformément à l'article 39 de la Charte, pour décider et appliquer individuellement ou collectivement ladite sanction, les puissances nucléaires demeurant maîtresses de leur armement respectif[364]. Interprétation restrictive de la garantie positive comparée à la précédente résolution, l'allusion au TNP

---

360 CIJ, *Licéité de la menace et de l'emploi de l'arme nucléaire*, Avis consultatif, 1996, paragraphe 38.

361 Vincent Coussirat-Coustère, « La licéité des armes nucléaires en question » *in* Serge Sur, *Op Cit*, p. 95. Voir également Henri Meyrowitz, « La stratégie nucléaire et le Protocole additionnel I aux Conventions de Genève de 1949 » *in RGDIP*, 1979, pp. 922-932, et Philippe Saunier, « Les règles fondamentales sur l'usage de méthodes et moyens de combat et les règles du Protocole I de 1977 sur les dommages excessifs causés aux civils » *in* Frits Kalshoven et Yves Sandoz, *Implementation of International Humanitarian Law/ Mise en œuvre du droit international humanitaire*, Martinus Nijhoff Publishers, 1989, pp. 357 et 363-365.

362 Jean-François Daguzan, « L'arme nucléaire française et la question des garanties nucléaires dans un système de sécurité collective » *in* Collectif, *Demain, l'ombre portée de l'arme nucléaire : l'arme nucléaire française en question*, CREST, La Documentation française, Paris, 1996, p. 112.

363 Abdelwahab Biad : « Les arrangements internationaux pour garantir les Etats non dotés d'armes nucléaires contre l'emploi ou la menace de ces armes », *AFDI*, 1997, pp. 227-252.

364 Ce en fonction de leurs doctrines propres : les alliés n'excluent pas, en théorie du moins, de procéder à d'autres frappes nucléaires pour rétablir la dissuasion en cas d'échec initial, avec l'engagement des arsenaux pour des dommages inacceptables.

implique d'accepter *de facto* la caducité immédiate du traité si une agression délibérée, même nucléaire, demeurait impunie[365], d'où la pertinence de l'Ultime Avertissement, dernier signal envoyé à l'adversaire avant que soient engagés les moyens stratégiques de représailles[366], pour préserver la paix.

Jointe à la paralysie éventuelle du CSNU par l'exercice du droit de veto, l'interdiction des représailles nucléaires à une attaque conventionnelle reviendrait à annihiler juridiquement la dissuasion du faible au fort, et donc à donner une prime à l'agresseur conventionnel le plus fort au mépris des principes du *jus ad bellum*, c'est-à-dire contradictoirement avec le but principal de la Charte des Nations Unies[367]. A l'inverse, le CSNU pourrait concevoir une sanction nucléaire dans le cadre juridique d'une Opération de Maintien de la Paix (OMP), eu égard à l'unanimité de ses membres et pour peu que l'usage limité d'une arme nucléaire ait été militairement et politiquement justifié dans les discours. Car, tout en modérant le trauma suscité devant la communauté internationale et l'ire de l'opinion publique, dire que l'Ultime Avertissement est assujetti au droit de la Charte est tautologique, la revendication du droit étant subordonnée à l'existence d'une attaque armée, seule une attaque armée consommée peut justifier l'emploi de l'arme nucléaire au regard de celle-ci[368]. Dans ce sens, la conventionnalisation de la frappe d'Ultime Avertissement permettrait à son auteur de se libérer des contraintes propres aux armes nucléaires tactiques, contraintes devenues surréalistes dans la mesure où « *ces doctrines, intellectuellement irréprochables, perdent peu à peu le support des situations réelles qui leur permettaient de s'appliquer concrètement* »[369], empêchant la dissuasion nucléaire de se rétablir.

En l'occurrence, du fait des traités internationaux en vigueur, une explosion nucléaire violerait immanquablement l'application d'un traité précédemment conclu dans le but de limiter l'usage de l'arme nucléaire en dehors d'un contexte légitime : que l'Ultime Avertissement se déploie et s'exécute au-dessus d'un pays adversaire, il enfreindra potentiellement un traité ayant instauré une Zone Exempte d'Armes Nucléaires[370]. Toutefois,

---

[365] Jean-François Daguzan, *Op Cit*, p. 115.

[366] Corentin Brustlein, « Forces nucléaires françaises : quel renouvellement ? », *Politique étrangère*, 3-2017.

[367] David Cumin, *Op Cit*, p. 77 : « *Ce but est de maintenir la paix par des mesures efficaces de prévention ou de répression de l'acte d'agression, acte dont la prohibition a orienté l'évolution du droit international. Ainsi, dans la mesure où le droit international prohibe (principe du no use) ou limite (principe du no first use) l'usage des armes nucléaires, il diminue la dissuasion* ».

[368] Vincent Coussirat-Coustère, *Op Cit*, p. 110.

[369] Paul-Ivan de Saint-Germain, « Les forces nucléaires dans le nouveau contexte stratégique », *Revue de Défense nationale*, Paris, juillet 1992.

[370] Résolution 3472 B de l'Assemblée générale des Nations Unies, 11 décembre 1975 : « *Une zone dénucléarisée est un territoire reconnu comme tel par l'Assemblée générale des Nations unies que tout groupe d'États, dans l'expression libre de leur souveraineté, décide d'établir par l'intermédiaire d'un traité. Ce dernier définît le statut qui régît le processus de dénucléarisation totale, ainsi que la façon dont la zone est délimitée. Il veille à ce que soit mis en place un dispositif international de vérification et de contrôle conforme*

les puissances nucléaires ont anticipé cette possibilité en conditionnant leur signature auxdits traités et à leurs protocoles additionnels, en se réservant un droit de passage pour leurs moyens militaires et de répondre à une attaque biologique ou chimique par un État partie avec l'arme nucléaire. Ces exemples anticipent les premiers contentieux par lesquels la communauté internationale condamnerait l'usage de l'Ultime Avertissement si les outils juridiques de prévention et de sauvegarde ne sont pas développés en amont.

2. La condamnation internationale d'un tir nucléaire préventif

Bien que préventif, le déclenchement d'un tir nucléaire, au regard du tabou qu'il comporte, engendrera une condamnation politique renforcée par l'impact environnemental de son explosion.

L'argument de légitime défense, le seul selon la Cour Internationale de Justice à permettre l'emploi d'armes nucléaires dans des circonstances extrêmes de survie d'un Etat, ne saurait s'appliquer dans un cadre préemptif, bien que l'on puisse considérer que l'usage de l'Ultime Avertissement puisse être cautionné à l'encontre d'Etats non parties au TNP et qui ne respecteraient pas leurs obligations internationales de non-prolifération des armes de destruction massive. Toutefois, s'il était déclenché unilatéralement sans accord du CSNU et sans mandat international de maintien de la paix, l'Ultime Avertissement entrainerait pour son auteur des sanctions politiques et économiques émises par le CSNU, à l'instar des essais nucléaires nord-coréen[371], pour témoigner de la préoccupation de la communauté internationale en matière de sécurité et de crise humanitaire.

Dans le cas où le CSNU donnerait son aval à l'un de ses membres pour conduire un raid nucléaire, l'usage de l'Ultime Avertissement conduirait un certain nombre d'Etats signataires du Traité d'Interdiction des Armes Nucléaires de 2017 et plusieurs organismes non-gouvernementaux à brandir l'accusation de terrorisme nucléaire[372], sans égard de la modération et du

---

au statut de zone dénucléarisée », à savoir l'Antarctique (traité de 1959, entré en vigueur en 1961), l'Amérique Latine et les Caraïbes (traité de Tlatelolco en 1967, entré en vigueur en 1968), le fonds des mers (traité de Londres en 1971, entrée en vigueur en 1972), la zone du Pacifique Sud (traité de Rarotonga en 1985, entré en vigueur en 1986), la zone de l'Asie du Sud-Est (traité de Bangkok en 1995, entré en vigueur en 1997), la zone de l'Afrique (traité de Pelindaba en 1996, entré en vigueur en 2009), la zone de l'Asie centrale (traité de Semipalatinsk en 2006, entré en vigueur en 2009).

[371] A titre d'exemple, le 11 septembre 2017, une semaine après le dernier essai nucléaire de la République Populaire Démocratique de Corée, le Conseil de Sécurité a durci son régime de sanctions par la résolution 2375 avec la limitation des importations de pétrole, l'interdiction d'importer du gaz naturel, le gel des exportations de textile et le refus du permis de travail aux expatriés nord-coréens, renforçant pour la huitième fois en 11 ans le train de mesures depuis le premier essai nucléaire de 2006 (cf. les résolutions n°1695 et n°1718 de 2006 ; n°1874 et n°1887 de 2009 ; n°2087 et n°2094 de 2013 ; n°2270 et n°2321 de 2016 ; n°2356 et n°2371 de 2017.

[372] Cf. article 1 du Traité d'Interdiction des Armes Nucléaires.

risque de conflit évité du fait qu'il manquera à l'Ultime Avertissement l'acte-condition d'une potentielle guerre pour valider sa nécessité. Celui-ci acquiert d'emblée une dimension d'infraction internationale, l'acte d'une frappe nucléaire préventive pouvant s'assimiler au terrorisme nucléaire lequel est encadré par un droit pénal international nucléaire, les Etats s'étant dotant d'un corpus juridique original sur cette question conventionnelle[373].

Si les premières réactions ont donné lieu à des conventions internationales[374], le terrorisme nucléaire ayant pu être déjà sous-entendu dans le paragraphe 2 (a) de la résolution 1373 du 28 septembre 2001 du CSNU[375], la convention internationale pour la répression des actes de terrorisme nucléaire[376] a véritablement contribué à la naissance d'un droit pénal international nucléaire avec pour objectif « *de rédiger un instrument juridique technique de droit pénal* »[377]. Pour cela, le paragraphe 2 de l'article 2 insiste sur la menace terrorisme nucléaire au sens que « *commet également une infraction quiconque menace dans des circonstances qui rendent la menace crédible, de commettre une infraction visée à l'alinéa b du paragraphe 1 du présent article* [...] *en recourant à la menace, dans des circonstances qui la rendent crédible, ou à l'emploi de la force* ».

Dans le cas de la France, signataire en 1996 du Traité d'Interdiction Complète des Essais (TICE) dont l'article 1er interdit les « *États parties* [...] *à ne pas effectuer d'explosion expérimentale d'arme nucléaire ou d'autre explosion nucléaire et à interdire et empêcher toute explosion de cette nature en tout lieu placé sous sa juridiction ou son contrôle* », le tir aérien de l'Ultime Avertissement engendrerait la nullité du TICE bien qu'il ne soit pas entré en vigueur[378]. Or, sans avoir à poser la distinction juridique entre un essai nucléaire et un tir d'Ultime Avertissement, cette inexécution du traité n'entraine pas nécessairement une infraction de son auteur au fait que la légitime défense pourrait constituer une cause autonome de non-application d'un traité ou d'exonération de sa responsabilité contractuelle[379], si prévaut le motif de rétablissement de la dissuasion nucléaire pour éviter un conflit interétatique.

---

373 Amel El Mejri, *L'arme nucléaire dans la jurisprudence internationale*, Editions Universitaires Européennes, Sarrebruck, 2016, p. 46-52.

374 Walter Gehr, « Le cadre juridique universel de la lutte contre le terrorisme nucléaire », *Bulletin de Droit Nucléaire*, n°79, 2007, pp. 5-16.

375 *Ibid*, p. 12.

376 Résolution A/RES/59/290 adoptée le 13 avril 2005 par l'Assemblée Générale des Nations Unies. Cf. Jean-Paul Laborde, « *Une nouvelle convention internationale contre le terrorisme : la convention internationale pour la répression des actes de terrorisme nucléaire. Introduction des éléments principaux de la convention* », *Revue internationale de droit pénal*, 2005/3-4, vol. 76, pp. 447-452.

377 Odette Jankowitch-Prevor, « Convention internationale pour la répression des actes de terrorisme nucléaire », *Bulletin de Droit Nucléaire*, n°76, 2005, p. 26.

378 Proclamé en 1996, le Traité d'Interdiction Complète des Essais nécessite la ratification de 44 États nommés dans son annexe 2 pour entrer en vigueur. En 2019, seuls 36 d'entre eux l'ont fait, or un traité conclu déploie ses effets juridiques dans l'ordre juridique international et ne peut subsister dans cet ordre juridique qu'à la condition d'être en vigueur et valide.

379 Karine Mollard-Bannelier, *La protection de l'environnement en temps de conflit armé*, thèse de droit public sous la direction d'Yves Daudet. Paris, Pédone, 2001, p. 302-306.

L'Ultime Avertissement n'a pas pour intérêt de cibler des objectifs stratégiques ou démographiques. La mise en œuvre d'un instrument de nature nucléaire qui ne causerait quasiment pas de dégâts et de perte humaine, avec pour objectif de rappeler l'ensemble apocalyptique de la dissuasion, est permise par la possibilité d'effectuer des frappes sur le territoire de l'ennemi[380], dans des endroits pratiquement sans risque pour la population, ou encore en s'illustrant pour le moins dommageable par une impulsion électromagnétique[381].

En droit international, la licéité d'une arme étant assujettie à plusieurs conditions cumulées telles que la différenciation avec la population civile, le fait de ne pas infliger aux combattants des souffrances supérieures aux maux que suppose la réalisation d'objectifs militaires légitimes, de ne pas altérer l'environnement d'une façon excessive, l'emploi opérationnel d'une arme nucléaire qui serait conforme au droit international des armes conventionnelles n'est pratiquement pas envisageable. Dans son exception, le feu nucléaire doit composer avec « *d'importantes considérations d'ordre écologique* »[382] qui se sont par suite érigé en composantes autonomes de la conduite des hostilités et pèsent sur la décision de frappe d'Ultime Avertissement ou de riposte, créant des contentieux quand la survie d'un belligérant n'est pas mise en cause[383]. Malgré cette fonction spéciale de « *décourager le déclenchement d'un conflit de grande envergure entre certaines puissances*

[380] Le caractère spéculatif de notre étude pose l'hypothèse d'une frappe d'Ultime Avertissement sur le territoire ennemi laquelle opération fut un point de divergence conceptuelle entre le colonel Poirier selon lequel la manœuvre de dissuasion nucléaire tactique doit être strictement limitée aux frontières du sanctuaire national, préconisé par le CPE en 1966 ; et celle du général Fourquet lequel établit en 1969 qu'il faut saisir l'ennemi au plus loin des frontières, répondant aux exigences de l'efficacité maximum – au risque de s'attirer malgré tout des représailles atomiques. Cf. Samy Cohen, *Op Cit.*

[381] Sénat, Rapport d'information n° 36 (2006-2007) de M. Serge Vinçon au nom de la commission des affaires étrangères, déposé le 24 octobre 2006, *La dissuasion nucléaire : quel rôle dans la défense française aujourd'hui ?* : le général Bentegeat s'exprime selon ces termes lors de la séquence 2 – Nos moyens sont-ils adaptés aux menaces actuelles ? : « *A propos de la capacité d'impulsion électro-magnétique, il s'agit d'une frappe à très haute altitude, de l'ordre de plusieurs dizaines de kilomètres au-dessus du sol, qui aurait pour effet, dans un rayon déterminé, de détruire tous les composants électroniques et informatiques, sans retombée radioactive ni effet de souffle* [...] *Tous ces modes d'avertissement sont planifiés par nos services, et l'impulsion électro-magnétique est le mode le moins dommageable pour l'adversaire. La deuxième raison pour laquelle il est impératif de réfléchir en termes d'ultime avertissement, est que, vis-à-vis des puissances régionales, il peut être nécessaire de restaurer la dissuasion. S'ils n'ont pas compris que la dissuasion nucléaire permet d'atteindre le cœur de leurs intérêts vitaux, il faut le leur faire comprendre d'une manière ou d'une autre et rien ne peut mieux le faire que l'ultime avertissement* [...] *Il n'y a pas d'affectation de la composante aérienne à l'ultime avertissement. C'est un instrument privilégié de dissuasion vis-à-vis des puissances régionales parce que la précision de ces armes est telle qu'elles peuvent effectivement détruire l'ensemble des centres de pouvoir d'un pays, avec des dégâts collatéraux très limités, contrairement à l'arme balistique sous-marine qui n'a pas la même précision* ».

[382] CIJ, *Op Cit*, paragraphe 33

[383] Vincent Coussirat-Coustère, *Op Cit*, pp. 99 et 101-102.

nucléaires »[384] , il n'en demeure pas moins que l'impact environnemental d'une explosion nucléaire de l'Ultime Avertissement engendrera de nombreux contentieux interétatiques concernant les retombées radioactives[385].

En effet, l'exception de légitime défense ne saurait être invoquée à l'égard des autres Etats notamment dans le cas des radiations transfrontalières issues d'une explosion nucléaire laquelle provoquera une contamination écologique, les zones et doses d'irradiation étant difficilement prévisibles en fonction des circonstances et impacts. Or ce *dolus indirectus*[386], intention indirecte dans laquelle les conséquences de l'acte criminel sont connues mais non désirées, ne saurait subséquemment entrainer la condamnation du déclencheur de l'Ultime Avertissement. Du fait que l'article 30 du Statut de Rome[387] affirme qu'il y a intention lorsque « *relativement à une conséquence, une personne entend causer cette conséquence ou est consciente que celle-ci adviendra dans le cours normal des évènements* »[388] , le seul critère de l'intention criminelle serait alors la connaissance des conséquences des radiations transfrontalières[389] dont les contentieux révèleront une situation d'absence de seuil en raison de leurs effets stochastiques, rendant leur objet

[384] CICR, *Commentaire des Protocoles additionnels du 8 juin 1977 aux Conventions de Genève du 12 août 1949*, Martinus Nijhoff Publishers, 1986, note 8, p. 603.

[385] Cette hypothèse reste relative au fait que l'usage d'une arme nucléaire de faible énergie et sans explosion au sol entrainerait des retombées quasi nulles. Mais des contentieux seront déposés devant les cours, ne serait-ce que par principe politique d'emploi. Cf. les affaires des essais nucléaires français de 1974 et 1995 avec l'Australie et la Nouvelle-Zélande.

[386] Jean-Baptiste Jeangène Vilmer, *La guerre au nom de l'humanité : tuer ou laisser mourir*, PUF, Paris, 2012, p. 356-373.

[387] Bien que des réserves françaises aient été émises excluant ses forces de dissuasion nucléaire, le Statut entend dans son article 120 n'admettre aucune réserve mais les déclarations unilatérales précisant ou clarifiant le sens ou la portée de certaines dispositions ne sont pas interdites. Voir Philippe Currat, « L'interprétation du Statut de Rome », *Revue québécoise de droit international*, 2007, n°20-1, pp. 137-163.

[388] Cour Pénale Internationale, statut de Rome, article 30 lequel prévoit que, sauf disposition contraire, nul n'est pénalement responsable et ne peut être puni à raison d'un crime relevant de la compétence de la Cour que si l'élément matériel du crime est commis avec intention et connaissance. L'élément intentionnel comme condition de la responsabilité pénale internationale, illustre l'attachement de la Cour à la maxime latine *actus non facit reum nisi mens rea* en faisant de la culpabilité morale une condition de la responsabilité pénale individuelle.

[389] En parallèle des études d'impact sur l'écosystème, et en l'absence de gouvernance environnementale, la gestion voire l'atténuation des impacts ne peut relever que de l'application du cadre réglementaire international, principalement stipulé dans la convention ENMOD, le Protocole I des Conventions de Genève et des directives du CICR. Afin d'assurer dans des conditions optimales la mise en œuvre des instruments juridiques internationaux contraignants, cette responsabilité appartiendrait aux organismes chargés de leur conception, au premier rang desquels l'Organisation des Nations Unies, or on ne saurait limiter l'exercice de la défense nationale aux impératifs de l'écologie internationale, vassaliser la dissuasion nucléaire au principe de précaution universelle.

difficilement quantifiable au même titre que la question, déjà soulevée, de l'indemnisation des victimes d'essais nucléaires[390].

L'Ultime Avertissement, s'il est du ressort d'une décision nationale, comporte le risque d'un contentieux international quant à l'intention de l'attaquant et l'acte-condition de son éventuelle criminalité au regard du pays rétablissant sa dissuasion nucléaire[391]. De la sorte, le droit nucléaire, au travers de la pratique de la dissuasion, doit susciter de la part des Etats leur adhésion aux vertus rationalisantes de la *pax nuclearii*, à savoir la rétention de la violence au risque de l'holocauste nucléaire, et permettre par l'adoption d'un langage commun le maintien des conduites stratégiques dans les voies de la raison politique. L'Ultime Avertissement clarifie l'incertitude sur la désignation des intérêts vitaux au travers d'une frappe unique et non renouvelable à une crise. Cette possibilité d'une mise à feu nucléaire préventive a été évoquée à titre de précaution, en établissant que le Président de la République avait les moyens constitutionnels d'user de son droit exclusif d'engager une frappe nucléaire tactique. Mais si « *la stabilité du décideur est un élément de sa crédibilité, et il est important qu'elle soit fondée en droit* »[392] , cette pratique peut être susceptible de condamnations au travers du droit international au nom de l'environnement bien qu' « *une utilisation d'armes nucléaires qui viole le jus in bello peut devenir licite s'il satisfait au jus ad bellum* »[393]. Influençant la politique étrangère et les relations internationales de la France, l'Ultime Avertissement peut être considéré comme relevant de la catégorie des actes de gouvernement, au même titre que les essais nucléaires[394].

---

[390] Benoît Grémare, « 50 ans après Aldébaran : essais nucléaires et indemnisation des irradiés », *in* Arthur Braun, Elodie Derdaele et Cécile Thomassin (dir.), *Mensonge(s) et droit public*, PUN – Editions Universitaires de Lorraine, Nancy, 2018, pp. 177-192.

[391] André Dumoulin, « L'inexorable révision de la doctrine nucléaire française », *Mémento défense-désarmement du GRIP 1994-1995*, GRIP, 1er novembre 1998 : « *Si cette proposition avait l'avantage de ne pas provoquer de dommages collatéraux chez les proches alliés et d'être parfaitement signée - les radars adverses détecteraient exactement qui est responsable du tir sol-sol -, la confusion pouvait s'installer dans la distinction à opérer entre le tir d'avertissement et le tir stratégique, avec les conséquences que l'on pouvait aisément imaginer. Paradoxalement, cette volonté de faire dépendre l'ultime avertissement d'une frappe de portée stratégique avait pour conséquence de déligitimiser le principe d'avertissement nucléaire tactique.* »

[392] Maurice Duverger, *Op Cit*, p. 329.

[393] Robert David Sloane, « The Cost of Conflation: Preserving the Dualism of Jus Ad Bellum and Jus in Bello in the Contemporary Law of War », 2008, p. 91.

[394] A ce stade, ces derniers restent une alternative intéressante car ils permettent de dépasser ces limites tout en restant dans le cadre légal de la dissuasion nucléaire laquelle entend éviter le cas d'une frappe nucléaire conventionnelle et ses conséquences juridiques. Voir Serge Sur, « La dissuasion au XXIe siècle : la maîtrise des armes nucléaires en question », *Op Cit*, p. 251 : « *La simulation peut certes compenser en partie l'absence d'essais, mais ne saurait suffire à tout. Les essais ont aussi pour fonction de démontrer publiquement que l'on est prêt à se servir des armes* ».

Titre III
La prospective de l'arme nucléaire en droit international

« *Les lois désarmées tombent dans le mépris, les armes insoumises aux lois tombent dans l'anarchie* »
Cardinal de Retz, *Mémoires*

La prospective juridique se base sur l'hypothèse crédible, et la construction d'un cadre stratégique et légaliste s'appuie sur un travail de mise en récit. Sans celui-ci, la pensée en question produit un savoir de type imaginaire du fait qu'il ne soit pas soutenu par une expérience empiriquement observable et factuelle. Sans jurisprudence relative aux conflits nucléaires, la pensée stratégique nucléaire française[395] constitua ici un cadre interprétatif préalable lequel, bien que manquant d'être fondé sur l'expérience et les interactions anciennes, repose sur l'idée centrale selon laquelle l'arme nucléaire est utile à la Défense nationale, à l'instar de la majeure partie du corpus stratégique nucléaire qui met en avant la nouveauté du phénomène, synonyme de modernité[396].

Intégrées au droit positif, les tendances normatives universalistes et supranationales auraient des conséquences décisives sur les souverainetés étatiques et, subséquemment, sur les arsenaux nucléaires. A cela, si le TIAN de 2017 a été présenté comme une règle impérative *erga omnes*, puisque les Etats se sont engagés à les respecter et à les faire respecter sans condition, et si l'on accordait le caractère de règles coutumières et impératives au *jus cogens* et aux résolutions de l'AGNU concluant à la criminalité de l'utilisation des armes nucléaires, il faudrait en tirer la conclusion que l'arme nucléaire serait illicite car violant les prescriptions du droit au nom des crimes de guerre et contre l'humanité, ses possédants étant redevables d'un jugement pénal.

Dans cette hypothèse, la politique de dissuasion, frappée d'illégitimité, ne pourrait être invoqué car frappée d'infamie au fait qu'il n'est pas permis à ceux qui ne respectent pas le droit d'arguer de leur conduite illicite pour soutenir qu'elle annule le droit qu'ils ont enfreint. Pour concrétiser cette hypothèse, un contentieux spécifique a été instruit relatif à l'obligation de désarmement de l'arme nucléaire (I), en parallèle d'un ordre nucléaire juridiquement fracturé du fait de la fragilité des traités le structurant (II), lesquelles limites permettent d'anticiper d'autres postulats d'évolution juridique des activités militaires nucléaires tels que la reprise d'essais nucléaires (III).

---

395 V. Beatrice Heuser, *Nuclear Mentalities? Strategies and Beliefs in Britain, France and the FRG*, Londres, MacMillan, 1998; Wilfrid L. Kohl, *French Nuclear Diplomacy*, Princeton, NJ, Princeton University Press, 1971; Wolf Mendl, *Deterrence and Persuasion. French Nuclear Armament in the Context of National Policy*, 1945-1969, Londres, Faber & Faber, 1970.

396 André Dumoulin et Christophe Wasinski, « Justifier l'arme nucléaire. Le cas français pendant les années 1990 », *Etudes internationales*, Institut Québécois des Hautes Etudes Internationales, vol. 41, n°1, 2010, p. 82.

Chapitre I
L'Affaire de l'Obligation au désarmement nucléaire

Vingt ans après l'affaire de la licéité de la menace et de l'emploi de l'arme nucléaire, la Cour Internationale de Justice fut à nouveau saisie sur un problème concernant les armes nucléaires, devant statuer après la légalité des essais nucléaires français en 1974 et la légalité de l'arme nucléaire en 1996, sur l'obligation de procéder au désarmement des arsenaux nucléaires[397].

Le 24 avril 2014, la République des Îles Marshall déposa une requête introductive d'instance contre tous les Etats nucléaires de la planète dans laquelle elle soutint que ceux-ci avaient manqué à leurs obligations en droit international conventionnel et coutumier au titre du Traité de Non-Prolifération nucléaire et s'appuyant sur les conclusions de l'arrêt de la Cour concernant la licéité des armes nucléaires[398]. Au travers de son arrêt du 5 octobre 2016 impliquant le Royaume-Uni, l'Inde et le Pakistan[399], la Cour bien qu'unanime à reconnaître l'importance de poursuivre des négociations en vue d'un désarmement nucléaire a finalement jugé qu'elle n'était pas compétente pour instruire l'affaire pour absence de différend entre les parties (I), entraînant une absence d'obligation coutumière *erga omnes* concernant le désarmement nucléaire (II).

I. La compétence inachevée de la CIJ dans l'obligation relative au désarmement nucléaire

Afin de dénoncer l'absence de négociations relatives à la cessation de la course aux armements et au désarmement nucléaire, les Îles Marshall ont prétendu fonder la compétence de la CIJ sur les déclarations faites par les Parties en vertu du paragraphe 2 de l'article 36 de son statut[400]. La réparation

---

397 CIJ, « exceptions préliminaires », *Obligations relatives à des négociations concernant la cessation de la course aux armes nucléaires et le désarmement nucléaire (Iles Marshall c. Royaume-Uni)*, arrêt, Recueil 2016, p. 833.

398 CIJ, *Licéité de la menace ou de l'emploi d'armes nucléaires*, avis consultatif du 8 juillet 1996, Recueil, 1996, p. 264, § 99.

399 Cinq affaires n'ont pas été inscrites sur la liste générale de la Cour parce que la Chine, la France, Israël, la Corée du Nord et la Russie n'ont pas consenti à la Compétence de la Cour aux fins de l'affaire Seules les puissances nucléaires du Royaume-Uni (1952), de l'Inde (1974) et du Pakistan (1998) ont comparu devant la Cour, étant les seuls Etats possesseurs d'armes nucléaires à accepter la compétence de la CIJ. Toutefois, les Îles Marshall ont intenté une poursuite supplémentaire contre les États-Unis au Tribunal du district nord de la Californie. L'affaire a été classée. Cf. K. Maddox Davis, « Promise Despite Overreach in Marshall Islands v. United States », *Emory International Law Review*, vol. 30, avril 2016.

400 Article 36, § 2 du statut de la Cour Internationale de Justice. A noter que les Îles Marshall mentionnent également un certain nombre de résolutions du Conseil de sécurité, dont la résolution 1887 aux termes de laquelle il prie « *les Parties au Traité sur la non-prolifération des armes nucléaires à s'engager, en vertu de l'article VI du Traité, à poursuivre de bonne foi des négociations sur des mesures efficaces de réduction des armes nucléaires et de désarmement nucléaire et sur un traité de désarmement*

demandée par le requérant restait symbolique, à savoir une décision obligeant les défendeurs à prendre « *toutes les mesures nécessaires pour se conformer à* [leurs] *obligations* »[401]. Pour cela, les Îles Marshall affirmèrent que les puissances nucléaires étaient en violation de leurs obligations au titre du Traité de Non-Prolifération et des règles internationales coutumières « *au lieu de poursuivre de bonne foi des négociations pour mettre fin à la course aux armements nucléaires à une date rapprochée par un désarmement nucléaire complet ou d'autres mesures,* [cherchant] *à améliorer* [leur] *système d'armes nucléaires et à le conserver pour une durée illimitée* »[402]. Concerné en tant que puissance nucléaire ayant reconnu la compétence de la Cour, le Royaume-Uni a soulevé le 15 juin 2015 cinq exceptions préliminaires dont l'incompétence et l'irrecevabilité de la requête, au fait que le demandeur n'avait pas établi qu'il existait au moment du dépôt de la requête un différend d'ordre juridique entre les Parties. En outre, les Îles Marshall engagèrent une procédure similaire contre l'Inde[403] et le Pakistan[404] lesquels, bien que non parties au Traité, seraient liés à l'esprit du TNP selon le requérant, lesdits États ayant soulevé des objections similaires[405] considérant notamment que le requérant n'avait pas de *jus standi* en ce qui concernait les revendications formulées dans sa demande, amenant la Cour à répondre avec un raisonnement et des arguments similaires[406] aux exceptions préliminaires soulevées par le Royaume-Uni sur l'incompétence de la Cour (1) et l'irrecevabilité de la requête (2).

---

général et complet sous un contrôle international strict et efficace » (Conseil de Sécurité, Résolution 1887 (2009), *Maintien de la paix et de la sécurité internationales : non-prolifération et désarmement nucléaire*, 24 septembre 2009, S/RES/1887 (2009), § 5).

[401] Communiqué de presse de la CIJ, supra note 3, p. 3 ; Îles Marshall, 79 F. Supp. à 1070.

[402] CIJ, « Requête introductive d'instance », *Obligations relatives à des négociations concernant la cessation de la course aux armes nucléaires et le désarmement nucléaire (Iles Marshall c. Royaume-Uni)*, 24 avril 2014, § 15.

[403] CIJ, *Obligations relatives à des négociations concernant la cessation de la course aux armes nucléaires et le désarmement nucléaire (Iles Marshall c. Inde)*, §22-56.

[404] Ibid.

[405] CIJ, « Objections préliminaires du Royaume-Uni », *Obligations concernant les négociations relative à la cessation de la course aux armements nucléaires et au désarmement nucléaire (Îles Marshall c. Royaume-Uni)*, n°160, 16 mars 2015, pp. 48-52 ; CIJ, « Contre-mémoire de la République de l'Inde », *Obligations concernant Négociations relatives à la cessation de la course aux armements nucléaires et au désarmement nucléaire (Îles Marshall c. Inde)*, n ° 158, 16 Septembre 2015, pp. 38–40 ; CIJ, « Contre-mémoire du Pakistan (compétence et recevabilité) », *Obligations concernant les négociations relatives à la cessation de la course aux armements nucléaires et Désarmement nucléaire (Îles Marshall c. Pakistan)*, n°159, 1er décembre 2015, pp. 48–9, 65–6.

[406] M. de Souza Schmitz, « Décision de la Cour internationale de Justice dans l'affaire de la course aux armements nucléaires », *Revue de droit international de Harvard*, novembre 2016.

1. Le différend comme vice de fond

A la suite de la requête déposée par les Îles Marshall auprès de la CIJ, le Royaume-Uni a refusé d'être mis en cause dans sa bonne foi[407] de poursuivre des négociations pour un désarmement nucléaire, contestant non pas l'obligation mais bien le différend sur cette question afin d'en rejeter la réclamation. La Cour décida d'examiner, en premier lieu et pour chacune des trois affaires, l'exception fondée sur l'absence de différend. Si l'existence d'un différend est la principale condition pour que la Cour exerce sa fonction judiciaire[408], laquelle existence est une question de fond et non de forme[409], la CIJ a rappelé le droit applicable à la question de l'examen en précisant que l'existence d'un différend entre les parties est une condition de sa compétence. Pour qu'un différend existe, il faut démontrer que la réclamation de l'une des parties se heurte à l'opposition manifeste de l'autre, les points de vue des deux parties quant à l'exécution ou à la non-exécution de certaines obligations internationales doivent être nettement opposés[410], tel un refus manifeste et renvoyant à la jurisprudence *Mavrommatis* le définissant comme un désaccord sur un point de droit ou de fait, une opposition de thèses juridiques ou d'intérêts[411].

Dans son exception préliminaire, le Royaume-Uni a fait valoir qu'il n'y avait pas de différend entre les parties, conformément aux règles internationales coutumières selon lesquelles la notification des réclamations par la loi doit être une condition préalable à l'existence d'un différend[412], et au fait d'absence de notification de réclamation par les Iles Marshall. Pour la République marshallaise, il n'existe pas d'obligation d'une telle notification préalable or en l'espèce, le différend découlerait des attitudes contrastées et des positions respectives des parties avant la saisine de la Cour et aussi devant la Cour. La position des Îles Marshall était plutôt bien connue dans les forums internationaux, mais celles-ci n'ont pas invoqué dans leurs

---

[407] La *bona fides* est un principe abstrait qui peut être concrétisé dans des règles spécifiques pouvant désigner l'acquiescement, relever de la pratique de l'estoppel ou encore se limiter à un devoir d'information. Cf. R. Kolb, *La bonne foi en droit international public*, collection Publications de l'Institut universitaire de hautes études internationales, Genève, Presses Universitaires de France, Paris, 2000, pp. 81-176.

[408] CIJ, *Essais nucléaires (Australie c. France)*, arrêt. Recueil 1974, p. 253, 270–1, §55.

[409] CIJ, *Application de la Convention internationale sur l'élimination de toutes les formes de discrimination raciale*, 2011.

[410] K. Okano, *L'identification objective de l'existence d'un différend pour la Cour internationale de justice*, mémoire de master de droit public, Université Panthéon-Assas, 2018, p. 37.

[411] CPJI, *Concessions Mavrommatis en Palestine*, arrêt du 30 août 1924 sur les exceptions préliminaires, C.P.J.I. série A, n° 2, p. 11 ; cf. J. Combacau et S. Sur, *Droit international public*, Montchrestien, Paris, 7e éd., 2006, p. 554 ; cf. H. Thierry, « L'arrêt de la Cour internationale de Justice dans l'affaire du Cameroun septentrional (Cameroun c. Royaume-Uni). Exceptions préliminaires, arrêt du 2 décembre 1963 », *Annuaire Français de Droit International*, 1964, n°10, pp. 315-327.

[412] CIJ, *Obligations relatives à des négociations concernant la cessation de la course aux armes nucléaires et le désarmement nucléaire (Iles Marshall c. Royaume-Uni)*, §27.

relations diplomatiques de responsabilité individuelle et spécifique d'un État nucléaire dans le cadre du TNP à cet égard avant de saisir la Cour. En d'autres termes, le Royaume-Uni soutint que le requérant n'avait fait aucune démarche formelle pour porter le différend à son attention et la CIJ, réexaminant sa jurisprudence antérieure, n'a pas considéré cette divergence d'opinion comme une condition pour la détermination de l'existence d'un différend, absente de la partie générale de l'arrêt consacré à la notion de litige[413], tout en ajoutant que l'existence d'un différend devait s'établir entre les parties en démontrant que le défenseur dût avoir conscience de l'existence de ce différend envers le requérant[414].

La tenue de négociations préalables n'est pas requise et, de la même manière, la protestation n'est pas une condition nécessaire à l'existence d'un différend laquelle doit être établie objectivement sur la base d'un examen des faits[415]. La détermination par la Cour de l'existence d'un différend est donc une question de fond, et non de forme ou de procédure. S'appuyant sur la résolution 68/32 dans laquelle l'AGNU a appelé au respect du cadre juridique et aux engagements pris en matière de désarmement nucléaire[416], les Îles Marshall de par les souffrances qu'a enduré leur population par suite des essais américains, ont des raisons particulières de se préoccuper du désarmement nucléaire. Pourtant, le Royaume-Uni note qu'il n'existe pas de différend entre les Parties au fait que les Iles Marshall n'aient pas engagé de négociations sur le désarmement et ne lui aient pas notifié une réclamation

---

413 CIJ, *Violations alléguées de droits souverains et d'espaces maritimes dans la mer des Caraïbes (Nicaragua c. Colombie)*, §50-52.

414 La divergence de points de vue dans le règlement d'un différend international avait déjà été adopté par la Commission de conciliation italo-américaine dans l'affaire *De Curzio* laquelle, statuant sur la question de la compétence, a conceptualisé la prise de conscience par l'intéressé du différend comme l'occasion de reconnaître ou de nier une obligation internationale. Cf. « Affaire Di Curzio », *Recueil des sentences arbitrales*, décision n°184, 20 janvier 1959, vol. XIV, pp. 391-393.

415 La définition d'un différend est héritée d'une affaire de l'organe précédant la CIJ, à savoir la Cour permanente de Justice internationale (C.P.J.I.) dans son arrêt du 30 août 1924 portant sur l'Affaire des *Concessions Mavrommatis* en *Palestine*. Dans ce cas, la Grèce a demandé la protection diplomatique contre le gouvernement britannique en fondant la compétence de la Société des Nations sur l'article 26 du mandat britannique en Palestine, lequel conférait à la Cour permanente compétence sur « *tout différend quel qu'il soit, relatif à l'interprétation ou à l'application des dispositions du mandat* ». La Cour permanente a défini ce terme central comme un désaccord sur un point de droit ou de fait, un conflit de vues juridiques ou d'intérêts entre deux personnes. Ch. de Visscher, *Théorie et réalité en droit international public*, PE Corbett trans, Princeton University Press, éd. révisée, 1968, p. 380, a salué la définition succincte de la Cour au fait qu'elle évite une position trop formelle qui l'aurait conduit à une complexité excessive, conçue pour favoriser un esprit de chicane. La Cour a réduit la notion du différend à ses éléments les plus simples en adoptant une position souple et libérale, soulignant l'exigence de négociations diplomatiques antérieures comme preuve de l'existence d'un différend et comme préalable obligatoire au recours à la juridiction internationale.

416 Suite donnée à la réunion de haut niveau de l'Assemblée générale de 2013 sur le désarmement nucléaire, GA Res 68/32, A / Res / 68/32 (2013) à [2].

telle que celle formulée dans la requête, selon les principes de la responsabilité de l'Etat[417].

Confortant cet argument, la Cour a estimé qu'aucune des déclarations[418], sur lesquelles se fondent les Iles Marshall en la présente espèce, n'étaye la thèse de l'existence d'un différend puisqu'aucune ne fait état d'un prétendu manquement du Royaume-Uni dans sa bonne foi à l'obligation consacrée par l'article VI du TNP ou à l'obligation correspondante en droit international coutumier invoquée par le demandeur[419]. Bien que la série de conférences sur l'impact humanitaire des armes nucléaires[420] ait permis une meilleure compréhension des effets dévastateurs des armes nucléaires, la Cour a considéré que les appels au désarmement, qui revêtent un caractère d'exhortation, ne sauraient être pris comme une allégation selon laquelle le Royaume-Uni ou toute autre puissance nucléaire manquerait à une de ses obligations juridiques, et ne dénonce pas en l'occurrence une inaction à la vue des bilans présentables[421].

Si le rôle de l'exigence de différend n'est pas établi *in limine litis*[422], il n'empêche pas de procéder sur le fond d'une affaire, mais l'absence d'un différend indique un vice de la revendication en tant que demande formulée et dans ces circonstances, celui-ci n'est pas fondé sur une véritable réclamation. En parallèle, l'Inde et le Pakistan ont fait valoir qu'un jugement sur le fond ne servirait à rien et que la demande des Îles Marshall était

---

417 Article 43 de la Commission du droit international sur la responsabilité de l'Etat prescrivant à un Etat lésé de notifier sa demande à l'Etat dont il invoque la responsabilité. Aux termes du paragraphe 3 de l'article 48, cette exigence s'applique, *mutatis mutandis*, à l'invocation de la responsabilité par un Etat autre qu'un Etat lésé. La Cour observe toutefois que, dans son commentaire, la CDI précise que ses articles « ne traitent pas des questions de compétence des cours et tribunaux internationaux, ni en général des conditions de recevabilité des instances introduites devant eux ».

418 Déclaration du 26 septembre 2013 à la réunion de haut niveau de l'Assemblée générale sur le désarmement nucléaire par le ministre anglais des affaires étrangères, qui a « *appel*[é] *instamment toutes les puissances nucléaires* [à] *intensifier leurs efforts pour assumer leurs responsabilités en vue d'un désarmement effectif réalisé en toute sécurité* » ; Déclaration lors de la conférence de Nayarit le 13 février 2014 sur l'impact humanitaire des armes nucléaires.

419 A. Alvarez-Jimenez, « Sur un récent fiasco des armes nucléaires par la Cour internationale de justice », *The International Law Gaze: Marshall Islands c. United Kingdom*, Université de Waikato, p. 5.

420 Olso en 2013, Nayarit début 2014 et Vienne fin 2014.

421 A. Cohen et L. Vaccaro, « L'importation du procès nucléaire des Îles Marshall », *Bulletin Atomic Scientists*, 6 mai 2014, note 33 : « Bien qu'un certain nombre d'organisations non gouvernementales se soient prononcées sur le procès, en particulier au Comité préparatoire du TNP, les délégations participant à la conférence sont restées quasiment muettes sur le sujet » ; voir également la Commission préparatoire pour la Conférence d'examen de 2015 des parties au traité sur la non-prolifération des armes nucléaires, Compte rendu analytique de la 3e séance, UN Doc. NPT / CONF.2015 / PC.111 / Sr.3 (29 avril 2014) laquelle ne mentionne pas les îles Marshall participant au débat.

422 J. Mc Intyre, « The Role of the Dispute Requirement in Assessing Jurisdiction and Admissibility before the International Court », *Melbourne Journal of International Law*, Université d'Australie du Sud, n°546, vol 19, 2018, p. 30.

essentiellement hypothétique[423], ayant interprété au travers de l'avis consultatif de 1996 un TNP comme contenant une obligation *erga omnes*[424], ajoutant qu'un jugement déclaratoire devait résoudre une controverse concrète, la Cour sans la présence d'un différend reconnu devait donc refuser d'entendre l'affaire au risque de compromettre son intégrité judiciaire[425], déterminée par une évaluation objective. En ce sens, la Cour conserve en tant que « maître de sa propre procédure[426] » le pouvoir inhérent de refuser de statuer sur le fond d'une affaire pour abus de procédure lors de la phase préliminaire, même si une base valable de compétence est établie[427]. Cette perspective a conduit à une décision d'irrecevabilité de la demande[428] pour la première fois dans l'histoire de la Cour[429].

2. L'irrecevabilité de la date du dépôt de la demande

Si, au motif du *jus standi*, la Cour pouvait rejeter l'action des Îles Marshall en déclarant l'absence d'intérêt direct ou indirect à agir du fait que les dommages n'aient pas été quantifiés, cette option n'a pas été retenue[430]. Quand bien même, les Îles Marshall ont invoqué d'autres raisons pour étayer l'existence d'un différend en s'appuyant sur les positions des parties au cours de la procédure lesquelles constitueraient la preuve de l'existence du différend. Au regard du comportement du Royaume-Uni sur le désarmement nucléaire dans les forums internationaux et des déclarations faites en cours d'instance par les deux parties, lesquelles suffiraient à établir

---

423 CIJ, « Contre-mémoire de la République de l'Inde », *Obligations concernant les négociations concernant à la cessation de la course aux armements nucléaires et au désarmement nucléaire (Îles Marshall c Inde)*, n°158, 16 septembre 2015, 38–40 ; « Contre-mémoire du Pakistan (compétence et recevabilité) », *Îles Marshall c. Pakistan*, n°159, 1er décembre 2015, 48–9, 65–6.

424 K. Maddox Davis, « Hurting More than Helping: How the Marshall Islands' Seeming Bravery Against Major Powers Only Stands to Maim the Legitimacy of the World Court », *Minnesota Journal of International Law*, n°25, 2016, p. 79.

425 CIJ, « Contre-mémoire du Pakistan », *Obligations concernant les négociations relatives à la cessation de la course aux armements nucléaires et au désarmement (Îles Marshall c. Pakistan)*, Liste générale n°159, 1er décembre 2015, §65.

426 CIJ, « Opinion du juge Kooijmans », *Affaire relative à la licéité de l'emploi de la force (Serbie-Monténégro c Belgique)*, arrêt, Recueil 2004, p. 279.

427 CIJ, « exceptions préliminaires », Im*munités et procédures pénales (Guinée équatoriale c. France)*, arrêt, Recueil 2018, liste générale n°163, 6 juin 2018, 41 [145], 42 [150]. La Cour a estimé qu' « aucun élément de preuve n'a été présenté à la Cour » laquelle pourrait en déduire un abus de procédure, 42 [150].

428 R. Kolb, *The Elgar Companion to the International Court of Justice*, Elgar, 2014, pp. 169–170.

429 B. I. Bonafé, *op cit*, pp. 3-32.

430 Ce débat sur le droit des États de porter plainte en droit international en raison de la nature *erga omnes* de certaines obligations crée la question de l'existence d'*actio popularis* en droit international et une instabilité potentielle dans les relations interétatiques.

l'existence d'un différend, la Cour a estimé que sa jurisprudence[431] n'étayait pas cette assertion. L'article 38-1 du statut de la Cour précise que, en principe, la date à laquelle doit être appréciée l'existence d'un différend est celle du dépôt de la requête. Or si le comportement des parties, postérieur à la requête, peut être pertinent à divers égards, les déclarations lors de l'instruction n'équivalent pas à confirmer un différend, celui-ci devant être antérieur au dépôt et ne saurait naître durant la procédure. Principe excluant la possibilité que le différend se cristallise après l'introduction de la procédure, son interprétation crée une nouvelle condition quant à l'existence d'un différend car le statut de la CIJ ne mentionne pas de date limite à laquelle l'existence du différend doit être déterminée, et n'exclut pas que les contours du différend puissent être précisés au cours de la procédure intentée. Or l'introduction de cette nouvelle exigence vise à éviter de « créer un différend *de novo*, c'est-à-dire un différend qui n'existe pas déjà »[432] . En d'autres termes, le fait que la date butoir corresponde à la date de soumission du dossier empêche la Cour de prendre en compte les conduites des parties durant la procédure. Toutefois, cette exigence formaliste va en fait à l'encontre de l'objectif d'économie judiciaire car elle oblige le demandeur à déposer une nouvelle affaire dès lors que l'intimé ait publiquement conscience du différend[433].

Ayant tenu ses audiences du 9 au 16 mars 2016, la Cour rendit son arrêt sur les exceptions préliminaires soulevées par le Royaume-Uni le 5 octobre 2016. Par 8 voix contre 8 avec la voix prépondérante du président, la Cour retint l'objection du Royaume-Uni selon laquelle il n'existait pas de preuves suffisantes de l'existence d'un différend et que, par conséquent, la CIJ n'avait pas compétence pour statuer[434], rendant inutile l'examen des autres exceptions soulevées. Pour être valide, la procédure des Îles Marshall devait à la fois se fonder sur un différend consciemment exprimé et sur sa compréhension admise au moment du dépôt de la demande auprès de la CIJ. Celle-ci conclut que les parties avaient une *divergence de points de vue* à l'égard du désarmement nucléaire, laquelle ne constitue pas nécessairement un *différend*, laissant intact le principe de la bonne foi. En droit international, un Etat ne saurait jauger de la bonne foi d'un autre et donc se prévaloir de la

[431] CIJ, « exceptions préliminaires », *Certains biens (Liechtenstein c. Allemagne)*, arrêt, Recueil 2005, p. 19, § 25 ; CIJ, « exceptions préliminaires », *Frontière terrestre et maritime entre le Cameroun et le Nigéria (Cameroun c. Nigéria)*, arrêt, Recueil, 1998, p. 317, § 93.

[432] CIJ, « Requête introductive d'instance », *Obligations relatives à des négociations concernant la cessation de la course aux armes nucléaires et le désarmement nucléaire (Iles Marshall c. Royaume-Uni)*, arrêt, Recueil, 2016, § 54.

[433] CIJ, « Opinion dissidente du juge Yusuf », *Obligations relatives à des négociations concernant la cessation de la course aux armes nucléaires et le désarmement nucléaire (Iles Marshall c. Royaume-Uni)*, arrêt, Recueil, 2016.

[434] A la suite, par 9 voix contre 7, la Cour a confirmé les objections de l'Inde et du Pakistan au fait qu'il n'y avait pas suffisamment de preuves de l'existence d'un contentieux et que, par conséquent, la CIJ n'avait pas compétence pour entendre l'affaire sur le fond de l'obligation au désarmement nucléaire instruite par les Îles Marshall.

conformité desdits engagements internationaux de désarmement, lesquels intérêts ne sauraient se présumer[435]. Cette décision fit l'objet de critiques et d'opinions dissidentes s'outrageant de l'inefficience de la CIJ sur la question des armes nucléaires.

II. L'inefficience de l'exercice judiciaire relative à l'obligation de désarmement nucléaire

Décision par laquelle la Cour écrirait « *l'avant-propos sur sa non-pertinence*[436] », l'affaire de l'Obligation au désarmement nucléaire a amené la CIJ à déclarer pour la première fois en près d'un siècle d'existence qu'elle n'était pas compétente du fait de l'absence d'un différend, évitant délibérément une décision litigieuse d'ordre politique et cachant « *son évasion derrière une façade de raisonnement juridique formaliste* »[437]. Dans chacune des trois affaires furent relus les éléments de preuve apportés par le demandeur à l'aune de ce double critère qu'est la connaissance du différend par le défendeur à la date du dépôt de la requête, lequel double critère posa de nouvelles conditions plus strictes entendant favoriser une meilleure administration de la justice en privilégiant les règlements interétatiques en vue d'une économie judiciaire. Mais au regard de la jurisprudence sur les questions de compétence et de recevabilité au nom desquelles le formalisme et le verbalisme auraient remplacé l'appréciation objective des faits par la Cour[438] en augmentant le seuil de recevabilité d'un différend et en cristallisant une norme sans fondement juridique[439], l'analyse de cette décision permet de mettre en relief de nombreuses contradictions dans la jurisprudence de la Cour (1) lesquelles confèrent une portée très relative aux engagements du TNP (2).

---

[435] Toutefois et bien moins clivant, la Cour aurait pu refuser d'exercer sa compétence non sur l'absence de différend mais sur l'absence des autres puissances nucléaires concernée par la procédure, en se basant sur sa jurisprudence relative à l'Or monétaire. Cf. P. M. Eisemann, « Les effets de la non-comparution devant la Cour internationale de Justice », *Annuaire Français de Droit International*, 1973, vol. 19, pp. 351-375.

[436] CIJ, « Opinion dissidente du juge Robinson », Obligations relatives à des négociations concernant la cessation de la course aux armes nucléaires et le désarmement nucléaire (Iles Marshall c. Royaume-Uni), arrêt, Recueil, 2016.

[437] N. Krisch, « Capitulation in The Hague : The Marshall Islands cases », *EJIL: Talk!*, octobre 2016, consulté le 12 juin 2020.

[438] A. Miron, « Établir l'existence d'un différend devant la Cour internationale de Justice : entre formalisme et verbalisme », *Questions de droit international*, 2017, pp. 43-45.

[439] M. Ramkumar et A. Singh, « The Nuclear Disarmament Cases: Is Formalistic Rigour in Establishing Jurisdiction Impeding Access to Justice », *Utrecht Journal of International and European Law*, n°33, 2017, pp. 128–134.

1. Les contradictions jurisprudentielles de la CIJ

Au titre de l'article 36-2 de son statut selon lequel celle-ci n'avait aucun fondement pour conclure à l'existence d'un différend, la Cour a refusé d'exercer sa compétence pour juger le fond de l'affaire, ne considérant pas la divergence de point de vue comme une condition pour la détermination de l'existence d'un différend[440]. Or si dans la jurisprudence de la Cour, l'existence d'un différend entre les parties n'est en principe pas niée à l'exception de quelques opinions dissidentes[441], la Cour a pourtant proclamé l'absence d'un différend existant entre les parties dans sa décision du 5 octobre 2016, passant d'une tradition de flexibilité[442] à une approche formaliste[443], laquelle ajoute un obstacle supplémentaire pour accéder à l'arbitrage international. Par le paragraphe 41 du présent arrêt, le critère de la connaissance du différend implique la prise en considération de la subjectivité du défendeur[444], avec la difficulté de sonder la perception des Etats quand la Cour affirme que le différend suppose que le défendeur avait connaissance ou ne pouvait pas ne pas avoir connaissance de ce que ses vues se heurtaient à celles du requérant. Or, bien que l'exigence de la recevabilité relative au différend, entendant préserver la fonction judiciaire de la Cour en lieu et place de l'instrumentaliser en arbitre politique international, ne soit basée sur aucun raisonnement juridique détaillé[445], elle permet de mieux cibler le différend afin de statuer précisément et de s'assurer une subjectivité des parties déclarant avoir un différend commun en actant la nécessité d'une procédure compromissoire[446] avant de saisir la

---

[440] CIJ, *Obligations relatives à des négociations concernant la cessation de la course aux armes nucléaires et le désarmement nucléaire (Iles Marshall c. Royaume-Uni)*, arrêt, Recueil, 2016, § 50-52.

[441] Voir par exemple CIJ, « exceptions préliminaires », *Frontière terrestre et maritime entre le Cameroun et le Nigéria (Cameroun c Nigéria)*, 1998, Rep 275, 342–4 (juge Vereshchetin), arrêt dans lequel la Cour a affirmé que « *le fait que la réclamation de l'une des parties se heurte à l'opposition manifeste de l'autre ne doi*[t] *pas nécessairement être énonc*[é] *expressis verbis. Pour déterminer l'existence d'un différend, il est possible, comme en d'autres domaines, d'établir par inférence quelle est en réalité la position ou l'attitude d'une partie* » (11 juin 1998, *Frontière terrestre et maritime entre le Cameroun et le Nigeria, op. cit.*, p. 315, § 89.

[442] CIJ, « Opinion dissidente du juge Crawford », *Obligations relatives à des négociations concernant la cessation de la course aux armes nucléaires et le désarmement nucléaire (Iles Marshall c. Royaume-Uni)*, arrêt, Recueil, 2016.

[443] F. Paddeu, « Différends multilatéraux dans des contextes bilatéraux : la pratique internationale est à la traîne de la théorie », *CLJ*, n°76, 1-2, 2017 ; L. Marotti « Établir l'existence d'un différend devant la Cour internationale de justice : aperçus de la flexibilité dans le formalisme ? », *Question de Droit International*, n°77, 2017, p. 88.

[444] A. Geslin et G. Le Floch, CIJ - Chronique de jurisprudence de la Cour internationale de justice (2016-2017), *Journal du droit international (Clunet)*, n° 4, octobre 2017, chron. 10, p 34.

[445] D. Awmee, « Nuclear Weapons Before the International Court of Justice: A Critique of the Marshall Islands v United Kingdom Decision (4 avril 2018) », *Victoria University of Wellington Legal Research Paper*, Student/Alumni Paper n°25/2018, p.21.

[446] A l'inverse, la CIJ avait jugé que la négociation préalable n'était pas une condition indispensable de l'existence d'un différend dans l'affaire du *Différend territorial et maritime (Nicaragua c. Colombie)* de 2007. Si le précédent de l'Obligation au Désarmement Nucléaire

CIJ. Pourtant, si la jurisprudence antérieure de la Cour a démontré une pratique selon laquelle les motifs politiques sous-jacents à une réclamation n'empêchaient pas nécessairement la Cour de qualifier celle-ci de litige juridique[447], la Cour jusqu'à ce jour n'avait pas explicitement refusé de statuer en raison des résultats politiques qui en découleraient[448], assistant à la résurrection du concept de notification[449].

De plus, l'existence d'un différend suppose entre les parties des droits égaux lesquels peuvent conduire à des difficultés particulières lors de l'introduction de demandes concernant des obligations *erga omnes* ou des différends multilatéraux. Dans l'Affaire de l'Obligation au désarmement nucléaire, il n'y a pas d'indicateur d'un différend bilatéral « *en raison de la nature multilatérale des revendications et des forums dans lesquels ces allégations avaient été initialement présentées* »[450] . En particulier, l'affaire ne concernait pas les droits légaux des Marshallais, mais l'engagement de bonne foi des puissances nucléaires de négocier un désarmement nucléaire en vertu du TNP. Les déclarations faites dans les enceintes multilatérales avant la date du dépôt de la requête suffisent, selon les Îles Marshall, à établir l'existence d'un différend et un manquement aux obligations de désarmement nucléaire, notamment en relevant les votes exprimés par les Parties dans diverses enceintes internationales traitant du désarmement nucléaire[451]. Toutefois, la Cour estime qu'il faut faire preuve d'une grande prudence avant de conclure, au vu des votes exprimés sur des résolutions d'organes politiques tels que l'Assemblée Générale, à l'existence ou non d'un différend d'ordre juridique portant sur une question visée par pareil texte, « *le vote d'un Etat sur une résolution ne saurait en soi être considéré comme indiquant la position de cet Etat sur chacune des propositions qui y figurent, et moins encore l'existence, entre lui-même et un autre Etat, d'un différend d'ordre juridique relatif à l'une de ces propositions* »[452]. Ainsi, la Cour constate non un différend d'ordre juridique

---

devait être appliqué à une procédure d'interprétation, le demandeur serait tenu de montrer qu'avant l'ouverture d'une telle procédure, l'intimé était conscient de l'existence d'un différend sur l'interprétation de la décision de la Cour. Or cette possibilité a déjà été explicitement exclue par la PCIJ en 1927. Cf. B. I. Bonafé, *op cit*, p. 24, note 73.

[447] CIJ, « Compétence et Recevabilité », *Actions armées frontalières et transfrontalières (Nicaragua c Honduras)*, 1988, Rep 69, 91–2. Voir également CIJ, *Personnel diplomatique et consulaire des États-Unis à Téhéran (États-Unis d'Amérique c Iran)*, 1980, arrêt, Rep 3, 20.

[448] CIJ, « Opinion du juge Weeramantry », *Timor oriental*, 1995, Rep 90, 220. Voir aussi CIJ, « Mesures provisoires », *Questions d'interprétation et d'application de la convention de Montréal de 1971 résultant de l'incident aérien de Lockerbie (Jamahiriya arabe libyenne c. Etas- Unis d'Amérique)*, exceptions préliminaires, arrêt, Recueil, 1998, p. 115.

[449] K. Okano, *op cit*, p. 43.

[450] CIJ, « Opinion dissidente du Juge Crawford », *Obligations relatives à des négociations concernant la cessation de la course aux armes nucléaires et le désarmement nucléaire (Iles Marshall c. Inde)*, § 20.

[451] Il suffit de rappeler que le Royaume-Uni avait voté contre la résolution 68/32 de l'Assemblée générale de 2013 qui appelait tous les États à respecter leurs obligations en matière de désarmement nucléaire.

[452] CIJ, *Obligations relatives à des négociations concernant la cessation de la course aux armes nucléaires et le désarmement nucléaire (Îles Marshall c. Inde)*, § 53.

des parties mais « *des opinions clairement opposées concernant l'exécution ou la non-exécution de certaines obligations* »[453] du TNP, au risque d'alourdir à l'avenir la charge de la preuve pesant sur le requérant et de paraître comme un organe obsolète pour traiter des affaires impliquant les armes nucléaires, actant la relativité des déclarations faites dans les enceintes multilatérales.

2. Les limites exécutoires de la portée *erga omnes* du TNP

Pour que l'affaire traite du fond de la requête des Îles Marshall sur l'obligation *erga omnes* au désarmement nucléaire, la Cour devait d'abord déterminer si l'article VI du TNP était exécutoire[454]. L'effectivité du Traité a ainsi suscité une controverse de fond entourant le respect et la pertinence de cet accord global de non-prolifération, à savoir que les États non dotés d'armes nucléaires s'engagent à ne pas acquérir d'armes nucléaires, la contrepartie étant que les États dotés d'armes nucléaires conservent leurs arsenaux mais s'engagent à négocier de bonne foi un désarmement nucléaire général[455]. Mais si le TNP devait être temporaire, au fait qu'il soit contraire au principe fondamental de l'égalité des États, l'approche de la Cour laisse le *statu quo* intact, déboutant une procédure intentée par un État non nucléaire qui espérait inciter les six puissances dotées à se joindre à la procédure par une extension de la doctrine du *forum prorogatum*[456] laquelle ne s'est pas concrétisée. Du fait que les résolutions de l'Assemblée Générale et du Conseil de Sécurité des Nations Unies « *fournissent des éléments importants de l'émergence d'une opinio juris, à l'appui de la formation progressive d'une obligation de droit international coutumier, correspondant à l'obligation conventionnelle prévue à l'article VI du TNP* »[457], certains juges dissidents ont critiqué le formalisme de l'opinion de la majorité et ont rappelé que la flexibilité dans l'évaluation de l'existence d'un différend avait été le critère directeur de la jurisprudence de

---

453 CIJ, *Violations alléguées de droits souverains et d'espaces maritimes dans la mer des Caraïbes (Nicaragua c. Colombie)*, 2016, Rep 3, 26 [50], citant la première phase de l'avis consultatif de la CIJ de 1950 portant sur l'interprétation des traités de paix entre la Bulgarie, la Hongrie et la Roumanie, Rep 65, 74.

454 CIJ, République des Îles Marshall c. États-Unis, 79 F. Supp. 3d 1068, 1070-74 (ND Cal.2015), conf, 865 F.3d 1187 (9th Cir), 2017.

455 CIJ, « Opinion dissidente du Juge Robinson », *Obligations relatives à des négociations concernant la cessation de la course aux armes nucléaires et le désarmement nucléaire (Iles Marshall c. Inde)*, § 56.

456 Sur le *forum prorogatum*, voir M. N. Shaw, *Rosenne's Law and Practice of the International Court : 1920-2015*, vol. I, 5e édition, Brill, 2016, pp. 697–724 ; S. Yee, « Forum Prorogatum à la Cour internationale », *Annuaire allemand de Droit international*, n°145/42, 2000 ; M. Bedjaoui et F. Ouguergouz, « Le Forum Prorogatum devant la Cour Internationale de Justice : Les Ressources d'une Institution ou la Face Cachée du Consensualisme », *Annuaire Africain de Droit international*, n°91/5, 1997.

457 CIJ, « Opinion dissidente du Juge Cançado Trindade », *Obligations relatives à des négociations concernant la cessation de la course aux armes nucléaires et le désarmement nucléaire (Iles Marshall c. Inde)*, § 63.

la Cour depuis des décennies[458]. Bien que la contribution aux conférences d'examen du TNP entre 1975 et 2015 fondent une *opinio juris communis necessitatis* soutenant l'obligation conventionnelle au désarmement nucléaire au moment de la requête des Îles Marshall, n'en demeure selon la Cour l'absence en droit international coutumier d'une base juridique contraignant au désarmement nucléaire[459].

Lors de la procédure, les Îles Marshall ont fait valoir que l'obligation de désarmement du TNP était de nature *erga omnes* s'appliquant à la communauté internationale dans son ensemble, chaque État ayant un intérêt juridique à atteindre cet objectif. Au-delà de la distinction entre violations des obligations bilatérales et celles d'un collectif, ainsi que de la légitimité des Îles Marshall de porter cette accusation au nom de motifs humanitaires et universels, on peut se demander si la CIJ pouvait accepter le principe de cette obligation coutumière *erga omnes* réclamée par le requérant. Ayant affirmé vingt ans auparavant dans son avis consultatif sur l'affaire de la licéité de la menace ou de l'emploi d'armes nucléaires, qu'en vertu de l'article VI du TNP, il existait « *une obligation de poursuivre de bonne foi et de mener à terme des négociations conduisant au désarmement nucléaire* »[460], la décision de 2016 n'entre pas dans la conformité des précédents juridiques de la CIJ relatifs à l'arme nucléaire en droit international, au grand dam des Îles Marshall lesquelles, par leur requête, entendaient rejouer la partition[461] de l'avis consultatif de 1996 en instrumentalisant l'article VI du TNP ne comportant aucune clause compromissoire, pour transformer la bonne foi énoncée en une obligation de résultat politiquement mesurable. De plus, la Cour ne pouvait pas se prononcer sur la conduite du Royaume-Uni sans avoir également à évaluer la conduite des autres États nucléaires parties au TNP[462]. Par conséquent, bien qu'absentes de la procédure mais impliquées par son objet, les puissances nucléaires dont une partie ne reconnait pas la

---

[458] V.-J. Proulx, « The World Court's Jurisdictional Formalism and its Lost Market Share: The Marshall Islands Decisions and the Quest for a Suitable Dispute Settlement Forum for Multilateral Disputes », *Leiden Journal of International Law,* n°30, 2017, pp. 925-946.

[459] L'élément subjectif de la coutume, connu sous l'expression *opinio juris sive necessitatis*, se reflète à l'article 38.1.b du statut de la Cour qui prévoit que, pour que la coutume existe, une pratique générale doit être acceptée.

[460] CIJ, *Licéité de la menace ou de l'emploi d'armes nucléaires*, Avis consultatif. Recueil, 1996 (I), p. 267, § 105, 2- F.

[461] Les Îles Marshall n'ayant pas sur le siège de juge de leur nationalité, usèrent du droit que leur reconnaît l'article 31, paragraphe 2 du Statut de la Cour en désignant comme juge *ad hoc* Mohammed Bedjaoui, lequel avait présidé la Cour lors de l'affaire de la licéité de la menace et de l'emploi d'armes nucléaires en 1996. En parallèle, Nico Krisch relève que sur les huit juges qui ont voté contre l'existence d'un différend, six sont des ressortissants de puissances nucléaires (France, Etats-Unis, Royaume-Uni, Russie, Chine, Inde), et les deux autres bénéficient de la protection du bouclier nucléaire américain (Japon, Italie). Cf. N. Krisch, *op cit.*

[462] CIJ, « Opinions individuelles des juges Tomka et Crawford », *Obligations relatives à des négociations concernant la cessation de la course aux armes nucléaires et le désarmement nucléaire (Iles Marshall c. Inde).*

compétence de la CIJ sur ces questions[463], auraient été concernées par le jugement potentiel de l'affaire lequel les aurait probablement amenés à récuser unanimement la compétence de la Cour en raison des plaintes qui auraient été déposées relativement à leurs obligations de désarmement. A l'issue de cette affaire, la légitimité *erga omnes* du TNP demeure relativisée aux intentions de bonne foi, sans résultat mesurable[464], mais sa fiabilité n'est pas dénoncée pour autant au fait que le Traité n'ait pas la prétention d'être une norme impérative relevant du *jus cogens*[465].

---

[463] J. Goldman Bergmann, J. C. Veiga Bezerra, V. Maturana de Britto, « Obligations concerning negotiations relating to cessation of the nuclear arms race and to nuclear disarmament (Marshall Islands v. Pakistan) », *UFRGS Model United Nations*, 2016, v.4, p.408-409.

[464] P. Cottrell, *L'évolution et la légitimité des institutions internationales de sécurité*, Cambridge University Press, New York, 2016, p. 153.

[465] Les normes impératives du droit international composant le *jus cogens* ont été introduites en droit positif par la Convention de Vienne sur le droit des traités de 1969. L'article 53 dispose qu'« Est nul tout traité qui, au moment de sa conclusion, est en conflit avec une norme impérative du droit international général. Aux fins de la présente Convention, une norme impérative du droit international général est une norme acceptée et reconnue par la communauté internationale des Etats dans son ensemble en tant que norme à laquelle aucune dérogation n'est permise et qui ne peut être modifiée que par une nouvelle norme du droit international général ayant le même caractère ». Si les obligations du *jus cogens* ne reposent pas sur la loi mais sur des principes métaphysiques de justification, les obligations impératives sont considérées comme étant des valeurs fondamentales de la communauté internationale qui existent indépendamment de la volonté des États. De fait, pour acquérir le statut impératif, une norme doit d'abord être reconnue comme étant de nature coutumière en droit international, après quoi la communauté des États dans son ensemble convient qu'il s'agit d'une norme impérative. La France n'a pas adhéré à la convention de Vienne en raison de ce principe.

Chapitre II
Le sort des Traités de Non-Prolifération et d'Interdiction des Matières Fissiles

Le monde nucléaire[466] dans lequel l'humanité est entrée en 1945 se traduit par l'impact de l'arme nucléaire dans les relations internationales, suscitant l'intervention du droit[467] pour assurer la stabilité d'un ordre nucléaire[468]. Toutefois, du fait que rien ne garantisse l'égalité des rapports nucléaires ainsi que la rationalité des différents acteurs en géopolitique[469], et devant l'accès de plusieurs pays à la puissance nucléaire, la légitimité politique de la possession d'armes nucléaires fut actée par le Traité de Non-Prolifération (TNP) afin de limiter la qualité d'armes nucléaires sur la scène internationale. Fondement de l'ordre nucléaire, le TNP, entré en vigueur en 1970, opéra une distinction entre les États dotés ayant conduit un essai nucléaire avant le 1er janvier 1967, et les États non dotés de l'arme nucléaire.

Or penser l'arme nucléaire dans cet ordre de contrainte, la percevoir comme concurrente des mécanismes de sécurité collective, c'est ainsi penser à l'une des limites fondamentales du droit international public avec ses traités, ses coutumes et ses normes appelant à réguler la violence des Etats[470]. En effet, l'encadrement juridique de la non-prolifération va susciter un sentiment d'indignation et de réprobation face à une situation discriminante et inique, avec le refus actif d'obéir à une autorité régulatrice. Ce non-respect des normes juridiques instituées par les puissances nucléaires va prendre les formes d'une contestation de l'ordre établi par le TNP (I) que renforce l'ineffectivité du projet de traité interdisant la production de matières fissiles (II).

I. La dérégulation conventionnelle de la prolifération nucléaire en droit international

Suite à l'Affaire de l'Obligation au désarmement nucléaire, cette divergence de point de vue sur les modalités du désarmement nucléaire ne saurait remettre en cause l'engagement de bonne foi des puissances

---

466 Pascal Boniface et Barthélémy Courmont, *Le monde nucléaire. Arme nucléaire et relations internationales depuis 1945*, Paris, Armand Colin, 2006, 264 pages

467 Yannick Martiquet. *L'autonomie du droit nucléaire : Contribution à l'étude de la nature et des caractères d'un droit nouveau*, thèse de droit public, université de Nîmes, 2015.

468 On entend par ordre juridique « l'ensemble structuré en système, de tous les éléments entrant dans la Constitution d'un droit régissant l'existence et le fondement d'une communauté humaine », définition de Charles Leben, « Ordre juridique » *in* Denis Alland et Stéphane Rials (dir.), *Dictionnaire de la culture juridique*, Paris, PUF, 2003, p. 1113.

469 Abdelwahab Biad, « Le droit international au défi de "l'exceptionnalisme nucléaire" »in *The International Legal Order: Current Needs and Possible Responses: Essays in Honour of Djamchid Momtaz*, 2017, Brill NV, Leiden, pp. 751-764.

470 Nicolas Haupais, « L'ordre nucléaire, la dissuasion et les limites du droit international » in Caroline Regad, *Aux limites du droit*, Paris, Mare & Martin, 2016, pp. 105-126.

nucléaires au TNP. Cependant, la Cour a précédemment précisé, d'une part, que les efforts diplomatiques visant à régler un différend doivent être séparés des efforts de sa fonction judiciaire, et que de tels efforts diplomatiques ne l'empêchent d'adopter une décision judiciaire concernant un différend[471].

Nomologique dans sa relation avec le droit environnemental, le *jus cogens* ne comporte aucune norme impérative interdisant les expériences nucléaires dans l'atmosphère[472]. Cette norme, présente dans le Traité Interdisant les Armes Nucléaires de 2017, nécessiterait d'être reconnue aux termes de la Convention de Vienne par la communauté internationale des Etats dans son ensemble, ce qui n'est pas le cas – les résolutions de l'AGNU ne sauraient créer des normes de droit du fait qu'elles soient dépourvues de force obligatoire pour l'ensemble des Etats membres[473].

Avant d'être traduite juridiquement, la mise en place de l'ordre nucléaire stratégique résulte d'une aventure scientifique mise au service d'une nécessité militaire et d'une volonté étatique d'indépendance[474]. Or afin d'avoir une portée effective, le TNP entend limiter l'armement nucléaire plutôt que l'interdire au risque d'un droit universel, positif et impératif qui ne pourrait être respecté sans détriment de la souveraineté étatique, seule à même de constituer l'ordre juridique international. Toutefois, certaines puissances nucléaires refusent l'ordre établi par le TNP en se positionnant comme des objecteurs persistants (1) tandis que d'autres Etats proliférants bravent l'interdiction en constituant leur arsenal nucléaire (2).

---

[471] Activités militaires et paramilitaires au Nicaragua et contre celui-ci (Nicaragua c. États-Unis) (Juridiction et recevabilité) Arrêt [1984] CIJ Rep 392, para 107-108.

[472] La prolifération nucléaire, liée à la diffusion des informations, permet de concevoir une arme nucléaire de première génération sans procéder à des explosions grandeur nature. La Corée du Nord, en se réservant de dénoncer au dernier moment le TNP en 2003, a su développer son programme de manière occulte puis a pris ses dispositions préparatoires pour effectuer des essais nucléaires en montagne[472]. La même année, les Etats-Unis dénonçaient le Traité ABM de 1972 afin de développer le bouclier anti-missile. De fait, l'exemple des essais nucléaires nord-coréens menés de 2006 jusqu'à 2017 pour la maîtrise de cet armement illustre l'inefficacité des sanctions internationales et des condamnations juridiques à l'encontre d'une politique de souveraineté nucléaire.

[473] Concernant l'effort international pour le désarmement, la 9ème Conférence d'examen du Traité sur la non-prolifération tenue au printemps 2015 à New York n'a pas abouti à de grandes avancées, à l'image du bilan de 2010. Un échec complet à l'image aussi du blocage des négociations sur le désarmement a conclu ladite conférence, malgré un argumentaire venant des puissances nucléaires historiques.

[474] Spencer W. Weart, Pierre Auger, Bertrand Goldschmidt, *La Grande aventure des atomistes français*, Fayard, Paris, 1980.

1. Des Etats nucléaires comme objecteurs persistants

Le TNP est entré en vigueur le 5 mars 1970 et s'applique aux activités nucléaires militaires[475]. « *Considérant les dévastations qu'une guerre nucléaire ferait subir à l'humanité entière et la nécessité qui en résulte de ne ménager aucun effort pour écarter le risque d'une telle guerre et de prendre des mesures en vue de sauvegarder la sécurité des peuples* [et] *Persuadés que la prolifération des armes nucléaires augmenterait considérablement le risque de guerre nucléaire* »[476], le traité établissant une différence entre les Etats dotés de l'arme nucléaire et ceux qui ne le sont pas, vise à empêcher ces derniers de développer un programme d'armement. Fondé sur trois piliers à savoir la non-prolifération, les usages pacifiques de l'énergie nucléaire et le désarmement, le TNP est dynamique[477] avec des conférences d'examen prévues tous les cinq ans entre les Etats signataires dans le but d'améliorer les mesures tendant à faire respecter les objectifs[478]. Compte tenu d'autres dispositions opérationnelles du traité, le TNP entend établir une norme mais reflète l'absence d'une coutume en droit international.

Le TNP est quasiment universel au fait que seuls l'Inde, le Pakistan, Israël et le Soudan du Sud ne l'ont pas adopté en 2021. Obtenue avec des contreparties juridiques qui prévoient un processus d'examen renforcé du Traité et une réelle application des articles IV sur la coopération[479] et VI sur le désarmement[480], l'universalisation de cet ordre nucléaire s'appuie sur l'objet de l'article III du Traité qui établit un système de vérification des engagements contractés et concerne les installations soumises à la vérification de l'AIEA[481]. Pour les États non parties au TNP, un autre type

---

475 Georges Fischer, « La non-prolifération des armes nucléaires », *Annuaire français de droit international*, n°13, 1967, pp. 47 à 98.

476 Préambule du Traité sur la non-prolifération des armes nucléaires. Ouvert à la signature à Londres, Moscou et Washington le 1er juillet 1968.

477 Examiné tous les cinq ans par l'ensemble des États parties au TNP dans le cadre de conférences qui visent à en améliorer la mise en œuvre, le TNP fixe un objectif de désarmement sans délai fixe. Il encadre le développement des outils juridiques de non-prolifération dont les États décident de convenir au travers des commissions de l'Assemblée générale des Nations unies et des conférences du désarmement qui lui sont dédiées.

478 Oliver Thränert, « Le Traité de non-prolifération nucléaire entre les camps », CSS ETH Zurich, No 169, Mars 2015.

479 L'article IV du TNP concerne la recherche, la production et l'utilisation de l'énergie nucléaire à des fins pacifiques. Au terme de cet article, les parties avancées d'un point de vue technologique doivent coopérer en contribuant au développement des applications de l'énergie nucléaire à des fins pacifiques, en particulier au sein des États non dotés d'armes nucléaires.

480 Au terme de l'article VI du TNP, les parties s'engagent à poursuivre des négociations afin de favoriser la cessation de la course aux armements nucléaires, ainsi que le désarmement nucléaire avec pour objectif de parvenir à la conclusion d'un traité de désarmement général et complet sous un contrôle international strict et efficace.

481 Créée le 27 juillet 1957 en réponse aux vives inquiétudes et aux espoirs soulevés par les découvertes et les diverses utilisations de la technologie nucléaire, l'Agence Internationale de l'Energie Atomique (AIEA) est l'organisme mondial de « L'atome pour la paix et le développement » au sein de la famille des Nations Unies. Également dénommée l'Agence de

d'accord est prévu et ne vise que des installations précises, des matières et matériels nucléaires et non nucléaires déterminés[482]. L'universalisation du TNP demeure un objectif fondamental, rappelé par la résolution 1887 du Conseil de Sécurité des Nations Unies (CSNU), excluant juridiquement tout nouveau candidat à l'arme nucléaire après 1967, le TNP entendant acter la fin du club nucléaire par le droit international[483].

Cependant, les essais nucléaires indiens (11-13 mai 1998) et pakistanais (28-30 mai 1998) ont ébranlé le bel unanimisme du TNP recherché par l'ordre nucléaire en contestant l'équilibre stratégique en Asie et la survie du régime de non-prolifération. Franchissant le seuil nucléaire sans qu'aucune sanction ne fût efficace pour les en dissuader[484], l'Inde et le Pakistan sont devenus des objecteurs persistants[485] au TNP lequel ne permet pas de s'adapter au risque de fourvoyer ses principes de limitation[486]. D'une part, déplacer le curseur et considérer comme État nucléaire tout pays ayant procédé à une explosion au-delà de 1967 transformerait le TNP en un traité de prolifération[487] ; d'autre part, la révision du traité doit être soumise à ratification dans tous les États parties, et il ne saurait être question pour l'Inde et le Pakistan de rejoindre le TNP comme États non nucléaires. Des solutions ont alors été recherchées pour associer ces Etats à se comporter en puissances non proliférantes afin d'éviter que des interrogations sur les bénéfices de l'adhésion au TNP ne conduisent un certain nombre d'Etats à le quitter. L'appel des puissances nucléaires en faveur de la non-prolifération

---

Vienne, ce centre international de la coopération dans le domaine du nucléaire œuvre à la promotion de l'utilisation sûre, sécurisée et pacifique des technologies nucléaires en collaboration avec ses États Membres.

482 Afin de compléter le dispositif de vérification, le Conseil « approuva en 1997 un modèle de protocole additionnel aux accords de garanties dans lequel un État est tenu de communiquer des informations à l'agence s'agissant de tous les aspects de son cycle du combustible, chaque bâtiment de chaque site nucléaire, la fabrication et l'exportation d'équipements et technologies sensibles, les plans à long terme relatifs au développement du cycle. Bien qu'en vigueur dans 134 États en 2019, l'adoption du protocole additionnel n'est pas obligatoire et ne constitue pas la norme universelle de garantie. Cf. Benjamin Hautecouverture, « Ordre nucléaire mondial : vers une recomposition ? », *Vie publique. Au cœur du débat public*, 1er juillet 2019, source : https://www.vie-publique.fr/parole-dexpert/38541-ordre-nucleaire-mondial-vers-une-recomposition

483 *Ibid.* Certains États sont restés en dehors du TNP en estimant que le Traité n'était pas adéquat pour parvenir à l'élimination des armes nucléaires du fait de son statut discriminatoire. Ce discours a longtemps été tenu par la Chine avant sa ratification du TNP.

484 Sénat, Rapport d'information n° 332 (2009-2010) de M. Jean-Pierre Chevènement, fait au nom de la commission des affaires étrangères, déposé le 24 février 2010.

485 Olivier Barsalou, « La doctrine de l'objecteur persistant en droit international », *Revue Québécoise de droit international*, n°19.1, 2006.

486 Dans le même ordre d'idée, le Conseil de Sécurité de l'ONU n'a pas accueilli au siège de membre permanent ces nouvelles puissances nucléaires pour ne pas décrédibiliser le TNP et donner une prime aux fourvoyeurs.

487 Marie-Hélène Labbé, « Les essais nucléaires indiens et pakistanais et la non-prolifération », *Politique étrangère*, n°63-3, 1998, p. 542.

préserve un « apartheid nucléaire[488] » qui assure le *statu quo* aux Etats dotés et à leurs alliés sous parapluie nucléaire. Mais en un jubilé, cette volonté d'universalité n'a pas suscité de norme spécifique en droit international coutumier.

Lors de la prorogation indéfinie du TNP en 1995, l'Inde en se posant en objecteur persistant manifesta son refus à sa progressive universalisation. Outre l'usage des essais nucléaires, l'acte politique de refuser d'adhérer au TNP revient à avouer son ambition de développer des armes nucléaires, ce que confirmèrent l'Inde et le Pakistan en procédant à leurs essais souterrains en 1998. Ces Etats refusèrent d'adhérer à des normes internationales qui auraient pu les contraindre dans l'utilisation de l'arme nucléaire, et tentèrent préventivement de s'aménager des échappatoires juridiques afin de se préserver une « liberté nucléaire[489] ». La forme la plus évidente consiste à refuser de rentrer dans des mécanismes conventionnels qui heurtent la politique nucléaire d'un Etat et d'éviter d'être classés en tant qu'Etats non dotés d'armes nucléaires pour, à ce titre, être privés du droit de se doter d'un arsenal nucléaire, en application de l'article 3 § 1 du TNP susceptible de les condamner juridiquement. Désirant se réserver le droit de l'acquérir ou la développant. L'Inde, le Pakistan et Israël refusent d'être liés par un accord en contradiction manifeste avec leurs intentions nationales, rappelant qu'en droit international la liberté est le principe et « les limitations de souveraineté » l'exception. La logique nucléaire prévaut quand l'Etat l'en a décidé.

Or l'intégration progressive de l'Inde dans le régime de non-prolifération, via l'accord d'exemption signé en 2008 avec le Groupe des fournisseurs nucléaires, a ouvert la voie à une intégration du sous-continent indien dans l'ordre nucléaire mondial d'une manière originale[490]. Parce que bénéficiaires du *statu quo ante*, les puissances extérieures au TNP telles que l'Inde[491] et le Pakistan ne perturbent pas tant l'ordre stratégique mondial si ce n'est en soulignant l'incohérence du TNP, et adhérant *de facto* aux principes souhaités par la communauté internationale[492], ces objecteurs persistants cherchent à intégrer l'ordre plutôt que de le mettre en cause[493]. Si

---

[488] Pour reprendre la formule du ministre indien des Affaires étrangères Atal Bihari Vajpayee cité in Jaswant Singh, « Against Nuclear Apartheid », *Foreign Affairs*, n° 77-5, 1998, pp. 41-51.

[489] Benjamin Hautecouverture, « Ordre nucléaire mondial : vers une recomposition ? », *Vie publique – Au cœur du débat public*, 1 juillet 2019.

[490] *Ibid.*

[491] L'Inde défend toujours la thèse d'une dénucléarisation totale en même temps qu'elle refuse de signer le Traité d'Interdiction Complète des Essais de 1996. Cf. Michel Pousse, « L'Inde et l'arme nucléaire », *RJOI*, n°8, 2008, p. 81.

[492] La doctrine indienne indique un moratoire sur les essais nucléaires et recherche une dissuasion fondée sur une crédibilité minimale, avec un non-emploi en premier et un non-emploi contre des pays non-nucléarisés. Ce respect des règles de non-prolifération d'armes ou de matériaux sensibles en direction de pays tiers est relatif : Waheguru Pal Singh Sidhu souligne cette doctrine est révisable *in* « La stratégie de l'Inde : un changement de paradigme ? », *Politique étrangère*, 2/2002, pp. 318-333.

[493] Jean-Luc Racine, « L'Inde et l'ordre du monde », *Hérodote*, n° 108, 2003, pp. 91-112.

le TNP n'est pas violé dans ses principes par les Etats objecteurs persistants, d'autres États comme la Corée du Nord se retirant du TNP en 2003 et l'Iran sous la présidence d'Ahmadinejad dès 2005, ont adopté une posture contestataire[494] à cet ordre international nucléaire unique et inique[495] en tant que proliférants.

2. Des Etats proliférants comme précédents juridiques

La Corée du Nord, en se retirant du TNP afin de poursuivre ses activités en dépit de la réprobation internationale et du régime de sanctions voté à son encontre, remet en question la crédibilité du régime de non-prolifération[496]. Si la Charte des Nations Unies centralise la réaction et confine la légitime défense à des mesures provisoires en attente de l'intervention du CSNU, le maintien de l'ordre nucléaire implique des sanctions encadrées par le droit international.

L'enjeu de la possession de l'arme nucléaire est un facteur de conflictualité du fait que cet armement procure un effet compensateur par la sanctuarisation du territoire et le rééquilibrage de la puissance. Mais la dissuasion ne produit des effets pacificateurs qu'entre égaux, c'est-à-dire entre possesseurs. Pour cela, des Etats isolés tels que la Corée du Nord et l'Iran, avec l'érosion du tabou nucléaire[497] et du principe de dissuasion nucléaire, entendent devenir de nouvelles puissances nucléaires, engendrant l'effondrement progressif des instruments juridiques sensés en limiter le nombre. En 2003, tandis que Cuba y adhérait, la Corée du Nord se retirait du TNP, devenant un État nucléaire *de facto* par ses essais nucléaires entre 2006 et 2017. A cela, les accords de maîtrise des armements comportent, comme nombre de traités et conventions, une clause de retrait permettant à une partie, de mettre fin aux effets du traité à son égard. Les méthodes d'interprétation des traités internationaux sont relatives à l'article 31 de la Convention de Vienne sur le droit des traités à savoir qu' « Un traité doit être interprété de bonne foi suivant le sens ordinaire à attribuer aux termes du traité dans leur contexte et à la lumière de son objet et de son but » dans

---

494 Bertrand Badie, *Le temps des humiliés. Pathologie des relations internationales*, Paris, Odile Jacob, 2014.

495 Eugène Berg, « Le nucléaire en question », *Revue Défense Nationale*, n°747, février 2012, p. 109. Selon l'auteur, le discours de Prague du président Obama de mai 2009 prônant l'abolition des armes nucléaires à l'horizon d'une génération, s'il eut peu d'impact dans les milieux décisionnels, « libéra la parole de ceux qui, en Europe (Europe du Nord, Allemagne, ex-neutres et non alignés comme l'Irlande, la Suède et la Suisse), sont sceptiques à l'égard des armes nucléaires ».

496 Morgane Farghen, « Crise nucléaire nord-coréenne : la prolifération à l'épreuve à la dissuasion », *Revue Défense Nationale*, n°969, janvier 2018.

497 Le tabou nucléaire est « une norme *de facto* de non-utilisation de l'arme ayant une composante morale très forte » selon Nina Tannenwald, *The Nuclear Taboo : The United States and the Non-Use of Nuclear Weapons since 1945*, New-York, Cambridge University Press, 2007, p. 59.

lequel il est prévu que l'« *extinction d'un traité ou le retrait peuvent avoir lieu a) conformément aux dispositions du traité ; ou, b) à tout moment, par consentement de toutes les Parties, après consultation des autres États contractants* »[498]. Cette perception relève en l'espèce d'une remise en cause de l'ordre établi en cela qu'elle conduit à la mise en œuvre d'une initiative visant à négocier un traité interdisant les armes nucléaires hors de l'enceinte du TNP.

Expression en quelque sorte de la clause *rebus sic stantibus*[499], chaque Etat partie au TNP peut, « dans l'exercice de sa souveraineté nationale », invoquer des événements extraordinaires pour se retirer du Traité, encore faut-il que ces derniers aient déjà « compromis les intérêts suprêmes de son pays ». Or le précédent nord-coréen montre l'importance de cet aspect : en notifiant son retrait en 2003, Pyongyang s'est prévalue d'un effet automatique et immédiat au motif qu'il ne s'agissait que de la continuité de sa mesure de 1993, suspendue la veille de sa prise d'effet. Le retrait a donc été relancé dix ans après la notification initiale et les circonstances n'étaient plus les mêmes pour que le retrait ne puisse que constituer un nouvel acte[500]. En cela, il n'est pas possible de dénoncer le TNP de manière préventive en se basant sur des événements susceptibles de compromettre les intérêts nationaux. Le TNP donne toutefois à chaque partie compétence pour qualifier elle-même ces événements alors même qu'il « *n'y a pas de véritable limitation là où un accord, tout en subordonnant le pouvoir de dénonciation ou de retrait au fait que certaines circonstances se vérifient, laisse l'appréciation entièrement à l'État intéressé* »[501]. De fait, un État peut faire le choix de sortir du TNP pour se délier de toute contrainte juridique avant de se lancer dans un programme nucléaire militaire, comme l'a montré la Corée du Nord en instrumentalisant le TNP pour détourner les technologies de leur finalité civile afin de poursuivre un programme clandestin et se retirer du Traité au moment jugé opportun[502].

État proliférateur dont la stratégie repose sur l'amplification de la menace afin de négocier des arrangements pour la perpétuation de son régime, la Corée du Nord contribue par ce précédent juridique[503] à délégitimer le TNP en actant la procédure de prolifération. Qui plus est, le fait que le CSNU ait, depuis l'adoption de la résolution 1540 en 2004, pleinement conscience d'être l'organe en mesure de se prononcer sur toute

---

498 Article 54 de la Convention de Vienne.

499 Grégory Boutherin, « Le Traité sur la non-prolifération à l'épreuve du droit de retrait », *Politique étrangère*, 2008/4, p. 793 : « *Pour dénoncer le Traité ABM, les États-Unis avaient d'ailleurs invoqué, sur la base de l'article 15 de l'accord, un changement fondamental de circonstances renvoyant aussi bien à la fin de la guerre froide et à l'établissement de nouvelles relations avec la Russie* ».

500 *Ibidem*, p. 791-801.

501 Francesco Capotorti, « L'extinction et la suspension des traités », *Recueil des cours de l'Académie de droit International de La Haye*, 1971, vol. 134, n° 3, p. 480.

502 Grégory Boutherin, *op cit*, p. 797.

503 Camille Grand, « Le traité sur la Non-Prolifération des armes nucléaires à l'âge des crises de prolifération », Table ronde IHEDN-FRS – La non-prolifération nucléaire face aux défis contemporains, 10 novembre 2009.

autorisation de retrait du TNP[504], la résolution 1695 du CSNU de 2006 engageant la Corée du Nord à « redevenir partie prochainement » au TNP constitue en définitive une reconnaissance *a posteriori* de ce retrait. Concernant la crise iranienne, Téhéran entre 2003 et 2015 puis depuis le retrait américain au mois de mai 2018 du Plan global d'action conjoint, s'inspire également de son cas national pour indiquer qu'il est profondément injuste que des États qui ne respectent pas l'article VI du TNP puissent imposer des contraintes illégitimes aux autres États[505]. Acteur ambigu de l'ordre nucléaire mondial dont il conteste les normes tout en continuant d'appeler à un désarmement complet[506], l'Iran subit une pression internationale constante du fait que certains acteurs majeurs des relations internationales, en particulier les Etats-Unis[507], s'appuient sur l'ordre nucléaire et le droit international, pour pousser à une décision appuyée sur le droit international en menaçant de recourir aux sanctions au nom des mécanismes de sécurité collective[508].

La question de la prolifération a été posée par l'émergence de nouvelles menaces dues à des candidats non autorisés à la possession de l'arme nucléaire, la Corée du Nord et l'Iran. Notamment, la recherche de l'arme nucléaire par la Corée du Nord amena le CSNU à légiférer sur le terrorisme nucléaire afin d'éviter que des Etats soutiennent des groupes terroristes souhaitant se nucléariser, au travers de la résolution 1540 adoptée le 28 avril 2004 et relative à la lutte contre la prolifération des armes de destruction massive. Cette résolution révèle que le CSNU s'arroge une autorité de caractère législatif, générale et permanente, alors qu'il est conçu pour réagir à

---

504 NPT/CONF.2010/PC.I/WP.34, Document de travail présenté par l'Australie, 7 mai 2007, p. 2. Cf. Grégory Boutherin, *La Lutte contre la prolifération des armes de destruction massive*, Paris, La Documentation française, 2007, et Philippe Weckel, « Le Conseil de sécurité des Nations unies et l'arme nucléaire », *Annuaire français de droit international*, 2006, p. 178-197.

505 Emmanuelle Maître, « Cartographie du désarmement. Motivations et objectifs des principaux acteurs du désarmement nucléaire », *note de recherche n°2/2019*, FRS, mars 2019, p. 31.

506 *Ibidem*, p. 15.

507 Les États-Unis soulignaient que « le retrait d'une partie ne s'acquittant pas de ses engagements au titre du Traité pose un sérieux problème, dans la mesure où d'autres parties peuvent avoir fondé leurs calculs et leurs décisions en matière de sécurité et de coopération nucléaire sur le respect desdits engagements par la partie se retirant », cf. Preparatory Committee for the 2010 Review Conference of the Parties to the Treaty on the Non-Proliferation of Nuclear Weapons, NPT/CONF.2010/PC.I/WP.22, Document de travail soumis par les États-Unis, 3 mai 2007, p. 4.

508 Depuis l'adoption de la Résolution 1737 (S/RES/1737(2006)) du 23 décembre 2006, le Conseil de sécurité est rentré dans une logique de sanctions, dont la dureté a été accrue avec l'adoption de mesures de renforcement (v. Résolution 1747 du 24 mars 2007 (S/RES/1747(2007)), Résolution 1803 du 3 mars 2008 (S/RES/1803(2008)), Résolution 1929 du 9 juin 2010 (S/RES/1929(2010)). Les sanctions consistent dans des mesures ciblées visant les principaux acteurs du programme nucléaire iranien (gels des avoirs des personnes physiques et morales impliquées, interdiction de voyager) et dans un embargo visant initialement les produits et technologie à double usage (nucléaire/autre) puis les armements classiques.

des situations concrètes, par définition transitoires. Il ne saurait donc, en dehors d'une menace ou d'une atteinte née et actuelle à la paix et à la sécurité internationale, prendre des mesures autoritaires qui introduiraient une transformation du droit international positif[509]. Pourtant, dans sa résolution adoptée le 24 septembre 2009, le Conseil de sécurité « *souligne que toute situation de non-respect des obligations en matière de non-prolifération sera portée à l'attention du Conseil, qui appréciera si cette situation constitue une menace pour la paix et la sécurité internationales* ». Il est intéressant de noter que le Conseil se fait ici le garant de l'ordre existant, en tant que facteur-condition de la garantie de la paix et de la sécurité internationale. Et après avoir sévi plusieurs fois[510], le CSNU approuva par la résolution 2231 de juillet 2015 le plan d'action global conjoint sur le programme nucléaire de l'Iran, qui fut néanmoins dénoncé en 2018.

Constatant que la préservation de la logique nucléaire est contrebalancée par des clauses de retrait dans des traités tels que le TNP[511], la formulation retenue dans ce dernier apparaît très significative, affirmant que lorsqu'un Etat voit sa situation sécuritaire compromise pour des causes « *relié*[es] *à l'objet du traité* », il pourra en sortir, c'est-à-dire se doter d'un armement nucléaire s'il le souhaite[512]. Cette clause consacre le droit d'appliquer la

---

[509] Serge Sur, « La Résolution 1540 du Conseil de sécurité (28 avril 2004) entre la prolifération des armes de destruction massive, le terrorisme et les acteurs non étatiques », *Revue Générale de Droit International Public*, 2004, n° 4, p. 855-882 : « Ces Etats redoutaient, ou feignaient de redouter, qu'on ne tente de leur imposer le respect de traités auxquels ils se refusent à participer. Leur crainte pouvait être nourrie par une résolution précédente, la résolution 1172 du 6 juin 1998, adoptée par le Conseil à la suite des essais nucléaires de l'Inde et du Pakistan, officialisant la détention par ces Etats d'armes nucléaires en constituant une atteinte directe au TNP, qui demandait entre autres aux deux Etats d'y adhérer (§ 13). Le texte de la résolution 1540 écarte quant à lui de semblables demandes. Il évoque de façon plus vague la promotion de l'universalité des conventions pertinentes (§ 8 a) ».

[510] Résolution 1737 de décembre 2006 ; résolution 1747 de mars 2007, résolution 1803 de mars 2008 ; résolution 1929 de juin 2010 ; résolution 1984 de juin 2011 ; résolution 2049 de juin 2012.

[511] Article 10.1 du TNP : « *Chaque Partie, dans l'exercice de sa souveraineté nationale, aura le droit de se retirer du Traité si elle décide que des événements extraordinaires, en rapport avec l'objet du présent Traité, ont compromis les intérêts suprêmes de son pays. Elle devra notifier ce retrait à toutes les autres Parties au Traité ainsi qu'au Conseil de sécurité de l'Organisation des Nations Unies avec un préavis de trois mois. Ladite notification devra contenir un exposé des événements extraordinaires que l'Etat en question considère comme ayant compromis ses intérêts suprême* ». Toutefois, la portée réelle de cette disposition est contrainte par la possible intervention du Conseil de sécurité, qui a pu empêcher des parties au traité de se dégager des obligations qu'il contient, tel qu'à propos de la Corée du Nord. avec la Résolution 1718 du 13 décembre 2006 (S/RES/1718(2006)) qui dans son point 6 contraint cet Etat à respecter ses obligations découlant du TNP malgré le retrait annoncé : « [Le Conseil] *décide que la République populaire démocratique de Corée doit abandonner totalement toutes armes nucléaires et tous programmes nucléaires existants de façon vérifiable et irréversible, respecter strictement les obligations mises à la charge des Parties au Traité sur la non-prolifération des armes nucléaires* ».

[512] Article X du TNP : « [c]haque *Partie, dans l'exercice de sa souveraineté nationale, aura le droit de se retirer du Traité si elle décide que des événements extraordinaires, en rapport avec l'objet du présent Traité, ont compromis les intérêts suprêmes de son pays. Elle devra notifier ce retrait à toutes les autres Parties au Traité ainsi qu'au Conseil de sécurité de l'Organisation des Nations unies avec un préavis de trois mois.*

logique de dissuasion face à un Etat qui, de son côté, ne respecterait pas ses obligations en matière de prolifération ou face à un Etat légalement doté qui deviendrait menaçant. Ces Etats proliférants se ménagent donc la possibilité de changer de paradigme, au nom de leurs intérêts. Fatalement, si le respect des engagements au titre du Traité ne peut être assuré ou que les motivations paraissent abusives, le CSNU devra décider d'éventuelles mesures coercitives suscitant l'opprobre international[513].

Bien qu'il soit concevable d'établir des sanctions contre des ambitions nucléaires sous l'égide du TNP parce que ce régime assure une norme juridique contre la prolifération[514], les crises nucléaires nord-coréenne et iranienne montrent les limites du respect du TNP et éclairent les conditions de sortie du traité. Ce défaut d'autorité du droit international relatif au principe de la suprématie politique de l'Etat souverain[515] illustre un ordre nucléaire mondial que le TNP contribue à maintenir, figeant la situation stratégique de 1967 et lui conférant une forme d'inertie au regard de l'évolution idéologique et géopolitique du monde[516]. Or si l'arme nucléaire définit un ordre juridique contraignant, la sanction matérielle est, selon Hans Kelsen, l'essence même du droit permettant de qualifier de juridique des systèmes de contrainte avec une institutionnalisation peu explicitement formalisée[517]. Pour l'éviter, la communauté internationale proposa de limiter le stock de matières fissiles nécessaires à l'élaboration des armes nucléaires en étudiant un traité d'interdiction de production des matières fissiles, non effectif.

Ladite notification devra contenir un exposé des événements extraordinaires que l'État en question considère comme ayant compromis ses intérêts suprêmes ».

513 Jozef Goldblat, « Succès et échecs de la maîtrise des armements », *Politique étrangère*, vol. 71, n°4, 2006, p. 832 : « [il est] *peu probable que les Nations unies usent de la force contre un État respectueux du Traité, qui déciderait de se désengager non pour acquérir des armes interdites, mais pour montrer son mécontentement face à une non-application du Traité, ou pour d'autres raisons politiques* »

514 Oliver Thranert, « Regretterions-nous vraiment le Traité sur la non-prolifération des armes nucléaires ? », *Études internationales*, vol. 40, n°3, 2009, p. 359–372.

515 Henri Pac, *Le système stratégique international*, Que Sais-je ?, Paris, 1997.

516 A l'inverse, les discussions ayant eu lieu lors des réunions préparatoires pour les conférences quinquennales de révision du TNP avaient à traiter, en parallèle du comportement des puissances nucléaires, de la clause adoptée en 1995 prévoyant l'établissement d'une zone exempte d'armes nucléaires au Moyen-Orient. Bien que cette clause constituât une concession clé dans la décision de prolonger la durée de validité du TNP de manière indéfinie, l'opinion internationale et la société civile ont été incapables de faire appliquer ce principe à des Etats non nucléaires.

517 Hans Kelsen, *Théorie pure du droit*, Paris, Dalloz, 1962, p. 46.

II. L'ineffectivité du projet d'interdiction de production des matières fissiles

Ex nudo pacto non nascitur actio

« Le pacte nu ne peut donner naissance à aucune action »

Présenté comme une avancée considérable vers l'objectif final d'élimination des armes nucléaires dans le monde, le projet de traité d'interdiction de la production de matières fissiles (TIPMF) pour les armes nucléaires vise à empêcher l'élaboration et l'accroissement quantitative des arsenaux des puissances nucléaires[518] en leur interdisant la production de certaines matières fissiles[519]. Or ses nombreuses dénominations[520] illustrent la confusion suscitée entre deux enjeux, l'arrêt de la production des matières futures et l'interdiction des stocks déjà constitués. Ce dilemme est à l'origine de l'échec patenté du projet qui s'est d'abord conçu comme un renfort au TNP[521] dans la suite logique du TICE (1), avant de tomber en désuétude dans le processus multilatéral de négociation qui, en privilégiant le désarmement nucléaire, s'est heurté à d'insurmontables obstacles (2).

1. L'élaboration du projet d'interdiction de production des matières fissiles (1993-2020)

L'origine d'un traité relatif aux matières fissiles remonte au premier rapport annuel de la Commission de l'énergie atomique en décembre 1946 au fait que les matières fissiles sont essentielles aussi bien à la mise au point de l'armement nucléaire qu'au développement des programmes existants. Dès la sortie de la Guerre Froide, une tentative de traité universel sur les matières fissiles fut poursuivie pendant deux décennies par les cercles de désarmement avec l'ambition d'un instrument juridique universel au service de la stabilité internationale.

En décembre 1993, l'Assemblée générale des Nations Unies adopta par consensus une résolution sur l'interdiction de la production de matières fissiles pour la fabrication d'armes et autres dispositifs explosifs nucléaires dont la conclusion mandata la Conférence du Désarmement[522] sur la

[518] Désarmement, non-prolifération nucléaires et sécurité de la France, Rapport d'information n° 332 (2009-2010) de M. Jean-Pierre Chevènement, fait au nom de la commission des affaires étrangères, déposé le 24 février 2010.

[519] A savoir les matières suivantes : le plutonium ayant une concentration isotopique en plutonium 238 inférieure à 80% ; l'uranium fortement enrichi (dont la teneur en uranium 235 est d'au moins 20%) ; l'uranium 233.

[520] TIPMF : Traité d'Interdiction sur la Production de Matières Fissiles ; FMCT : Fissile Material Cutoff Treaty, abrégé en « Cut Off ».

[521] L'article III du Traité de non-prolifération régule déjà les exportations de matières fissiles et de technologies nucléaires entre les États parties au Traité.

[522] A/RES/47/52C, décembre 1992, « Interdiction de la production de matières fissiles à des fins d'armements » ; Forum désigné par les Nations Unies pour négocier des accords

question laquelle, le 23 mars 1995, parvint à établir un comité de négociation pour proposer un traité non discriminatoire, multilatéral, international, et effectivement vérifiable et dont l'approche visait alors un simple arrêt de la production de matière fissile. L'initiative lancée, les désaccords sur la portée du traité empêchèrent l'Assemblée générale d'adopter d'autres résolutions à ce sujet entre 1994 et 1998, du fait du blocage persistant du Pakistan, soutenu et protégé par la Chine[523].

Alors qu'en parallèle, le traité de Pelindaba créait une zone exempte d'armes nucléaires en Afrique dès 1996 en introduisant aux termes de son article 3 et la première fois en droit positif l'interdiction de recherche en matière de dispositifs explosif nucléaire[524], la Conférence du Désarmement à partir de 1996 fut dans l'impasse par le fait que toutes ses décisions devaient dorénavant être adoptées par consensus. Ainsi, des profondes divergences apparurent dans les priorités globales du désarmement, entre les États qui souhaitaient que le traité inclût l'interdiction de la production future de matières fissiles et ceux qui prônaient l'instauration d'un contrôle international sur les stocks existants[525]. Puis le 11 août 1998, la résolution 53/77I de l'Assemblée Générale des Nations Unies fut adoptée par consensus et encouragea la Conférence du Désarmement à reprendre les négociations pour un traité sur les matières fissiles au cours de la session de 1999 sur la base du mandat Shannon. La nouvelle approche juridique fut alors de considérer le TIPMF non comme un instrument autonome, à l'instar du TICE, mais comme un instrument-cadre susceptible d'évoluer vers un régime complet de contrôle de la production, du stockage, de la gestion et de la destruction finale des matières fissiles au travers du *jus cogens* et de la norme impérative – la même logique que le traité d'interdiction des

multilatéraux de maîtrise des armements et de désarmement, basé à Genève, censé assumer la tâche de négocier le traité sur l'arrêt de la production de matières fissiles.

523 Nicolas Roche, *op cit*, p.251 : « *Islamabad ne souhaite accepter aucune contrainte avant d'avoir atteint un stock de matière et d'armes jugé nécessaire et suffisant pour ses besoins de sécurité nationale ; or, il a aujourd'hui l'un des programmes les plus actifs* ».

524 Aux termes de l'article 3 du Traité de Pelindaba intitulé : « Renonciation aux dispositifs explosifs nucléaires », les Parties contractantes doivent s'engager à « ne pas entreprendre de recherche (…) sur tout dispositif explosif nucléaire par quelque moyen ou en quelque lieu que ce soit » ; à « ne pas chercher ni recevoir une aide quelconque pour [cette] recherche (…) » et enfin « à s'abstenir de tout acte visant à aider ou encourager la recherche (…) de tout dispositif explosif nucléaire par tout Etat quel qu'il soit », affichant cette interdiction juridique en complément des interdictions traditionnelles des autres traités instituant des ZEAN. Cf. Florent Baude, *La Zone Exempte d'Armes Nucléaires en droit international public. Essai de théorisation*, thèse de droit public sous la direction du Pr. Olivier Pirotte, Université de Lille 2, 2000, vol. 1, p. 76.

525 Exemplaire et avant-gardiste, la France a démantelé ses sites de production de Pierrelatte et Marcoule dès 1996 pour soutenir depuis la mise en place d'un moratoire sur la production de ces matières.

armes nucléaires[526]. Et surtout, il fallait inscrire dans un instrument multilatéral juridiquement contraignant, et de façon irréversible, les moratoires déclarés par certaines puissances nucléaires sur la production de leurs matières fissiles avant qu'ils ne reviennent sur leurs déclarations[527].

Au titre d'une des 13 étapes concrètes adoptées en mai 2000 lors de la Conférence d'examen du TNP, et après un projet de texte soumis par les Etats-Unis et non poursuivi, le processus fut à l'arrêt jusqu'au 29 mai 2009 où la Conférence du Désarmement décida de rétablir un groupe de travail chargé de relancer le traité d'interdiction de production des matières fissiles sur la base du « mandat Shannon », qui reprenait les objectifs de la résolution de l'AGNU. Réaffirmée en 2010 lors de la conférence d'examen du TNP comme une nécessité, notamment pour prévenir les détournements de matières fissiles à des fins de terrorisme nucléaire[528], l'adoption en 2012 de la résolution A/RES/67/53 confirma l'engagement commun des États membres des Nations Unies à faire progresser le travail en vue de l'ouverture éventuelle de négociations sur ce traité. Une dynamique positive fut réimpulsée en 2014 sous la forme d'un groupe d'experts gouvernementaux[529], puis la France à la suite du discours d'Istres sur sa dissuasion nucléaire[530], proposa le 9 avril 2015 un projet de traité entièrement rédigé comme document officiel de la Conférence du Désarmement[531], bien que non poursuivi.

Lors de la 71e session de l'Assemblée générale des Nations Unies du 23 décembre 2016, la France soutint la résolution[532] créant un groupe

---

526 Benoît Grémare, « La rébellion à l'ordre nucléaire international : entre contestation et dépassement du traité de non-prolifération », intervention à la Journée d'Etudes *Rébellion et droit public* du laboratoire IRÉNÉE, faculté de droit de Nancy, 18 septembre 2020.

527 Tariq Rauf, « Différentes approches pour la négociation d'un traité sur les matières fissiles », *UNIDIR*, 1999, p. 22. La déclaration de moratoires sur la production de matières fissiles à des fins d'armement nucléaire par les États-Unis, la France, le Royaume-Uni et la Fédération de Russie est une forme précaire de transparence des politiques de matières fissiles militaires des puissances du Conseil de Sécurité des Nations Unies. La déclaration américaine date de 1993, les autres ont suivi en 1995 lors de la Conférence des Parties au Traité sur la non-prolifération des armes nucléaires chargée d'examiner le Traité et la question de sa prorogation. La Chine en revanche, n'a pas formellement déclaré de moratoire.

528 Bérangère Rouppert, « La Conférence d'examen du TNP 2010 : vers un renforcement du régime de non-prolifération », *Note d'analyse du GRIP*, 5 mai 2010, Bruxelles, p. 16.

529 Paul Meyer, « Talks to ban nuclear materials need a fresh start », *Bulletin of the Atomic Scientists*, 25 septembre 2018 : « Cette année-là, le Canada a mené une résolution établissant un groupe d'experts gouvernementaux pour faire des recommandations sur les aspects possibles qui pourraient contribuer à, mais non négocier, un traité interdisant la production de matières fissiles pour les armes nucléaires. La formulation maladroite de ce mandat reflétait la réticence de certaines parties des Nations Unies à voir tout type de négociation sur le traité sur l'arrêt de la production de matières fissiles commencer. Le Groupe d'experts gouvernementaux a fonctionné pendant huit semaines en 2014 et 2015, sous la présidence canadienne, et a adopté avec succès un rapport de consensus ».

530 François Hollande, *Discours sur la dissuasion nucléaire*, Istres, 19 février 2015.

531 Nicolas Roche, *op cit*, p. 252.

532 A/RES/71/259.

préparatoire chargé d'examiner les éléments fondamentaux d'un traité multilatéral et ses incidences financiers. Renouvelant sa tentative, la Conférence du Désarmement mit en place en 2017 un groupe d'experts de haut niveau chargé de l'élaboration du traité pour qu'en février 2018, au travers de cinq organes subsidiaires, un consensus des États membres permit d'adopter un rapport affirmant que le traité restait une priorité pour ses membres[533]. Toujours inscrit à l'ordre du jour de la conférence d'examen du TNP en 2020, le projet de traité sur les matières fissiles s'apparente à une arlésienne, sans cesse négocié et reporté *sine die*, le projet cumulant les difficultés au fait qu'il soit contrarié par un double objectif.

En effet, la fin de la Guerre Froide et les coupes budgétaires opérées dans les arsenaux nucléaires aux termes d'accords sur la réduction des armes stratégiques (tels les START) et du traité sur les forces nucléaires à portée intermédiaire (FNI) ont conduit certaines puissances nucléaires, dont les Etats-Unis, à promouvoir un traité sur les matières fissiles davantage comme un instrument de non-prolifération nucléaire plutôt qu'un instrument d'élimination des armes nucléaires souhaité par une partie de la communauté internationale. Cette divergence d'opinions reflète la double portée recherchée du TIPMF dans les négociations, étiré à la fois entre le désarmement et la non-prolifération nucléaires. Voulue pragmatique pour obtenir les adhésions manquantes aux précédents traités, l'approche s'est alors focalisée sur la dissension entre les EDAN et les États qui ne sont pas membres du TNP dans l'optique de rassembler toutes les puissances nucléaires dans un traité commun.

En effet, les onze essais nucléaires indopakistanais effectués en mai 1998 suivis de ceux de la Corée du Nord ainsi que les activités iraniennes ont définitivement modifié la dialectique en matière de non-prolifération nucléaire, obligeant la communauté internationale à constater la désuétude de la distinction entre EDAN et ENDAN[534]. Avec la difficulté de concilier les différents statuts, la seule option envisageable semblait une définition englobant uniformément tous les États détenteurs de matières fissiles utilisables pour des armes nucléaires. Ainsi le qualificatif de « non-discrimination », employé dans le document CD/1299 ou dans la résolution 48/75L de l'Assemblée générale, pouvait signifier un traité également applicable aux États disposant de matières fissiles vérifiées et à tous les États détenteurs de matières fissiles non contrôlées par l'AIEA et utilisables pour la fabrication d'armes[535]. Le TIPMF apparut alors comme un instrument novateur par la vocation de s'appliquer à tous les Etats, y compris les Etats

[533] CD/2139. Dans son rapport de 2018, le groupe préparatoire a proposé quatre dispositions pour la négociation du futur traité concernant sa portée, sa vérification, ses définitions et ses dispositions juridiques et institutionnelles. Cf. Zak Uzun, « Prospecting for a Fissile Material (Cut-off) Treaty : Opportunities to Re-engage », *British American Security Information Council*, 9 janvier 2019.

[534] Tariq Rauf, *op cit*, p.25.

[535] *Ibid*, p. 19.

non parties au TNP, pour relancer la politique de non-prolifération et le désarmement nucléaire, objectifs pour lesquels cet outil juridique devait nécessairement interdire toute production future tout en prévoyant des mesures de transparence, limitée ou réglementée des réserves existantes de matières fissiles.

Tout en évitant de devoir reconnaître de nouveaux États dotés d'armes nucléaires[536], l'appel des puissances nucléaires à soutenir un traité sur l'arrêt de la production de matières fissiles irait aussi dans le sens de leurs engagements de désarmement nucléaire, pris aux termes de l'article VI du TNP. Mais exiger d'elles des déclarations de leurs stocks ne suffirait pas à satisfaire les partisans de la limitation des réserves existantes, lesquels souhaitent inclure dans le traité des dispositions prévoyant l'élimination progressive des stocks révélés. Somme toute, la conclusion effective d'un TIPMF demeure suspendue à son utilité au service des intérêts politiques des puissances nucléaires. Or un traité qui n'offrirait aucune contrepartie si ce n'est contribuer à maintenir les avantages acquis sur les réserves de matières fissiles utilisables pour la fabrication d'armes nucléaires, ou à légitimer ces stocks auprès des Etats ayant dépassé le seuil nucléaire, apparaitrait comme un second TNP axé sur la technique, sans nécessairement renforcer le régime actuel de non-prolifération nucléaire. Son approche non-discriminatoire se révèle fatalement comme discriminante au fait qu'à l'instar du TNP et sa date butoir du 1er janvier 1967, seront désignées comme puissances nucléaires *de jure* les signataires qui disposent des quantités significatives de matières fissiles pour se constituer un armement nucléaire. Engageante, cette approche contient le défaut d'acter en droit international le statut nucléaire de l'Inde, du Pakistan et d'Israël en considérant leur légitimité *de facto* au travers du traité, empêchant par suite toute condamnation et nuisant à l'esprit originel du TNP.

2. Le désarmement nucléaire opposé à la non-prolifération ou l'échec du traité non-discriminatoire à double portée

Dans le cadre du désarmement nucléaire, le TIPMF serait complémentaire au TIAN du fait que sa promulgation réponde à certaines critiques concernant les faiblesses des mesures de vérification du traité d'interdiction, tels que l'avait prise en compte la proposition française à son époque, version *a minima* axée sur la non-prolifération, que déboutèrent pourtant les tenants du désarmement nucléaire jusqu'au-boutiste.

Reprenant les travaux précédents avec l'intention de les aboutir, la proposition française de traité sur les matières fissiles du 9 avril 2015 présentait un instrument juridique non discriminatoire, multilatéral, internationalement et effectivement vérifiable, interdisant la production de

[536] Le principe de non-discrimination est évidemment sans préjudice des obligations de non-prolifération des Etats parties au titre des articles I et II du TNP.

matières fissiles pour la fabrication d'armes et autres dispositifs explosifs nucléaires, contribuant ainsi directement à la non-prolifération des armes nucléaires[537].

Par rapport aux anciennes propositions rédigées, le projet français avait l'avantage de définir à la fois les matières fissiles, les installations de production et les installations démantelées[538] ; il prévoyait la création d'une organisation spécifique[539] et précisait également les « *procédures d'application* [...] *dans une annexe sur la vérification*[540] ». Son premier article fixait l'objet et le but du Traité, à savoir l'interdiction « *pour tout Etat partie au présent Traité, à compter de l'entrée en vigueur du Traité à son égard, la production de matières fissiles pour des armes nucléaires ou d'autres dispositifs explosifs nucléaires* ». Ayant force exécutoire, le projet de traité comportait les principaux engagements d'empêcher la production de matières fissiles pour la fabrication d'engins explosifs nucléaires (article 3) ; l'abstention d'aider d'autres Etats à produire des matières fissiles à des fins proscrites (article 7-1, a.) ; et l'accord des garanties proposées par l'AIEA afin d'assurer le respect de l'engagement de ne pas produire de matières fissiles à des fins interdites par le traité (article 4.21). Si l'article 3 disposait que les dispositions du présent paragraphe sont sans préjudice du droit des Etats parties de poursuivre la production de matières fissiles pour les usages civils, l'article 6 dispensait l'application du traité aux activités nucléaires militaires non interdites par le Traité[541].

En effet, la proposition française s'est voulue pragmatique afin de pouvoir entrer en vigueur. En ce sens, rien n'interdit la production de matières fissiles à des fins non militaires, y compris leur utilisation pour les réacteurs nucléaires civils ou navals, la plupart du plutonium civil étant destiné aux réacteurs plutôt qu'aux activités militaires[542]. L'article 6 veillait à

---

537 Les enjeux abordés par le TIPMF sont l'arrêt de la production assorti de clauses de vérification ; l'impossibilité de détourner des matières fissiles civiles à des fins militaires ; la comptabilité contrôlée de toute la production passée ; l'impossibilité de réaffecter à un usage militaire des matières fissiles excédentaires ; l'interdiction de tenir sous séquestre des matières fissiles utilisables pour des armes nucléaires pour un éventuel usage militaire ; et le contrôle avec la garantie de tous les stocks existants de matières fissiles utilisables pour des armes nucléaires (à l'exception des matières contenues dans des ogives intactes, ou des matières spécifiquement produites pour des ogives nucléaires, mais pas encore façonnées sous formes de charges).

538 Article 2 du projet français de TIPMF.

539 Article 4 du projet français de TIPMF.

540 Article 5 du projet français de TIPMF.

541 L'article 6 de la proposition française relatif aux activités nucléaires militaires non interdites dispose que « Chaque Etat partie a le droit, après l'entrée en vigueur du Traité et sous réserve de ses dispositions, de poursuivre la production de matières fissiles pour des activités nucléaires militaires non interdites par le Traité ».

542 Pour leur part, les articles IV et V du TNP posent le droit inaliénable pour les ENDAN de développer un programme nucléaire civil et de bénéficier, de ce fait, de la coopération internationale nécessaire à cette fin. Mais l'essai nucléaire Bouddha Souriant, effectué par l'Inde en 1974, a prouvé qu'un programme civil pouvait cacher la production de plutonium à des fins d'armement nucléaire, les programmes civils qui permettent de séparer et

« *adopt*[er] *les mesures nécessaires pour que les matières fissiles produites pour des activités nucléaires militaires non interdites ne soient utilisées qu'à des fins non interdites par le Traité* ». Sont entendues toutes activités autres que celles destinées aux armes nucléaires et autres dispositifs explosifs nucléaires, par exemple la fourniture d'électricité ou encore la propulsion. Toutefois, ces dispositions ne concernaient que les matières fissiles produites après l'entrée en vigueur du présent Traité, les ogives des arsenaux nucléaires déjà constitués n'entraient pas dans le champ du traité[543] et n'empêchaient pas intrinsèquement la conception de nouvelles armes[544].

Enfin, conformément à la Convention de Vienne sur le droit des traités, sa contrainte juridique aurait été identique à celle du TNP, avec le retrait possible de l'Etat partie au travers de l'article 14 lequel disposait que « *Chaque Etat partie, dans l'exercice de sa souveraineté nationale, a le droit de se retirer du présent Traité s'il juge que des évènements extraordinaires en rapport avec l'objet du Traité ont compromis ses intérêts suprêmes* [...] *Les Etats parties membres du Conseil de sécurité prennent également sans délai toutes les mesures appropriées en vue de la saisine du Conseil de sécurité des Nations unies* ». Ainsi, un retrait ne portait atteinte à aucun droit, aucune obligation ni aucune situation juridique de la Partie qui s'en retirerait. Pourtant, la proposition française, bien qu'offrant la synthèse de 22 années de négociation, ne fut ni acclamée ni adoptée à l'unanimité des membres de la Conférence du Désarmement, illustrant l'incapacité prolongée desdits membres à conclure un traité même consensuel sur les matières fissiles. Cette impéritie contribue à la crise de crédibilité que subit périodiquement le TNP lui-même[545], et émane principalement de la convoitise des réserves de matières fissiles.

Traité censé œuvrer au désarmement nucléaire en contraignant les réserves de matières fissiles, le TIPMF nécessite, pour être un instrument crédible et efficace, que soit défini clairement son champ d'application. Or, cette divergence originelle n'a jamais été résolue, mêlant à la fois

---

d'entreposer le plutonium de qualité réacteur constituent la limite d'effectivité du TMF pour la réduction des stocks de matières fissiles militaires.

543 Frank N. von Hippel, « Le traité sur l'arrêt de la production de matières fissiles et la réduction des stocks de matières fissiles », *UNIDIR*, 1999, p. 45 : « *La Royal Society a examiné récemment la question du stock britannique de plutonium de qualité réacteur, qui ne cesse de croître et devrait dépasser la barre des 100 tonnes d'ici 2010. Dans son rapport, elle a estimé que ce stock constituait un danger de radiotoxicité et de prolifération et jugé extrêmement préoccupant le risque de voir ces stocks de plutonium être un jour utilisés pour la fabrication illicite d'armes. La Royal Society a donc enjoint au Gouvernement britannique d'examiner différentes possibilités pour l'évacuation de ces stocks, en suggérant notamment que des mesures soient prises pour réduire leur accroissement annuel, en commençant par réduire les quantités retraitées chaque année* ».

544 A l'instar du tritium, qui est utilisé dans toutes les ogives nucléaires modernes. Celui-ci doit être produit artificiellement car il n'existe pas naturellement. Sa production pose certaines difficultés, car elle peut être confondue avec celle du plutonium. Il est toutefois impossible de renoncer à l'utilisation du tritium dans les ogives. Une telle décision impliquerait, en effet, une toute nouvelle conception des ogives et de nouveaux essais nucléaires sous-critiques, en respect du TICE.

545 Paul Meyer, *op cit.*

l'interdiction de toute nouvelle production tout en étant assortie de clauses de vérification telles que la transparence et la comptabilité des réserves existantes. Lors des négociations fut d'abord recherchée une transparence accrue sur l'état des stocks existants de matières nucléaire, inspirée en partie du préambule du Traité de Moscou sur l'interdiction partielle des essais de 1963 pour, dans la mesure du possible, placer sous garanties internationales les matières déclarées excédentaires et ainsi réduire jusqu'au terme toutes les réserves de matières nucléaires. Bien qu'annoncer une approche en deux étapes, à savoir un arrêt de la production suivi d'une vérification des dépôts, ne garantisse en rien la conclusion d'un deuxième accord sur lesdites réserves, la question des matières fissiles existantes est le point le plus controversé pour l'effectivité du traité projeté, dont les négociations divergent à propos de son application sur les futures productions et/ou les stocks déjà produits[546]. Les États nucléaires non parties au TNP, détenant des matières fissiles utilisables pour concevoir des armes nucléaires, seraient peu disposés à négocier un arrêt de leur production s'ils n'obtenaient pas des puissances nucléaires l'engagement irréversible de placer leurs réserves respectives sous un régime de vérification.

Abandonnant l'objectif d'universalité du traité pour envisager une procédure d'adhésion plus progressive, les artisans du TIPMF ont visé une approche plus limitée du contrôle des installations de production de plutonium et d'enrichissement déclarées, y compris les installations mises à l'arrêt[547]. Or la volonté d'étendre la portée du régime de vérification et d'inclure des inspections régulières sur l'ensemble du cycle du combustible nucléaire à des fins pacifiques a fini par provoquer une levée de boucliers de la part d'États clefs, comme Israël, l'Inde et le Pakistan. Certains représentants indiens ne s'opposèrent pas tant à la négociation d'un traité sur l'arrêt de la production de matières fissile qu'à la condition qu'il soit non-discriminatoire[548], percevant cet instrument comme un TNP déguisé[549]. Mais pour sa part, le Pakistan a été largement considéré comme le principal opposant aux négociations sur le Traité d'interdiction de la production de matières fissiles[550]. Depuis 2009, cet Etat bloque le consensus à la Conférence du Désarmement par deux principales objections : le fait que le traité de négociation porte sur la réduction des réserves existantes de

---

[546] Les négociations sur le TIPMF n'ont pu démarrer à Genève du fait de la position pakistanaise qui voulait que les stocks soient contrôlés (en raison de l'infériorité de ses stocks par rapport à ceux de l'Inde). Depuis le 11 août 1998, l'Inde, le Pakistan et même Israël ont accepté que les négociations démarrent même s'il est probable que la différence de définition des stocks et les différentes approches de leur gestion conduisent rapidement à une impasse.

[547] Lewis A. Dunn, « Pourrons-nous conclure un traité interdisant la production de matières fissiles ? », *UNIDIR*, 1999, p. 8.

[548] Debalina Ghoshal, « How Ballistic Missile Defence is Holding Back the Fissile Material Cut-off Treaty », *Journal of International Affairs*, Columbia SIPA, 18 avril 2017.

[549] Lewis A. Dunn, *op cit*, p. 8.

[550] Paul K. Kerr and Mary Beth Nikitin, « Pakistan's Nuclear Weapons », *CRS Report*, RL34248, Congressional Research Service, Washington DC, 1er août 2016.

matières fissiles, et aussi l'absence de négociations sur un désarmement nucléaire complet et sur des assurances de non-emploi de l'arme nucléaire[551]. A leur époque, les Etats-Unis s'étaient opposés en 2012 aux négociations du traité en jugeant les vérifications prescrites comme trop intrusives[552] et, depuis, passent sous silence les négociations interdisant la production de matières fissiles[553]. En outre, si le TNP et le TICE limitent la marge de manœuvre des ENDAN parties qui sont tenus aux termes du TNP de ne pas détenir d'armes nucléaires et, aux termes du TICE, de ne procéder à aucun essai d'explosif nucléaire, il pourrait être redondant de leur imposer de nouvelles restrictions avec un traité sur les matières fissiles[554] lequel mettrait en exergue l'inefficacité des précédents traités.

« *Le désarmement ne se décrète pas, il se construit* »[555]. Conçu à la fois pour réguler les arsenaux nucléaires et empêcher leur développement technologique, le traité d'interdiction de production des matières fissiles, s'il entendait favoriser des normes de désarmement, rentre pourtant dans une vision holistique de la sécurité internationale, mêlant désarmement et non-prolifération sans concevoir que les avancées de l'un puissent nuire aux progrès de l'autre du fait des différences de statuts nucléaires. Le dilemme du TIPMF caricature ce qu'appelait Max Weber l'éthique de la conviction[556] qui, dans sa vertu, défend une croyance doctrinale sans se soucier des conséquences et donne la priorité aux résultats, par opposition à l'éthique de la responsabilité donnant la priorité aux intentions[557]. Si la conclusion des négociations sur la limitation des matières fissiles eut permis au système de non-prolifération de dépasser les limites du TNP ayant failli par les essais nucléaires indiens, pakistanais, nord-coréen et les tentatives iraniennes, il est notable que les propositions de réduction des arsenaux et les étapes

[551] AG/DSI/3606 du 19 octobre 2018. Cf. Muhammad Khurshid Khan, « Fissile Material Cut-off Treaty: an overview from Pakistan », *Strategic Studies*, vol. 31, n°1/2 (printemps - été 2011), pp. 195-223.

[552] Reshmi Kazi, « Fissile Material Cut-Off Treaty: Time for the United States to Act Responsibly », *E-International Relations*, New Delhi, juin 2015 : « La même argumentation était évidente en juillet 2001 lorsque Washington a rejeté le Protocole de vérification de la Convention sur les armes biologiques énonçant des exigences de vérification rigides ne pouvant assurer une fiabilité efficace ». Des mesures de vérification intrusives confirmeraient le niveau et l'utilisation des stocks existants, ce qui amènerait *de facto* une divulgation complète de la quantité précise des arsenaux nationaux.

[553] Tiphaine de Champchesnel, « Quel rôle pour les armes nucléaires après la nouvelle revue de posture nucléaire américaine (2018) », *Note de recherche*, n°58, IRSEM, 28 juin 2018.

[554] Tariq Rauf, *op cit*, p. 25.

[555] Intervention de M. Jean-Hugues Simon-Michel, ambassadeur, représentant permanent de la France auprès de la Conférence du Désarmement, 1er mai 2015.

[556] Jean-Baptiste Jeangène-Vilmer, « Interdire les armes nucléaires : une fausse bonne idée » in Nicolas Haupais (dir.), *La France et l'arme nucléaire*, CNRS Editions, Paris, 2019, p. 202.

[557] Les travaux de Gregory Kavka cherchent à atténuer ce paradoxe au fait qu'au travers de la dissuasion nucléaire, il serait bon d'avoir l'intention d'une action, même si celle-ci est mauvaise, si elle permet d'éviter la réalisation d'un mal. Cf. Gregory Kavka, *Moral Paradoxes of Nuclear Deterrence*, Cambridge University Press, 2009.

préliminaires au désarmement, comme le TICE et le TIPMF ont suscité un faible intérêt pour certains États, notamment non-alignés : leur objectif est avant tout la suppression de cette différence de statut, le volume d'armes et les politiques liées à leur possession semblent secondaires si le but ultime de ces mesures n'est pas clairement proclamé comme leur élimination[558], privilégiant le désarmement total à la non-prolifération, provoquant les blocages et engendrant l'impossibilité de conclure un accord.

A l'inverse, la promotion du TIPMF peut entrainer un développement des arsenaux nucléaires afin d'obtenir des atouts dans les négociations d'armement : en révélant l'importance de leurs réserves de matières fissiles, les puissances nucléaires pourraient se détourner de leur dissuasion nucléaire minimale en cherchant un rééquilibrage stratégique car un désavantage au détriment de l'un desdits pays risquerait d'alimenter les pressions intérieures et bureaucratiques pour relancer une course aux armements nucléaires[559]. Ainsi complémentaire pour certains, redondante pour d'autres, la tentative de TIPMF condense la forme d'un TNP, le fond d'un TIAN et la vigueur d'un TICE, avec à terme le risque de nouer une démocratie nucléaire telle que la France à des accords restrictifs que l'ensemble de la communauté internationale n'observera pas, en totale décorrélation avec les tensions proliférantes de son siècle[560], *summum jus summa injuria*[561].

[558] Emmanuel Maître, « Cartographie du désarmement. Motivations et objectifs des principaux acteurs du désarmement nucléaire », n°2/2019, FRS, mars 2019, p. 30.

[559] Lewis A. Dunn, *op cit*, p. 11.

[560] En outre, après s'être retirés du Traité sur les missiles antibalistiques (ABM) en juin 2002 et du Traité sur les forces nucléaires de portée intermédiaire (FNI) en février 2019, la volonté des Etats-Unis d'adhérer au TIPMF demeure minime.

[561] « Droit porté à l'extrême, suprême injustice ».

Chapitre III
L'hypothèse de la reprise des essais nucléaires

Nemo judex sine actu
« Nul ne peut être jugé sans acte »

Parce que l'hypothétique n'est pas scientifiquement hypothéqué, il est intéressant de prolonger la logique de réarmement afin d'en montrer le mode opératoire au regard des objectifs légitimes de Défense nationale.

Avec un bilan unique au monde et exemplaire en matière de désarmement et de refus de la course aux armements, la France dispose de la légitimité nécessaire pour réclamer des gestes concrets, progressifs et vérifiables du désarmement nucléaire de la part des puissances homologues. Or aucun effet d'entrainement n'a eu lieu depuis le démantèlement de son centre d'expérimentation dans le Pacifique en 1996, posant la question de l'effectivité de cet acte unilatéral qui remet en question la crédibilité de son arsenal[562]. Une arme nucléaire nécessite pour sa fiabilité et son évolution d'être testée, et l'interdiction des essais nucléaires peut engendrer l'obsolescence de ce type d'armement par vieillissement[563]. C'était le but du TICE signé par une partie des puissances nucléaires dans l'esprit du TNP[564], dont les négociations de reconduction établirent un lien entre le Traité et les essais nucléaires[565].

Application *mutatis mutandis*, les tests servent à vérifier les standards de production et de développement des arsenaux lesquels, vieillissants, doivent demeurer opérationnels pour répondre aux exigences de permanence[566] tel

562 A/C.1/40/PV 26 du 5 novembre 1985 où le représentant de la France à la 1ère Commission de l'Assemblée générale s'exclamait à propos du traité de Rarotonga : « *La France, ne saurait, par le biais d'une renonciation unilatérale aux expériences indispensables à sa sécurité, souscrire à une obsolescence systématique de ses forces alors même que le surarmement des deux plus grandes puissances se poursuivrait* ».

563 Le tritium, produit artificiellement et utilisé dans toutes les ogives nucléaires modernes, est un isotope radioactif de l'hydrogène d'une durée d'une douzaine d'années.

564 Jean-François Guilhaudis, « Traité sur la non-prolifération des armes nucléaires » in « Chronique des faits internationaux », RGDIP, 1995/3, p. 699.

565 Jean-François Guilhaudis, « Essais nucléaires : suspension ? Terminaison ? Interdiction ? », *RGDIP*, 1994/1, p. 157.

566 Roger Baleras et Michel de Gliniasty, « La crédibilité à long terme de la dissuasion peut-elle être vraiment assurée par la seule simulation ? » *in* Pierre Pascallon, *La dissuasion nucléaire française en question(s)*, L'Harmattan, 2006, p. 353. La DAM du CEA estime à vingt ans la durée de vie d'un armement. Or le problème des jeux entre différents constituants ou des soudures peuvent induire des dysfonctionnements, constatés lors des essais : « il ne sera pas possible de les re-fabriquer à l'identique car leur haut degré d'optimisation est corrélé à une grande sensibilité aux variations de la technologie, qui ne peut être maitrisée que par des essais nucléaires ». Selon Henri Fages, l'exploitation des tirs froids et du laser Phébus en 1978 pour recréer les conditions de l'arme nucléaire en laboratoire ont montré leur insuffisance à remplacer les essais. Les connaissances manquent pour un calcul sûr de l'énergie nominale d'une arme modifiée pour en réduire artificiellement la puissance lors d'un tir d'essai. Cf. « Le problème de la reprise des essais nucléaires et l'importance du programme PALEN de

qu'y veille le contrôle gouvernemental de la dissuasion nucléaire[567] et le Conseil des armements nucléaires pour l'entretien, la maintenance et le développement de nouveaux types d'armement nucléaire[568]. Sur ce point, le rapport annexé à la loi n°2009-928 du 29 juillet 2009 relative à la programmation militaire pour les années 2009 à 2014 précisait en la matière que : « *les moyens de la dissuasion nucléaire seront régulièrement adaptés à l'évolution des menaces potentielles. Ces adaptations se poursuivront dans le respect du principe de stricte suffisance* »[569]. A la vue de l'importance tactique et stratégique des essais, les contentieux soulevés en 1995 constituent autant de précédents juridiques[570] pour la reprise des essais nucléaires à la lumière desquels peut s'envisager le mode opératoire susceptible (I), en imaginant les potentielles ripostes aux contentieux prévisionnels (II).

I. Mode opératoire de la reprise des expérimentations nucléaires

Dix ans après l'adhésion au TICE jamais entré en vigueur, obligation contractée en toute souveraineté et relative à la conjoncture, la question de l'hypothétique reprise des essais nucléaires s'est posée en 2006, lors du discours de l'Île Longue du président Chirac[571]. Il faut reconnaître qu'aucune disposition précise de droit international ne vient interdire *stricto sensu* de se livrer à des essais sur son propre territoire, l'interprétation de l'article VI du TNP ne le spécifiant pas[572], conférant une portée limitée au TICE (1). De même, si le principe de précaution pour sauvegarder l'environnement implique des mesures conservatoires, celles-ci sont amenées à entrer en conflit avec la Charte des Nations Unies et le droit de pourvoir à sa propre défense et, découlant du principe de la souveraine égalité des Etats, le droit d'assurer cette défense dans les mêmes conditions que les autres nations[573]. Si la Charte ne prévoit aucune différence de statut militaire entre les membres permanents du Conseil de Sécurité, la suspension ou l'interdiction

simulation des essais » *in* Pierre Pascallon, *Quel avenir pour la dissuasion nucléaire française ?*, Bruylant, 1996, p. 166.

567 Décret n°2009-1118 du 17 septembre 2009 relatif au contrôle gouvernemental de la dissuasion nucléaire ; Article R1411-7 à 11 du Code de la Défense.

568 Article R1122-9 du Code de la Défense.

569 Loi n°2009-928 du 29 juillet 2009 relative à la programmation militaire pour les années 2009 à 2014, rapport annexé, § 2.2.1.

570 Marc Guillaume, « Les contentieux liés à la reprise des essais nucléaires français », *Annuaire français de droit international*, 1996, p. 899.

571 Barthélemy Courmont, « Doctrine nucléaire française : questions en suspens », *Revue internationale et stratégique*, 2007, n°65, p. 81 : « notamment sur la question du seuil de suffisance et sur une hypothétique reprise des essais, à plus ou moins brève échéance ».

572 Burrus M. Carnahan, « Les essais nucléaires et l'avenir du Traité sur la non-prolifération des armes nucléaires : les Etats dotés d'armes nucléaires sont-ils juridiquement tenus de rechercher la conclusion d'un Traité sur l'interdiction complète des essais nucléaires ? », *Bulletin de Droit Nucléaire*, n°49, 1992, p.7-18.

573 Guy de Lacharrière, « Commentaires sur la position juridique de la France à l'égard de la licéité de ses expériences nucléaires », *AFDI*, volume 19, 1973, p.248.

des essais nucléaires pour la France « [serait] *une atteinte au principe de l'égalité souveraine entre les Etats, qui interdit à la Cour* [Internationale de Justice] *de contribuer à l'hégémonie inconditionnée de certains Etats sur les autres* »[574], un acte qui devrait être immédiatement débouté si la Cour applique l'adage *Tu patere legem quam ipse fecisti.* Les Etats gardent néanmoins l'initiative au travers de leurs actes unilatéraux (2).

1. La portée limitée de l'effectivité du Traité d'Interdiction Complète des Essais

En 1996, la France participait à la signature du Traité d'Interdiction Complète des Essais dont la ratification intervint le 6 avril 1998 en application de la loi n°98-217 du 27 mars précédent. Composé de 17 articles, le TICE consacre au premier article *l'option zéro*, concept que la France elle-même avait introduit à la Conférence du Désarmement le 10 août 1995, interdisant toute explosion nucléaire quel qu'en soit le niveau[575]. Les explosions chinoises dites pacifiques n'y sont pas autorisées avec l'article VIII, lequel prévoit que la Conférence des Etats, examinant le fonctionnement du traité tous les dix ans, pourrait envisager l'autorisation de ces explosions si tous les Etats parties étaient d'accord pour amender le traité en ce sens. Or le TICE n'a toujours pas atteint le nombre suffisant de ratifications pour être mis en œuvre, et l'environnement international ne prédispose pas à des avancées en matière de zones dénucléarisées au Moyen-Orient, de renversement de la politique iranienne toujours aussi ambigüe[576], et de dénucléarisation de la péninsule nord-coréenne[577]. Si l'article 4 crée un système international de surveillance, l'article 14 conditionne l'entrée en vigueur du traité à la ratification des 44 Etats qui possèdent des réacteurs nucléaires. Parmi eux, les Etats-Unis et la Chine ont refusé de le ratifier, rendant le TICE hypothétique et difficilement effectif à moyen terme[578].

---

574 *Ibidem*, p.249.

575 Joëlle Bourgeois, « L'interdiction complète des essais nucléaires », *RGDI*, 1996.

576 Depuis 2008, l'Iran a triplé son nombre de centrifugeuses et décuplé son stock d'uranium enrichi.

577 Camille Grand, « Où en est le TNP ? », *Observatoire de la non-prolifération* n°99, CESIM/FRS, Paris, octobre 2014.

578 En 1992, les Etats-Unis ont déclaré ne se sentir en rien concernés par la décision française et qu'ils poursuivraient leurs tests atomiques en fonction de leurs légitimes besoins en matière de sécurité. Quant à la Chine, celle-ci a effectué un essai souterrain de 1 mégatonne. Mais le Sénat américain, suivi par la Chambre des représentants, a adopté un amendement sur la proposition française à une majorité suffisante pour passer outre à un veto présidentiel. L'amendement Hatfield, voté le 24 septembre 1992, instituait un moratoire jusqu'à la fin de l'année 1992 et spécifiait également que, pendant les trois années suivantes, les Etats-Unis procéderaient à un maximum de cinq tirs par an, pour aboutir en 1996 à un *Comprehensive Test Ban Treaty*, soit l'interdiction générale et complète si la Russie n'avait procédé à aucun essai nucléaire. En 1993, les Etats-Unis décident de prolonger le moratoire jusqu'en septembre 1994, entraînant le Royaume-Uni et la Russie.

En vertu du droit international général, codifié par l'article 18 de la Convention de Vienne sur le droit des traités, les signataires doivent s'abstenir « d'actes qui priveraient (un traité) de son objet ou de son but »[579]. L'option zéro ayant été choisie, l'absence de clause de dénonciation empêche une véritable adoption par les puissances nucléaires telles que les Etats-Unis qui souhaitaient à l'origine du projet une clause générale de retrait dite de « doute insoutenable » dans le cas où des changements géopolitiques profonds interviendraient[580]. Outre le fait que la France n'ait pas adhéré à la Convention de Vienne, l'apparition de nouvelles puissances nucléaires et la réalisation de tests grandeur nature rendent caduque cet instrument d'interdiction, posant l'hypothèse d'une reprise éventuelle des expérimentations grandeur nature par l'existence d'évènements extraordinaires en rapport avec l'objet du traité, au regard de la clause *rebus sic stantibus* reliée à un changement fondamental de circonstances. De fait essai non transformé, le TICE est à l'image du traité de Moscou de 1963 lequel, déjà à l'époque, fut rapidement désuet : « *il faut constater qu'il ne change rien à la terrible menace que les armements nucléaires des deux rivaux font peser sur le monde* [...] *Dans ces conditions, il est tout à fait normal que la France, qui commence à avoir les moyens de s'affranchir, dans une certaine mesure, de cette terreur permanente, poursuive dans cette voie* »[581].

Par nature régalienne, l'activité de défense se prête aisément à l'adoption d'actes unilatéraux étatiques, à savoir des actes et des directives politiques imputables à un Etat et qui constituent des faits juridiques aptes à produire des effets de droit au plan international. La CIJ avait d'ailleurs validé l'acte unilatéral en tant que source de droit international à l'occasion du contentieux des essais nucléaires français de 1974 opposant la France à l'Australie et à la Nouvelle-Zélande[582]. De tels actes unilatéraux peuvent

---

[579] Précédent illustré par les accords de maîtrise des armements, dont le traité SALT II de 1979, jamais ratifié mais respecté par les Etats-Unis et l'URSS durant plusieurs années, ce dernier souligne néanmoins la précarité de la formule puisqu'elle demeure réversible à tout moment, l'Etat retrouve sa liberté d'action dès qu'il décide de ne plus devenir partie du traité. A noter que les accords de maîtrise des armements comportent, comme nombre de traités et conventions, une clause de retrait permettant à une partie, par une manifestation explicite de volonté, de mettre fin aux effets du traité à son égard. A l'instar du TNP avec un préavis de trois mois tel que l'a pratiqué la Corée du Nord en 2003.

[580] Serge Sur, « La dissuasion au XXIe siècle : la maîtrise des armes nucléaires en question », *Op Cit*, p.251 : « Pour l'instant, le CTBT [TICE] n'est appliqué que sur une base unilatérale, et on ne peut exclure que, dans un temps plus ou moins proche, un des grands Etats dotés ne reprenne les essais, ne serait-ce que parce que l'Inde, le Pakistan ou la Corée du Nord l'ont déjà transgressé, voire pour se donner à lui-même l'assurance que ces armes – et donc la dissuasion – demeurent opérationnelles ».

[581] Charles de Gaulle, conférence de presse du 29 juillet 1963.

[582] La CIJ se fonde sur plusieurs déclarations publiques faites en 1974 pour estimer que la France a annoncé son intention de cesser de procéder à des essais atmosphériques une fois terminée la campagne de 1974, cf. CIJ, *Essais nucléaires Australie C. France*, arrêt du 20 décembre 1974, Rec. § 32-41. De même au § 243 : « *Il est reconnu que des déclarations revêtant la forme d'actes unilatéraux et concernant des situations de droit ou de fait peuvent avoir pour effet de créer des*

alors résulter de simples discours ou, au contraire, d'actes juridiques internes[583] et s'appliquent à un Etat qui en est l'auteur.

2. La portée d'un acte unilatéral en droit international

A cet égard, les Etats peuvent s'auto-imposer une conduite normative au travers du droit international, mais force est d'observer que « *le droit des armes nucléaires est un domaine propice aux engagements unilatéraux*[584] ». Dans la Ve République, l'acte unilatéral relatif aux relations diplomatiques renvoie à la théorie du domaine réservé du Président de la République, lequel exerce ses responsabilités appuyées sur les articles 15, 20 et 52 de la Constitution[585], l'intérêt premier étant de pouvoir affirmer des prétentions juridiques sans influence externe. Concernant l'arme nucléaire, la fermeture des sites de Mururoa, décidée en 1996 par le président Chirac, avait soulevé plusieurs questions pour les experts de la dissuasion et pour l'Etat-major sur les possibilités d'une reprise dans l'avenir.

En termes de précédent juridique, le président Pompidou avait décidé d'interrompre en juillet 1971 la campagne d'essais nucléaires en cours d'année. Deux ans plus tard et malgré les protestations, le Président autorisa la reprise des essais dans le Pacifique Sud, avec cinq explosions courant 1973. A cette fin, un décret institua une zone de sécurité autour de l'atoll de Mururoa, lequel fera l'objet d'un recours contentieux écarté[586]. Voyant un

---

obligations juridiques [...] *Quand l'Etat auteur de la déclaration prétend être lié conformément à ses termes, cette intention confère à sa prise de position le caractère d'un engagement juridique, l'Etat intéressé étant désormais en droit de suivre une ligne de conduite conforme à sa déclaration. Un engagement de cette nature, exprimé publiquement et dans l'intention de se lier, même hors du cadre des négociations internationales, a un effet obligatoire* ».

583 Par exemple, la France avait institué par un arrêté et un décret du 4 juillet 1973 portant sur l'organisation des pouvoirs publics en Polynésie Française une zone de sécurité autorisant une suspension de la navigation maritime dans la zone polynésienne à partir du 11 juillet 1973.

584 Vincent Coussirat-Coustère, « Armes nucléaires et droit international. A propos des avis consultatifs du 8 juillet 1996 de la Cour Internationale de Justice », *Annuaire français de droit international*, 1996, p. 347.

585 La Constitution instaure toutefois une compétence partagée dans ces domaines : le Président de la République est le « chef des armées » (article 15), il « négocie et ratifie les traités » (article 52) ; de son côté, le Gouvernement, qui « détermine et conduit la politique de la Nation », « dispose de la force armée » (article 20). La pratique institutionnelle fait de ces matières un « domaine réservé » du Président de la République lorsqu'il dispose d'une majorité parlementaire et un domaine partagé en cas de cohabitation. On peut estimer que le domaine réservé s'est étendu depuis le décret du 15 mai 2002 accordant au Président de la République la présidence du Conseil de Défense et de Sécurité Nationale.

586 Décision prise en matière de dissuasion nucléaire avec le décret n°73-618 du 4 juillet 1973 portant organisation des pouvoirs publics en Polynésie Française instituant une zone de sécurité autour de l'atoll de Mururoa où la République Française effectue des essais nucléaires ainsi que l'arrêté du même jour suspendant la navigation dans ladite zone ; Cf. CE, Ass., 11 juillet 1975, *Paris de la Bollardière*, n°92381, AJDA, 1975, p. 455 ; J.D.I., 1976, p. 126, note D. Ruzie.

constat de prééminence, la France par la volonté de son président s'est octroyé le droit d'intervenir contre des navires qui auraient tenté de s'opposer à la tenue des essais. Second cas de figure lors du Conseil de Défense du 10 octobre 1974, le président Giscard d'Estaing décida de poursuivre les expérimentations nucléaires en arrêtant les essais atmosphériques pour les remplacer par des essais souterrains, dont le premier tir se déroula le 5 juin 1975 à Fangataufa. Troisième cas de figure, le moratoire suspendant les essais en 1992 par le président Mitterrand, et leur reprise lors d'une nouvelle campagne le 13 juin 1995 avec l'instauration d'une nouvelle zone d'interdiction de navigation par le président Chirac, sont autant d'exemples illustrant la prépondérance présidentielle pour impulser et conduire la manœuvre.

L'attachement à l'indépendance nationale dans un domaine aussi vital que la Défense nucléaire devrait évidemment prévaloir sur toute autre considération, avec des précautions juridiques à prendre pour pouvoir développer dans l'avenir une nouvelle force de frappe tributaire d'essais grandeur nature[587]. Est ainsi nécessaire d'entretenir les compétences scientifiques et le savoir-faire des tirs souterrains, de conserver une liberté d'action sur des terres inhabitées et éloignées des centres du monde, jusqu'à devoir défendre le droit de dénoncer les traités qui laissent à chaque signataire la liberté de s'en retirer si des évènements compromettent les intérêts supérieurs du pays[588].

Si, en 1995, le Conseil d'Etat a clairement établi que la décision de reprise des essais nucléaires constituait en soi un acte de gouvernement[589], le contexte lui est indissociable pour lui assigner son but à terme, l'assurance de la sécurité de la Nation se considérant dégagée de ses obligations contractuelles, tout en laissant la société internationale le constater au travers de cet acte unilatéral de teneur régalienne. Bien que l'Etat soit *res inter alios acta*, c'est-à-dire lié dans ses obligations internationales, toute décision portant sur le nucléaire militaire ne saurait être intrinsèquement considérée

---

587 L'arme nucléaire n'est pas *exceptionnelle* au point d'être un armement pouvant être réalisé sans expérimentation, la reproduction à l'identique d'une arme éprouvée avant l'arrêt des essais ne garantit pas les mêmes performances. De la sorte, le programme de simulation PALEN (Préparation A la Limitation des Essais Nucléaires) lancé par le CEA en 1991 ne visait pas à un arrêt complet des expérimentations mais à une diminution du nombre des essais. Cf. Barthélemy Courmont, « Doctrine nucléaire française : questions en suspens », *Revue internationale et stratégique*, 2007, n°65, p. 92 « *afin de ne pas saboter plus de cinquante ans de travaux et d'avancées considérables, il est nécessaire pour la France de réaffirmer la pertinence de son armement nucléaire. Mais il est également nécessaire de répondre aux questions sensibles du seuil de suffisance et d'une hypothétique reprise des essais* ».

588 Henri Fages, « Pour une adaptation résolue de notre armement nucléaire aux menaces d'aujourd'hui et de demain » *in* Pierre Pascallon, *La dissuasion nucléaire française en question(s)*, *Op Cit*, chaque partie invoquant des évènements extraordinaires pour se retirer du Traité, lesquels ayant compromis les intérêts suprêmes du pays.

589 CE du 29 septembre 1995, *Rec.* CE n°171277 en lien avec l'arme nucléaire, cf. CE du 11 juillet 1975 et la *Rec.* CE n°92-381. Est un acte de gouvernement la création d'une zone de sécurité dans les eaux internationales pendant les essais nucléaires.

comme constituant un acte de gouvernement. Mais la reprise des essais nucléaires a créé une jurisprudence conférant aux essais réels et expérimentations physiques de l'arme nucléaire le caractère d'acte de gouvernement[590] attestant, au travers du souci « *de préserver notre potentiel de défense militaire* »[591], du rétablissement du mobile politique : « *la décision assimile en fait toute décision importante en matière de défense nationale à un acte de gouvernement du seul fait qu'elle a nécessairement un impact sur les relations internationales* [...] *désormais les décisions internes d'organisation, de choix, d'armement ou de tests militaires pourront être rattachés à des décisions de nature diplomatique d'autant plus que la diplomatie internationale en la matière est fort active* »[592].

De même, l'acte de gouvernement au motif de caducité du TICE, de préservation des capacités de défense et de modernisation de la force de frappe, demeure non détachable des relations internationales et valable en l'état, la jurisprudence du Conseil d'Etat n'ayant pas été infirmée dès lors[593]. La reprise des essais nucléaires a nécessairement une portée diplomatique en raison de la nature particulière de cette arme, et la doctrine de dissuasion nucléaire constitue un élément essentiel de la politique internationale de la France[594].

À la suite de ces considérations, le choix du lieu engendrera un contexte particulier. Au regard de la définition prétorienne du domaine public[595], le Conseil d'Etat considère que relève du domaine public le bien affecté au service public et adapté au but de ce service, soit en raison de sa configuration naturelle (domanialité publique naturelle), soit par des aménagements spéciaux (domanialité publique artificielle) s'il est besoin d'effectuer des travaux pour la reprise des essais[596]. Sur le plan des

---

[590] Déjà le Conseil d'Etat dans son arrêt du 11 juillet 1975 avait jugé que le décret présidentiel du 4 juillet 1973 créant une zone de sécurité autour de l'atoll de Mururoa et l'arrêté du ministre des Armées du même jour suspendant la navigation maritime dans cette zone, étaient des décisions se rattachant aux relations internationales de la France et constituaient ainsi des actes de gouvernement.

[591] Bernard Chantebout, « La multiplication des normes juridiques, obstacle à l'efficacité de la défense ? », *Droit et défense*, 97/2, p. 7.

[592] Michel Prieur, « Les derniers essais nucléaires français en 1995-1996, un défi pour le droit » in *Les hommes et l'environnement. En hommage à Alexandre Kiss*, Paris, Frison Roche, 1998, p. 465.

[593] Ont été considéré comme des actes de gouvernement par le juge administratif des actes relatifs à la décision de publier ou non un accord international (CE, 4 novembre 1970, *De Malglaive*, *Rec.* 635), de suspendre l'application d'un traité international (CE, Ass., 18 décembre 1992, *Préfet de la Gironde c. Mahmedi*, Rec. 446 ; *D.*, 1994, p. 1, note F. Julien-Laferrière ; *RFD adm*, 1993, p. 333, concl. Lamy, note D. Ruzie. V. également CE, 30 juillet 1997, *Etienne*, n°155760) ou encore de refuser d'engager des négociations avec un Etat (CE, 25 mars 1988, *Soc. Sapvin*, n°65022).

[594] Marc Guillaume, *op cit.*

[595] CE, 19 octobre 1956, *Société Le Béton*, *Rec.* 357, *RD publ.*, p. 316, concl. M. Long.

[596] L'exemple du Plateau d'Albion est éloquent lors de la mise sur pied des composantes de la force de frappe nucléaire dans les années 1960. L'état-major estima que la procédure de classement par voie législative prévue par la loi des 10-25 juillet 1851 – modifiée par le décret n°61-614 du 12 juin 1961 – n'était pas applicable. De fait, il décida donc d'étendre par la

engagements juridiques, si le réarmement des sites polynésiens de Mururoa, Fangataufa et Hao était décidé[597], celui-ci nécessiterait au préalable le retrait de la France du traité de Rarotonga[598], lequel à l'initiative de la Nouvelle-Zélande et de l'Australie, interdit les essais nucléaires, ainsi que l'accord de Nouméa de 1986 relatif à l'environnement.

Un autre site d'expérimentation nucléaire peut être projeté. A l'origine envisagées en 1957 pour accueillir le premier essai atomique[599], le site des îles Kerguelen situé au Sud de l'Océan Indien dispose des caractéristiques recherchées du fait de son isolement, de sa faible population et de sa structure géologique. La question avait à nouveau été débattue en 1984 et en 1989 pour le transfert éventuel du site d'expérimentation nucléaire de Mururoa aux îles Kerguelen ou dans l'Antarctique[600]. Dans l'hypothèse d'une reprise des essais, les îles Kerguelen sembleraient convenir, nécessitant une évaluation des tirs possibles dans les terres émergées, des limites de puissance et d'un nombre limité d'essais. Grâce à la simulation, le nombre des tirs pourrait être réduit à l'unité par campagne annuelle en comparaison de ceux du Pacifique Sud. Bien que reconnues en 2019 au patrimoine mondial de l'humanité pour ses réserves naturelles, les îles Kerguelen peuvent *a contrario* être déclarées d'utilité publique pour la Défense nationale

---

circulaire 4385/EMA/LOG/2 du 23 décembre 1968 relative à la domanialité de certaines installations militaires, la domanialité publique au complexe sol-sol balistique du Plateau d'Albion, au complexe sous-marinier de l'Île Longue ainsi qu'à toutes les installations militaires de détection aérienne. V. aussi le BOC/SC, 1969, p. 28 : « Il conviendra de considérer que toutes les installations militaires de défense [...] appartiennent, de plein droit, au domaine public de défense dès le moment où, en raison de leur importance et de leur nature, les travaux ont eu pour effet de rendre le bien propre à sa destination ».

[597] Depuis le 30 juin 2000, les forces armées françaises ont quitté Hao. En revanche, Mururoa et Fangataufa sont toujours des zones protégées et appartiennent au Ministère des Armées. Leurs sous-sols restent sous surveillance et en surface, la radioactivité naturelle est six fois inférieure à celle présente en Bretagne.

[598] Maurice Torrelli, « La reprise des essais nucléaires français », *Annuaire Français de Droit International*, 1995, n°41, p. 765 : « *sur le plan des engagements juridiques, la ratification du traité de Rarotonga n'apporte rien si la France devient partie au CTBT [TICE]. Mais si la France devait un jour reprendre sa liberté, cette ratification constituerait une difficulté supplémentaire, après s'être interdit, en pratique, l'usage de ces installations désaffectées* ». Voir aussi Benoît Grémare, « La crise des sous-marins australiens à l'épreuve du droit international », *Réflexions d'actualité*, Institut d'Études de Stratégie et de Défense, octobre 2021, pp. 4-5.

[599] Charles Ailleret, *L'aventure atomique française. Comment naquit la force de frappe*, Grasset, Paris, 1968, p. 228.

[600] Projet de loi autorisant l'approbation d'une convention pour la protection, la gestion et la mise en valeur du milieu marin et des zones côtières de la région de l'Afrique orientale et de deux protocoles, l'un relatif aux zones protégées ainsi qu'à la faune et à la flore sauvages dans la région de l'Afrique orientale, l'autre relatif à la coopération en matière de lutte contre la pollution des mers en cas de situation critique dans la région de l'Afrique orientale [n° 277 (88-89)] - (9 juin 1989) - Discussion générale (p. 1341, 1342). Déjà en 1984, le conseiller à la Cour des comptes Alain Lamassoure lors de son inspection de la direction du Centre d'Expérimentation du Pacifique avait suggéré de transférer les essais à Kerguelen, espérant réduire les surcoûts des traitements et des soldes consentis aux personnels de Polynésie Française.

et changer de statut juridique par décision souveraine pour basculer dans le domaine public. Si, de son côté, l'Océan Indien n'est soumis à aucun traité d'interdiction des armes nucléaires du fait de la présence de l'Inde et du Pakistan qui s'y opposent[601] – la zone étant non concernée par des traités d'exclusion de l'arme nucléaire – le choix de ce territoire entrainera potentiellement une action en justice pour discrimination sur territoire français, tel que l'a illustré le précédent polynésien de l'affaire Tauira de 1995, qui s'est soldé par un non-lieu. De même, tout contentieux relatif au respect du droit de l'environnement ne saurait prévaloir au fait que ces règles font l'objet d'un certain nombre d'aménagements visant à préserver les activités de défense nationale[602].

Afin d'éviter la perturbation sur site de « flottilles de la paix » qui pénétreraient dans la zone interdite, l'exemple de la gestion française de 1974 et 1995 au cours des précédentes campagnes d'essais s'inscrit dans le plus strict respect de la légalité. Alors que le décret du 4 juillet 1973 créait autour de Mururoa une zone de sécurité de 60 milles nautiques, contigüe à la mer territoriale, il est aujourd'hui besoin de s'appuyer sur l'article 25 de la Convention des Nations Unies sur le droit de la mer qui confère à l'Etat côtier le droit de « *suspendre temporairement dans des zones déterminées de sa mer territoriale, l'exercice du droit de passage inoffensif des navires étrangers, si cette mesure est indispensable pour assurer sa sécurité, entre autres pour lui permettre de procéder à des exercices d'armes* ». Pour les modalités d'arraisonnement sur zone des contrevenants, à l'exemple de l'association Greenpeace qui s'est vu enlever en une seule journée l'essentiel de sa flotte[603], l'article 111 de la Convention sur le droit de la mer garantit l'effectivité du droit de poursuite de contrevenants pénétrant dans la zone interdite. Tout navire peut être poursuivi et arraisonné en haute mer si une embarcation, un canot voire même un hélicoptère[604], qui en émane enfreint les lois et règlements de l'Etat côtier dans les eaux territoriales de ce dernier. L'exemple du contrôle

---

[601] Concernant la ZEAN du traité de Pelindaba, la Russie a d'abord refusé de signer les protocoles, motivant sa décision par la présence militaire américaine dans l'océan Indien avec la base de Diego Garcia, territoire britannique, qui selon une déclaration des Etats-Unis et de la Grande-Bretagne n'est pas concerné par la zone d'application du traité de Pelindaba. La Russie a finalement signé ces Protocoles le 5 novembre 1996. Cf. Sandra Szurek, *op cit*, p. 185.

[602] Si l'article L.123-1 du Code de l'Environnement précise que « *la réalisation d'aménagements, d'ouvrages ou de travaux exécutés par des personnes publiques ou privée est précédée d'une enquête publique* [...] *lorsqu'en raison de leur nature, de leur consistance ou du caractère des zones concernés, ces opérations sont susceptibles d'affecter l'environnement* », l'enquête publique est toutefois dispensée si elle est de nature à divulguer des secrets de défense nationale, le Code de la Défense précisant à son article R2313-5 « *les établissements d'expérimentation et de fabrication de matériels militaires et de munitions* ».

[603] Cf les modalités d'arraisonnement des navires *Rainbow Warrior II* et *M.V. Greenpeace* le 1er septembre 1995.

[604] Article L 123-3 du Code de l'Aviation Civile.

de la zone des essais en 1995, parfaitement maîtrisé par l'armée française, demeure un cas d'école[605].

Enfin, en cas de reprise des essais nucléaires, les précédents contentieux juridiques engagés contre la France n'eurent en 1974 et 1995 qu'un impact dérisoire[606] – les protestations perdant de leur intensité[607] dès le 3e essai *Aepytos* en octobre 1996. En parallèle de la demande d'examen de la situation qu'avait présenté la Nouvelle-Zélande auprès de la CIJ en 1995, celle-ci entendait tirer profit des mutations du droit de l'environnement avec les nouvelles obligations procédurales qu'il comporte telles que l'étude d'impact préalable et le principe de précaution[608], cette invocation ayant pour but de renverser la charge de la preuve au bénéfice du demandeur. Mais la CIJ refusa en 1995 de traiter l'affaire et de permettre une remise en cause permanente des arrêts rendus, les dévêtant de leur autorité au gré des évolutions du droit[609], au risque de contentieux infinis.

II. Les ripostes théoriques aux contentieux prévisionnels

Plus que de dénoncer le traité de Rarotonga[610], une reprise des essais nucléaires nécessiterait pour la France de se retirer du TICE par un nouvel acte unilatéral[611]. Mais si cette reprise des expérimentations souterrains peut se qualifier comme un manquement à une *communis opinio juris*[612] bien que relevant plus de la *lex ferenda* que du droit positif, les contentieux suscités (1) ne pourraient *in fine* contraindre les prérogatives régaliennes (2), le TICE de

---

[605] Marc Guillaume, *Op Cit.*

[606] Maurice Torrelli, « La reprise des essais nucléaires français », *Annuaire Français de Droit International*, XLI, 1995, p. 757.

[607] Aymeri de Montesquiou, *Les réactions internationales à la reprise des essais nucléaires : beaucoup de bruit pour rien ?*, Assemblée Nationale, Commission des affaires étrangères, rapport d'information n°2946, parution en 1996 ; réédition du 5 novembre 2015.

[608] Vincent Coussirat-Coustère, *La reprise des essais nucléaires français devant la Cour Internationale de Justice (Observations sur l'ordonnance du 22 septembre 1995)*, Annuaire Français de Droit International, XLI, 1995.

[609] Dans son compte-rendu 95/19, la France y voit « une sorte de traite infinie » sur les arrêts et une « possibilité de « réouverture périodique » des instances closes, p. 37-38.

[610] Benoît Grémare, « La crise des sous-marins australiens à l'épreuve du droit international », *Op Cit*, pp. 4-6.

[611] La proposition de principe d'arrêter les essais nucléaires avait été réitérée dans l'ordonnance de la CIJ du 22 septembre 1995 : « les déclarations unilatérales des autorités françaises ont été faites publiquement [...] et ont exprimé l'intention du gouvernement français de mettre fin à ses essais atmosphériques », CIJ, *Examen de la situation selon le paragraphe 63 du jugement de la Cour du 20 décembre 1974 dans l'affaire des essais nucléaires* (Nouvelle-Zélande c. France), *Rec.* 288. Or en se basant sur le caractère obligatoire d'une déclaration telle que formulée par la CIJ au paragraphe 243 de son arrêt du 20 décembre 1974, une déclaration unilatérale assortie du retrait du TICE ne pourrait interdire à la France de procéder juridiquement à de nouveaux essais, conformément au droit international.

[612] Florent Baude, « La licéité des récents essais nucléaires indiens et pakistanais », *Droit et Défense*, 2000/1.

1996 n'ayant pas pu créer de norme juridique interdisant les essais nucléaires[613].

1. Les sources de contentieux à la reprise des essais nucléaires

Le précédent de la reprise des essais nucléaires de 1995 est riche d'enseignements quant aux différentes saisines constatées, entre la Commission européenne des droits de l'homme[614], le Comité des droits de l'homme des Nations Unies[615], le Tribunal de première instance des Communautés[616] ainsi que les juges judiciaire[617] et administratif[618] français. Si la jurisprudence est explicite sur le caractère obligatoire d'un tel instrument qu'est le TICE, la portée de son obligation demeure incertaine et se base sur la bonne volonté, lui-même dépendant des conjonctures, à l'instar de 1974 où la saisine de la CIJ contre les essais nucléaires français avait conduit la France à ne plus reconnaître la compétence de la Cour s'agissant des litiges relatifs à ses activités de Défense nationale. La CIJ, dans son ordonnance du 22 septembre 1995, a retenu une conception réaliste de l'affaire, à savoir une obligation de type potestative : « *le gouvernement français a assumé une obligation dont il convient de comprendre l'objet précis et les limites dans les termes mêmes où ils sont exprimés publiquement* »[619]. De fait, si l'acte unilatéral peut être unanimement nié jusqu'à être rabaissé à un simple fait juridique pour les Etats tiers, il constitue quand bien même une situation juridique, une procédure d'intention renvoyant l'Etat auteur à sa souveraineté[620].

---

613 Tiphaine de Champchesnel, « Vers l'interdiction des armes nucléaires ? Autour de l'attribution du Prix Nobel de la Paix à l'ONG antinucléaire ICAN », *Note de recherche*, n°49, IRSEM, décembre 2017, p. 9 : « *L'exemple du TICE donné par B. Finh demanderait à être explicité pour avoir une chance de convaincre car ce traité, pourtant signé par 183 États, n'a pas empêché la conduite d'essais nucléaires par la Corée du Nord. L'absence de la conduite d'essais par d'autres États possesseurs d'armes nucléaires depuis la conclusion du TICE ne s'explique sans doute pas entièrement par l'existence d'une norme. D'autres facteurs sont à prendre en compte, ainsi que la mise en place d'un puissant système de surveillance (en fonctionnement bien que le TICE ne soit pas encore entré en vigueur)* ».

614 Emmanuel Decaux, « Commission européenne des droits de l'homme – Décision du 4 décembre 1995 sur la recevabilité de la requête présentée par MM. Tauira et *alii* contre la France », *RGDI publ.*, 1996, p. 741-752 ; Marc Guillaume, 1996, *loc. cit.*, p. 916-919 ; Carmen Marquez Carrasco, « Les essais nucléaires et la CEDH : la décision du 4 décembre 1995 M. Tauira et autres c. France », *L'Observateur des Nations unies*, 2, 1997, p. 57-70.

615 Marc Guillaume, 1996, *loc. cit*, p. 919-921.

616 TPI, ord., 22 décembre 1995, *Mme Danielsson et autre c. Commission*, aff. T 219/95 ; Rostane Medhi, « Les essais nucléaires et le traité Euratom », *L'Observateur des Nations unies*, 2, 1997, p. 49-55 ; Marc Guillaume, 1996, *loc. cit.*,p. 926-928.

617 CE, 8/12/1995, M. Lavaurs et autres.

618 CE, Ass., 29 septembre 1995, *Association Greenpeace France*, n°171277 ; *RD Publi.*, 1996, p. 256 concl. M. Sanson ; *AJDA*, 1995, p. 684, chron. J.-H. Stahl, D. Chauvaux ; *J.C.P.*, 1996, II, 22528, note J. Moreau ; *RFD adm.*, 1996, p. 383, obs. D. Ruzie ; *D.*, 1996, p. 205, note S. Braconnier ; *RD publ.*, 1996, p. 1162, note W. Sabete.

619 *Idem*, p. 270.

620 Par son acte unilatéral, la France assume une obligation à laquelle elle n'est pas tenue selon le droit international positif au fait que le TICE ne soit pas entré en vigueur. Cet engagement

La géopolitique internationale comporte de nombreux précédents juridiques tels qu'en 1998 les tirs nucléaires indopakistanais, lesquels ont démontré l'absence de condamnation de la part des instances et juridictions internationales au regard du TICE[621], renvoyés au *dictum* en droit international que les limitations de l'indépendance des Etats ne se présument pas, sans aucun repentir des concernés pour la diplomatie de non-prolifération[622].

Si le TICE maintient la possibilité d'effectuer des essais dits « froids » et des essais « sous-critiques » sans réaction nucléaire en chaîne, son retrait par la France est à l'instar de la sortie du TNP et de la dénonciation des traités ABM en 2002, FCE en 2007 et FNI en 2019, en faisant jouer la clause de désuétude. Si le droit de retrait unilatéral des Etats est largement admis, il l'est sous la double condition d'une notification aux autres parties avec un préavis limité et d'une motivation mettant en péril les intérêts de l'Etat. Le retrait du TICE se justifie par son inefficience, au fait qu'il n'ait pas su créer une coutume en droit international[623] par son absence de ratification des Etats essentiels au dispositif. Néanmoins, une sortie du TICE n'équivaut pas nécessairement à un retrait du TNP, en dépit des nouveaux essais nucléaires survenus depuis 1996 – la liaison entre essais nucléaires et prolifération n'étant ni inéluctable ni souhaitable[624].

Parmi les contentieux envisageables, d'une part à l'échelle européenne peut s'entrevoir avec la Convention Européenne des Droits de l'Homme le motif de violation du droit à la vie en conférant la qualité de victime aux acteurs sur zone, mais la jurisprudence de l'affaire Tauira de 1995 rappelle toutefois que le juge européen ne peut intervenir qu'*a posteriori*, au risque de l'irrecevabilité pour le requérant avec la nécessité de démontrer le dommage subi. D'autre part à l'échelle nationale, avec le développement du droit de l'environnement et la charte de l'Environnement inscrite en 2005 dans le

unilatéral de s'abstenir d'user d'une certaine faculté d'effectuer ses essais nucléaires suppose une abstention identique - non pas un *engagement identique* d'abstention, mais l'abstention identique *de fait* - de la part des destinataires de l'intention de désarmement, à savoir la communauté internationale. Que l'un d'eux procède à des essais nucléaires, comme en 1998, 2003, 2006, 2009, 2013 et 2017, et la France se voit déliée de son engagement, devenu sans objet.

621 Florent Baude, *op cit.*

622 François Géré, « L'avenir de la non-prolifération nucléaire », *Revue Défense Nationale*, août-septembre 2000, p. 8 : « Très rapidement, après des menaces de sanctions, on a fait machine arrière, à l'égard de l'Inde parce qu'on a eu tôt fait de se rendre compte que sa faible insertion dans les mécanismes financiers internationaux ôtait beaucoup de leur efficacité aux sanctions économiques, mais aussi à l'égard du Pakistan qui a su avec habileté faire valoir que, compte tenu de ses difficultés économiques et de sa position géographique à la conjonction de zones instables, personne n'avait intérêt à courir le risque de le voir plonger dans le chaos ».

623 Florent Baude, *Ibid.*

624 Xavier de Villepin, « Le problème de la reprise des essais nucléaires et l'importance du programme PALEN de simulation des essais » *in* Pierre Pascallon, *Quel avenir pour la dissuasion nucléaire française ?*, Bruylant, 1996, p.158.

Bloc de Constitutionnalité, cette dernière demeure compatible avec les activités nucléaires telles que cadrées dans le Code de la Défense[625].

A l'échelle régionale, cette péripétie internationale faisant écho aux contentieux liés à la reprise des essais nucléaires français et à son rang dans l'hémisphère Sud[626]. Au même titre que le traité de Rarotonga[627], les accords de la Convention de Nouméa du 25 novembre 1986 relative à « *la protection des ressources naturelles et de l'environnement de la région du Pacifique Sud* », entrée en vigueur le 22 août 1990, après sa ratification par la France nécessiteront d'être suspendus puis dénoncés en respect des règles du droit international pour ne pas être en défaut concernant l'impact sur l'environnement[628]. En outre à l'échelle citoyenne, le droit public français avec la loi n°2010 de la reconnaissance du statut de victimes des essais nucléaires entraine la recevabilité postérieure que la jurisprudence des arrêts de MM. Tauira, Bordes et Temeharo avaient pourtant classé comme irrecevables[629], à moins d'y appliquer la qualité de secret défense. Enfin, avec une probabilité moindre, le choix d'un essai nucléaire en condition atmosphérique devrait porter l'affaire pour la troisième fois devant la CIJ. Déjà en 1974, la Cour avait entretenu une confusion voulue entre une constatation obligatoire et une constatation non obligatoire, ce qui créait l'impression que la Cour aurait exercé des compétences de fond, sans avoir eu à déterminer elle-même sa compétence pour rendre l'arrêt, au prétexte que la France aurait assumé une obligation. De la sorte, si la France reprenait des essais grandeur nature et en atmosphère, la Cour pourrait reprendre l'examen de l'affaire *ab*

[625] Benoît Grémare, « Environnement et armes nucléaires : la Charte de l'Environnement sur la question de l'armement nucléaire » *in* Mathieu Conan et Béatrice Thomas-Tual, *Annuaire 2016 du Droit de la Sécurité et de la Défense*, Mare & Martin, 2016, p. 67-73.

[626] Jusqu'à 1996, la France n'était pas partie au traité adopté à Rarotonga le 6 août 1985 ni à ses protocoles du 8 août 1986, instituant une zone dénucléarisée dans le Pacifique Sud. Or l'article 1er du protocole II prévoit un engagement des puissances nucléaires de ne pas recourir à l'emploi d'armes nucléaires ni à la menace de leur emploi à l'égard de l'Australie de la Nouvelle-Zélande et des Etats insulaires les entourant. S'en retirant, la France enverrait un signal fort à ceux qui contesteraient sa présence comme nation du Pacifique Sud.

[627] Benoît Grémare, « La crise des sous-marins australiens à l'épreuve du droit international », *Op Cit*, p. 4.

[628] La Convention de Nouméa, après avoir établi l'obligation de « prévenir, réduire et combattre la pollution » dans plusieurs de ses articles (5, 7 et surtout 12), contraindrait les Etats, en son article 16, à procéder à une évaluation de l'impact sur l'environnement : « Chaque Partie évalue, en fonction de ses capacités, les effets potentiels de ces projets sur le milieu marin, afin que des mesures appropriées puissent être prises pour prévenir toute pollution importante ou modification significative et nuisible du milieu marin de la zone d'application de la Convention. 3. En ce qui concerne les évaluations visées au paragraphe 2, chaque Partie invite, le cas échéant a) le public à formuler des observations conformément à ses procédures nationales de consultation ; b) les autres Parties qui peuvent être touchées à se concerter avec elle et à soumettre des remarques. Les résultats de ces évaluations sont communiqués à l'Organisation qui les met à la disposition des Parties intéressées ».

[629] Benoît Grémare, « Cinquante ans après Aldébaran. Essais nucléaires et indemnisation des irradiés » *in* Stéphane Pierré-Caps, Arthur Braun et Cécile Thomassin, *Mensonge(s) et droit public*, PUN – Editions Universitaires de Lorraine, 2018, pp. 177-192.

initio en recourant à la notion de différend continu, provisoirement éteint par le passage aux essais souterrains. Cette potentielle procédure restera sans conséquence, la France ne reconnaissant plus la juridiction obligatoire de la CIJ depuis 1974.

2. La décision étatique d'une volonté régalienne

Une partie de l'idéologie sur l'arme nucléaire la prétend comme une arme de non-emploi, or les essais nucléaires constituent la seule possibilité de démontrer leur fonctionnement, de vérifier les normes de sûreté et de sécurité. Au-delà des contentieux, chaque affaire amenant à élargir l'objet des requêtes, les essais ont perduré dans le temps, d'atmosphériques aux souterrains, puis par simulation[630]. Or toutes les actions contentieuses engagées contre la France ont échoué dans toutes les juridictions et auprès d'une dizaine de juges internationaux[631]. Tous ont rejeté les prétentions des requérants et la France a partout fait reconnaître qu'elle avait procédé à ses essais nucléaires dans le strict respect du droit interne et international.

Les essais dépendent par essence de la volonté politique du Président de la République pour leur déclenchement, leur arrêt, et leur reprise[632]. Le droit international, par sa nature conventionnelle, permet à l'Etat de ne pas ratifier ou de dénoncer les traités limitant les activités nucléaires. L'initiative est toujours nationale, les conditions s'adaptant à la souveraineté étatique en vue de l'intérêt de défense[633], sans omettre la manœuvre d'un tiers procédant à des essais nucléaires, la dégradation du contexte international pouvant tout aussi bien accréditer la reprise des essais nucléaires français[634].

---

630 A la fin de la campagne d'essais nucléaires, le président Chirac déclarait le 22 février 1996 : « Nous avons maintenant l'ensemble des moyens qui nous permettent d'assurer la sécurité, la sûreté et la fiabilité pour cinquante ans » soit 2046… De même, Paul Quinès dans son ouvrage *Arrêtez la bombe !* cite à la page 173 l'ancien ministre de la Défense Charles Millon indique que les réserves de matières fissiles, dont la production a été arrêtée en 1998, sont suffisantes pour les cinquante prochaines années.

631 Marc Guillaume, *Op Cit.*

632 Certains auteurs estiment qu'en cas de crise majeure mettant potentiellement en jeu les intérêts vitaux, une éventuelle reprise des essais nucléaires n'aurait pas de visibilité immédiate tant la dissuasion nucléaire parait absente du paysage stratégique, dans la mesure où ceux-ci seraient, en toute probabilité, conduits en sous-sol. Cf. Bruno Tertrais, « La dissuasion nucléaire en 2030. Essai de prospective », *FRS*, décembre 2006. Pourtant, l'exemple de la Corée du Nord illustre un enjeu de la sécurité internationale du fait de ses essais souterrains, conduits dès 2006.

633 Le programme de simulation s'appuie sur les retours d'expériences de ceux qui ont participé aux essais, entendant conserver la somme de connaissances théoriques et de savoir-faire pour éviter qu'elle « ne disparaisse avec les acteurs dont les derniers seront partis à la retraite dans les années 2010 », cf. Yves Naquet-Radiguet, *Les cahiers de mars – la dissuasion colloque énergie*, n°178, 2003, p. 178.

634 François Géré, *op cit*, p. 10 : « nous devons revoir la non-prolifération non pas en la considérant comme morte, mais en admettant que ses mécanismes vont continuer à fonctionner dans une situation totalement différente, n'ayant plus rien à voir avec celle de la guerre froide ni avec les dix années de fausse guerre froide correspondant à la réduction des

Conclusion partielle

L'arme nucléaire contient une dimension eschatologique permettant de donner à l'humanité une conscience nouvelle en se sentant solidaire et responsable, d'autant que « *la menace de grande prolifération forcera vraisemblablement à constituer un concert des puissances nucléaires* »[635]. Pour la France, l'arme nucléaire se présente comme un atout pour la sécurité, l'indépendance et l'inviolabilité de son territoire, et son abrogation remettrait en cause l'exécution des fondamentaux de la Ve République concernant l'indépendance nationale, actuellement au travers de la dissuasion nucléaire. Pourtant, bien que dévolue à la protection des intérêts vitaux, un risque demeure inhérent pour l'arme nucléaire, celui d'être paralysée dans son action voire anéantie dans son existence par le droit international public. L'*opinio communis juri* relative à l'arme nucléaire vise à l'abolir et le TIAN, couplé aux exigences impératives du *jus cogens*, amènera la communauté internationale à employer le droit pour attaquer la France dans sa spécificité identitaire, l'entraînant dans de perpétuels contentieux plus que toute autre puissance nucléaire, comme par le passé en 1974 et 1995.

Or pour éviter ces procédures, s'appuyer sur la pyramide des normes et constitutionnaliser l'arme nucléaire afin de l'élever au-dessus des contentieux internationaux ne semble pas suffire, car le concept seul d'*arme nucléaire* semble insuffisamment pertinent pour être intégré dans la Constitution, celle-ci comportant en outre certaines limites matérielles inhérentes à l'objet temporaire[636]. L'arme nucléaire se retrouve limitée dans un espace normatif restreint par des normes juridiques internationales relatives au droit de la guerre, au droit international spécifique à la non-prolifération, aux traités d'interdiction et de dénucléarisation ainsi qu'aux normes du *jus cogens* qui participent au tabou nucléaire[637]. Mais surtout, le concept de *dissuasion nucléaire* est d'une part limité par sa matérialité technique, d'autre part limité pour la stratégie, restreignant l'Etat au volet défensif lequel finit par réduire le discours politique au principe du non-emploi, contraignant d'autres

---

arsenaux américain et soviéto-russe qui l'ont suivie [...] une révision de la position française concernant la non-prolifération s'impose de façon urgente [...] il est temps de reprendre du large et d'adapter notre posture en fonction de nos intérêts propres ».

635 Général André Beaufre, *Dissuasion et stratégie*, Armand Colin, 1964, p. 110.

636 Une arme nucléaire peut être dépassée par une arme plus puissante et répondant aux mêmes caractéristiques défensives (dissuasion) et offensive (anéantissement). En 1976, décision fut prise de mettre à l'étude la réalisation d'une arme à rayonnement renforcé, connue sous l'appellation de bombe à neutrons. De moindre puissance, spécifiquement antichars, elle ne se substitua pas pour autant à l'arme nucléaire du fait de l'absence de caractère dissuasif. L' « arme à radiations renforcées » a été contestée car elle rompait avec le concept principalement dissuasif de l'arme nucléaire qu'elle aurait transformé en arme d'emploi, favorisant le franchissement du seuil nucléaire et diluant la distinction entre les armes classiques et nucléaires. Cf. Marcel Duval et Dominique Mongin, *Histoire des forces nucléaires françaises depuis 1945*, Que sais-je ?, PUF, Paris, 1993, p.70.

637 Bastien Irondelle, *op. cit.*, p. 1.

usages tels que l'Ultime Avertissement – pourtant sensé rétablir la dissuasion. Il est donc nécessaire de trouver un autre concept.

Cosmogonique comme créant un nouvel âge, la posture dissuasive de l'arme nucléaire, si elle s'impose d'emblée en droit international, connaît en contrepartie un durcissement progressivement hostile à l'emploi du nucléaire. Si le Livre blanc sur la Défense de 1994 précise que « *le concept français continuera de se définir par la volonté et la capacité de faire redouter à un adversaire, quel qu'il soit et quels que soient ses moyens, des dommages inacceptables, hors de proportion avec l'enjeu d'un conflit, s'il cherchait à s'en prendre à nos intérêts vitaux* »[638], cette stratégie repose bien sur une doctrine de menace d'emploi[639].

De même qu'en droit international, seule l'éventuelle supériorité combinée des « droits fondamentaux des Etats » avec le *jus ad bellum* envers le *jus in bello* et les règles humanitaires sont de nature à légitimer la doctrine de la dissuasion anticités, il convient d'admettre la licéité de la dissuasion nucléaire et d'en tirer les conclusions qui s'imposent en théorie internationale[640]. Si l'interprétation stratégique des normes internationales à laquelle peuvent procéder les autorités françaises, notamment dans l'analyse par la France de l'avis de la CIJ de 1996, délimite une dimension normative contraignante de la doctrine nucléaire française, les normes internationales et la montée en puissance du tabou nucléaire ont néanmoins un impact significatif sur l'expression publique de la dissuasion française[641]. Elles constituent une forte contrainte sur la politique déclaratoire concernant à la fois l'arme nucléaire et la dissuasion nucléaire.

La France demeure la démocratie qui a accordé la place la plus importante à la dissuasion nucléaire dans son système de défense[642] si bien que l'analyse du cas français est particulièrement heuristique pour comprendre le rôle et l'impact des normes internationales concernant la possession et l'usage de l'arme nucléaire. De cette disproportion entre l'enjeu réel et sa qualification juridique se pose la nécessité de trouver un concept juridique qui regrouperait les caractéristiques et les spécificités qu'offre l'arme nucléaire, focale qui semble concentrer plusieurs principes constitutionnels. De là se pose l'hypothèse du concept de « Force de Frappe ».

---

638 Livre Blanc sur la Défense, 1994, p. 82

639 Enoncer une retenue serait incompatible avec la posture dissuasive de la France et délimiterait la défense des intérêts vitaux sans parvenir à couvrir le spectre des conjonctures.

640 Nicolas Haupais, « L'ordre nucléaire, la dissuasion et les limites du droit international », *Op Cit*, p.126 : « *la Cour situe sur le plan exact la question de l'arme nucléaire, à savoir la perspective d'une arme stratégique et non tactique, qui définit en quelque sorte un ordre, un type de rapports interétatiques. Elle rattache l'arme nucléaire à une doctrine qui est devenue indissociable d'elle, celle de la dissuasion* ».

641 *Ibid*, p. 17.

642 Bastien Irondelle, op cit, p. 1.

Seconde Partie
Constitutionnaliser l'arme nucléaire

Par excellence arme de la Raison d'Etat[643] et clef de voûte de la défense de la nation française, l'arme nucléaire incarne l'intérêt national et, suivant la doctrine française basée sur la souveraineté, garantit les intérêts vitaux et la survie de la Nation. L'utilisation de cette arme est confiée, aux termes du décret n°96-520 du 12 juin 1996 portant détermination des responsabilités concernant les forces nucléaires[644], au Chef de l'Etat, institué par l'article 15 de la Constitution comme « garant de l'indépendance nationale et de l'intégrité du territoire ». Cet objectif est d'ailleurs expressément posé par l'article 1er de l'ordonnance n°59-76 du 7 janvier 1959 portant organisation générale de la défense qui dispose que : « *La défense a pour objet d'assurer en tout temps, en toutes circonstances et contre toutes les formes d'agression, la sécurité et l'intégrité du territoire, ainsi que la vie de la population. Elle pourvoit de même au respect des alliances, traités et accords internationaux* [...] ».

En parallèle de la création du complexe militaro-industriel propre à l'arme nucléaire se mit en place une coutume constitutionnelle accentuant l'idée d'une consécration constitutionnelle de l'arme nucléaire pour renforcer son effectivité. Du fait de la conception normative de la Constitution, celle-ci apparait comme un ensemble de normes juridiques fondamentales qui détermine impérativement l'organisation des pouvoirs publics et garantit les droits et libertés des citoyens[645]. Etablie de manière formelle par un pouvoir constituant et se situant au sommet de la hiérarchie des normes juridiques, dont internationale, la Constitution dans sa conception normative fixe également un cadre contraignant et des objectifs aux gouvernants, permettant de garantir et de limiter les pouvoirs de l'Etat.

L'observation de la jurisprudence constitutionnelle et du droit positif mesurera l'influence de l'arme nucléaire sur la Constitution, agissant comme un élément de transformation juridique jusqu'à relever l'hypothèse de sa constitutionnalisation effective *de facto*.

---

643 Bastien Irondelle, *op cit*, p. 1.

644 Décret n°96-520 du 12 juin 1996 portant détermination des responsabilités concernant les forces nucléaires.

645 Apostolos Papatolias, *Conception mécaniste et conception normative de la Constitution*, thèse de doctorat en Droit public sous la direction de Michel Troper, Université de Paris X, 1995.

Titre I
L'ombre portée de l'arme nucléaire sur la Constitution

« *Croire qu'on est en possession d'un moyen d'éviter les périls et les surprises des circonstances et les dominer, c'est procurer à l'esprit le repos auquel il tend sans cesse, l'illusion de pouvoir négliger le mystère de l'inconnu* »
Charles de Gaulle, *Le Fil de l'épée.*

Le consensus politique autour de l'arme nucléaire[646] peut autant servir qu'illustrer l'intention originelle des constituants de 1958 de mettre en place des outils au service des pouvoirs publics afin d'en assurer les missions. Or en droit constitutionnel, cette intention appelle l'intégrité, à savoir le fait que « *chacun des articles ou principes abstraits doit être interprété et appliqué de façon à former un tout cohérent sur le plan des principes avec les interprétations acceptées pour d'autres parties de la Constitution et avec les principes de morale politique qui apportent la meilleure justification fondamentale possible de l'ensemble de la structure constitutionnelle* »[647].

Constitutionnaliser l'arme nucléaire est-elle une démarche normative envisageable ? L'effectivité ici étudiée ne mesure pas tant la propension réaliste de pouvoir se conformer à une norme mais la capacité d'une norme à s'imposer au sein d'un ordre juridique donné. De ce point de vue, c'est l'impact de la constitutionnalisation d'un objet, ici l'arme nucléaire, et son hypothétique intégration dans la Constitution qui sera développée, et le concept de validité permet de supposer le rapport de hiérarchie établi entre les normes constitutionnelles et les autres normes produites au sein de l'ordre juridique. Si le mécanisme de constitutionnalisation peut apparaître comme la garantie d'un respect renforcé des principes énoncés dans la Constitution, il importe de mesurer l'impact de la constitutionnalisation de l'arme nucléaire sur son effectivité déjà constatée.

[646] La constance du consensus politique en France sur la question est remarquable en études statistiques. C'est ainsi que Henri Chazalet, dans son article « La bombe française est pour bientôt » publié dans la revue *Esprit* en juillet-août 1959, reconnut, l'année précédant le premier essai nucléaire français, que le pourcentage des Français favorables à l'arme nucléaire avait augmenté dans des proportions importantes avec le retour au pouvoir du général De Gaulle. Il mentionna le sondage dont la question était la suivante : « Etes-vous favorable à la construction d'une bombe atomique française ? » Si seulement 27 % répondirent affirmativement en décembre 1957, ils étaient 44 % à le faire un an plus tard ; pour mémoire, en avril 2017, la part des Français interrogés qui considèrent la dissuasion nucléaire crédible pour prévenir une éventuelle agression contre la France s'élève à 72 %. Cf. Dominique Mongin, « La dissuasion nucléaire a-t-elle encore un avenir ? », *Le Monde*, juillet-août 2018.

[647] Ronald Dworkin, « Controverse Constitutionnelle », *Pouvoirs*, n°59, 1991, p.5. Cf. du même auteur *L'Empire du droit*, 1986, trad. franç. 1994, p. 204.

Chapitre I
L'arme nucléaire en droit constitutionnel français

Acter la consécration constitutionnelle d'un objet, après une définition juridique de celui-ci pour l'édicter sous la forme législative d'un concept[648], a une conséquence directe : sa prise en compte par l'administration et le législateur. Expression de la volonté générale, la loi doit respecter les droits et libertés de valeur constitutionnelle et ne peut intervenir que pour en définir les limites nécessaires et les concilier entre eux[649].

Toutefois, la multiplication des normes tend à une légalisation par constitutionnalisation, conventionnalisation ou contractualisation. En devenant une loi, en entrant dans le bloc de Constitutionnalité, en faisant l'objet d'un traité ou d'un contrat, en étant reconnue en jurisprudence, une norme se densifie. Et sa densification normative est généralement qualitative produisant un effet, créateur et transformateur, de sa nature juridique ou obligatoire. L'arme nucléaire comme norme juridique intégrée à la Constitution peut se concevoir en distinguant la notion de Constitution normative à celle de Constitution descriptive ou organique, développée par le juriste Paul Bastid[650], qui est la description d'un état de fait, le reflet fidèle des institutions de l'Etat en place et des rapports de pouvoir qui se sont établis entre ces institutions.

Concrétisée *a posteriori* de l'instauration de la Constitution de la Ve République, l'arme nucléaire pourrait suite aux évolutions qu'elle a suscitées en renforçant les pouvoirs publics, être intégrée dans la Constitution à l'occasion d'une révision, pour peu que cet apport s'appuie sur une valeur constitutionnelle (I) au regard de sa jurisprudence interne (II).

I. L'arme nucléaire comme valeur constitutionnelle

Au même titre que la démocratie, l'arme nucléaire lie chaque individu de la Nation qui la possède à son propre usage contre une menace extérieure d'anéantissement étranger, et pour les conséquences issues de son déclenchement. A cela, le processus de constitutionnalisation d'un *objet* implique de le hisser en *norme* pour l'amener à contribuer à la conception régalienne, s'impliquant dans l'action de l'Etat de manière légale et légitime

---

648 Du latin *Conceptus*, réunion. Idée, objet conçu par l'esprit *in* Albert Dauzat, Jean Dubois, Henri Mitterrand, *Nouveau dictionnaire étymologique et historique*, Paris, Larousse, 1986, p. 185. Selon Jeanne Parain-Vial, on entend par concept : « le résultat d'un double acte de généralisation et d'abstraction symbolisé par un mot, qui nous permet de penser les choses absentes soit par leur éloignement dans l'espace, soit par leur éloignement dans le temps », *in* « Note sur l'épistémologie des concepts juridiques », *Arch. Phil. Dr.*, 1959, p. 132.

649 Véronique Champeil-Desplats, « La notion de droit fondamental et le droit constitutionnel français », *Recueil Dalloz Sirey*, n°42, 1995, p. 324-329.

650 Paul Bastid, *L'idée de Constitution*, Paris, Économica, 1985, p. 197.

pour une finalité séculaire (1) tout en tenant compte de sa relation avec le concept clé de souveraineté (2).

1. Objet et norme : l'arme nucléaire à travers l'ordre constitutionnel français

En France, l'arme nucléaire est confiée au Président de la République par le suffrage universel direct, unique cas mondial où, périodiquement, le peuple remet démocratiquement au garant de la Nation son armement nucléaire[651]. L'article 1er de la Constitution de 1958 définit la France comme une république indivisible, laïque, démocratique et sociale ; et la légitimité démocratique s'illustre par un pouvoir politique confié au peuple tout entier, non pas pour une raison extérieure, mais pour sa propre finalité. Si la souveraineté réside dans le peuple telle que déclarée à l'article 2 de la Constitution, sa légitimité démocratique doit tirer d'elle-même son titre à se gouverner elle-même, que lui confère le plus souvent son histoire politique à partir de laquelle s'est construite l'arme nucléaire.

Les normes juridiques ayant des valeurs et des modes d'édiction différents, la pyramide de l'ordre juridique imaginée par Hans Kelsen conçoit que chaque degré de celle-ci fonde la validité de la norme immédiatement inférieure et « *qu'à son tour, la création de cette dernière a été elle aussi réglée par d'autres, qui constituent à leur tour le fondement de sa validité ; et cette démarche régressive débouche finalement sur la norme fondamentale – norme supposée. La norme fondamentale hypothétique – en ce sens – est par conséquent le fondement de validité suprême, qui fonde et scelle l'unité de ce système de création* »[652]. De fait, en organisant un contrôle de validité des normes au plus haut degré de la hiérarchie juridique, la juridiction assure une effectivité réelle de la norme fondamentale, c'est-à-dire la Constitution[653]. Par conséquent, celle-ci pose les conditions d'édiction et de la validité des normes subordonnées, en particulier la loi. Or l'arme nucléaire a déjà été intégrée dans les normes car son objet a tour à tour nécessité des instruments juridiques, depuis sa création au travers du programme de force de frappe, son développement au travers des lois de programme militaire, jusqu'à sa modernisation avec les révisions stratégiques et orientations budgétaires décidées par le Parlement.

2. L'arme nucléaire au service du principe de souveraineté

Que le peuple soit souverain au sens où il est l'auteur des règles de droit dont il doit être le sujet ne suffit pas à ce que soit pleinement réalisée l'idée

---

[651] Olivier Guézou « Droit public et nucléaire, entre fusion et fission », *Droit public et nucléaire*, Bruylant, Bruxelles, 2013, p. 16.

[652] Hans Kelsen, *Théorie pure du droit*, 1934, trad. franç. de la 2e éd. par C. Eisenmann, Paris, Dalloz, 1962, p. 299.

[653] Guillaume Drago, *op cit*, p. 61.

de la démocratie : le peuple doit percevoir sa légitimité comme émanant de lui seul, en toute indépendance, déclaré à l'article 3 de la Constitution. Or l'objet principal de l'arme nucléaire, incarnant depuis sa création la politique d'Indépendance Nationale, contribue pleinement à cet objectif d'indépendance, de démocratie et de communauté de destin en offrant au Président de la République le moyen de son dessein national, assurant au regard de l'article 5 de la Constitution le fonctionnement et la continuité de l'Etat. Cette vision de la démocratie comme supposant que le peuple soit le mieux qualifié pour atteindre son propre bonheur implique, outre la responsabilisation individuelle, la notion de volonté générale[654], seule à même de diriger les forces de l'Etat selon la fin de son institution qui est le bien commun. Cette idée, couplée à l'égalité en imposant une communauté de destin n'est juridiquement possible que si l'on postule l'universalité des citoyens en une entité unique. Le peuple peut alors être une source de droit et souverain dans l'Etat, avec la volonté de survivre et d'être libre. L'arme nucléaire apparaît comme l'illustration de cette globalisation des individus pour embrasser le destin de la Nation notamment lors de crises graves, disposant d'attributs propres à conforter le pouvoir légitime, démocratique et souverain, porté par une pratique coutumière constitutionnelle.

II. La critique d'une arme nucléaire en droit interne

L'élaboration coutumière de la défense nationale porte d'abord sur la localisation constitutionnelle de la compétence en matière de défense. En effet, la construction juridique qui réserve la totalité de cette compétence au Président de la République a été édifiée en regroupant les articles 9, 13, 15 et 16 de la Constitution. Elle existe aussi avec des adjonctions qui permettent de broder une interprétation coutumière telle que la responsabilité du feu nucléaire, d'abord greffée à un simple décret[655] lequel fut abrogé trente ans plus tard par un nouveau décret[656] qui consacra une sorte de principe fondamental de la République[657] (1) dont la base décrétale est sujette à une certaine effectivité juridique (2).

1. Constitution et effectivité juridique

Le silence du droit international, aussi bien coutumier que conventionnel au sujet de l'arme nucléaire, vient du fait que celle-ci est une invention récente dans l'Histoire mais également par le fait qu'elle demeure l'apanage des Etats les plus puissants ou ceux qui veulent jouer un rôle décisif sur la

[654] Jean-Jacques Rousseau, *Le Contrat Social*, II, 1.
[655] Décret n°64-46 du 14 janvier 1964 relatif aux forces aériennes stratégiques
[656] Décret n°96-520 du 12 juin 1996 portant détermination des responsabilités concernant les forces nucléaires.
[657] Henri Pac, *Op Cit*, p. 11.

scène internationale. Les tentatives d'abrogation, de condamnation et d'interdiction se sont succédé avec les mêmes échecs depuis l'apparition de l'arme nucléaire malgré les procédures juridiques entamées.

En France, si les constitutions précédentes ne portaient pas de principes fondamentaux effectivement valables hors du droit public, la Constitution de 1958 comporte une dimension sociale qui l'amène à déterminer outre dans les domaines du droit public, administratif et fiscal, des droits dans le domaine pénal ou privé. Cette dimension descriptive de la Constitution organisant les pouvoirs publics peut s'illustrer avec l'article 2 sur l'identité nationale ou encore l'article 75-1 sur les langues régionales. De fait, la proposition d'inscription d'une mesure dans la Constitution, si elle obéit parfois à une réelle nécessité juridique, est aussi utilisée pour coucher une disposition symbolique ou idéologique dans la loi fondamentale de la République afin, par exemple, d'éviter une discrimination dans la société civile. Ainsi, de nombreuses propositions ont été émises telles que la lutte contre le réchauffement climatique, le service public minimal, la neutralité d'internet, dans l'idée de les intégrer dans la Constitution de 1958, illustrant les préoccupations de la société civile au moment de leur demande. A la différence des suscitées, la finalité séculaire de l'arme nucléaire n'a fait l'objet d'aucune demande d'inscription dans la Constitution, bien que sa pratique s'appuie sur plus d'un demi-siècle de pratique et d'usage.

Or cette coutume contient une dimension constitutionnelle du fait qu'elle permette l'interaction de plusieurs organes de l'Etat, en demeurant un enjeu permanent de sécurité et de défense depuis l'organisation des forces aériennes stratégiques[658] en 1964. Dans les faits, le Président, à qui incombe la garantie de l'Indépendance Nationale, s'est donné comme moyen le commandement des forces nucléaires sur la base de l'article 5 de la Constitution. Or le Conseil Constitutionnel a été conduit à se référer aux missions de l'article 5 comme à autant de principes de valeur constitutionnelle[659] pour en déduire la continuité du service public de la continuité de l'Etat[660], ou encore invoquant l'indépendance nationale pour procéder à des mesures d'ordre économique et social telles que les nationalisations et les privatisations[661].

Dans son étude sur *L'arme nucléaire française devant le droit international et le droit constitutionnel*, David Cumin aborde la question de l'effectivité de l'arme nucléaire en droit public au travers d'une perspective théorico-juridique en se basant sur la valeur juridique d'une norme devant être à la fois valide et effective[662]. Le droit positif, édicté par les autorités habilitées et qui est en

---

658 Décret n°64-46, *Op Cit.*

659 Guy Carcassonne et Marc Guillaume, *Op Cit*, p.58.

660 Décision n°79-111 DC du 30 décembre 1979.

661 Décision n°86-207 DC du 26 juin 1986.

662 David Cumin, *L'arme nucléaire française devant le droit international et le droit constitutionnel*, *Op Cit*, p.10 : « Juridicité = normativité + positivité ; droit = validité (conformité) + effectivité (efficacité). Le droit effectivement appliqué, c'est-à-dire efficace, est le droit « positif » ; le

vigueur, concurrence dans son effectivité le droit normatif édicté par les autorités habilitées et qui doit être en vigueur. Le rôle du juriste étant d'analyser le droit dans ce double rapport de validité et d'effectivité, il s'ensuit deux types d'examen à la norme de référence, entre efficacité et l'effectivité.

La validité permet de distinguer les normes qui doivent s'imposer au respect de leurs destinataires, puisque obligatoires *et* valables, des autres normes, qui doivent être obéies selon le principe de l'obéissance préalable mais qui n'auraient pas à l'être, précisément parce qu'elles ne sont pas valables.

L'effectivité, elle, permet de distinguer les normes qui s'imposent et celles qui ne s'imposent pas, qu'elles soient valables ou non, qu'obéissance leur soit due ou non. Ainsi, le décret n°96-520 du 12 juin 1996 succédant au décret n°64-46 du 14 janvier 1964 est un acte administratif en vigueur : il est effectif et opposable aux administrés. Mais cette effectivité et cette opposabilité n'emportent pas nécessairement sa validité au regard des normes supérieures du droit applicable, tant international qu'interne. Si l'on admet que juridiquement, seul compte le texte de référence en tant que norme supérieure, ainsi une pratique fixée par une norme inférieure contraire à ce texte bien qu'effective n'a pas de valeur normative. Le problème de la dissuasion nucléaire, et donc de l'emploi quotidien de l'arme nucléaire, est de savoir si l'on est en présence d'une pratique dénuée de validité ou bien d'une règle dénuée d'efficacité voire de praticabilité répondant aux exigences d'une Constitution.

2. L'inefficience juridique de la dissuasion nucléaire

Avant de déterminer un contenu de norme positive, la place réservée à un concept matériel dans la Constitution traduit la conséquence de la concentration du droit nucléaire sur la satisfaction d'exigences juridiques utilisées pour valider un modèle de stratégie, la dissuasion nucléaire, visant une finalité, la pérennisation de l'Etat malgré les menaces. Evolutives, celles-ci dépasseront ce modèle stratégique, par exemple en élevant le seuil technologique ou en diversifiant les agents. Or, si toute l'existence du droit nucléaire intégré à la Constitution n'a de raison d'être que dans la seule perspective de valider au plan juridique la stratégie momentanée de dissuasion nucléaire, ce modèle ne peut être théoriquement concevable et exécutable qu'à l'intérieur de situations déjà identifiées, définies, achevées. Si le droit fournit l'appareil juridique capable de garantir la réalisation concrète de la dissuasion nucléaire, la constitutionnalisation de l'arme nucléaire doit

---

droit conformément posé, c'est-à-dire valide, est le droit « normatif » ; pour qu'il y ait droit au sens plein, il faut que soient réunis « positivité » et « normativité », autrement dit l'effectivité et la validité du droit ».

permettre une souplesse apte à cadrer et dépasser un modèle de stratégie temporaire, afin de garantir la même finalité.

Qui plus est, le décret n°96-520 organisant la dévolution de responsabilité de la frappe nucléaire violerait les règles et principes suivants du droit constitutionnel ne serait-ce qu'au travers du « principe fondamental reconnu par les lois de la République » de la distinction du pouvoir de décision politique et du pouvoir de commandement militaire. Par la pratique de la dissuasion nucléaire seraient violés la Déclaration du 26 août 1789, dans ses articles 2 (le but de toute association politique étant la conservation des droits naturels et imprescriptibles de l'homme, aucune autre finalité ne saurait justifier qu'une autorité porte atteinte à ces droits), 3 (le principe de la souveraineté résidant dans la nation, le chef de l'Etat ne saurait détenir un pouvoir de vie et de mort sur elle) et 16 (la garantie des droits et la séparation des pouvoirs). Le décret n°96-520 violerait également le Préambule du 27 octobre 1946, dans ses alinéas 11 (la protection de la santé) et 14 (la conformité aux « règles du droit public international », c'est-à-dire aux règles coutumières et principes généraux du droit international public, notamment le droit de la guerre). Il violerait la Constitution du 4 octobre 1958 dans ses articles 3 (la souveraineté nationale appartenant au peuple, le chef de l'Etat irresponsable ne saurait prendre à lui seul des décisions engageant l'existence du pays), 5-1 (le Président de la République a le devoir de veiller « au respect de la Constitution »), 19 (les pouvoirs présidentiels exercés en vertu des articles 5-2 et 15 ne sont pas dispensés du contreseing du Premier ministre), 20 (le gouvernement responsable devant l'Assemblée conduit la politique de la nation et dispose de la force armée), 21-1 (le Premier ministre est« responsable de la défense nationale »), 34 (la loi votée par le Parlement détermine les « principes fondamentaux de l'organisation générale de la défense »), 35 (la déclaration de guerre est autorisée par le Parlement et sollicitée par le gouvernement), 37-1 (les matières relevant du domaine législatif n'ont pas un caractère réglementaire), 55 (les traités internationaux sont supérieurs aux lois et aux règlements), 62-2 (les décisions du Conseil Constitutionnel s'imposent à l'ensemble des pouvoirs publics, y compris, par conséquent, la décision n°67-45 du 9 mai 1967 selon laquelle l'attribution des compétences à l'autorité civile relève du domaine de la loi, et les nombreuses décisions, depuis celle n°74-54 du 15 janvier 1975, rappelant l'interdiction de toute privation arbitraire des droits fondamentaux, notamment le droit à la vie et à la santé1), 88-1 (la participation à l'Union européenne et à sa politique étrangère et de sécurité commune oblige la France à passer de l'organisation d'une dissuasion nationale à la discrétion du chef de l'Etat à une dissuasion concertée ou partagée avec ses partenaires), 89 (la révision *de facto* de la Constitution par la suppression de l'intervention du législateur, de l'autorisation parlementaire ou du contreseing ministériel ne s'est pas opérée comme prévu par le texte, mais par l'exercice coutumier et expliquée par les nécessités opérationnelles de la pratique de la dissuasion. Ces éléments amènent à renforcer le décret n°96-520 par une dimension constitutionnelle d'autant que, comparativement, plusieurs Etats ont déjà inscrit l'arme nucléaire dans leurs constitutions.

Chapitre II
L'arme nucléaire en droit constitutionnel comparé

La présence de l'arme nucléaire dans une Constitution n'est pas un cas isolé du fait qu'en 2020, on dénombre 34 constitutions sur 193 Etats à lui accorder une référence, pouvant aller d'une simple mention telle que la Constitution du Népal[663] jusqu'à déclarer un véritable enjeu politique relayé par les instances de la communauté internationale telle que la Constitution du Mozambique. Adaptée au besoin des peuples qui l'élaborent à la lumière des expériences passées et de leur histoire, la Constitution d'un pays évolue car chaque réécriture modifie l'organisation politique face aux enjeux contemporains. En cela, l'arme nucléaire est l'illustration de la modernité d'une constitution, pour laquelle se constatent deux tendances à savoir l'interdiction (I) ou l'intégration de l'arme nucléaire (II).

I. L'interdiction constitutionnelle de l'arme nucléaire

La tendance majoritaire des 34 constitutions mentionnant l'arme nucléaire est marquée par l'expression de la volonté d'interdire la bombe dans les territoires auxquels elles s'appliquent. A cet égard, les nations latino-américaines et eurasiennes issues de l'ex-URSS disposent de plus récentes constitutions faisant référence à l'arme nucléaire bien que ces pays n'en disposent pas. Généralement, leur cadre s'applique aux activités nucléaires mais certaines constitutions spécifient expressément l'arme nucléaire afin de l'interdire politiquement, rejoignant l'impératif catégorique de la communauté internationale dans son souhait d'abolition (1), d'autres se contentant d'une ambivalence afin de préserver leurs capacités de défense (2).

1. Les constitutions d'interdiction

Lorsqu'une Constitution frappe d'interdiction certains objets, elle entend généralement protéger certaines valeurs ou certains choix politiques. Ces interdictions sont, dans la pratique, justifiées ou motivées par des considérations politiques variées, reposant sur un fondement philosophique véritable ou sur l'intérêt d'un profit à considérer. Et lorsque cette considération est partagée par les constitutions des pays voisins, une

[663] Conformément à la Constitution de 2015 et à la loi fédérale du Népal, le Parlement fédéral dispose de pouvoirs en matière de législation dans plusieurs domaines définis par l'article 57-1 et 109, dont l'annexe 5 listant les pouvoirs et compétences des fonctionnaires fédéraux se contente de mentionner l'énergie nucléaire sans distinction sur son utilisation, civile ou militaire. La Constitution du Sri Lanka de 1978 révisée en 2015 énumère les différents sujets que la politique nationale se réserve, parlant encore dans le domaine de défense et sécurité nationale de « l'énergie atomique ».

communauté de nations entend maintenir et protéger un certain équilibre politique incarné dans un système institutionnel.

Les Etats d'Amérique Latine illustrent cette concomitance de valeur constitutionnelle, relative à l'interdiction de l'arme nucléaire proclamée par le Brésil, l'Equateur, la Colombie, le Paraguay, le Venezuela et la Bolivie. Révisée en 2017, la Constitution du Brésil indique à l'article 21 que : « *toute activité nucléaire sur le territoire national ne peut être admise qu'à des fins pacifiques et sous réserve de l'approbation du Congrès national* »[664]. Ses articles 22 et 49 confèrent l'autorité exclusive à l'Union de légiférer sur les activités nucléaires de toute sorte, le congrès ayant seul pouvoir d'approuver les initiatives de l'exécutif relevant des activités nucléaires. De même, la fabrication, l'utilisation et le stockage d'armes nucléaires, biologiques et chimiques sont interdits à l'article 15[665] de la Constitution de l'Equateur de 2008, révisée en 2015. La Constitution de Colombie de 1991, révisée en 2015, indique à son article 81 que la fabrication, l'utilisation et le stockage d'armes nucléaires, biologiques et chimiques sont interdits de même que l'introduction desdits matières nucléaires radioactives et déchets toxiques sur le territoire colombien. La Constitution du Paraguay de 1992, révisée en 2011, déclare à la partie I, titre II, chapitre I, section I, article 8, que « *la fabrication, l'assemblage, l'importation, la commercialisation, la possession ou l'utilisation d'armes nucléaires, chimiques et biologiques, ainsi que l'introduction de déchets toxiques dans le pays sont interdits* ». Mentionnant dès son préambule l'objectif du désarmement nucléaire, la Constitution du Venezuela de 1999, révisée en 2009, dispose à l'article 129 que : « *Toute activité susceptible de causer des dommages aux écosystèmes doit être précédée d'études d'impact environnemental et socioculturel. L'État doit empêcher les déchets toxiques et dangereux de pénétrer dans le pays, ainsi que la fabrication et l'utilisation d'armes nucléaires, chimiques et biologiques* »[666]. Enfin, la Constitution de Bolivie de 2009 déclare à son article 344 que la fabrication et l'utilisation d'armes chimiques, biologiques et nucléaires sur le territoire bolivien sont interdites, de même que l'enfouissement, le transit et le dépôt de déchets nucléaires et toxiques.

En Amérique centrale et aux Caraïbes, cette même interdiction constitutionnelle prévaut pour le Mexique, la Dominique, le Salvador et le Nicaragua. Révisée en 2015, la Constitution du Mexique à l'article 27, paragraphe 7, désigne l'Etat comme l'utilisateur des matières nucléaires

---

[664] Constitution du Brésil, titre II, article 21, section XXIII, adoptée en 1988 et révisée en 2017.

[665] Le titre II, chapitre 2, section 2, article 15 indique que sont interdits « *le développement, la production, la propriété, la commercialisation, l'importation, le transport, le stockage et l'utilisation d'armes chimiques, biologiques et nucléaires, de polluants organiques persistants hautement toxiques, de produits agrochimiques interdits sur la scène internationale, de technologies et d'agents biologiques expérimentaux et d'organismes génétiquement modifiés nocifs pour la santé humaine ou bien qui compromettent la souveraineté alimentaire ou les écosystèmes, ainsi que l'introduction de résidus nucléaires et de déchets toxiques sur le territoire du pays* ».

[666] Titre III, chapitre IX, article 129 de la Constitution de la République Bolivarienne du Venezuela.

lesquelles ne doivent être employées qu'à des fins pacifiques, excluant de ce fait son utilisation militaire mais non défensive. Toutefois, l'article 28 n'en fait pas pour autant un monopole d'Etat, les fonctions exercées de manière exclusive par l'État dans les secteurs économiques stratégiques tels que la production d'électricité nucléaire ne doivent pas être considérées comme monopolistiques. Enfin, l'article 73 attribue au Congrès l'exclusivité de la compétence pour légiférer sur les explosifs et l'énergie électrique et nucléaire. Dans la Constitution de la République dominicaine, l'article 67.2 interdit au titre de la préservation de l'environnement pour les futures générations les déchets nucléaires et les armes nucléaires, indiquant que celles-ci ont été bannies par la communauté internationale. La Constitution de l'Etat du Salvador de 1983 indique à l'article 117 que l'introduction et la présence de déchets nucléaires sont interdits. Enfin, la Constitution du Nicaragua de 1987 interdit et proscrit à l'article 5 toutes formes d'agression politique, militaire, économique, culturelle ou religieuse et l'ingérence dans les affaires intérieures d'autres États. En cela, le Nicaragua reconnaît le principe du règlement pacifique des différends internationaux par les moyens offerts par le droit international et interdit conséquemment l'utilisation d'armes nucléaires et d'autres moyens de destruction massive dans les conflits nationaux et internationaux.

Sur le continent africain, rares sont les constitutions des pays qui ont intégré la dimension nucléaire, à savoir le Mozambique, la Namibie et le Nigéria. La Constitution du Mozambique de 2004 contient pour objectif politique de contribuer à transformer l'Océan Indien en une zone de paix dénucléarisée, à l'instant de la Zone Exempte d'Armes Nucléaires précédemment établie en Afrique par le traité de Pelindaba de 1996. Sans prétendre à une politique similaire aux dimensions océaniques, la Namibie dispose d'une constitution depuis 1990 dans laquelle l'État a pour mission de promouvoir et de maintenir le bien-être de la population en adoptant via l'article 95 des politiques visant au maintien des écosystèmes et des processus écologiques. De fait, le gouvernement a pour obligation de prendre des mesures contre le déversement ou le recyclage de déchets nucléaires et toxiques étrangers sur le territoire namibien. Enfin, la Constitution du Nigeria de 1999 mentionne à l'annexe II les domaines qui sont légiférés par le pouvoir législatif, parmi lesquels l'énergie nucléaire, sans mention explicite de l'arme.

En Europe, le spectre d'un bombardement atomique au cours de la Guerre Froide, et la présence des armées américaines et soviétiques, ont amené plusieurs pays à faire référence à l'armement nucléaire dans leur choix de société, en premier lieu le territoire allemand visé par un conflit potentiel. L'article 73, point 14 de la Constitution de la République Fédérale d'Allemagne de 1949 confère une compétence législative exclusive à la Fédération concernant la « *production et utilisation de l'énergie nucléaire à des fins pacifiques, construction et exploitation d'installations de l'énergie nucléaire servant à ces fins, protection contre les dangers occasionnés par la libération d'énergie nucléaire ou par de radiations ionisantes, et élimination des substances radioactives* » tandis que son article 87 C prévoit la possibilité d'exécution de ces lois par les Länder via délégation de la Fédération sur accord du Parlement. Si aucune mention n'est faite concernant le nucléaire militaire, la RFA a toutefois conservé la possibilité technique d'acquérir une défense nucléaire autonome, au-delà de la restriction de sa souveraineté de 1949 à 1989, bien qu'ayant annoncé publiquement renoncer au nucléaire militaire en 1990 et au nucléaire civil en 2012 suite à la catastrophe de Fukushima[667]. Autre exemple d'interdiction de l'arme nucléaire au niveau constitutionnel, la République Fédérale autrichienne adopta le 13 août 1999 la « loi constitutionnelle pour une Autriche dénucléarisée » laquelle, dans son article 1, affirme qu'« *Aucune arme nucléaire ne peut être fabriquée, stockée, transportée, testée ou utilisée en Autriche. Aucun équipement pour le stationnement d'armes nucléaires ne peut être installé* ». Enfin, l'article 18 de la Constitution de Biélorussie révisée en 2004 déclare que l'objectif de la république vise à devenir un territoire libre d'armement nucléaire, avec un statut neutre sur la question[668].

Du fait de leur situation géopolitique, d'autres d'Etats interdisent l'arme nucléaire dans leur constitution. Encerclée par les puissances nucléaires russe et chinoise et ne pouvant rejoindre un groupe d'Etats pour devenir une zone exempte d'armes nucléaires, la Mongolie a adopté en 1992 le statut unique d'Etat exempt d'armes nucléaires (EEAN), confirmé par la loi du 3 février 2000 visant à renforcer ce statut. Fruit de l'histoire à la suite de la guerre de 2003, la Constitution de l'Irak de 2005 interdit les armes nucléaires à l'article 9, paragraphe 1 par suite des sanctions internationales décrétées[669]. Pour sa part, la Constitution des Philippines de 1987 interdit les armes nucléaires aux principes de l'article II section 8 aux motifs desquels : « *les Philippines, conformément à l'intérêt national, adoptent et poursuivent une politique de protection contre les armes nucléaires sur leur territoire* » de même que la Constitution du Cambodge de 1993 au chapitre IV, article 54 qui indique que la fabrication, l'utilisation et le stockage d'armes nucléaires, biologiques et chimiques sont interdits.

De sorte, les constitutions interdisant l'arme nucléaire appartiennent dans une grande majorité à des régimes parlementaires pour lesquels la tendance d'abolir l'arme nucléaire est prégnante et corrélative au refus de disposer d'un exécutif détenteur du pouvoir d'engager le feu nucléaire[670]. De

---

667 David Cumin, *L'Allemagne et le nucléaire*, Paris, L'Harmattan, 2013.

668 Article 18 de la Constitution de Biélorussie : « *The Republic of Belarus aims at making its territory a nuclear-free zone, and the state neutral* ».

669 Article 9, paragraphe 1 de la Constitution irakienne : « *Le gouvernement irakien doit respecter et mettre en œuvre les obligations internationales de l'Irak en matière de non-prolifération, de non-développement, de non-production et d'utilisation d'armes nucléaires, chimiques et biologiques et interdire les équipements, matériels, technologies et systèmes de distribution associés destinés à la mise au point, à la fabrication et à l'utilisation de telles armes* ».

670 Pour beaucoup, ces Etats ont participé activement à l'élaboration et à la signature du Traité d'Interdiction des Armes Nucléaires du 7 juillet 2017.

fait, l'interdiction de l'arme nucléaire par voie constitutionnelle obéit à plusieurs considérations tenant de l'ordre de considérations philosophiques, géopolitiques ou politiques relatives à l'histoire vécue. Paradoxalement concerné, le Japon dispose d'une ambivalence constitutionnelle sur la question.

2. L'ambivalence constitutionnelle : la notion d'autodéfense

Victime de deux bombardements atomiques qui précipitèrent la fin de la Seconde Guerre Mondiale, le Japon vit sa Constitution modifiée en 1946 avec l'article 9 suscitant de nombreuses interprétations aux termes duquel : « *Le Japon renonce à jamais à la guerre en tant que droit souverain des nations, et à l'usage de la force ou de sa menace comme mode de règlement des conflits entre nations. Le maintien d'une armée de terre, d'une marine, d'une aviation ou de tout autre potentiel de guerre ne peut être permis. Le droit de belligérance de l'Etat n'est pas reconnu* ».

Par l'article 9, l'armée japonaise ne doit plus fouler de sol étranger, cantonnant ses relations extérieures au pacifisme, forme de rédemption politique limitant les expressions de souveraineté. Aussi, les autorités japonaises ont arbitré sur l'admission ou le rejet de la légitime défense, sur l'armement des forces d'autodéfense du Japon, sur l'interdiction d'exportation d'armes et sur ses capacités de possession de l'arme nucléaire. Le refus dogmatique de l'arme nucléaire est alors contesté, la pratique dissuasive pouvant être compatible avec la Constitution japonaise. Déjà en mai 1957, le premier ministre Nobusuke Kishi avait estimé devant la Commission du budget de la Chambre Haute qu'il n'était pas correct à son sens d'interpréter la Constitution comme interdisant l'arme nucléaire[671] : la possession d'une quantité minimale d'armement à des fins d'autodéfense n'étant pas interdite par la disposition de l'article 9-1 de la Constitution, lequel n'exclut même pas les armes nucléaires dans la mesure où leurs quantités seraient conformes à cette définition. Or en 1968, le premier ministre Eisaku Satô expliqua que la doctrine nucléaire du Japon reposait sur trois piliers de refus du nucléaire (*hikaku san gensoku*) énoncés le 11 décembre 1967 devant la Chambre des Représentants pendant les débats parlementaires sur la loi organisant la rétrocession d'Okinawa au Japon avec le maintien de bases américaines sans arsenal nucléaire[672]. Les arguments à l'appui de l'acquisition de l'arme nucléaire au Japon avancent que la Constitution japonaise en elle-même ne bannit pas un type d'armement particulier (conventionnel ou nucléaire), mais qu'un usage ayant pour objectif la légitime défense ne serait pas contraire à la Constitution, restant conforme à la doctrine d'autodéfense. Avec l'entrée en vigueur du TNP en 1970, le débat resurgit jusqu'à ce que le Japon le ratifie en 1976, faisant taire la controverse.

---

[671] Guibourg Delamotte, *La politique de défense du Japon*, PUF, 2015.
[672] *Ibidem*.

Non-nucléaire par volonté politique, le Japon illustre le volontarisme du désarmement mondial tout en reconnaissant publiquement sa capacité à produire en quelques mois des ogives nucléaires[673], ce qui pourrait s'interpréter comme une dissuasion nucléaire simulée. Au travers de ces exemples de constitutions, les relations que les pays entretiennent avec l'arme nucléaire dépendent de leur histoire, de leurs accords politiques ainsi que des jeux d'influences internationales et géopolitiques. L'excluant ou l'interdisant, la loi cadre l'arme nucléaire dans son objet, lequel pourrait à l'inverse être intégré dans la Constitution d'un pays, voire être perçu intrinsèquement comme un principe fondamental.

II. L'intégration constitutionnelle de l'arme nucléaire

Aux termes du TNP, seuls les pays ayant fabriqué et fait exploser une arme nucléaire ou un autre dispositif nucléaire avant le 1er janvier 1967 ont le droit de détenir la bombe, lesquelles forces nucléaires peuvent être qualifiées de déclarées, en opposition aux arsenaux postérieurs pour lesquels l'infraction de prolifération a été décriée. Une partie des forces nucléaires déclarées font référence à l'énergie nucléaire dans leur Constitution (1), mais des Etats détenteurs restent silencieux dans ce domaine régalien, réservé et maintenu dans le secret défense. En outre, plusieurs constitutions de pays non-détenteurs intègrent la dimension nucléaire sans pour autant interdire explicitement la possibilité de construire un arsenal nucléaire. Un cas demeure l'exception, avec un Etat ayant proclamé une identité constitutionnelle nucléaire (2).

1. La législation des forces nucléaires déclarées

Troisième nation au monde à acquérir par voie de fait l'arme nucléaire, le Royaume-Uni fait référence dans sa Constitution à la dimension nucléaire dans chacune des parties contractantes du royaume. L'annexe 2-5 de la loi de 1998 sur l'Irlande du Nord traite du contrôle des armes nucléaires, biologiques et chimiques et autres armes de destruction massive ; l'annexe 5, partie II, sous-titre 2, titre D4, section D4 traite aussi de l'énergie nucléaire et des installations nucléaires, concernant la sûreté nucléaire, la sécurité et les garanties, et la responsabilité pour les événements nucléaires, ainsi que la tête L3, section L3 sur le contrôle des armes nucléaires, biologiques et chimiques et autres armes de destruction massive ; de même, la loi de 2006 sur le gouvernement du pays de Galles, à l'annexe 5, partie 2, titre 1, champ 4 de la partie 1-4 ainsi qu'à l'annexe 7, partie 1, sous-titre 4-4 traite de

673 David Cumin, *Le Japon puissance nucléaire ?*, Paris, L'Harmattan, 2003.

l'Énergie nucléaire et installations nucléaires, y compris la sûreté nucléaire, et la responsabilité pour les événements nucléaires[674].

Dans la Constitution soviétique de 1977, la plus tardive des quatre Constitutions de l'URSS, se trouve un passage ambigu avec l'article 32 qui semble inclure la dissuasion[675] : « *L'État assure la sécurité et la défense du pays et fournit aux forces armées de l'URSS tout ce qui est nécessaire à cette fin. Les devoirs des organes de l'Etat, des organisations publiques, des fonctionnaires et des citoyens en ce qui concerne la sauvegarde de la sécurité du pays et le renforcement de sa capacité de défense sont définis par la législation de l'URSS* ». Puis, après la chute de l'URSS, la Constitution russe de 1993 dans sa section 1, chapitre 3, article 71, prévoit que relève de la compétence de la Fédération « *les systèmes énergétiques fédéraux, l'énergie nucléaire, les matières fissiles* » au même titre que « *la défense et la sécurité* ». Ainsi la puissance nucléaire, civile ou militaire, fait l'objet de plusieurs intégrations dans les constitutions mentionnées. Comme principe d'organisation de fédérations, le domaine nucléaire dispose des exemples précités pour porter au niveau constitutionnel des règles de dévolution de compétences entre l'Etat fédéral et les Etats fédérés.

La Constitution de l'archipel des Palaos de 1981, révisée en 1992, mentionne à son article II section 3 qu'un « *accord autorisant l'utilisation, les essais, le stockage ou l'élimination d'armes nucléaires, de produits chimiques toxiques, de gaz ou d'armes biologiques destinés à être utilisés en temps de guerre nécessite l'approbation d'au moins trois quarts des suffrages exprimés* » par le congrès national des Palaos. Ce point sur l'arme nucléaire est complété à l'article XIII, section 6, déclarant que « *les substances nocives telles que les armes nucléaires, les armes chimiques ou les armes biologiques destinées à la guerre, les centrales nucléaires et leurs déchets, ne doivent pas être utilisées, testées, stockées ou éliminées sans l'autorisation expresse de Palau moins des trois quarts des suffrages exprimés lors d'un référendum soumis sur cette question* »[676].

La République du Myanmar dispose d'une nouvelle Constitution promulguée en 2008. Parmi les institutions, le Pyidaungsu Hluttaw, ou Assemblée de l'Union, est l'organe législatif bicaméral de la Birmanie, composé de la Chambre des nationalités et celle des représentants. L'article 96 de la Constitution permet au Pyidaungsu Hluttaw de promulguer des lois pour tout ou partie des parties de l'Union liée aux questions énumérées à l'annexe I de la Charte, lequel traite de la défense et la sécurité de la

---

[674] Ce paragraphe n'inclut pas l'élimination des déchets radioactifs de très faible activité transférés d'un site dont l'utilisation nécessite une licence de site nucléaire en vertu de la loi de 1965 sur les installations nucléaires.

[675] Florian Galleri, *Analyses et perceptions des doctrines militaires soviétiques par les Français et les Britanniques (1956-1962)*, mémoire de Master 2 sous la direction de Marie-Pierre Rey, Université Paris I Panthéon Sorbonne, année 2014-2015.

[676] Article XIII, section 6 de la Constitution des Palaos. A noter que la section 14A du même article déclare que cette approbation des trois quarts du Congrès au sujet des armes nucléaires ne s'applique pas dans le cadre du Traité de Libre-Association de 1986 signé avec les Etats-Unis.

République. Parmi les domaines cités, la politique de défense, l'industrie de défense, les armements, munitions, l'énergie atomique et les combustibles nucléaires sont listés au même titre que la déclaration de guerre, le règlement de la paix et les forces de police. De fait, la Constitution birmane intègre la dimension nucléaire en la plaçant au même degré que les prérogatives régaliennes classiques, amenant à considérer sa corrélation en tant qu'outil au service des missions de l'Etat birman, même si l'arme nucléaire n'est pas explicitement nommée.

La Constitution de la République Islamique du Pakistan, promulguée en 1973 et révisée en 2002 puis en 2017, donne aux chambres constituant le Parlement le pouvoir de traiter des projets de loi concernant une question figurant sur la liste de la législation fédérale, telle que l'énergie nucléaire laquelle, après accord, doit être présentée au Président pour avis conforme. Le vocable d'énergie nucléaire implique les ressources minérales nécessaires à la production d'énergie nucléaire, la production de combustibles nucléaires et l'utilisation de l'énergie nucléaire, les radiations ionisantes ainsi que les chaudières nucléaires. L'arme nucléaire n'est pas mentionnée mais la Constitution reste large dans l'énumération des forces armées dont le Pakistan dispose[677]. L'Inde, son principal ennemi sur la question du tracé des frontières, indique à l'article 246 de sa Constitution de 1949 les objets des lois adoptées par le Parlement et par les États composant l'Union Indienne. L'article susnommé renvoie à l'annexe 7 contenant une liste des domaines intéressant la défense, où se retrouvent les composants pour la mise en œuvre et le maintien de l'arme nucléaire au travers des catégories mentionnées à savoir les armes à feu, munitions et explosifs, l'énergie atomique et les ressources minérales nécessaires à sa production ainsi que les industries déclarées par le Parlement comme étant nécessaires pour la défense ou pour la poursuite de la guerre.

A l'inverse, plusieurs constitutions mentionnent l'énergie nucléaire pour lesquelles le lien avec l'arme nucléaire peut se corréler, notamment au travers de la protection de l'environnement. Ainsi, la Constitution italienne prévoit à l'article 117 un droit exclusif de légiférer dans le domaine de la protection de l'environnement. L'article 24 de la Constitution grecque vise également la protection de la nature. De même, l'article 149 de la Constitution espagnole confère à l'Etat la compétence exclusive concernant la protection de l'environnement et le transport de l'énergie. La Constitution suisse de 1999, révisée en 2014, dispose que « *la législation sur l'énergie nucléaire relève de la compétence de la Confédération* »[678]. La Constitution de Suède de 1974 intègre la dimension nucléaire au chapitre 4, partie 6, article 6, aux

---

[677] Constitution islamique du Pakistan, annexe quatrième programme : liste législative fédérale relative à l'article 70-4, Partie 1, alinéa 1.

[678] Constitution de Suisse, titre 3, chapitre 2, section 6, article 90 ; ainsi que le titre 6, chapitre 2, article 196, alinéa 4, disposition transitoire à l'article 90.

dispositions complémentaires 4, 6, 7 : « *La commission de la défense prépare les dossiers concernant la sûreté nucléaire et la protection contre les radiations* ».

Enfin, si la Constitution de la Bulgarie de 1991 dispose à son article 18, alinéa 4, que les activités nucléaires dont la production d'armement et d'explosifs nucléaires font l'objet d'un monopole d'Etat régi par la loi, c'est que la question de l'arme nucléaire peut être amenée à se poser à l'avenir. Cette prédisposition à l'armement nucléaire trouve son parfait exemple dans l'unique Constitution déterminant l'arme nucléaire comme identitaire de sa propre société.

2. L'exemple d'une Constitution dite « nucléaire »

La Constitution nord-coréenne est unique pour son intégration de l'arme nucléaire comme élément déterminant de son identité. En l'espèce, après s'être retiré du TNP en 2003 pour procéder à des essais nucléaires souterrains en 2006, le régime communiste de la Corée du Nord est le premier dans l'Histoire à inclure dans sa Constitution une référence à l'arme nucléaire, en affirmant son statut de puissance nucléaire[679]. Alors que la précédente Constitution, promulguée le 9 avril 2010, n'y faisait pas mention, une révision fut opérée lors de la session parlementaire du 13 avril 2012, et le texte officiel de la nouvelle Constitution de la Corée du Nord déclare sa nouvelle identité constitutionnelle, à savoir « *un Etat invincible en termes d'idéologie politique, un Etat doté de l'arme nucléaire et une puissance militaire indomptable, ouvrant ainsi la voie à la construction d'une nation forte et prospère* ». Il s'agit là du seul exemple de pays s'étant doté juridiquement de cette définition.

De la sorte, les constitutions intégrant l'arme nucléaire appartiennent dans une grande majorité aux régimes à l'exécutif renforcé, voire dominant le pouvoir parlementaire, pour lesquels la tendance d'abolir l'arme nucléaire reste constante. Au travers des exemples précités, se constate une tendance constitutionnelle selon laquelle le pouvoir nucléaire, civil comme militaire, relève par principe du domaine régalien. Mais la mention de l'objet ne concourt pas à l'exercice spécifique de principes constitutionnels, tout au plus illustre-t-elle une orientation politique, séculaire, temporaire. De plus, absente des constitutions de certains pays nucléaires, tels que les Etats-Unis et la Chine, la compétence de l'arme nucléaire n'est pas non plus affirmée dans la Constitution française bien qu'elle y soit associée dès l'origine avec la notion d'indépendance nationale, principe constitutionnel. L'absence de contestation et le consensus implicite sont-ils à l'origine de cet état de fait ? Le silence sur la question amène à poser l'hypothèse d'une arme nucléaire

679 Source : http://www.lemonde.fr/asie-pacifique/article/2012/05/31/la-nouvelle-Constitution-nord-coreenne-affirme-son-statut-d-etat-dote-de-l-arme-nucleaire_1710019_3216.html#ThCqkmDMJo0TDYQi.99

comme principe restructurant le fonctionnement des pouvoirs publics jusqu'à édifier la constitution d'un véritable « Etat nucléaire ».

Chapitre III
La théorie de l'État nucléaire

L'arme nucléaire conçue comme un principe fondamental modifiant l'organisation des pouvoirs publics a été théorisée par Henri Pac[680] en 1989 et souligne la prégnance historique de la force de frappe sur les institutions françaises, allant jusqu'à caractériser le régime politique[681]. Si l'esprit de la Constitution de 1958 illustre le rôle du chef de l'Etat, garant de la souveraineté, de l'indépendance et de l'intégrité de la Nation, reposant dès 1962 sur une large assise démocratique avec son élection au suffrage universel direct, celui-ci s'est adjoint la décision du feu nucléaire en 1964. De fait, l'apparition de la force de frappe a entraîné de nouvelles dispositions constitutionnelles en vue d'une véritable effectivité politique[682], par une conception du président comme véritable chef de guerre, une permanence de pratiques d'exception telles que la dissuasion[683], et par la limitation des libertés fondamentales en cas de crise grave[684]. Cette prospective juridique qu'est la théorie de l'*Etat Nucléaire* entend examiner les incidences

---

680 Henri Pac, commissaire en chef de la Marine, docteur d'Etat en Science Politique, maître de recherches au Centre d'Etudes et de Recherches sur les Stratégies et les Conflits de l'Université Paris-Sorbonne, conseiller au Tribunal administratif de Toulouse, a théorisé le concept d'Etat nucléaire en 1989 dans son ouvrage *Le droit de la défense nucléaire* publié aux Presses Universitaires de France. L'anthroponyme de l'adjectif « pacien » concourt à la paternité du théoricien de l'Etat Nucléaire dont les travaux de recherche nous ont fait opter pour cette antonomase par métonymie.

681 Samy Cohen, « Monarchie nucléaire, dyarchie conventionnelle », *Pouvoirs – Revue française d'études constitutionnelles et politiques*, Le Seuil, 1986, pp. 13-19.

682 Henri Pac, *Droit et politiques nucléaires*, Paris, PUF, 1994, pp. 30-33. L'intégration de normes au niveau suprême de la hiérarchie des normes dans l'ordre juridique interne est susceptible de renforcer l'effectivité de celles-ci, illustrant une certaine tendance de la doctrine à considérer la constitutionnalisation d'un texte comme l'annonce de profondes modifications à venir au sein de l'ordre juridique. Cf Jean-Sébastien Boda, « L'effectivité problématique des normes constitutionnelles : l'exemple de la charte de l'environnement » in Véronique Champeil-Desplats et Danièle Lochak, *À la recherche de l'effectivité des droits de l'homme*, Presses Universitaires de Paris-Nanterre, 2008, p. 77-88.

683 Mohamed Abdel Azim, *Usage politique du nucléaire au Moyen-Orient Israël et ses voisins 1995 – 2000*, mémoire de DEA de Science Politiques sous la direction du Pr. Jean-Paul Joubert, Université Lyon II, 2000 : « Selon Henri Pac, c'est en fonction des virtualités offertes par les possibilités dévastatrices de l'arme atomique que s'impose la notion de non-guerre nucléaire et que triomphe l'usage de la bombe en tant qu'instrument de dissuasion de l'autre, lequel est dissuadé d'agir. C'est la terreur, *la peur du désastre nucléaire* qui l'invite à la prudence et lui ôte toute envie de conquête. Sur de tels fondements s'érige la stratégie de dissuasion nucléaire en substitut de la guerre, dont on décrète l'impossibilité pour cause d'irrationalité ». Cette stratégie à des fins de coercition et non d'interdiction, se caractérise également par sa permanence, la dissuasion en pouvant tolérer une interruption au risque de nuire à sa crédibilité. De plus, la corrélation établie par la stratégie de dissuasion entre le pouvoir nucléaire et l'indépendance nationale postule une « démocratie charismatique-plébiscitaire » à l'avantage du chef de l'Etat, devenant le *maître de l'atome*. Cf. Henri Parc, *Le droit de la défense nucléaire*, *Op Cit*, p. 27.

684 Etant essentiellement envisagé comme cas de circonstance de crise une insurrection, une invasion, un conflit nucléaire.

exécutives, législatives et judiciaires de la possession de l'arme nucléaire comme moyen de souveraineté de l'Etat dans un contexte défini de circonstances de crise et caractérisée par l'emploi de l'arme nucléaire. Beaucoup plus étendu que les textes constitutionnels et réglementaires ne le laisseraient entendre du fait de la segmentation des fonctions gouvernementales et militaires se confondant de manière monocratique, la théorie « pacienne » de l'Etat nucléaire est un cas-limite de la Ve République dont les caractéristiques nécessitent d'être présentées, dévoilant des fonctions gouvernementales au-dessus de la légalité ordinaire (I), qu'il s'agira de conduire jusqu'au rétablissement des structures normatives de l'Etat de droit (II).

I. Caractéristiques de la théorie constitutionnelle de l'Etat nucléaire

Un État nucléaire est d'abord un État qui détient les moyens d'une dissuasion nucléaire, à savoir une capacité de destruction basée sur un possible usage de l'arme nucléaire en cas d'attaque majeure contre lui[685]. Or toute activité de souveraineté étatique a besoin d'une organisation juridique et de prévision, réclamant un système de répartition des responsabilités, que permet une Constitution laquelle est influencée sur le plan normatif par la dissuasion nucléaire comme structure juridique, participant activement à la finalité constitutionnelle (1). Sa forme la plus aboutie est développée par la théorie pacienne de l'Etat nucléaire lequel, déterminé dans son identité, succède au concept d'Etat-nation (2).

1. L'identité constitutive de l'Etat nucléaire

Dans le prisme de la Ve République, ce qui caractérise le régime constitutionnel de l'Etat nucléaire, c'est sa déduction issue de dispositions constitutionnelles dont la codification intervient en amont, dans un contexte juridique ignorant le pouvoir nucléaire[686]. Selon Henri Pac, l'identité constitutive de l'Etat nucléaire est basée sur trois éléments à savoir un territoire sanctuarisé dans ses frontières, une population transcendée par la dialectique du sacrifice suprême et une organisation du pouvoir monocratique, inhibée par la détention de l'arme nucléaire[687].

Principe fondamental des démocraties représentatives, la séparation des pouvoirs législatif, exécutif et judiciaire est déséquilibrée dans l'Etat

---

685 Le Code de la Défense dispose à l'article L1333-13-4 que : "Constitue une arme nucléaire, pour la poursuite des infractions mentionnées au présent article, tout engin explosif dont l'énergie a pour origine la fission de noyaux d'atomes » (ordonnance n°2014-792 du 10 juillet 2014 portant application de l'article 55 de la loi n°2013-1168 du 18 décembre 2013 relative à la programmation militaire pour les années 2014 à 2019 et portant diverses dispositions concernant la défense et la sécurité nationale).

686 Henri Pac, *Droit et politiques nucléaires*, *Op Cit*, p. 228.

687 Henri Pac, *Le droit de la défense nucléaire*, *Op Cit*, p. 20.

nucléaire de par leur distinction stratégique et efficiente. Sa nature nucléaire « *est liée à l'accomplissement d'activités spécifiques* [et ces] *exigences fonctionnelles conditionnent sa qualification particulière puisque c'est par elles que l'Etat nucléaire pose sa propre existence* »[688]. La conception des fonctions stratégiques de l'Etat nucléaire se distingue donc de celle, traditionnelle, des pouvoirs en ce que les fonctions législative, exécutive et judiciaire propres à l'Etat nucléaire se rapportent à l'exercice de la fonction gouvernementale avec une concentration temporaire ayant pour objectif d'exclure tout conflit d'intérêt. Dans l'Etat nucléaire, l'arme nucléaire est l'élément d'un appareil de guerre dont la puissance coercitive et destructrice est conditionnée à la volonté du chef de l'Etat qui monopolise le pouvoir de décision et engage sa responsabilité au nom du peuple souverain. Si l'élection présidentielle légitime l'exercice du feu nucléaire, ce pouvoir individualisé confère au chef de l'Etat une sorte de captation de souveraineté déjà consacrée, et l'objet de cet *imperium* correspond aux besoins primordiaux de l'existence en toute indépendance de l'Etat et de la survie de la Nation face au risque nucléaire de l'adversaire[689].

Or, si la Constitution de 1958 ne mentionne pas les moyens techniques destinés à réaliser la puissance nucléaire dans l'ordre juridique, l'arme nucléaire influence néanmoins la détermination du contenu de la norme positive par déduction de normes supérieures appréciées à partir d'une certaine interprétation de leurs valeurs régnantes, dont l'article 16 de la Constitution[690]. L'insertion de la défense nucléaire dans l'appareil étatique

---

[688] *Ibid*, p. 25.

[689] Henri Pac, *Droit et politiques nucléaires*, *Op Cit*, p. 227 : « Aussi constatons-nous que le régime de droit de l'Etat nucléaire est un système de pouvoir d'une technicité extrême où l'exécutif recouvre la plénitude de sa puissance gouvernementale ».

[690] Bernard Chantebout, *Droit constitutionnel et science politique*, Armand Colin, 1996, p. 637 : « *Dans l'esprit de tous les responsables, l'emploi effectif de l'arme nucléaire implique la mise en œuvre, préalable ou au plus tard simultanée, de l'article 16 de la Constitution* [...] *l'ensemble des armes nucléaires ont été mises, sans texte mais d'un consentement unanime, sous le contrôle du chef de l'Etat* ». Ce consensus coutumier se retrouve chez de nombreux auteurs dans les publications juridiques parmi lesquelles Georges Burdeau, *Manuel de droit constitutionnel et institutions politiques*, 20ème éd., Paris, LGDJ, 1984, pp. 510-522, 531-544, 598-617 ; Samy Cohen, « Le Président chef des armées », *Pouvoirs* n°58 - La France en guerre - juin 1991 - pp. 5-24, 33-40 ; David Cumin, *L'arme nucléaire française devant le droit international et le droit Constitutionnel*, CLESID – Université Jean Moulin Lyon 3, Lyon, 2005, p. 143-145 ; Guillaume Drago, *L'exécution des décisions du Conseil Constitutionnel. L'effectivité du contrôle de constitutionnalité des lois*, Paris/Aix-en-Provence, Economica/PUAM, 1991, préface Y. Gaudemet, pp. 48-70 ; Maurice Duverger, « La crédibilité du décideur » in *L'aventure de la bombe*, Plon, 1985, pp. 323-330 ; Jean Gicquel, *Droit constitutionnel et institutions politiques*, 10ème éd., Paris, Montchrestien, 1989, pp. 619-715 ; Olivier Gohin, « Les fondements juridiques de la défense nationale », *Droit et Défense*, n°93/1, juin 1993, p.8 ; Nicolas Haupais, « La dissuasion française entre force et droit » in *La France et l'arme nucléaire*, Biblis, CNRS Editions, 2019, p.24 ; Jean Paucot, « Le pouvoir d'engager les hostilités en France », *Pouvoirs* n°10, 1979, pp. 65-78, pp. 73-74 ; Jean-Paul Payre, « Pouvoirs discrétionnaires et compétences liées du Président de la République », *RDP*, novembre-décembre 1981, pp. 1613-1644 ; Michel Guénaire, « Le défi référendaire d'un Président minoritaire », *RDP*, juillet-août 1986, pp. 1065-1096 ; Claude-Albert Colliard, « Les pouvoirs

posa incontournablement au droit constitutionnel la question du titulaire du pouvoir de décision et son fondement juridique[691].

La logique de l'Etat nucléaire est celle de la personnalisation du pouvoir et de la légalité d'exception réservée au chef politique détenteur de la légitimité nationale. Elle ramène aussi la complexité d'un Etat moderne à une totalité singulière car « *le droit nucléaire repose sur la suprématie de la stato-nation, tel qu'il est pratiquement mis en œuvre par la France en particulier*[692] ». Un tel mode d'organisation, jugé inévitable pour la gestion des affaires nucléaires militaires[693], est à l'exact opposé de l'évolution *rechtsstaatlich* des sociétés occidentales, supposant que la communauté politique soit vue comme un tout sanctuarisé, incarné par un chef. Cette personnalisation du pouvoir qu'entraîne l'arme nucléaire influe sur la nature de l'Etat et de la Constitution avec une souveraineté étatique absolue laquelle, reprenant Carl Schmitt, repose sur la possibilité de l'État de s'autoconserver, en dehors même de la norme juridique, par une action qui prouve cette souveraineté. De prime abord, la nature de ce pouvoir présidentiel apparait non seulement constitutionnelle mais supraconstitutionnel[694] du fait qu'elle contienne puis dépasse la souveraineté nationale avec une activité sans aucune prérogative, n'ayant à rendre de compte à aucun autre pouvoir constitutionnel au nom de la survie de l'Etat comme fin en soi. Ainsi, la réalisation de l'arme nucléaire, en raison de ses inévitables effets structuraux, a facilité l'introduction de la démocratie plébiscitaire en 1962 et a bouleversé la Constitution de 1958[695] en favorisant l'institution d'un pouvoir discrétionnaire du Président élu et responsable de par les articles 6 et 68 de la Constitution, en charge des intérêts de la Nation[696].

---

du Président de la République en cas de coexistence institutionnelle », *RDP*, novembre-décembre 1989, pp. 1565-1605 ; Claire Planton, « Le Président et la défense sous la Vème République », *Arès*, vol.XIV/3, 1993, pp. 105-121.

691 Benoît Grémare, « La présidence du feu nucléaire comme coutume constitutionnelle », intervention devant le Xe Congrès de l'Association Française de Droit Constitutionnel, le 23 juin 2017 à la faculté de droit de Lille.

692 Henri Pac, *Droit et politiques nucléaires*, *Op Cit*, p. 184.

693 Commun aux cinq EDAN, l'institution militaro-nucléaire repose sur un monopole et une concentration du pouvoir suprême chez une seule personne, chef de l'Etat (France, Etats-Unis, Russie), chef de gouvernement (Royaume-Uni) ou secrétaire général du parti unique (Chine, ex-URSS). Cette personne est investie, sans contrôle ni contrepoids, du droit de décider du moment et de la modalité d'emploi des armes atomiques. Elle dispose à cette fin d'un état-major particulier veillant à l'acheminement de ses ordres, ainsi que de forces dont le commandement est placé directement auprès d'elle hors de la hiérarchie militaire.

694 Henri Pac, *Droit et politiques nucléaires*, *Op Cit*, p. 229.

695 Philippe Bretton, « Convergences et divergences relatives à la licéité de l'arme nucléaire », in *Mélanges Ardant*, Paris, LGDJ, 1999, p.159 : « *c'est précisément l'accession de la France au rang de puissance nucléaire qui incita le fondateur de la Vème République, en 1962, à effectuer une révision Constitutionnelle du mode d'élection du chef de l'Etat, désormais élu au suffrage universel direct, afin qu'il bénéficie d'une légitimité populaire indispensable pour celui qui, en cas de crise grave, aurait en dernier ressort à prendre la décision de déclencher le feu nucléaire* ».

696 Henri Pac, « L'Etat nucléaire », *Droits – Revue française de théorie juridique*, n°16, 1993, PUF, p.98 : « *Si pouvoir personnel il y a véritablement en la matière sur le plan de la démocratie juridique, ce*

La Nation n'est pleinement autonome et souveraine que si elle jouit de l'intégrité territoriale, avec le droit de se gouverner et de s'administrer librement dans le cadre de ses propres frontières territoriales, et de sa consistance humaine, assurée par l'Etat qui dispose de la garantie coercitive. Dans la doctrine de l'organisation territoriale de la défense nucléaire, la sanctuarisation du territoire national[697] affirme explicitement que sa violation par l'ennemi lui fait franchir d'une manière irréversible le seuil prohibitif d'enclenchement de la riposte nucléaire. Cet effet de sanctuarisation permet de doter les frontières d'un privilège d'inviolabilité, et par l'intériorisation du territoire sanctuarisé dans la notion d'Etat, se trouve introduit dans celle-ci « *un lien de religion qui fonde de manière effective le principe de l'inviolabilité territoriale de l'Etat nucléaire*[698] ». A l'image de l'Etat, la temporalité de la défense nucléaire est perpétuelle, s'inscrivant dans le cadre du fonctionnement général de la défense nationale dont l'ordonnance du 7 janvier 1959 a posé les principes dès l'article 1 à propos du caractère permanent de la Défense nationale en précisant que celle-ci est assurée « *en tout temps et toutes circonstances* ». Cette permanence abolit la distinction entre le temps de paix et le temps de guerre, transcende à la fois le *jus in bello* et le *jus ad bellum*, et requiert d'éviter toute improvisation pour engager une riposte immédiate lors d'un conflit nucléaire.

La théorie d'Henri Pac s'applique à une minorité d'Etats disposant de l'arme nucléaire, puissance coercitive « *dont la finalité apocalyptique leur donne théoriquement les moyens de nourrir leurs prétentions à un magistère général de la collectivité internationale, parce que sa mise en œuvre engage celle-ci dans sa totalité*[699] ». Étant donné sa puissance de destruction sans égale, l'arme nucléaire accorde au pays détenteur une citoyenneté internationale privilégiée, un rang supérieur dans l'ordre juridico-politique. En effet, l'Etat nucléaire dispose de deux exclusivités sur la scène internationale : la *dissuasion* qui, théoriquement, lui évite la guerre avec un Etat adversaire du fait de l'incertitude d'un gain proportionné aux représailles nucléaires automatiques ; et, indépendant par conséquence, s'ajoute l'*inhibition* qui lui permet d'imposer le *statu quo* d'une situation géopolitique par la menace d'utilisation de l'arme nucléaire ou par une votation privilégiée comme l'exercice d'un droit de veto, à l'instar du Conseil de Sécurité des Nations Unies[700]. A l'origine centré sur la décision

---

pouvoir n'est toutefois pas un pouvoir « a-légal », car ses actes peuvent être imputés au peuple, en tant qu'il s'incarne dans la personne du chef de l'Etat au moment de la décision suprême. Ainsi, de par l'élection au suffrage universel du président de la République, il y a place pour la démocratie politique. »

697 Corentin Brustlein, « A l'ombre de la dissuasion : la sanctuarisation agressive », *Les Grands Dossiers de Diplomatie*, 28 octobre 2013, pp. 12-16.

698 *Op Cit*, p. 49.

699 Henri Pac, *Le droit de la défense nucléaire*, *Op Cit*, p. 19.

700 L'existence de ce vote privilégié, par ailleurs consacré juridiquement à l'article 27 de la Charte des Nations Unies, constitue un élément de distinction de l'Etat nucléaire par rapport aux autres Etats non-détenteurs de l'arme nucléaire, fondé sur une norme de puissance appréciée juridiquement et renforçant la souveraineté de l'Etat. Henri Pac parle de « pétrification » de l'ordre juridique international.

d'employer l'arme nucléaire, le droit nucléaire mêle une conception spécifique du pouvoir politique à des considérations stratégiques, s'imposant comme une science de l'organisation aboutissant, sur les fondements de l'Etat-nation, à cet Etat métanational[701] hybride qu'est l'Etat nucléaire. Ainsi, si la dissuasion s'apparente aux structures vitales qui conditionnent la survie de la nation et la préservation de la condition d'Etat souverain, « *la logique du système de l'Etat nucléaire en commande implacablement les modalités d'application*[702] » en circonstances de crise.

2. L'Etat nucléaire : l'évolution constitutionnelle de l'Etat-nation

Le contexte de circonstances de crise et les impératifs de la guerre nucléaire modifient les dispositions du droit constitutionnel lequel, contraint de s'adapter aux conjonctures, suspend certains principes et déroge à certains articles. Si l'histoire constitutionnelle française a connu plusieurs suspensions de Constitution, le plus souvent du fait de la survenance d'un évènement en rupture avec les règles constitutionnelles telles que les révolutions, les insurrections, les guerres et les Coups d'Etat, certaines furent à l'inverse appliquées par mécanismes constitutionnels[703] en raison d'un contexte particulier de circonstances graves, instaurant une organisation spécifique en vue de réanimer l'appareil gouvernemental et de résoudre la crise du régime.

Dans son ouvrage *Le droit de la défense nucléaire*, Henri Pac caractérise l'Etat nucléaire par la prééminence de l'exécutif présidentiel dont l'article 16 de la Constitution consacre la base juridique[704], et dont la décision de recourir à l'emploi du feu nucléaire sanctionne la situation limite de crise

---

[701] Henri Pac, *Droit et politiques nucléaires*, *Op Cit*, p. 189.

[702] *Op Cit*, p. 238.

[703] Christian Bigault, « Les suspensions de la Constitution – les régimes dérogatoires aux dispositions Constitutionnelles : les suspensions provisoires de la Constitution », *Revue administrative*, 55e année, n°325, janvier-février 2002, pp. 47-54.

[704] A la différence de l'état de siège et de l'état d'urgence, qui impliquent l'intervention du Parlement en cas de prolongation au-delà de douze jours et qui relèvent de la compétence gouvernementale, les pouvoirs de l'article 16 sont des pouvoirs propres du chef de l'Etat. Se bornant à consulter le Premier ministre, les présidents des assemblées et le Conseil Constitutionnel avant de décider le recours à l'article, et à en informer la nation par un message, le Président est investi, pendant la durée d'application de cet article, du droit de prendre toutes les mesures exigées par les circonstances. Il dispose de la plénitude des pouvoirs exécutif et législatif pour remplir sa mission extraordinaire : sauvegarder et rétablir l'ordre étatique et Constitutionnel, y compris en dérogeant à la Constitution ou aux lois et en suspendant la Constitution ou les lois. Ce pouvoir de dérogation et de suspension, pendant la durée de l'état d'exception, signifie que la Constitution et les lois restent en vigueur, sans qu'elles puissent être révisées ni abrogées, mais que le Président n'est plus lié à cette Constitution ou à ces lois. Par contre, dans l'état de siège ou l'état d'urgence, les autorités militaires ou civiles se voient seulement accorder des prérogatives exorbitantes qu'elles ne peuvent exercer que dans un cadre juridique déterminé, sans qu'il y ait concentration des pouvoirs exécutif et législatif.

grave dans laquelle la survie de la France est en jeu. Socle de la théorie pacienne de l'Etat nucléaire, la mise en œuvre de l'article 16 de la Constitution permet également de donner à l'article 5 du décret n°96-520 relative aux forces nucléaires son cadre adapté[705].

Dans ce contexte, la négativité causale de la dissuasion permet de dégager le sens juridique du système de décision de mise à feu avec la séquence d'annonce et la séquence de lancement. Rôle actif d'initiation et d'initiative, l'ordre de mise à feu des missiles nucléaires marque le passage du temps de crise au temps de guerre. Cette décision monocratique en fait « *l'exemple type de l'expression d'un pouvoir dictatorial. On peut en dire autant de sa technique juridique qui est celle des actes-ordres, et également de sa tendance à refermer la souveraineté nationale sur elle-même* »[706] du fait de la carence des institutions à surmonter la crise. Mais cette carence institutionnelle ne suffit pas pour que l'article 16 de la Constitution puisse s'appliquer : l'intérêt vital de la nation doit être immédiatement menacé pour « *justifie*[r] *la supériorité technique du régime autoritaire institué par l'article 16, à savoir la promptitude de son action* »[707] amenant une plénitude des pouvoirs exécutifs et législatifs, sans délibération et sans contrôle. En effet, le Président est seul juge de la mise en œuvre de l'article 16 que la Constitution subordonne à des conditions parfois alternatives[708], parfois cumulatives, avec l'interruption du fonctionnement régulier des pouvoirs publics.

Compte tenu du caractère diversifié de la menace et de la particularité de chaque situation de crise, les pouvoirs juridiques doivent s'avérer adéquats aux contraintes et au degré d'agressivité exprimé lors d'un chantage nucléaire, nécessitant « *l'édification d'un espace juridique de crise à plusieurs dimensions exceptionnelles de pouvoir exécutif correspondant à une sectorisation et à une gradation des menaces* »[709] et au cours lesquelles s'affermit l'Etat nucléaire dans son rôle en fonction de la gravité subie.

Les crises peuvent se classer en trois niveaux avec, au premier stade, celles des états de crise intérieure avec les régimes exceptionnels de police

---

705 David Cumin, *L'arme nucléaire française devant le droit international et le droit constitutionnel*, *Op Cit*, pp. 118, 143-145, 159. Cependant le caractère exceptionnel de la mise en application de l'article 16 ne contribue pas à la formation d'une *opinio juris* du fait de son unique mise en œuvre en 1961 lors de la crise algérienne au cours de laquelle les capacités d'action des chambres furent limitées par une suite d'interventions le 25 avril, le 31 août et le 19 septembre 1961, avec pour conséquence l'absence d'aboutissement législatif durant cette période.

706 Henri Pac, *Le droit de la défense nucléaire*, *Op Cit*, p. 81 : « *Toute la singularité du droit de la défense nucléaire se révèle à cette occasion puisqu'il reconnaît, en effet, de ce fait, une existence juridique majeure à la seule virtualité d'un acte matériellement inexistant* ».

707 *Op Cit*, p. 111. A noter que la carence des pouvoirs publics, une condition de proclamation de l'état de crise, n'est ni évoquée ni exclue.

708 La menace peut porter soit sur les institutions de la République, soit sur l'indépendance de la Nation, soit sur l'intégrité de son territoire, soit sur l'exécution de ses engagements internationaux.

709 *Op Cit*, p. 102.

que sont l'état de siège[710] et l'état d'urgence[711], tendant à maintenir l'ordre intérieur ; au deuxième niveau se situe un cas mixte avec un état de crise intérieure aggravé sur le plan international, ce qui marque, par rapport au palier précédent, l'inclusion d'une menace extérieure ; enfin, les états de crises internationales majeures se trouvent prévus par l'ordonnance du 7 janvier 1959 portant organisation générale de la défense, avec la mobilisation générale, la mise en garde et la situation réglementée à l'article 6 pour la préparation à la guerre. Si ces états juridiques de crise peuvent s'engendrer les uns les autres, ils établissent chacun une légalité de circonstances exceptionnelles dans laquelle l'exécutif bénéficie de pouvoirs élargis pour assurer la défense et la sécurité de la Nation, sorte de « thérapie institutionnelle[712] » illustrée par des pouvoirs élargis et temporaires[713]. Toutefois, le Président est tenu à des consultations officielles, dont celle du Conseil Constitutionnel donnant lieu à un avis motivé[714], et doit en informer la Nation. A cela, seule l'autorité présidentielle décide de l'opportunité de l'objet et du contenu du message, comme par exemple l'annonce d'initiatives constitutionnelles telles qu'en 1974 et 1995. Les nouvelles dispositions de l'article 18 offrent la possibilité d'un discours présidentiel au Congrès relatif à l'application de l'article 16 sans toutefois donner lieu à un débat ou un vote.

Juridiquement, l'Etat nucléaire s'apparente « *à l'érection, sur les fondements traditionnels de l'Etat, à cet Etat-nation presque parfait*[715] » du fait qu'il concrétise les concepts politiques définissant l'Etat-nation au niveau de la garantie matérielle de ses pouvoirs, c'est-à-dire les fonctions gouvernementales capables d'assurer la jouissance effective des pouvoirs reconnus. Au travers

---

710 Article 36 de la Constitution ; article L2121-1 du Code de la Défense.

711 Loi n°55-385 du 3 avril 1955 instituant un état d'urgence et en déclarant l'application en Algérie. L'état d'urgence a fait l'objet d'un projet de Constitutionnalisation en 2015-2016 où il fut envisagé de l'inscrire dans un nouvel article 36-1 de la Constitution, en particulier pour maintenir automatiquement ses effets pendant six mois après sa levée, si la menace restait latente. Dans son avis rendu le 11 décembre 2015, le Conseil d'État estime que la durée de l'état d'urgence ne peut être définie que par la loi. Mais le projet de loi constitutionnelle « de protection de la Nation », relative à l'état d'urgence et à la déchéance de la nationalité ont paru inconciliables jusqu'à ce que le président Hollande close le débat Constitutionnel le 30 mars 2016.

712 Henri Pac, *Le droit de la défense nucléaire*, *Op Cit*, p. 112.

713 Le droit constitutionnel a fourni l'exemple de précédents juridiques où l'état de nécessité exigeait un renforcement temporaire de l'exécutif tels que l'article 14 de la charte de 1814, l'acte constitutionnel n°2 du 11 juillet 1940. Au travers du gouvernement, le droit administratif y consacre l'article 6 de l'ordonnance du 7 janvier 1959 portant organisation générale de la défense.

714 Conformément à l'article 53 de l'ordonnance organique n°58-1067 du 7 novembre 1958. S'il n'est aucunement lié par les opinions qu'il recueille, le Président de la République avec l'article 19 n'a pas l'obligation de contresigner par le Premier ministre sa décision d'appliquer l'article 16, bien qu'un désaccord juridique et public du juge Constitutionnel puisse le mettre dans une position difficile.

715 Henri Pac, *Op Cit*, p. 21.

de la notion de circonstances de crise[716], l'Etat nucléaire jouit ainsi d'une légalité d'exception, « *seule probante dès lors que la situation de crise déroge d'elle-même à la situation de droit commun caractérisée par l'absence de toute menace intérieure ou extérieure*[717] ». Ces régimes d'exception, qui imposent aux citoyens des contraintes importantes[718] et comportent un régime restrictif des libertés publiques[719] avec la réquisition des personnes et le contrôle de l'économie, sont décidés par le gouvernement en Conseil des ministres pour que tout ou partie du territoire soit placé dans une de ces situations, modifiant les rapports entre autorités civiles et militaires selon les modalités définies et prorogées par la loi[720]. L'Etat nucléaire dispose alors d'une posture normative productrice de droit d'actes-règles[721] de nature régalienne et d'ampleur exceptionnelle, sans nécessaire rupture avec la Constitution de la Ve République car « *un régime de pouvoirs exceptionnels a des effets qui, dans un Etat de droit sont par nature limités dans le temps et dans l'espace*[722] ».

---

716 Théorie élaborée à partir de la jurisprudence administrative dès 1918, les circonstances exceptionnelles permettent, sous le contrôle du juge, lorsque les événements l'exigent et pour assurer la continuité des services publics, à l'administration de ne pas respecter la légalité ordinaire. Cf. CE, 28 févr. 1919, *Dames Dol et Laurent*, req. n°61593, *GAJA*, 20e éd., Dalloz, 2015, n°32 ; CE, 28 juin 1918, *Heyriès*, req. n°63412, GAJA, 20e éd., Dalloz, 2015, n°31.

717 *Op Cit*, p. 107.

718 Le régime juridique de l'état de siège se traduit par l'extension des pouvoirs de l'autorité militaire au maintien de l'ordre, investie totalement ou partiellement des pouvoirs de police, avec la mise en place de tribunaux militaires. L'état d'urgence se caractérise, en vue d'assurer l'ordre public, par une transformation des compétences des autorités de police et par une limitation parallèle des libertés individuelles (réglementation de la circulation et du séjour, mesures d'éloignement, droit de réquisition, de fermeture de lieux ouverts au public, assignation à résidence, remise des armes) ; d'autres mesures ne peuvent être ordonnées qu'en vertu d'un décret déclaratif ou d'une loi de prorogation (perquisition à domicile de jour et de nuit, contrôle des médias).

719 Henri Pac, *Les politiques nucléaires*, PUF, 1995, p. 51 : « *Phénomène capital, sans autre exemple dans l'histoire moderne : dans son état de risque stratégique et technologique majeur, une énergie s'arroge une fonction régalienne telle que son emploi contraint à une gestion sociale qui entame les degrés de liberté du politique piégé dans une seule voie, celle du passage de tout usage déraisonnable du nucléaire à une situation jugée si critique pour l'ensemble de la planète qu'elle en devient socialement inacceptable* ».

720 L'article 5 de l'ordonnance du 7 janvier 1959 portant organisation générale de la défense précise que les décrets de mobilisation générale et de mise en garde « ouvrent dans tous les cas au profit du gouvernement, dans les conditions et sous les pénalités prévues par la loi du 11 juillet 1938 le droit de réquisition des personnes, biens et services, et le droit de soumettre à contrôle et à répartition les ressources en énergie, matières premières, produits industriels ou produits nécessaires au ravitaillement et, à cet effet, d'imposer aux personnes physiques ou morales en leurs biens les sujétions indispensables ». Source : https://www.legifrance.gouv.fr/codes/article_lc/LEGIARTI000006539797/ (consulté le 14 avril 2020).

721 Henri Pac, *Droit et politiques nucléaires*, *Op Cit*, pp. 191, 194-196, 228-235, 244-249 : « *L'organisation constitutionnelle de la défense nucléaire comporte trois niveaux : l'échelon suprême (le Président de la République), l'échelon directorial (le Conseil de défense) et l'échelon logistique (le Premier ministre et le ministre de la Défense)* ».

722 CE, ord., 9 décembre 2005, n°287777 ; cf. CE, ord., 27 janvier 2016, n°396220.

II. La critique constitutionnelle de l'Etat nucléaire

En ce sens, le caractère exceptionnel de l'Etat nucléaire l'amène à déroger à certains principes de l'Etat de droit, s'apparentant à un hybride constitutionnel (1) lequel nécessite un organe institutionnel à même d'apposer les limites de son effectivité dans le cadre de la Ve République, à savoir le Conseil Constitutionnel (2).

1. L'Etat nucléaire : un hybride constitutionnel

La théorie pacienne de l'Etat nucléaire établit que le corps législatif tienne un rôle mineur du fait de la primauté du pouvoir exécutif dans l'application du feu nucléaire. Bien que les attributions en matière de défense nationale soient à la base de l'appareil défensif avec l'article 34 de la Constitution[723], l'abaissement du pouvoir législatif est lié dans l'Etat nucléaire à ce que la pratique de dissuasion nucléaire solidarise étroitement au seul pouvoir exécutif sa mise en œuvre et sa décision opérationnelle. Le Chef de l'Etat nucléaire, concentrant la conception, la décision et l'exécution, définit le régime politique de la défense nucléaire[724] puisque, fondé sur l'article 15 de la Constitution, c'est en sa double qualité de président du conseil de défense et de chef des armées qu'il tire son pouvoir de décision en matière de défense nucléaire. Ce statut constitutionnel trouve lui-même sa justification dans l'article 5 de la Constitution aux termes duquel « *le Président de la République est le garant de l'indépendance nationale et de l'intégrité du territoire* ». A la vue de la relation établie entre la qualité de chef des armées et le décret n°64-46 du 14 janvier 1964 engageant les forces aériennes stratégiques, la Constitution de 1958 revêt à ses débuts une originalité par rapport aux précédentes, la pratique républicaine voulant depuis 1848 que le Président ne puisse pas tirer de cette qualité le pouvoir monocratique de commander en personne les armées. Or c'est bien de son statut constitutionnel de chef des Armées que le Président puise sa prérogative de commander en personne les forces armées nucléaires[725], une spécificité de la Ve République appuyée par une exigence permanente envers l'exécutif. Si le Président de la République doit assurer à la France un optimum international et au gouvernement les moyens nécessaires à l'autonomie de sa politique nationale, la garantie de l'indépendance nationale est la condition de l'application de l'article 20 de la Constitution aux termes duquel « *le gouvernement détermine et conduit la politique de la nation* ».

---

723 Le Parlement se prononçant entre autres sur les grandes orientations des lois de programmation militaire.

724 Henri Pac, *Le droit de la défense nucléaire*, *Op Cit*, p. 37.

725 Henri Pac, « L'Etat nucléaire », *Op Cit*, p. 98 : « *Il reste vrai que l'activité nucléaire du chef de l'Etat n'est subordonnée à aucune expression dans les formes juridiques de l'Etat de droit et qu'ainsi la démocratie s'en trouve forcément modifiée* ».

Les décrets relatifs à l'organisation de la défense nationale[726] contiennent quelques indications sur l'organisation du commandement en cas de conflit, composé de groupes restreints, de conseils ou de comités de défense prenant en charge la conduite de la guerre. A l'instar du comité pilotant le contrôle gouvernemental de la dissuasion nucléaire[727] instauré en 2009, ces cellules instituées entendent gouverner la politique de l'Etat par des ordonnances[728]. Pour que la faculté de riposte nucléaire garde intactes ses qualités de violence et d'immédiateté, sans lesquelles la crédibilité du système de défense s'effondrerait, le président de la République s'inscrit en « maître de l'atome[729] » pour lequel les principes, s'ils ne sont pas expressément formulés par les textes, sont théorisés au travers de l'article 5 de la Constitution et du décret n°96-520 du 12 juin 1996 portant détermination des responsabilités concernant les forces nucléaires[730]. Or « *seule l'institution d'une procédure unilatérale de décision conflictuelle offre, en supprimant les responsabilités multiples, les conditions de réalisation de la garantie matérielle de l'indépendance nationale dans le contexte nouveau du nucléaire*[731] ».

De par sa valeur de principe fondamental[732] du fait qu'il fonde le pouvoir souverain du Président sur l'arme nucléaire dans le but de perpétuer la Nation, le principe du maître de l'atome préside à l'exercice de la souveraineté au travers d'actes de gouvernement dans la mesure où se concrétise l'accomplissement de la fonction de commandement nucléaire et, relatif à ce titre, la conduite de la guerre, disposant d'un droit de vie et de mort sur la Nation dont il est le dépositaire[733]. Détenteur d'une puissance de

---

[726] Tel que le décret n°62-808 du 18 juillet 1962.

[727] Décret n°2009-1118 du 17 septembre 2009 relatif au contrôle gouvernemental de la dissuasion nucléaire ; article R*1411-1 du Code de la Défense. Article R*1411-1 du Code de la Défense.

[728] Le Code de la Défense s'intéresse par son article L. 1111-3 aux organes de décision, qu'ils soient ou non propres à la Défense. De cette façon, « *la politique de défense est définie en Conseil des ministres* » et « *les décisions en matière de direction générale de la défense et de direction politique et stratégique de la réponse aux crises majeures sont arrêtées en Conseil de défense et de sécurité nationale* » ; par ailleurs, « *les décisions en matière de direction militaire de la défense sont arrêtées en Conseil de défense et de sécurité nationale restreint* ».

[729] Henri Pac, *Le droit de la défense nucléaire*, *Op Cit*, p. 57.

[730] Article 5 du décret n°96-520 : « *Le chef d'état-major des armées, ou le chef d'état-major général des armées, s'il est nommé, est chargé de faire exécuter les opérations nécessaires à la mise en œuvre des forces nucléaires. Il s'assure de l'exécution de l'ordre d'engagement donné par le Président de la République, chef des armées et président du conseil de défense* ».

[731] Henri Pac, *Le droit de la défense nucléaire*, *Op Cit*, p. 59.

[732] Dans son ouvrage *De republica libri sex et viginti* publié en 1596, Pierre Grégoire de Toulouse (1540-1597) entendait par lois fondamentales celles qui fondent la souveraineté du royaume, donnant sa forme à l'Etat et assurant sa perpétuité ; il les distinguait des coutumes reçues pour le gouvernement. La réactualisation de cette distinction juridique est, selon Henri Pac dans son ouvrage *Le droit de la défense nucléaire*, la conséquence d'une république moderne ayant par son président une forme monarchique dans son sens le plus absolu à cause de l'arme nucléaire.

[733] Henri Pac, *Droit et politiques nucléaires*, *Op Cit*, p. 245 : « *La mainmise du Président de la République sur la direction du conflit nucléaire constitue la marque dominante du volet militaire de l'Etat*

destruction absolue, l'Etat nucléaire confère à son dirigeant un pouvoir de commandement extraordinaire et de responsabilité exorbitante[734]. Vu comme un cas-limite pour ces dimensions nouvelles, l'Etat nucléaire contient une nouvelle fonction présidentielle au-dessus de la légalité dite ordinaire – car non-nucléaire – laquelle s'est vue imposer en 2007 des limites avec la révision constitutionnelle de la responsabilité présidentielle[735].

A ce titre, la théorie pacienne prétend que « *les formes constitutionnelles de l'Etat nucléaire ne sont plus qu'un revêtement superficiel d'une activité étatique totalement solidaire du coefficient stratégique, lequel renvoie à des procédures décisionnelles qui bouleversent complètement les modalités d'exercice du pouvoir*[736] ». Toutefois, les institutions de la Ve République ont la capacité constitutionnelle de cadrer un pouvoir dérogatoire issu de l'article 16 au travers de la maintenance desdites institutions, doublé d'un contrôle de la fonction présidentielle lequel permet de déclarer publiquement la forclusion de l'Etat nucléaire. Il est vrai que, pour le droit, l'impact absolutiste de l'Etat nucléaire sur les institutions nécessite une temporalité constitutionnelle. Si la Constitution de 1958 proclame la forme républicaine du régime politique[737], sa caractéristique est d'être une démocratie constitutionnelle[738]. De fait, celle-ci demeure inchangée lors de l'instauration du régime dérogatoire de l'Etat nucléaire : la mobilisation du peuple, en tant qu'organe électoral compétent, doit donc avoir lieu suivant les formes prescrites malgré le caractère monocratique de la décision présidentielle et de la dérogation de droits[739]. Cette situation temporaire de crise est finalement levée au travers du Conseil Constitutionnel, lequel interprète[740] et formule un avis augurant la fin des circonstances exceptionnelles et le retour à la normativité constitutionnelle.

---

nucléaire dans lequel le généralissime est élu au suffrage universel. Cette conception ne vaut qu'en cas de conflit nucléaire et demeure intrinsèquement enchaînée à une guerre strictement nationale puisque l'emploi de l'arme nucléaire défend les intérêts supérieurs de l'Etat qui la détient ».

734 Avec l'article 5 de la Constitution de 1958, l'indépendance nationale est clairement devenue l'un des devoirs du Président de la République. Aussi selon Pierre Messmer, « « *le chef de l'Etat a seul l'emploi de la force nucléaire stratégique. La conséquence dans un régime démocratique est que le chef de l'Etat doit être l'élu de toute la Nation, qu'il peut plonger dans de terribles épreuves* ». Sans influence externe, le Président reste un pouvoir isolé qui peut donner l'ordre d'engager les forces nucléaires, aucune action du pouvoir législatif sur le pouvoir exécutif du Président de la République n'est prévue pour cette décision immédiate. Cette suprématie du Chef de l'Etat est légalisée par la qualification de la plus haute autorité de l'Etat pour décider de l'engagement éventuel de l'arme nucléaire, soit par elle-même, étant sa propre fin.

735 Loi constitutionnelle n°2007-238 portant modification du titre IX de la Constitution, relative à l'article 68.

736 Henri Pac, *Droit et politiques nucléaires*, *Op Cit*, p. 252.

737 Article 1 de la Constitution française de 1958.

738 Article 3 de la Constitution française de 1958.

739 Elle pourrait être néanmoins ajournée sine die du fait de la tenue de circonstances externes entraînant l'interruption des pouvoirs publics, ce qui établirait une anormalité juridique.

740 La garde de la Constitution et son interprétation n'appartiennent pas qu'au Président de la République en vertu de l'article 5. Elles relèvent également du Conseil Constitutionnel sous l'aspect législatif et du Conseil d'Etat sous l'aspect réglementaire. Elles appartiennent aussi à ces procureurs de la Constitution que sont les autres autorités : les présidents des assemblées,

Cette association intime de la nation et de son chef provient de la décision nucléaire liée intrinsèquement à la personne du Président de la République. De fait, dans la théorie pacienne, le régime politico-juridique de l'Etat nucléaire, caractérisé par la suprématie d'un chef d'Etat affranchi de tout contrôle, retire aux organes constitutionnels leur pouvoir décisionnel : l'autorisation de déclaration de guerre est *de facto* abolie ; le Parlement n'exerce en la matière qu'une compétence confirmative de l'état de guerre ; aucune instance extra-présidentielle de responsabilité politique ne vient se mêler à la procédure de décision ; le peuple et ses représentants ainsi que le gouvernement sont mis à l'écart et ne prennent aucune part à l'exercice de la compétence nucléaire du Président[741]. En bref, l'activité nucléaire militaire est affranchie de toutes les règles de l'Etat de droit et le pouvoir nucléaire, parce qu'il semble impossible à enfermer dans les habituelles contraintes juridiques, marque à cet égard une rupture radicale[742]. La défense nucléaire soumet l'ordre constitutionnel à son emprise, affectant ses équilibres internes, et imposant ses impératifs stratégiques – la présidentialisation de la Ve République en témoigne[743] – avec un exécutif devenant temporairement indépendant et absolu[744].

Toutefois, ce modèle institutionnel « nucléaire » renvoie à la question de la garantie des droits fondamentaux en circonstances de crise d'autant que la théorie pacienne pose la question du statut des gouvernants, modifiés dans l'Etat nucléaire « *puisque, de simples agents d'exercice du Pouvoir, ils deviennent véritablement titulaires de celui-ci*[745] » en conservant leurs propres charges au nom d'une inamovibilité due à la conjoncture exceptionnelle. De plus, dans cette période exceptionnelle que sont les circonstances de crise, la limitation par le droit s'arrête devant le « pouvoir législatif du gouvernement »[746], soit la faculté de prendre des mesures bénéficiant du régime d'immunité

---

le Premier ministre, le gouvernement et les parlementaires habilitées, à côté du Président, à provoquer le contrôle juridictionnel de Constitutionnalité et à interpréter mutuellement, dans leurs propres cercles de compétences.

[741] Au reste, la permanence de l'Etat repose sur son président comme chef des armées, une formulation de règle dans toutes les dispositions de la Constitution. Peuvent être citées en ce sens les Constitutions de 1791 et de 1852 en droit français, et celles de la République italienne et du Royaume d'Espagne en droit comparé.

[742] A cet égard, la composition politique de l'Etat nucléaire suppose qu'il y ait au sommet d'une pyramide hiérarchique un chef d'Etat ou de gouvernement, que la communauté politique soit considérée comme un tout sanctuarisé, à l'image du territoire, et que les menaces comme les enjeux soient clairement identifiés.

[743] Jacques Robert, « Libertés publiques et défense », *RDP*, septembre-octobre 1977, pp.935-959, p.941 : « L'atome est devenu une nouvelle source du droit constitutionnel ».

[744] Christophe Fardet, « L'état d'urgence : point de vue du droit administratif », *Civitas Europa*, 2016, n°36, p. 160 : « *Cette concentration des pouvoirs de police en période de crise avérée est une nécessité du point de vue de l'efficacité de l'action administrative : qu'elle soit ou non prévue par les textes, le Conseil d'Etat l'a toujours admis* ».

[745] Henri Pac, « L'Etat nucléaire », *Droits – Revue française de théorie juridique*, n°16, PUF, 1993, p. 90.

[746] Prosper Weil et Dominique Pouyard, *Le droit administratif*, PUF, 25e éd., 2017, p. 80-81.

juridictionnelle reconnu alors par la loi. L'acte législatif cesse dès lors d'être défini par l'organe dont il émane pour l'être par son régime juridique[747]. Lui échappent notamment les décisions prises par le Président de la République, assumant la dictature temporaire prévue par l'article 16 de la Constitution dans les matières relevant normalement du domaine de la loi[748].

Pour sa part, l'Administration, dans sa mission de service public, recourt dans ce contexte de crise à la décision unilatéral pour modifier la situation juridique des administrés sans recourir au juge. Ne se contentant pas d'émettre de simples prétentions, elle prend de véritables décisions exécutoires qui constituent des manifestations de volonté en vue de produire des effets de droit[749]. Si les mesures d'ordre intérieur, qui concernent le fonctionnement interne de l'Administration et bien qu'ayant des répercussions sur les intéressés, ne modifient pas leurs statuts juridiques, les décisions administratives sont applicables en circonstances de crise par deux prérogatives. D'une part, le *privilège du préalable* qui signifie que la décision modifie immédiatement l'ordre juridique, le particulier peut contester sa validité devant le juge mais le recours n'a en principe pas d'effet suspensif et, en attendant l'annulation éventuelle, la décision reçoit exécution. D'autre part, le *privilège de l'exécution d'office* qui permet à l'Administration d'utiliser la force si le particulier ne s'exécute pas de bon gré. Elaborée par la doctrine classique à propos des décisions des personnes publiques, les décisions exécutoires recouvrent l'ensemble de l'action administrative, quelle que soit la nature de l'organisme dont elle émane. Le statut des gouvernants change, le principe de légalité n'est pas écarté mais une légalité de crise se substitue à la légalité normale. La corrélation établie par la stratégie de dissuasion entre le pouvoir nucléaire et l'indépendance nationale postule ainsi une « démocratie charismatique-plébiscitaire[750] », temporairement liée à des circonstances précises qui n'attendent que d'être dénoncées par un arbitre spécifique : le Conseil Constitutionnel.

---

[747] Cf. les décisions prises par les ordonnances du gouvernement provisoire lors de la Libération et celles prises en vertu de l'ancien article 92 de la Constitution de 1958 qui confiait au gouvernement le soin de prendre, pendant un délai de quatre mois, « par ordonnance ayant force de loi » toutes les mesures qu'il jugeait nécessaire.

[748] Conseil d'Etat, 2 mars 1962, *Rubin de Servens.*

[749] Cf. Conseil d'Etat, 23 janvier 1970, *Amoros* ; Conseil d'Etat, 2 juillet 1982, *Huglo* ; Conseil d'Etat, 29 juillet 1997, *Préfet du Vaucluse* ; Tribunal des Conflits Société Immobilière de Saint-Just du 2 décembre 1902 et conclusion de Romieu. V. aussi André Pànchaud, « La décision administrative, Etude comparative », *Revue internationale de droit comparé*, 1962, n°14-4, pp. 677-697 ; Patrice Chrétien, « La notion d'exécution dans l'élaboration de la jurisprudence administrative », *Revue Française d'Histoire des Idées Politiques*, 2011/2, n° 34, pp. 361-388.

[750] David Cumin, *L'arme nucléaire française devant le droit international et le droit Constitutionnel*, CLESID – Université Jean Moulin Lyon 3, Lyon, 2005, p. 27.

2. Le Conseil Constitutionnel comme arbitre de l'Etat nucléaire

S'il est vrai que le Président dispose d'une compétence nominative plénière issue de l'article 16, celle-ci n'est pas absolue du fait de l'article 13 de la Constitution et la loi organique n°2010-837 qui réservent la nomination de certains postes à l'avis parlementaire[751]. Ainsi la Constitution, organisatrice des pouvoirs publics et garantie des droits fondamentaux, indique une *forme d'Etat* qu'est la Ve République, et l'accord entre les autorités constituées confère une certaine liberté d'action dans le cadre d'une démocratie représentative reposant sur la souveraineté nationale, l'autonomie de décision et interdisant « tout mandat impératif[752] ». Or le respect des droits fondamentaux et de la souveraineté constituante du peuple ne saurait se retrouver à la discrétion des autorités et ce, même en cas de plébiscite référendaire. Si le droit de la défense nucléaire déroge aux règles de l'Etat de droit[753], l'autorité présidentielle ne saurait s'arroger pour autant le droit d'étendre ses prérogatives en se dissimulant sous les traits d'une nécessité stratégique[754].

Le but du droit constitutionnel est de garantir la soumission des gouvernants, comme des gouvernés, aux règles et décisions posées par le constituant, le contrôle de constitutionnalité étant à cet égard l'auxiliaire de la souveraineté constituante[755]. Si, dans l'état actuel du droit positif de la Ve République, aucun texte constitutionnel, législatif ou réglementaire ne précise nettement le rôle, l'organisation décisionnelle et la responsabilité en cas de conflit nucléaire, la durée des pouvoirs exceptionnels attribués par

---

[751] Loi organique n°2010-837 du 23 juillet 2010 relative à l'application du cinquième alinéa de l'article 13 de la Constitution. Outre les nominations au Conseil Constitutionnel et au Conseil Supérieur de la Magistrature, cette loi organique définit 52 emplois, en raison de leur importance pour la garantie des droits et libertés de la Nation, pour lesquels la nomination est précédée d'un avis public des commissions parlementaires compétentes. Si cette liste peut s'étendre sans limite (décision n°2013-DC du 14 novembre 2013), une loi ordinaire violerait la Constitution si elle prévoyait une nomination opérée par le pouvoir exécutif hors du cadre de l'article 13 (décision n°2015-718 DC du 13 avril 2015).

[752] Préambule alinéa 1, articles 3 et 27-1 de la Constitution.

[753] David Cumin, *Op Cit*, p.27.

[754] Une modification de la Constitution opérée hors de la procédure prévue serait illicite, même approuvée par le corps électoral bien qu'il « *n'en pas moins vrai que le principe de légitimité l'emporte sur les procédures légales, et que la sanction populaire est à même de trancher le doute sur la Constitutionnalité de manière à la fois valide et effective* » (David Cumin, *Op Cit*, p.180).

[755] Le pouvoir constituant dérivé n'est pas exactement aussi souverain que le pouvoir constituant originel, dans la mesure où la Constitution fixe elle-même des bornes à son exercice. Il s'agit de dissiper le spectre du vote du 10 juillet 1940 par lequel l'Assemblée nationale avait conféré les pleins pouvoirs, y compris constituants, à Pétain. Le Conseil Constitutionnel a d'ailleurs déduit du quatrième alinéa de l'article 89 de la Constitution l'impossibilité de réviser la Constitution « lorsqu'il est porté atteinte à l'intégrité du territoire », englobant dans sa décision du 2 septembre 1992 (92-312 DC) l'activation de l'article 16.

l'article 16 nécessite une consultation[756] puis un contrôle du Conseil Constitutionnel, car l'application dudit article ne saurait être maintenue indéfiniment : elle doit être une réponse temporaire à des situations de crise précisément identifiées. Pour cela, un triple contrôle de ces pouvoirs exceptionnels peut être exercé, limitant la prolongation indéfinie de l'Etat nucléaire au regard de la conjoncture du fait que, depuis la révision constitutionnelle du 23 juillet 2008, l'article 16 prévoit deux circonstances dans lesquelles le Conseil Constitutionnel contrôle la nécessité de maintenir en vigueur lesdits pouvoirs, à savoir le contrôle facultatif en cas de saisine et le contrôle de plein droit.

Après trente jours d'exercice des pouvoirs exceptionnels, le Conseil Constitutionnel peut être saisi par le Président de l'Assemblée nationale, le Président du Sénat, soixante députés ou soixante sénateurs, aux fins d'examiner si les conditions exigées par la Constitution pour l'application de l'article 16 demeurent réunies. Avec ce contrôle facultatif de saisine, le Conseil se prononce dans les délais les plus brefs par un avis public sur l'évolution de la situation. Puis au terme de soixante jours d'exercice des pouvoirs exceptionnels, le contrôle du Conseil Constitutionnel devient obligatoire et permanent : il est procédé de plein droit à l'examen des conditions exigées par la Constitution pour l'application de l'article 16, et un avis public est prononcé dans les plus brefs délais, renouvelé à tout moment au-delà de cette durée. Par ailleurs, si le Conseil Constitutionnel ne peut prendre sur lui de suspendre l'article 16, le Président ne peut le maintenir s'il n'a plus lieu d'être[757], sauf à donner crédit à l'hypothèse de sa destitution à l'appui de l'article 68.

À ces contrôles juridictionnels s'ajoute un contrôle politique. D'une part, la décision présidentielle de recourir à l'article 16 de la Constitution constitue un acte de gouvernement, c'est-à-dire un acte que le juge administratif ne contrôle pas[758]. Mais les décisions présidentielles prises en application de l'article 16 de la Constitution peuvent être contrôlées par le

---

[756] L'ordonnance portant loi organique sur le Conseil Constitutionnel du 7 novembre 1958 précise les conditions d'application de l'article 16 de la Constitution. L'article 52 énonce que lorsqu'il est consulté sur le principe même de la mise en application, le Conseil se réunit immédiatement - sauf cas de force majeure prévu à l'article 14. L'article 53 énonce que le Conseil émet alors un avis motivé et publié sur la réunion des conditions exigées par l'article 16.

[757] Guy Carcassonne et Marc Guillaume, *La Constitution - introduite et commentée*, Le Seuil, 2017 (14e édition), pp.117-122.

[758] Conseil d'Etat, 2 mars 1962, *Rubin de Servens*. L'arrêt a également souligné qu'il ne pouvait être saisi que de recours contre des mesures relevant du domaine réglementaire. Dès lors, une mesure prise dans le cadre de l'article 16, relevant du domaine législatif, et violant les libertés fondamentales, ne peut être déférée au juge administratif. S'il en demeure que le Président de la République dispose d'un large pouvoir d'appréciation pour faire ou non usage de la faculté qui lui est reconnue par la loi de mettre fin à l'état d'urgence, le silence de la loi sur les conditions de mise en œuvre de cette faculté ne saurait être interprété comme faisant échapper sa décision à tout contrôle de la part du juge administratif (JRCE, 27 janvier 2016, n° 396220, Ligue des droits de l'homme et autres).

juge administratif si elles interviennent dans le domaine du règlement figurant à l'article 37 de la Constitution[759]. D'autre part, en vertu de l'article 68 de la Constitution, le chef de l'État peut être destitué par la Haute Cour en cas de manquement à ses devoirs manifestement incompatible avec l'exercice de son mandat[760] ».

De ce fait, une frappe nucléaire pourrait entraîner la destitution du maître de l'atome par le Congrès, le parlement se réunissant de plein droit et l'Assemblée nationale ne pouvant être dissoute pendant l'exercice des pouvoirs exceptionnels[761]. Ainsi, l'application de l'article 16 instaurant l'Etat nucléaire lors d'une crise ne s'apparente pas tant à une rupture institutionnelle qu'à une phase transitoire et limitée, liée à des circonstances exceptionnelles et temporaires, pour viser au rétablissement de la normalité juridique[762].

Enfin, la garde de la Constitution et son interprétation n'appartiennent pas qu'au Président de la République en vertu de l'article 5. Elles relèvent également du Conseil Constitutionnel sous l'aspect législatif et du Conseil d'Etat sous l'aspect réglementaire. Elles appartiennent aussi à ces procureurs de la Constitution que sont les autres autorités : les présidents des assemblées, le Premier ministre, le gouvernement et les parlementaires habilitées, à côté du Président, à provoquer le contrôle juridictionnel de constitutionnalité et à interpréter mutuellement, dans leurs propres cercles de compétences. Déterminée par ces acteurs, la Constitution symbolise l'Etat de droit, dans lequel s'inscrit l'Etat nucléaire.

Si le régime dérogatoire de l'Etat nucléaire implique une suspension provisoire des dispositions constitutionnelles au nom de l'impératif catégorique d'indépendance et de survie de la nation[763], cette dérogation, limitée et contrôlée, n'institue pas de nouvelles normes anticonstitutionnelles mais demeure une exception prouvant l'effectivité de la Ve République dans ce cas de figure extrême où le libéralisme du régime parlementaire et l'universalisme des droits de l'homme sont suspendus au profit du nationalisme de la dissuasion nucléaire, illustrant un néo-

---

759 Article 37 de la Constitution : « *Les matières autres que celles qui sont du domaine de la loi ont un caractère réglementaire. Les textes de forme législative intervenus en ces matières peuvent être modifiés par décrets pris après avis du Conseil d'Etat. Ceux de ces textes qui interviendraient après l'entrée en vigueur de la présente Constitution ne pourront être modifiés par décret que si le Conseil Constitutionnel a déclaré qu'ils ont un caractère réglementaire en vertu de l'alinéa précédent* ».

760 « Quel pouvoir donne l'article 16 de la Constitution au Président de la République ? », source : https://www.conseil-Constitutionnel.fr/la-Constitution/quel-pouvoir-donne-l-article-16-de-la-Constitution-au-president-de-la-republique (consulté le 20 mars 2020).

761 Alinéa 5 de l'article 16 de la Constitution.

762 Lors de l'unique utilisation de l'article 16 par le Président de la République, cette procédure a été strictement respectée, la décision du président du 23 avril 1961 (*Rec.* 73) faisant référence à l'avis du Conseil Constitutionnel qui énonce les conditions permettant selon lui l'application de l'article 16 à savoir la rébellion des généraux en Algérie.

763 *Op Cit*, p.253 : « *C'est à cette vérité dogmatiquement fixée ne varietur que la démocratie nucléaire lie le pouvoir suprême, de façon exclusive et définitive* ».

absolutisme de l'Etat nucléaire en circonstances de crise[764]. Le rétablissement de l'Etat de droit, avec la fin déclarée des circonstances de crise par le Conseil Constitutionnel[765], permet de résoudre ce cas-limite de l'Etat nucléaire, démontré comme conforme constitutionnellement.

[764] *Op Cit*, p.258 : « *Le régime politique de l'Etat nucléaire doit être regardé, en dépit des apparences qui donnent de lui l'image d'un régime autoritaire, comme une véritable démocratie, sans doute différente de la démocratie classique, mais sans que cette différence prenne les traits d'une opposition irréductible, au sens étymologique, agonale. C'est pourquoi il est préférable de parler de « démocratie nucléaire » en signifiant par-là que le régime politique de l'Etat nucléaire n'est qu'une forme nouvelle et moderne de la démocratie gouvernée, forme démocratique inhérente à la détention de l'arme nucléaire et que le pouvoir politique a forgé pour les besoins de la cause, celle de la dissuasion absolue, c'est-à-dire la survie de la nation* ».

[765] En dressant le parallèle avec la tentative de Constitutionnalisation de l'état d'urgence en 2015, le Conseil Constitutionnel agissant comme gardien de la Constitution avait, dans sa décision n°2015-527 QPC du 22 décembre 2015, attiré l'attention sur la nécessité de circonscrire et de proportionner la durée de l'état d'urgence aux circonstances de son déclenchement, telles que prévues par l'article 1er de la loi de 1955.

Titre II
L'intégration implicite de l'arme nucléaire dans la Constitution

Compatible avec la Constitution en circonstances de crise, l'arme nucléaire influence les pouvoirs publics de manière implicite jusqu'à déterminer l'identité constitutionnelle de la France[766]. Son exercice donna lieu à une coutume constitutionnelle car la détention par le Président de la République du pouvoir d'engager le feu nucléaire a contribué au renforcement de l'institution présidentielle sous la Ve République en ce qu'elle a donné à l'article 5 de la Constitution qui fait de lui le « *garant de l'indépendance nationale* » une portée imprévue[767].

Cette pratique, consubstantielle au gaullisme d'Etat[768], a visé à faire porter sur un homme seul, élu directement du peuple, la charge de préserver les intérêts vitaux de celui-ci contre toute spoliation pour assurer la continuité de l'Etat de droit. Sur le principe de l'attribution de cette compétence au chef de l'Etat, la question demeure de savoir si elle relève principalement d'une légitimation constitutionnelle ou d'un pouvoir fondé par la « fascination exercée par l'arme atomique[769] ».

Car si le pouvoir présidentiel du feu nucléaire a entretenu des critiques sur son fondement juridique au titre de l'effectivité du droit positif et au travers de la responsabilité normative, son cadrage constitutionnel place le Président de la République entre deux feux, son statut oscillant entre inviolabilité et destitution. Violation pour les uns d'un ordre juridique basé sur la séparation des pouvoirs et la garantie des droits fondamentaux (II), nécessité pour les autres légitimée par le principe de conservation de l'Etat (I), cette coutume du *maître de l'atome* semble comporter une *opinio juris* qui verrait dans l'usage souverain de l'arme nucléaire l'expression d'une règle juridique, possédant force et valeur constitutionnelle (III), à raison de l'intention qu'elle recèle de produire effet de droit, adaptée aux nécessités de la défense nucléaire dans une responsabilité collégiale.

---

766 Denis Alland et Thibault Fleury Graff, « Les limites de la renonciation par l'Etat à son immunité d'exécution », *Revue critique de droit international privé*, janvier-mars 2016, p. 17 : « *il n'est pas facile de savoir au cas par cas ce que sont les conditions essentielles d'exercice de la souveraineté nationale ou une identité Constitutionnelle – pour reprendre les expressions bien connues qu'a employées le Conseil Constitutionnel* […], *encore une fois la détermination de ce qui est au cœur des prérogatives régaliennes de l'Etat peut être sujet à discussion* ». Cf. Conseil Constitutionnel 9 avril 1992, n°92-308 DC, *Traité sur l'Union européenne* ; Conseil Constitutionnel 27 juillet 2006, n°2006-540 DC, Loi relative au droit d'auteur et aux droits voisins dans la société de l'information.

767 Bernard Chantebout, *La dissuasion nucléaire et le pouvoir présidentiel*, *Pouvoirs*, n°38, 1986.

768 Jean Lacouture, *De Gaulle, III – Le Souverain*, 1959-1970, Seuil, Paris, 1986, p. 452.

769 Marie-Thérèse Viel, « La répartition des compétences en matière militaire entre le Parlement, le Président de la République et le Premier ministre », *RDP*, 1993, p. 171.

Chapitre I
La théorie du « maître de l'atome »

L'insertion des impératifs de la défense nucléaire dans le droit constitutionnel français posa nécessairement la question du titulaire du pouvoir de décision du feu nucléaire. Il y a sur ce point une logique du régime de l'Etat nucléaire dictant le choix entre les quatre formules possibles : soit un pouvoir gouvernemental soumis à l'obligation du vote d'une loi[770] ; soit un partage du pouvoir entre le Président de la République et son Premier ministre, qui fait de l'accord des deux personnes la condition obligatoire du droit d'arrêter la décision suprême[771] ; soit un pouvoir laissé à la discrétion du Premier ministre responsable de la défense nationale avec un décret qui écarterait l'autorisation parlementaire et la signature présidentielle ; soit un pouvoir laissé à la discrétion du Président en tant que chef des armées. S'est observée une coutume constitutionnelle qui a privilégié la dernière formule, faisant progressivement du Président de la République l'unique détenteur de la décision d'engager les forces nucléaires, appuyée sur une base constitutionnelle.

En effet, l'article 5 de la Constitution de 1958 confère au Président de la République le rôle de garant de l'indépendance nationale et de l'intégrité du territoire, et l'article 15 l'érige en chef des Armées en le chargeant de présider les « *conseils et comités supérieurs de la défense nationale* ». Cependant, l'article 20 décide que le Gouvernement dispose de la force armée et l'article 21 fait du Premier ministre le responsable de la défense nationale, via l'obligation du contreseing, lequel « *supplée le cas échéant le Président de la République dans la présidence des conseils et comités prévus à l'article 15* ». Par la suite, le renforcement démocratique de la souveraineté nucléaire s'est établi sur un consensus démocratique, la Constitution de la Ve République modifiée en 1962 apportant une caution référendaire au Président avec son élection au suffrage universel direct. Seule une personnalité jouissant de la totale légitimité que lui crédite l'élection directe par le peuple pouvait trouver en elle la force morale nécessaire pour décider de l'emploi de la force de frappe[772].

---

770 Article 35 de la Constitution prévoyant la compétence du Parlement pour autoriser la déclaration de guerre.

771 Article 19 de la Constitution prévoyant le contreseing du Premier ministre aux actes du Président exercés en vertu de l'article 15.

772 Odile Rudelle, « Le général de Gaulle et l'élection directe du Président de la République », *in* Olivier Duhamel et Jean-Luc Parodi, *La Constitution de la Cinquième République*, Presses de la fondation nationale des sciences politiques, Paris, 1985. C'est la raison pour laquelle Michel Debré, d'abord hostile à l'élection directe du Président en 1958, l'a au contraire conseillée à De Gaulle en août 1962 ; et c'est ce qu'explique le Général à ses ministres pour justifier cette réforme. L'auteur rapporte également la remarque de Pierre Sudreau selon lequel le résultat du référendum du 28 octobre 1962 eût pu être différent sans la dramatisation de la crise de Cuba (22-28 octobre 1962) ce qui place encore un peu plus la réforme sous le signe du nucléaire.

Le texte constitutionnel établit toutefois une dyarchie entre le chef de l'Etat élu détenteur de l'*auctoritas*, illustrée au travers de ses attributions aux articles 5, 8-1, 9, 10 à 18, 54, 56, 61-2, 64-1, 65-1, et le chef du gouvernement responsable détenteur de la *potestas*, illustrée via les attributions des articles 8-2, 19, 20, 21, 37-1, 38, 39, 40 à 49. Mais la pratique constitutionnelle, fondée sur la légitimité populaire du chef de l'Etat, a transformé cette dyarchie en hiérarchie au profit du Président de la République, le Premier ministre assurant alors la mise en œuvre de ces décisions[773]. Exécutif bicéphale (I), cette organisation constitutionnelle entre le Premier ministre et le Président restait ambiguë[774] et nécessita une clarification intégrant une responsabilité collégiale (II).

I. L'essai d'une dyarchie nucléaire

Le décret n°96-520 du 12 juin 1996, portant détermination des responsabilités concernant les forces nucléaires, a organisé le pouvoir nucléaire sur trois strates. La mission, la gestion et les conditions d'engagement des forces sont arrêtées en Conseil de défense ; l'ordre d'engagement est donné par le Président de la République ; l'exécution des opérations est assurée par les commandants militaires des forces sous la responsabilité directe du Président. On retrouve ainsi une répartition des responsabilités à la fois normative, la prescription du chef de l'Etat, et exécutive avec l'acte d'exécution des commandements militaires. S'il fut un temps question d'un partage de la décision avec le Premier ministre (1), la primauté est finalement demeurée au Président de la République (2).

1. Un déséquilibre exécutif avec le contre-pouvoir du Premier ministre

A la suite de l'instauration de la Constitution de 1958, l'article 7 de l'ordonnance n°59-147 de 1959 était spécifiquement consacré aux compétences décisionnelles et précisait le rôle du Conseil des ministres définissant la politique de la défense, lequel Conseil dont la présidence échoyait au Chef de l'Etat. L'article 9 précisait d'une part que le Premier ministre « exerce la direction générale et la direction militaire de la défense » et d'autre part qu'il « décide de la préparation et de la conduite supérieure des opérations » - ultime précision qui correspond uniquement à la direction militaire de la défense. Il semblait que s'il y avait des décisions individuelles

---

[773] Preuve en est, le décret n°62-808 du 18 juillet 1962 édicte que les conseils et comités présidés par le Chef de l'Etat assurent la direction d'ensemble de la défense nationale et donc la conduite de la guerre.

[774] Cette ambigüité n'est pas dissipée par l'ordonnance du 7 janvier 1959 portant organisation générale de la défense : si le Premier ministre assure la direction générale de la défense (article 9), les décisions en la matière sont prises en Comité de Défense sous la présidence du Président de la République. En son sein, le Président est apte à intervenir directement dans les choix essentiels de défense.

du Premier ministre, celles-ci ne valaient que pour la direction militaire de la défense. L'absence de précision identique pour la direction générale de la défense semblait signifier en ce cas qu'une décision collective était prise en comité de défense sous la volonté du Président de la République. Or par suite de ce partage décisionnel, le Chef de l'Etat est devenu en 1958 le véritable chef des armées avec l'article 15 de la Constitution et agit à sa guise, inspiré avec l'article 16 « *par la volonté d'assurer aux pouvoirs publics constitutionnels, dans les moindres délais, les moyens d'accomplir leurs missions* ».

Avec le décret n°64-46 du 14 janvier 1964, le rôle éminent du Président de la République est officiellement reconnu avec le pouvoir prépondérant de donner l'ordre d'engagement de la force nucléaire, sans autorisation parlementaire ni contreseing ministériel, le Premier ministre se contentant d'exécuter les décisions présidentielles. Or ce décret a été critiqué comme étant porteur d'une double inconstitutionnalité : celui-ci en son article 5 confère au chef de l'Etat le droit exclusif d'engager la force aérienne stratégique mais s'agissant de toute évidence d'un principe fondamental de l'organisation de la défense nationale, la question relèverait du domaine de la loi. En second lieu, le texte méconnait les articles 20 et 21 de la Constitution selon lesquels c'est le Gouvernement, et non le Président, qui dispose de la force armée, et c'est le Premier ministre, et non le Président, qui est responsable de la défense nationale.

Du point de vue du droit constitutionnel, cette situation bicéphale demeurait insatisfaisante et demandait la distinction entre un exécutif suprême et un exécutif logistique. Pourtant, les autres textes infra-constitutionnels, pris à l'initiative des présidents successifs pour officialiser leurs prérogatives en ce domaine, sont largement passés inaperçus parce qu'ils ne faisaient que préciser et confirmer un état de fait supposé[775] d'une situation qui n'allait pas en soi. Un temps, le Premier Ministre fut imaginé comme un intercesseur[776], notamment en cas de cohabitation. Samy Cohen évoque une « *Constitution inadaptée à l'ère nucléaire* » car « *dyarchie et dissuasion ne font pas bon ménage ensemble*[777] » avant d'ajouter que « *l'esprit de compromis a*

[775] Décret n°71-992 du 10 décembre 1971 qui place, en cas de crise majeure, le chef d'état-major général des armées « sous l'autorité du Président de la République et du Gouvernement » ; la loi n°72-1149 du 23 décembre 1972 et le décret n°73-235 du 1er mars 1973 relatifs à la défense opérationnelle du territoire, qui précisent que les secteurs de sécurité autour des installations prioritaires de défense sont délimitées « par le Président de la République en comité de défense » ; le décret du 10 décembre 1974 sous Georges Pompidou place le chef d'Etat-major général sous l'autorité du Président de la République et du gouvernement en cas de mobilisation générale ou de mise en garde ; et le décret n°78-78 du 25 janvier 1978 qui attribue au secrétaire général de la défense nationale le soin de préparer et de suivre l'exécution des décisions des conseils de défense « conformément aux directives du Président de la République et du Premier ministre ».

[776] Lors du débat du 24 avril 1964, l'opposition de la gauche et du centre avaient proposé que le Premier ministre fût le décideur, et non le Président de la République.

[777] Samy Cohen, *La monarchie nucléaire. Les coulisses de la politique étrangère sous la Ve République*, Paris, Hachette, 1986.

prévalu, au point que nombre de commentateurs n'ont pas hésité à parler de cogestion dans la conduite de la politique étrangère et militaire[778] ». Par l'analyse sémiologique du texte constitutionnel, le Président est désigné à l'article 5 comme le garant, au sens d'« assurer quelque chose en le prenant sous sa responsabilité » et le Premier Ministre comme le responsable, impliquant la notion juridique de responsabilité sans faire concurrence à la disposition de l'article 21 de la Constitution[779]. Du fait de cette responsabilité dédoublée, ce pouvoir de codécision, pour les décrets délibérés en Conseil des ministres en vertu de l'article 13, pouvait permettre à un gouvernement hostile au Président d'abroger et de remplacer le décret de 1964 par un autre décret, pris par le Premier ministre dans le cadre de son pouvoir règlementaire, décret transférant à ce dernier la capacité juridique d'engager les forces nucléaires stratégiques. Néanmoins, au regard de l'article 21, le Premier ministre demeure le délégataire inconditionnel du Président de la République, notamment en ce qui concerne les conseils et comités de Défense Nationale précisés à l'article 15. Cette relative ambigüité, bien qu'elle fût soulignée, ne donna lieu à un rectificatif que trente-deux ans plus tard, avec le décret n°96-520 du 12 juin 1996 portant détermination des responsabilités concernant les forces nucléaires.

2. La primauté exécutive du Président de la République

Preuve s'il en est de l'absence d'études sur cette question, le vide juridique de cette division organique et opérationnelle avec la dévolution inhérente desdites compétences nucléaires ne fut comblé que le 12 juin 1996 avec le décret n°96-520 portant détermination des responsabilités concernant les forces nucléaires, en remplacement du décret de 1964. Il corrige les lacunes opérationnelles de l'ancien décret et l'actualise au regard de l'appareil militaire. Jusqu'alors, le décret n°64-46 ne concernait que les forces aériennes stratégiques (FAS), soit la composante aéroportée de

---

[778] *Ibid.*

[779] Julien Thomas, « Controverse sur la répartition Constitutionnelle des compétences en matière de Défense », in *Actes du VIe congrès français de droit Constitutionnel*, Association Française de Droit Constitutionnel, Montpellier, juin 2005. En vertu de l'article 21 de la Constitution, le pouvoir exécutif et le pouvoir réglementaire appartiennent au Premier ministre et non au Président de la République. Jean Massot, dans *L'arbitre et le capitaine* (1987), avance qu'avec la stratégie de dissuasion nucléaire, le domaine de la Défense ne se prête pas à des « allers et retours du pouvoir entre les deux rives de la Seine ». A cela s'ajoute, selon lui, l'esprit même de la politique de dissuasion nucléaire, qui « ne peut reposer que sur des considérations d'ordre psychologique et sur la crédibilité de la détermination du détenteur de la force nucléaire », ce qui implique que l'ordre d'engagement dans l'urgence ne soit pas soumis à un accord du Premier ministre. En ce sens, les arguments en faveur du Président de la République semblent s'accumuler dès lors qu'il bénéficie de l'image charismatique d'élu de la Nation et d'une légitimité personnelle qui lui permettent d'agir directement en son nom. Le Premier ministre ne tient sa légitimité en cas d'opposition avec le Président que du Parlement, en tenant compte du temps nécessaire pour le réunir.

l'Armée de l'Air, les forces nucléaires s'étaient entretemps diversifiées avec les sous-marins nucléaires lanceurs d'engins (SNLE) et les missiles dans les silos du Plateau d'Albion (SSBS). Suite à l'affaire Lavaurs de 1995 et mettant fin à l'hypothétique responsabilité dédoublée, le décret n°96-520 reste marqué par une très forte permanence des principes mis en application[780], comme confirmant la pratique et validant la coutume : alors que le décret de 1964 était un décret simple, celui de 1996 est un décret délibéré en Conseil des ministres[781]. Par conséquent, celui-ci ne peut plus être modifié par un décret du Premier ministre sans saisine du Conseil des ministres[782], et donc sans la signature du Président, garant de son propre pouvoir. Ainsi, le président détient toutes les clés de la procédure[783]. Comme le prévoyait dix ans auparavant Samy Cohen, « *la dyarchie ne renforce pas la dissuasion nucléaire, elle ne peut que l'affaiblir. Au nom de ce principe, le Président et ses partisans justifieront la restauration d'une présidence forte* »[784] laquelle fut confirmée par le décret n°96-520 mettant depuis fin à toute controverse.

II. Le Président et les autorités consultatives : une responsabilité collégiale

L'ordre d'engagement est donné par le Président de la République. L'exécution des opérations est assurée par les commandants militaires des forces sous la responsabilité directe du Président. On retrouve ainsi une répartition des responsabilités à la fois normative – la prescription du chef de l'Etat, et exécutive – l'acte d'exécution des commandements militaires. Cette chaîne principale de responsabilité nucléaire est courte, puisque la décision du Président prise en Conseil de défense ne transite que par les commandements spécialisés avant de parvenir directement aux unités nucléaires elles-mêmes, sans qu'aucun échelon ministériel ne s'intercale.

Les sources formelles par lesquelles s'exprime ce *jus decisionis* sur l'emploi des forces nucléaires sont la Constitution de 1958 à ses articles 5 et 15 et, surtout l'article 5 du décret n°96-520 du 12 juin 1996 succédant au n°64-46 du 14 janvier 1964. Se mesure, à travers ce changement de régime juridique, la confirmation de la primauté présidentielle en matière de nucléaire

[780] David Cumin, *Op Cit.*

[781] Le Conseil d'Etat considère qu'un décret pris en Conseil des ministres ne peut plus être modifié ou abrogé que par un autre décret en Conseil des ministres, c'est-à-dire avec la signature et donc l'accord du Président de la République.

[782] Comme c'était le cas jusqu'alors sans qu'aucun Premier ministre, y compris durant les cohabitations, n'ait utilisé cette possibilité.

[783] Pol-Rémy Barjavel, Youness Bousenna, « De quel droit utilise-t-on l'arme nucléaire ? », *Coutumes présidentielles : les faits du Prince | Droit de citer*, 8 novembre 2013.

[784] Samy Cohen, « Monarchie nucléaire, dyarchie conventionnelle », *Pouvoirs, Revue française d'études constitutionnelles et politiques*, n°38, 1986.

militaire[785], le Président restant appuyé par une hiérarchie de commandement (1) et assisté par le gouvernement pour assurer la mise en œuvre de la frappe nucléaire (2).

1. Le statut prétorien de la force nucléaire

La répartition des responsabilités est fondée sur une hiérarchie opérationnelle entre les différents niveaux de la chaine de décision et postule un ordonnancement de la défense nucléaire de nature centripète[786]. L'ordre de mise à feu associe deux types de responsabilité, à savoir la responsabilité *normative* du fait que les organes qui en sont titulaires déploient une puissance initiale qui ne se rattache à aucune prescription positive antérieure[787] ; et la responsabilité *exécutive* dans la mesure où les actes qui la concrétisent sont faits en exécution de la norme initiale à laquelle elle se rattache directement.

Avec l'article 5 de la Constitution, le Président est le garant de l'Indépendance Nationale. La détention de l'arme nucléaire donne à cette formule qui aurait pu rester une pure clause de style une réalité tangible et une portée telle qu'elle a vidé de leur signification les autres dispositions constitutionnelles qui eussent pu en limiter le sens[788]. En effet, la politique de la Nation constitue un bloc indissociable. Le Président étant devenu effectivement le garant de l'indépendance nationale, et la politique de la Nation devant tendre à assurer cette indépendance, ce dernier use d'un droit d'orientation sur l'ensemble de la politique, l'un et l'autre se confortant mutuellement. De la sorte, l'article 5, alinéa second, de la Constitution influence l'article 20 sur les principes fondamentaux de l'organisation de la Défense nationale relevant constitutionnellement du domaine de la loi. La nuance est subtile car si, dès 1958, le Gouvernement dispose de l'administration et de la force armée, cet article ne précise pas que le Gouvernement dispose des forces mais de « la » force armée. Il s'agit ici de rappeler implicitement le principe de subordination de la force armée au pouvoir civil[789] : si l'article 15 de la Constitution ne confère aucune attribution opérationnelle, n'étant que l'expression de l'autorité du pouvoir civil sur le pouvoir militaire[790], et malgré l'absence d'une loi juridiquement essentielle pour attribuer cette compétence, l'article 5 de la Constitution peut

---

785 Bernard Chantebout, *L'organisation générale de la défense nationale en France depuis la fin de la Seconde Guerre mondiale*, Paris, LGDJ, 1967, pp.191-228, 429-447 ; « Constitution et défense nationale », *Droit et Défense*, n°99/2, décembre 1999.

786 Henri Pac, *Le droit de défense nucléaire*, *Op Cit*, p. 67.

787 En prenant la décision de mise à feu nucléaire, le Président de la République introduit pour la première fois une question dans le domaine du droit.

788 Bernard Chantebout, « La dissuasion nucléaire et le pouvoir présidentiel », *Pouvoirs, Revue française d'études Constitutionnelles et politiques*, n°38, 1986.

789 Florent Baude et Fabien Vallée, *Code de la Défense*, Ellipses, 2012, p. 192.

790 Jean-Christophe Videlin, *Droit public de la défense nationale*, Bruylant, Bruxelles, 2009, p. 57.

être considéré comme le fondement de la présidentialisation de fait de l'arme nucléaire[791].

Toutefois, les tâches se répartissent entre plusieurs autorités[792] ce qui n'en fait pas un pouvoir monocratique, avec l'idée d'une chaîne d'intervenants et une répartition claire des compétences et de l'exécution. Placer le Premier ministre comme responsable de la Défense nationale permet d'assurer la légitimité des décisions de défense et ce, dans la mesure où seuls le Premier ministre et le Gouvernement sont responsables devant l'Assemblée nationale au titre des articles 20, 49 et 50 de la Constitution. Le Président demeure par conséquent irresponsable sur le plan politique et n'a donc aucun compte à rendre aux parlementaires[793], renforçant paradoxalement le caractère présidentiel et démocratique du régime[794]. C'est au Chef de l'Etat qu'il revient de se prononcer en dernier lieu quant à l'engagement de l'arme, et les textes infra-constitutionnels appuient cette logique de répartition au point que certains auteurs parlent d'une coutume constitutionnelle[795].

Le juriste constatera un législatif lésé du fait que la décision nucléaire s'exerce exclusivement au niveau exécutif. Mais bien que mineures, les attributions du pouvoir législatif en matière de Défense nationale demeurent importantes du fait que l'article 34 de la Constitution confie au Parlement le soin de « *déterminer les principes fondamentaux de l'organisation générale de la défense nationale* » lesquels sont traduits budgétairement par le vote périodique des lois de programmation militaire. Cet état de fait pousse à solidariser l'exécutif et le législatif à la mise en œuvre de l'armement nucléaire, d'où des auditions sur la dissuasion nucléaire réalisées devant l'Assemblée nationale[796] dans le cadre de sa modernisation.

En outre, trois autres organes participent de manière consultative à la mise en œuvre du processus de la responsabilité suprême, à savoir le Conseil des Ministres, le Conseil de Défense et de Sécurité Nationale[797] et le Conseil

---

791 Philippe Ardant, « L'article 5 et la fonction présidentielle », *Pouvoirs*, n°41, 1987, p. 37.

792 Le *Conseil de Défense*, présidé par le Président de la République (article 15), qui décide de la mission, de la composition et des conditions d'engagements des forces nucléaires ; le *Premier ministre*, qui prend les mesures générales d'application de ces décisions ; le *Ministre de la Défense* et le *Chef d'état-major des armées*, qui doivent assurer que les forces en question sont opérationnelles ; le *Président de la République*, qui à terme donne l'ordre d'engagement.

793 Florent Baude et Fabien Vallée, *Code de la Défense*, Ellipses, 2012, p. 193.

794 Bernard Chantebout, *La Défense Nationale*, PUF, 1972, p. 14.

795 David Cumin, *op cit*, p. 176.

796 Commission de la défense nationale et des forces armées, rapport à l'Assemblée nationale, 27 juin 2014. L'Assemblée nationale entamait l'examen de la Loi de programmation militaire (LPM) qui fixait les orientations de la France en matière de défense pour la période 2014-2019. Ce texte, qui s'inscrit dans la continuité de l'exercice précédent, a confirmé le maintien d'une force de dissuasion nucléaire au coût de 23,3 milliards d'euros jusqu'en 2019.

797 Article 15 de la Constitution. Egalement à son niveau, le Chef d'Etat-major des Armées est un consultant du Président de la République.

de Défense restreint[798]. La mission, la gestion et les conditions d'engagement des forces sont arrêtées par le Président au cours de ces conseils qu'il dirige. Sa décision ne transite que par les commandements spécialisés avant de parvenir aux unités nucléaires elles-mêmes[799], sans qu'aucun échelon ministériel ne s'intercale[800]. On retrouve ainsi une répartition des responsabilités à la fois normative, la prescription du chef de l'Etat, et exécutive, l'acte d'exécution dévolue aux commandements militaires.

Ce « statut prétorien[801] » des forces nucléaires, investies du commandement organique sous l'autorité du Conseil de défense et du commandement opérationnel sous l'autorité du Président de la République, n'est pas tant dérogatoire au droit commun : les commandements militaires relèvent directement du Président, rappelant la primauté de la hiérarchie civile sur l'échelon militaire. En outre, une responsabilité collégiale a été mise en place sous l'égide du Président en 2009 au travers du contrôle gouvernemental actant l'institutionnalisation de la dissuasion nucléaire.

2. Le contrôle gouvernemental de la dissuasion nucléaire

Compte tenu des contraintes techniques de la stratégie nucléaire, la jouissance effective de ce pouvoir exige que soient garantis les moyens nécessaires à la concrétisation de l'option décisionnelle du feu nucléaire. A cette préoccupation, dominée par le souci de mettre la puissance nucléaire à l'abri des fluctuations politiques et d'assurer par là sa permanence, a répondu l'institutionnalisation du pouvoir exceptionnel du Président par le décret n°2009-1118 du 17 septembre 2009 lequel instaure un « contrôle gouvernemental de la dissuasion nucléaire ». Ce contrôle est constitué de l'ensemble des mesures, protégées par le secret de la Défense Nationale, qui ont pour finalité de garantir au Président de la République de disposer en toutes circonstances des moyens de la dissuasion nucléaire.

Le premier paragraphe de l'article R1411-8 du Code de la Défense précise les missions de ce contrôle gouvernemental qui vise à rendre impossible la mise en action des armes nucléaires sans ordre de la part du Président ; la conformité de l'emploi, dont le contrôle a pour finalité de garantir au Président la posture opérationnelle des forces nucléaires comme conforme à ses directives ; et l'assurance de disposer des matières premières

798 Décret n°2009-1657 du 24 décembre 2009 relatif au conseil de défense et de sécurité nationale et au secrétariat général de la défense et de la sécurité nationale. Ce conseil de Défense restreint peut être réuni dans une composition fixée par son président en fonction des points figurant à son ordre du jour. Il peut également être réuni en formation spécialisée. Ce décret, conjointement à l'article R1122-9 du Code de la Défense, prévoit un autre conseil, celui des armements nucléaires qui définit les orientations stratégiques et s'assure de l'avancement des programmes en matière de dissuasion nucléaire.

799 ALFOST et COFAS.

800 David Cumin, *Op Cit*, p. 23.

801 *Ibid*, p. 25.

fissiles au paragraphe 3 lequel indique que soit assurée l'intégrité des moyens de la dissuasion nucléaire dont font partie les matières nucléaires, et dont le contrôle a pour finalité de garantir au Président de la République que l'ensemble de ces moyens soit, en tout temps, protégé contre les actes malveillants ou hostiles et contre les atteintes au secret de la Défense Nationale. Alors qu'en 2002, un inspecteur des armements nucléaires avait déjà été institué[802] sous l'autorité directe du Président de la République pour vérifier l'application des mesures permettant le contrôle gouvernemental[803], c'est en 2009 le Chef d'Etat-major qui est chargé de traduire en termes opérationnels les décisions des différentes instances auxquelles il est subordonné.

Consignant ainsi les grands principes de l'organisation interne de la dissuasion, le décret n°2009-1118 rationalise le système établi par les décrets n°64-46 et n°96-520 en répartissant les tâches sur trois pôles : le Président de la République, le Gouvernement (dont le Premier ministre et le ministre des Armées) et le Chef d'Etat-major. Présidé par le Président de la République, le Conseil de Défense est le lieu où ces autorités se réunissent[804], le gouvernement demeurant responsable de la configuration de l'outil, sachant que son utilisation relève de la seule responsabilité du Président[805], le Premier ministre n'ayant plus qu'à prendre les *mesures générales d'application* suite aux décisions de ce dernier. Le ministre de la Défense est tenu responsable de l'organisation, de la gestion, de la mise en condition d'emploi des forces nucléaires, en somme de la bonne application des directives[806] émise en amont, il n'est de fait aucunement décisionnaire. Cet organe institutionnalise la suprématie du Chef de l'Etat au travers d'une structure *ad hoc* lui permettant d'asseoir son autorité dans le domaine de l'atome militaire[807].

Disposition collégiale, cette organisation n'est pas sans rappeler le modèle prévu dans la proposition de loi déposée le 13 décembre 1977 qui souhaitait remplacer par une autre organisation celle prévue par le décret du 14 janvier 1964, maintenue par le décret du 12 juin 1996. Cette proposition de loi du groupe communiste entendait instituer une « décision collégiale[808] »

---

802 Décret n°2002-702 du 29 avril 2002, modifié par le décret n°2009-1118.

803 Article D 1411-14 du Code de la Défense.

804 Article R 1411-1 du Code de la Défense.

805 Article R1411-5 du Code de la Défense. Cf. Nicolas Haupais, *Op Cit*, p. 22.

806 Article R1411-3 du Code de la Défense.

807 Article R1122-10 du Code de la Défense. Cf. Florent Baude et Fabien Vallée, *Code de la Défense*, Ellipses, 2012, p. 247.

808 Proposition n°3318 sur la Défense nationale du groupe communiste annexée au procès-verbal de la séance du 14 décembre 1977, reprise dans la proposition n°511 annexée au PV de la séance du 1er juillet 1978. La disposition essentielle de cette proposition était la suivante : « *toute décision de manœuvre ou de mise en action des forces nucléaires relève du haut comité de défense nucléaire national. La composition de ce haut comité est arrêtée en même temps que celle du gouvernement. La composition totale du haut comité est soumise à l'approbation du Parlement dès la présentation du*

sur le lancement des forces nucléaires, prétendant écarter tout pouvoir personnel. Mais la collégialité de la décision n'étant pas compatible avec l'efficacité de la dissuasion, cette proposition fut rejetée et *per se*, le décret n°96-520 du 12 juin 1996 organisa une compétence discrétionnaire du chef de l'Etat, non une compétence liée qui l'apparenterait à une décision collégiale, et pour laquelle le Parlement est rigoureusement absent[809]. Cependant, cet *imperium nuclearii* s'est vu appliquer des limites contrariant la personne du Président, objet de remise en cause dans le domaine pénal.

---

gouvernement. Cette approbation est renouvelée le premier jour de chaque session parlementaire annuelle. Le haut comité se réunit à la diligence du Président. Celui-ci est responsable de l'exécution de la décision ».

809 En application de l'article 34 de la Constitution, l'organisation générale de la Défense implique le Parlement. Si le gouvernement est garant devant le Président de la République de la responsabilité qui lui a été confiée, il intervient comme un subordonné sans que sa politique militaire nucléaire soit contrôlée par les juridictions administratives. Cf CE, 2 mars 1962, arrêt *Rubins de Servans*.

Chapitre II
Les limites du « maître de l'atome » : de l'irresponsabilité à la destitution ?

Les textes constitutionnels et réglementaires par lesquels s'exprime la pratique présidentielle du feu nucléaire font prévaloir un droit du commandement, sorte d'*imperium*[810] originel illustré par une procédure unilatérale de décision d'engager l'arme nucléaire. C'est de son statut constitutionnel de chef des armées que le Président tire la prérogative de pouvoir commander en personne les forces armées nucléaires. Cette coutume est basée sur la localisation constitutionnelle de la compétence en matière de défense à l'article 5 qui réserve la totalité de celle-ci au Président de la République, ainsi que sur sa greffe à un simple texte réglementaire, ce qui l'a élevée par coutume en une sorte de principe dans l'organisation de la Défense, avec pour but d'appuyer l'indépendance nationale. Toute l'existence de ce droit n'a de raison d'être que dans la perspective de valider au plan juridique le modèle logique de stratégie de dissuasion nucléaire française. Mais sans racine constitutionnelle, cet *imperium nuclearii* s'est vu appliquer des limites constitutionnelles et pénales (I) contrariant la personne du Président (II).

I. Les limites constitutionnelles du « maître de l'atome »

Responsable au premier rang de l'arme nucléaire en France, le Président de la République, s'il ne dispose pas des pleins pouvoirs quant à cet outil de souveraineté appartenant à la Nation et dont il ne peut transmettre la responsabilité qu'aux personnes qualifiées constitutionnellement (1), bénéficie pour autant d'une irresponsabilité juridique présumée dans l'exercice de ses fonctions (2).

1. La dévolution de responsabilité du feu nucléaire

En cas d'incapacité, le pouvoir du souverain nucléaire est transféré pour assurer la permanente de la dissuasion et de l'emploi de la force de frappe. Cette dévolution de responsabilité du feu nucléaire est établie à l'article 7 de la Constitution lequel dispose, en cas de vacance de la Présidence de la République pour quelque cause que ce soit, ou d'empêchement constaté par le Conseil Constitutionnel saisi par le Gouvernement et statuant à la majorité absolue de ses membres, que les fonctions du Président de la République, à l'exception de celles prévues aux articles 11 et 12 de la Constitution, soient provisoirement exercées par le Président du Sénat ou, si

[810] Henri Pac, *Op Cit*, p. 55.

celui-ci est à son tour empêché, par les autres ministres[811] dans l'ordre indiqué par le décret portant composition du Gouvernement[812] avec la transmission des codes nucléaires[813].

Toutefois, si cette nomination opérée par le pouvoir exécutif doit être précédée d'une audition parlementaire, soit hors du cadre de l'article 13 de la Constitution encadrant le pouvoir de nomination du Président de la République[814], ce type de pouvoir ne s'apprécie pas seulement en lui-même mais aussi en tenant compte du contexte dans lequel il s'exerce. A cet égard, la loi organique n°2010-837 du 23 juillet 2010 définit 52 emplois pour la garantie des droits et libertés ou la vie économique et sociale de la Nation, nominations certes précédées d'un avis public des commissions parlementaires compétences, mais dont la liste peut s'étendre sans limite[815]. Néanmoins, en cumulant l'article 16 de circonstance de crise et l'article 19 de la Constitution, lequel dresse l'inventaire des pouvoirs propres du Président de la République, ce dernier garde son monopole décisionnel de dévolution tout en bénéficiant de l'irresponsabilité politique, juridiquement auprès du Parlement, afin de nommer secrètement une personne déléguée aux codes nucléaires[816].

En conséquence, l'apparition de l'arme nucléaire[817] a conféré aux pouvoirs du Chef de l'Etat une dimension sans précédent qui a entraîné,

---

[811] Deux articles du Code de la Défense fixent clairement l'autorité nucléaire au Président de la République à savoir l'article R*1411-1, C : « *La mission, la composition et les conditions d'engagement des forces nucléaires font l'objet de décisions arrêtées en Conseil de défense et de sécurité nationale* » ; et l'article R*1411-5, C : « *Le chef d'état-major des armées est chargé de faire exécuter les opérations nécessaires à la mise en œuvre des forces nucléaires. Il s'assure de l'exécution de l'ordre d'engagement donné par le Président de la République* » *in* Florent Baude et Fabien Vallée, *Code de la Défense*, Ellipses, 2012.

[812] Article L.1111-4 du Code de la Défense.

[813] Baptiste Le Tenier, « L'intérim de la présidence de la République et la Défense Nationale », *Revue Défense Nationale*, n°797, 2017/2, p. 89 : « *le président Poher écrivit que 'si certains épisodes de cette guérilla furent cocasses, d'autres présentèrent un aspect plus grave. Je pense en particulier au problème de la force de frappe atomique. Étant chef des armées, j'aurais dû recevoir la fameuse enveloppe contenant le "mode d'emploi" de l'arme atomique. Pourtant le chef d'état-major du général de Gaulle* (…) *avait disparu. Après d'opiniâtres recherches qui durèrent trois jours, période pendant laquelle la France fut privée de toute possibilité de riposte nucléaire, on le retrouva enfin'* ».

[814] Décision n°2015-718 DC du 13 avril 2015.

[815] Décision n°2013-677 DC du 14 novembre 2013.

[816] Dans le documentaire *La France, le président et la bombe* de Stéphane Gabet diffusé le 22 mars 2016 sur la chaine de télévision France 5, il est annoncé, pour la première fois et sans donner de détails précis, qu'en cas de défaillance du Président de la République en temps de guerre, un « inconnu » situé en province et désignée par le président, dispose de l'arme nucléaire et des codes pour l'utiliser. Si elle était avérée, cette dévolution serait un déni de la Constitution qui prévoit dans son article 7 en cas d'empêchement au Président de la République son intérim par le président du Sénat. V. aussi Jean Guisnel, Bruno Tertrais, *Le président et la bombe*, Odile Jacob, 2016.

[817] Charles de Gaulle, dans son allocution télévisée du 4 octobre 1962 invoque plusieurs raisons pour justifier la proposition de modification constitutionnelle, parmi lesquelles l'argument de la « rénovation de notre défense », soit les pouvoirs militaires du Chef de l'Etat en matière nucléaire.

conjointement à la réforme de 1962, une présidentialisation du régime. Avec l'effacement du Premier ministre, les prérogatives du Président de la République se sont confirmées et cette construction juridique, qui réserve la totalité du pouvoir nucléaire au Chef de l'Etat, résulte d'une pratique présidentielle greffée sur des textes réglementaires. La compétence nucléaire du Chef de l'Etat a été codifiée aux articles R1411-1 à R1411-6 du Code de la Défense alors que celle-ci découle initialement du décret n°64-46 du 14 janvier 1964, jugé inconstitutionnel par la doctrine mais remplacée par le décret n°96-520 du 12 juin 1996 pris en Conseil des ministres lequel n'a encouru lors de son adoption de semblables reproches, illustrant une *opinio juris* définie sur la question[818].

Car si le Gouvernement a pu valablement inscrire dans le Code de la Défense le contenu normatif du décret n°96-520, c'est que la coutume constitutionnelle a consacré la primauté du Chef de l'Etat au-delà du texte[819]. La dissuasion, par ses exigences d'efficacité et de crédibilité, a déterminé le contenu de ce droit d'exception qu'est le droit de la défense nucléaire. Planifié pour le processus de mise à feu de l'arme nucléaire, son objet a été de fournir une structure d'action permanente au commandement du Président assisté de collèges pour concrétiser sa décision. Ce principe du *maître de l'atome* décrit par Henri Pac[820] est l'expression juridique de ce modèle stratégique qu'est l'« Etat nucléaire » dont le dirigeant, détenteur d'une puissance de destruction absolue, dispose d'un pouvoir de commandement extraordinaire et d'une responsabilité exorbitante[821] et sans obligation d'un contreseing, la décision d'utiliser l'arme nucléaire par le Président de la République nécessitant de coupler les articles 16 et 19 de la Constitution, « *la logique de la dissuasion s'accorderait mal d'une mise en délibéré préalable à l'emploi de l'arme nucléaire, mais on peut convenir que la Constitution gagnerait à traduire cette évidence, plutôt qu'à être méconnue par elle*[822] ».

---

818 Florent Baude et Fabien Vallée, *Code de la Défense, op cit*, p. 262.

819 Etablie par décret, cette compétence est logiquement insérée dans la partie réglementaire du Code de la Défense et, partant, le Parlement ne s'est pas expressément prononcé sur ce point. Tout au plus a-t-il agréé implicitement la chose en s'abstenant de modifier le projet de loi de ratification de l'ordonnance de codification. On rappellera que le codificateur est tenu, lors de l'opération de codification, de respecter la hiérarchie des normes. Au-delà de cette disposition réglementaire proprement dite, c'est surtout la coutume Constitutionnelle qui consacre la primauté du chef de l'Etat en matière nucléaire par cette nouvelle validation.

820 Henri Pac, *Le droit de la défense nucléaire, op cit*, pp. 56-65.

821 Avec la Constitution de 1958, l'indépendance nationale est clairement devenue l'un des devoirs du Président de la République. Selon Pierre Messmer, « « *le chef de l'Etat a seul l'emploi de la force nucléaire stratégique. La conséquence dans un régime démocratique est que le chef de l'Etat doit être l'élu de toute la Nation, qu'il peut plonger dans de terribles épreuves* ». Sans influence externe, le Président reste un pouvoir isolé qui peut donner l'ordre d'engager les forces nucléaires, aucune action du pouvoir législatif sur le pouvoir exécutif du Président de la République n'est prévue sur cette question. Cette suprématie du Chef de l'Etat est légalisée par la qualification de la plus haute autorité de l'Etat pour décider de l'engagement éventuel de l'arme nucléaire, soit par elle-même, étant sa propre fin.

822 Guy Carcassonne et Marc Guillaume, *Op Cit*, p. 129.

2. L'irresponsabilité présumée du Président nucléaire

La logique des institutions de la Ve République, qui aboutit à la remise du pouvoir suprême à un seul homme, a pour contrepartie la suprême responsabilité de celui-ci[823]. Le principe du *maître de l'atome*[824] implique une exception au droit en vue de son efficacité et de sa validité : le Président de la République n'est soumis à aucun contrôle et ne peut être juridiquement responsable : cette irresponsabilité politique se traduit concrètement par l'apposition sur les actes du président de la République du contreseing du Premier ministre et des ministres concernés par ces actes. Ce sont ces derniers qui endossent alors la responsabilité politique, et seul le Gouvernement peut être désavoué par les députés.

La dissuasion nucléaire permet un pouvoir discrétionnaire, sans contreseing ministériel ni autorisation parlementaire, du Président élu mais inviolable selon les articles 6 et 67 de la Constitution, celui-ci ne pouvant en effet « *durant son mandat et devant aucune juridiction ou autorité administrative française, être requis de témoigner non plus que de faire l'objet d'une action, d'un acte d'information, d'instruction ou de poursuite. Tout délai de prescription ou de forclusion est suspendu. Les instances et procédures* [...] *peuvent être reprises ou engagées contre lui à l'expiration d'un délai d'un mois suivant la cessation des fonctions*[825] ». Dans son arrêt du 10 octobre 2001, la Cour de Cassation avait déjà établi que le Président bénéficiait d'une inviolabilité temporaire jusqu'à la fin de son mandat, entraînant la suspension des poursuites.

Or, la loi constitutionnelle n°2007-238 du 19 février 2007 portant sur le statut du Président de la République a modifié cette inviolabilité en introduisant une procédure de destitution à l'article 68 modifié. Si l'immunité temporaire du Chef de l'État pendant l'exercice de ses fonctions, c'est-à-dire la suspension de toute poursuite pénale et des actes d'information, est actée, un mécanisme de responsabilité politique en contrepoids a été instauré avec une procédure de destitution qui sanctionne les atteintes que le comportement du Chef de l'État pourrait porter à la fonction présidentielle[826]. La loi organique n°2014-1392, adoptée par le Parlement le 24 novembre 2014 sur la responsabilité juridictionnelle du chef de l'Etat, précise les modalités de la procédure, le Président de la République pouvant être destitué en cas de « *manquement à ses devoirs manifestement incompatible avec l'exercice de son mandat* ». Ainsi, en vertu de l'article 68 de la

---

823 Charles Zorgbibe, *Le chef de l'Etat en question*, Economica, 1986.

824 Henri Pac, *Op Cit*, pp. 56-65.

825 Toute action à son encontre pour des faits commis avant ou pendant son mandat peut alors être jugée. Les droits des personnes tiers sont préservés par la suspension de tout délai de prescription et de forclusion.

826 La première procédure a eu lieu le 7 novembre 2016 sur proposition de destitution de François Hollande pour divulgation d'informations secrètes, et déboutée le 23 novembre 2016 à son examen par le bureau de l'Assemblée nationale.

Constitution modifié, « *quel que soit l'acte commis par le chef de l'Etat, cet acte ne doit pas nuire à sa fonction* », sauf à considérer que celui-ci est passible de crime contre l'humanité en enclenchant le feu nucléaire. Auquel cas, le Parlement, constitué en Haute Cour, pourrait enclencher une procédure de destitution[827] et bloquer le gouvernement, sans nécessaire jugement autre que l'avantage politique conféré[828]. Cette destitution ne constitue donc pas une sanction pénale mais une sanction politique dont la conséquence serait de mettre un terme au mandat du Chef de l'État et à l'inviolabilité qui lui est reconnue par l'article 67 de la Constitution pour la durée de ses fonctions, engendrant des poursuites et des condamnations judiciaires.

II. Les potentielles poursuites et condamnations judiciaires du « maître de l'atome »

Si la Constitution fait porter au Président la charge de la garantie des intérêts vitaux de la Nation selon l'article 5, cette responsabilité normative pourrait se retourner contre lui au titre de l'article 68 modifié permettant de le destituer et d'engager des poursuites judiciaires contre sa personne (1), remettant en question l'effectivité de son *imperium* et donc l'architecture de la dissuasion nucléaire (2).

1. La procédure de destitution du Président de la République

La finalité de la responsabilité politique est d'assurer la persistance de l'identité de volonté politique entre le gouverné, à savoir le citoyen, et le gouvernant, à savoir le Président de la République[829]. Il s'agit de garantir la justice politique au sens où celle-ci désigne le maintien d'un ordre politique supérieur et nécessaire à la vie sociale. La charge de porter la responsabilité d'une force de frappe incombe-t-elle à la responsabilité seulement politique, civile ou pénale ? Pour ces deux dernières, la référence à un tiers impartial n'a aucun sens dans le contexte de la responsabilité politique puisqu'il s'agit là d'une fusion entre le souverain et le représentant, étant la même personne. C'est l'organe délibérément élu, dans la manifestation de la responsabilité

---

[827] Conseil Constitutionnel, « Quel pouvoir donne l'article 16 de la Constitution au Président de la République ? », https://www.conseil-Constitutionnel.fr/la-Constitution/quel-pouvoir-donne-l-article-16-de-la-Constitution-au-president-de-la-republique : « *Le Conseil Constitutionnel a censuré l'article qui limitait le droit de chaque membre du Parlement à la signature d'une seule proposition de résolution par mandat présidentiel. Il a également censuré l'article qui limite à deux jours la durée des débats devant la Haute Cour* ».

[828] Au demeurant, le Conseil Constitutionnel dans sa décision n°2014-703 DC du 19 novembre 2014 sur la loi organique portant application de l'article 68 de la Constitution a clairement rappelé que « *la Haute Cour, instituée à la suite de la suppression de la Haute Cour de justice, ne constitue pas une juridiction chargée de juger le Président de la République pour des infractions commises par lui en cette qualité, mais une assemblée parlementaire compétente pour prononcer sa destitution en cas de manquement à ses devoirs manifestement incompatible avec l'exercice de son mandat.* »

[829] Denis Baranger, *Le droit constitutionnel*, PUF, 2013.

électorale, qui se prononce en toute souveraineté. La sanction du gouvernement ne saurait être la même, n'en ayant d'autre en responsabilité politique que celle de perdre la charge de représentation.

Une responsabilité criminelle existe en politique lorsque le gouvernant commet une infraction grave dans le cadre de ses fonctions telle que la haute trahison du Président depuis la Constitution française de 1875, la révocation étant la sanction principale. Or la détermination des infractions graves ne relève pas d'un texte préexistant mais souvent d'exemples historiques à la discrétion des organes d'instruction et de jugement. Dans le cadre d'actions engageant l'arme nucléaire, l'appréciation de la légalité est à composer totalement puisqu'il n'existe aucune jurisprudence, mise à part la décision américaine de bombarder Hiroshima et Nagasaki[830], pour laquelle les tribunaux internationaux n'ont prononcé aucune sanction au motif qu'il s'agissait d'objectifs militaires. A l'inverse, le Président peut aussi être condamné *s'il ne fait pas usage de l'arme nucléaire* pour défendre le territoire d'un péril grave. Sa responsabilité politique est alors engagée au nom de son statut constitutionnel et à raison des principes fondamentaux de l'organisation institutionnelle du régime et des responsabilités inhérentes à sa fonction. Ayant la charge de la sauvegarde de la Nation, le Président, s'il refusait l'emploi de l'arme nucléaire en cas d'invasion du territoire et dans les conditions extrêmes de légitime défense impliquant la survie de l'Etat, serait coupable de haute trahison en raison de l'article 5 de la Constitution puisqu'il est porté atteinte à l'intégrité du territoire. Le Président, à qui incombe l'Etat, doit le garantir en cas de crise grave, idée gaullienne et finalité centrale de la Ve République, et puisqu'il dispose de tous les moyens conséquents à cette finalité[831], l'absence de décision voire le refus de déclenchement des représailles conduirait à un grave manquement à ses responsabilités.

2. L'effectivité de l'*imperium* présidentiel en question

Une dernière limite à l'exercice de l'*imperium* présidentiel du feu nucléaire implique la pyramide des normes, les détracteurs avançant que les décrets conférant ce pouvoir décisionnaire à l'égard des forces nucléaires ne seraient pas valides car non-effectifs. Pour rappel, la définition de l'autorité prééminente en matière de défense réside essentiellement dans les articles 5, 15, 20 et 21 de la Constitution. Et le droit effectivement appliqué, autrement

---

[830] Cette perspective est illustrée par l'affaire *Shimoda et consorts c. / Etat japonais* dans laquelle le Tribunal du district de Tokyo a jugé que l'emploi de l'arme nucléaire par les Etats-Unis contre le Japon avait constitué une violation du droit international humanitaire. Décision du 7 décembre 1963, *Japanese Journal of International Law*, 1964.

[831] L'article 16 de la Constitution lui permet de prendre les *mesures exigées par les circonstances*, inspiré par la volonté d'assurer aux pouvoirs publics dans les moindres délais les moyens d'assurer leur mission. Cette finalité permet de justifier à elle-seule l'emploi de l'arme nucléaire.

dit efficace, est le droit positif que le juriste analyse dans son double rapport de validité et d'effectivité[832]. Ainsi, le décret du 12 juin 1996 succédant à celui du 14 janvier 1964 est un acte administratif en vigueur depuis son émission, il est effectif et opposable aux administrés. Mais cette effectivité et cette opposabilité n'emportent pas nécessairement sa validité au regard des normes supérieures du droit applicable, tant international qu'interne. Si l'on admet que, juridiquement, seul compte le texte de référence, la norme supérieure, on en conclura qu'une pratique fixée par une norme inférieure contraire à ce texte, bien qu'effective, n'a pas de valeur normative, en soi le décret n°96-520. Le problème est alors de savoir si l'on est en présence d'une pratique dénuée de validité ou bien d'une règle dénuée d'efficacité voire de praticabilité.

Or la coutume constitutionnelle, au regard du paysage politique français depuis le début de la Ve République, apporte une réponse au regard des cohabitations et des usages politiques des différents présidents français. Six décennies de pratique semblent comporter une *opinio juris* dans l'usage souverain de l'arme nucléaire, une valeur constitutionnelle à raison de l'intention qu'elle recèle de produire effet de droit. La souveraineté nucléaire du Président de la République est la conséquence de la satisfaction des exigences juridiques d'un modèle de stratégie, celui de la dissuasion, respectée ou non par l'adversaire. La Ve République a ainsi été *nucléarisée* par le biais de la coutume autant que du droit avec un Président nettement avantagé et conforté dans ses pouvoirs exécutifs pour engager le feu nucléaire. Si la stratégie nucléaire française dispose de ses quatre généraux de l'Apocalypse, à savoir Ailleret, Beaufre, Gallois et Poirier lesquels ont établi la doctrine de dissuasion nucléaire, leur généralissime demeure le Président de la République, sacré par le vote au suffrage universel direct qui lui confère, durant son temps démocratique, l'autorité suprême nécessaire à cette responsabilité.

Le problème de l'équilibre des pouvoirs semble demeurer dans l'insertion des impératifs de la dissuasion au sein d'une démocratie parlementaire avec la crainte d'un régime monocratique en temps de crise, alliant la peur d'une dictature virtuelle à la contestation d'un exécutif fulgurant. Sa conséquence directe engendre une institutionnalisation du Président comme souverain de l'arme nucléaire, lequel principe n'a pas seulement la force d'une norme historique mais aussi la valeur d'une règle obligatoire en droit. Cette compétence constitutionnelle est basée sur la réalité concrète de son exercice, à côté du droit subjectif au commandement légitimé par l'élection

---

[832] La validité permet ainsi de distinguer les normes qui doivent s'imposer au respect de leurs destinataires, puisque obligatoires et valables, des autres normes, qui doivent être obéies selon le principe de l'obéissance préalable mais qui n'auraient pas à l'être, précisément parce qu'elles ne sont pas valables. L'effectivité, elle, permet de distinguer les normes qui s'imposent et celles qui ne s'imposent pas, qu'elles soient valables ou non, qu'obéissance leur soit due ou non.

au suffrage universel[833]. Emanation de la volonté populaire, encore convient-il, pour exercer cette responsabilité ultime, que cette fonction exécutive de défense nucléaire intègre les moyens de sa mise en œuvre. Dans la dissuasion, la stabilité du décideur est un élément de sa crédibilité, et il est important qu'elle soit fondée en droit. Aussi serait-il nécessaire, à titre de précaution, que le Président ait les moyens *constitutionnels* de conserver son droit exclusif d'engager la force de frappe[834].

Ainsi, conférer une valeur constitutionnelle à l'arme nucléaire permettrait de lui faire bénéficier de la suprématie accordée à la Constitution dans l'ordre interne au nom de la conception normative de celle-ci. Pourtant, la constitutionnalité d'une norme n'est pas systématiquement un gage d'effectivité juridique[835], celle-ci ne garantit en rien une plus grande effectivité. La valeur constitutionnelle conférée à l'arme nucléaire lui donnerait avant tout une force symbolique supérieure à celle des normes de valeur inférieure, sans que cela se traduise nécessairement par une plus-value sur le plan juridique sauf concernant ses possibles interactions avec les autres intervenants de la Force de Frappe.

[833] Henri Pac, *Le droit de défense nucléaire*, *Op Cit*, p. 63.

[834] Maurice Duverger, « La crédibilité du décideur » in *L'aventure de la Bombe. De Gaulle et la dissuasion nucléaire 1958-1969*, Plon, 1985, pp. 323-331.

[835] Olivier Carton, « De l'inutilité d'une constitutionnalisation du droit de l'environnement ? », *Les Petites Affiches*, n° 175, 2005.

Chapitre III
La pénalité du déclenchement de l'arme nucléaire

C'est sans doute « *l'emploi physique de l'arme (ex post) et non la dissuasion nucléaire elle-même (ex ante)*[836] » qui pose le plus de problème en matière de responsabilité. Avec l'apparition de la force de frappe nucléaire a été opéré un retour à une conception du Chef de l'État comme véritable chef de guerre, donnant aux dispositions constitutionnelles une véritable effectivité politique[837]. Ce processus de constitutionnalisation du fait nucléaire amène à altérer la distinction structurelle entre le droit public et le droit privé. A l'imbrication de cette *summa divisio*, l'application présidentielle lors d'un état juridique de circonstance de crise pose la question de l'équilibre des pouvoirs institutionnels, le Président de la République ne disposant pas juridiquement du pouvoir de déclarer la guerre du fait que cette compétence relève du Parlement avec l'article 35 de la Constitution.

Néanmoins, la décision d'une frappe nucléaire emporterait *de facto* déclaration de guerre. Dans ce cas de figure, la logique politique, celle de la primauté présidentielle, et la logique stratégique, celle de la primauté nucléaire, se conjuguent pour donner au Président un rôle fondamental. En résumé, faisant de lui le garant de l'Indépendance Nationale et de l'intégrité du territoire, l'article 5 de la Constitution lui assigne une mission tandis que l'article 15 lui donne un titre et des moyens, chef des armées présidant les conseils et comités supérieurs de la Défense Nationale. Dans l'exercice de la dissuasion nucléaire, la fonction présidentielle est donc partagée entre sa mise en accusation (I) et l'effectivité de sa compétence (II).

I. La mise en accusation du « maître de l'atome »

La concentration des pouvoirs du feu nucléaire, à savoir l'initiative, la décision et l'usage des armes à un seul homme[838], engendre une toute-puissance présidentielle en vue de l'efficacité de la manœuvre[839]. Ce droit d'exception, exorbitant le droit commun, se caractérise par une augmentation des pouvoirs de l'exécutif dont le droit public français n'a pas connu d'équivalent dans sa forme républicaine. Régime d'élection du prince, il fait prévaloir l'*imperium* du Président de la République, et donc un droit de commandement de type impératif, dont l'obligation conditionne l'efficacité de sa pratique de dissuasion. Alors que l'irresponsabilité du souverain nucléaire apparaît en décalage avec l'importance de ses pouvoirs sans

---

[836] Bruno Tertrais, « Défense et illustration de la dissuasion nucléaire », *Recherches et documents*, n°05/2011, p. 16.

[837] Eric Desmons, « Le sceptre et le sabre - Joseph-Barthélemy et la séparation du pouvoir civil et du pouvoir militaire en temps de guerre », *Mil neuf cent, Revue d'histoire intellectuelle*, 2005/1 (n° 23), p. 210.

[838] David Cumin, *Op Cit*, p. 24.

[839] Une crise grave impliquant un conflit nucléaire enclencherait l'article 16 de la Constitution.

apposition de contrepouvoirs (2), l'inviolabilité du Chef de l'Etat, déjà réduite par la procédure de destitution, ne l'empêcherait pas d'être poursuivi devant la Cour Pénale Internationale (CPI) pour crimes contre l'humanité[840] (1).

1. L'hypothèse d'une condamnation du Président par la Cour Pénale Internationale

En usant de l'arme nucléaire dans un conflit, il est difficile de concevoir le cas d'un individu qui porterait à lui seul les conséquences d'une telle responsabilité. Il appelle toute la structure d'un Etat pour être mis à exécution. Le sujet de cette infraction ne peut donc être que l'Etat, lequel ne peut pas être pénalement responsable. En admettant le principe de la responsabilité subjective, c'est-à-dire une responsabilité pour la faute et selon la gravité, le droit pénal international rejette le concept de la responsabilité collective, donc celle des personnes juridiques et morales dont l'Etat est une espèce. Par conséquent, n'admettant que la responsabilité individuelle des coupables, là où il s'agit d'une infraction dont le sujet est l'Etat, la responsabilité pénale incombe à ses représentants et non à la collectivité qui bénéficie d'une excuse abolutoire. Pénalement responsables sont donc ceux qui, agissant au nom et au compte de l'Etat, ont commis un fait incriminé.

L'individu aussi bien que l'Etat peut être le sujet d'une infraction internationale. Les statuts des tribunaux internationaux de 1946, Nuremberg et Tokyo, ont reconnu l'individu en tant que sujet des devoirs que le droit international impose. Par surcroît, la commission du droit international, qui a été chargée par les Nations Unies de formuler les « Principes de Nuremberg », a confirmé la primauté des devoirs internationaux à l'égard de l'individu en impliquant la suprématie du droit international sur le droit public interne : « *Le principe qu'une personne qui a commis un crime international est responsable de ce crime et passible de châtiment en vertu du droit international, quelles que soient les dispositions de la loi nationale*[841] ». Se pose alors la question de la validité même du garant de l'arme nucléaire, la personne présidentielle apparaissant comme non responsable normatif des conséquences du feu nucléaire pour les détracteurs lesquels tablent que le pouvoir présidentiel français entrerait en contradiction avec des principes du droit international,

[840] Loi n°2010-930 du 9 août 2010 portant adaptation du droit pénal à l'institution de la Cour pénale internationale introduisant dans le droit pénal français un certain nombre d'adaptations et de nouvelles dispositions, modifiant la définition des crimes contre l'humanité et créant la notion de crimes et délits de guerre ainsi que la notion de « complicité par abstention ». Sur cette dernière, cf. E. Vergès, « La loi n°2010-930 du 9 août 2010 portant adaptation du droit pénal à l'institution de la Cour pénale internationale : une avancée marquante de la répression en France des crimes de guerre et des crimes contre l'humanité », *RSC*, 2010-4, p. 896.

[841] Jean Spiropoulos, *Formulation des principes de Nuremberg*, II, 1950.

comme la Convention de la Haye selon laquelle « *les belligérants n'ont pas un droit illimité quant au choix des moyens de nuire à l'ennemi* », et national, comme la Déclaration des droits de l'Homme et du citoyen qui dispose que « *le chef de l'Etat ne saurait détenir un pouvoir de vie et de mort* ».

La reconnaissance de la Cour Pénale Internationale[842] avec l'article 53-2 de la Constitution, dans les conditions prévues par le traité signé le 18 juillet 1999 par la France, entraine la question de l'arme nucléaire dans le domaine du droit international. Ledit Statut de Rome définissant les crimes internationaux sur lesquels la Cour a un pouvoir juridictionnel, cette disposition serait amenée à condamner le Président de la République s'il venait à déclencher le feu nucléaire sous le coup d'une inculpation pour crime de guerre ou crime contre l'humanité auprès de la CPI. La responsabilité de l'arme nucléaire devrait incomber à ceux qui prennent collégialement la décision d'emploi et à ceux qui en font l'usage, soit les décideurs et les exécutants. Si les décrets n°2009-869[843] et n°2009-1177[844] visent les compétences dans les chaînes organiques d'attribution sous autorité du Président de la République et du Gouvernement, l'article L 4122-2 du Code de la Défense prescrit dans le statut général des militaires la responsabilité de l'exécution des missions, ne pouvant toutefois accomplir des actes contraires aux lois internationales, ajoutant que « *la responsabilité propre des subordonnés ne dégage leurs supérieurs d'aucune de leurs responsabilités* »[845] .

Or la France a émis des réserves dans l'application du Protocole additionnel aux conventions de Genève afin de ne pas y impliquer les activités militaires nucléaires, et éviter d'être retournées en cas de frappe nucléaire envers le commandant de forces nucléaires[846] au regard de l'article 1 de la convention pour la prévention et la répression du crime de génocide. A tout le moins doit être considéré le caractère discriminant de la frappe nucléaire, dont la visée étatique cible des objectifs précis : les éléments de puissance de l'Etat adverse, renvoyant au crime de génocide si tout ou partie d'un groupe national se voit subir une atteinte grave à son intégrité physique. Ces déclarations interprétatives, concernant la pratique de dissuasion nucléaire, précisent les déclarations faites lors de la ratification du Protocole I, notamment le point 2 énonçant que : « *les dispositions de l'article 8*

---

[842] Cf. loi n°2002-268 du 26 février 2002 relative à la coopération avec la Cour pénale internationale laquelle modifie le Code de procédure pénale en vue de favoriser la coopération en matière pénale.

[843] Décret n°2009-869 du 15 juillet 2009 relatif aux attributions du ministre de la Défense, du chef d'état-major des armées et des chefs d'état-major de l'armée de terre, de la marine et de l'armée de l'air.

[844] Décret n°2009-1177 du 5 octobre 2009 relatif aux attributions du chef d'état-major des armées et des chefs d'état-major d'armée.

[845] Code de la Défense, Partie IV, Livre Premier, Titre II, Chapitre II, article L 4122-1.

[846] Code de la Défense, article D.3223-40 disposant que : « En tout temps et, plus particulièrement, en cas de tension, de crise, de conflit armé ou de guerre, le commandant de force maritime prend toutes dispositions pour assurer sa liberté d'action, éviter les surprises et repousser les attaques de tout nature ».

du Statut, en particulier celles du paragraphe 2 b), concernent exclusivement les armements classiques et ne sauraient ni réglementer ni interdire l'emploi éventuel de l'arme nucléaire, ni porter préjudice aux autres règles du droit international applicable à d'autres armes, nécessaires à l'exercice par la France de son droit naturel de légitime défense ». L'article 8 b) renvoie à la liste des violations du droit international humanitaire avec la protection de la population civile par le biais des principes de distinction et de proportionnalité.

Néanmoins, la déclaration interprétative française affirme que la responsabilité de crime de guerre ne concerne pas l'arme nucléaire et son usage. Si l'article 120 du Statut de Rome interdit toute réserve, la déclaration française, visant à modifier la portée d'un engagement conventionnel, apparait comme une réserve au sens de la Convention de Vienne du droit des traités. De la sorte, une Cour pourrait la déclarer invalide et la France, avec sa tendance déjà révélatrice concernant les contentieux interétatiques relatifs à son arme nucléaire, n'aurait plus qu'à refuser de reconnaitre la compétence de ladite cour[847] pour limiter l'intrusion d'un juge international dans la conception et la mise en œuvre de sa Force de Frappe, en la sanctuarisant juridiquement[848].

2. L'excuse dérogatoire devant le Tribunal Pénal International

L'article 53-2 de la Constitution déclare que « *la République peut reconnaître la juridiction de la Cour pénale internationale dans les conditions prévues par le traité signé le 18 juillet 1998* ». Et dans la décision du 22 janvier 1999 concernant le traité de création de la Cour Pénale Internationale, le Conseil Constitutionnel a précisé que, pour les engagements internationaux destinés à protéger les droits fondamentaux de la personne : « *eu égard à cet objet, les obligations nées de tels engagements s'imposent à chacun des Etats parties indépendamment des conditions de leurs exécutions par les autres partis ; qu'ainsi la réserve de réciprocité mentionnée à l'article 55 de la Constitution n'a pas lieu de*

[847] En parallèle des précédents de 1974 avec les essais nucléaires voyant la France retirer sa déclaration d'acceptation de la Cour Internationale de Justice du 20 mai 1966 par une notification envoyée au secrétaire général de l'ONU le 10 janvier 1974, le Statut de Rome a lui aussi connu un précédent juridique avec l'interprétation limitative de son article 8 par la République tchèque laquelle amende l'article 8 du Statut de Rome de la Cour pénale internationale, adopté par la résolution RC/Res.5 du 10 juin 2010 à la Conférence de révision du Statut de Rome qui s'est tenue à Kampala, en Ouganda concernant « *l'interdiction d'utiliser des balles qui s'épanouissent ou s'aplatissent facilement dans le corps humain, telles que des balles dont l'enveloppe dure ne recouvre pas entièrement le centre ou est percée d'entailles,* [laquelle] *ne s'applique pas à leur utilisation lors d'opérations de police menées à des fins de répression des infractions et de maintien de l'ordre public, qui ne constituent pas une participation directe à un conflit armé, comme la libération d'otages et la neutralisation de pirates de l'air* ». L'amendement de Kampala est entré en vigueur le 26 septembre 2012, conformément au paragraphe 5 de l'article 121 du Statut de Rome, constituant un autre exemple d'interprétation appliqué.

[848] Nicolas Haupais, *Op Cit*, p.35.

s'appliquer »[849]. Néanmoins, le paragraphe 1, chapitre 7 du statut de la Cour Pénale Internationale définit comme crime contre l'humanité « *l'un quelconque des actes ci-après, lorsqu'il est perpétré dans le cadre d'une attaque généralisée ou systématique dirigée contre une population civile et en connaissance de l'attaque : le meurtre, l'extermination* ». Ces dispositions sont à confronter avec celles des représailles lesquelles, impliquant la frappe nucléaire et donc l'existence de l'Etat, renvoient à la proportionnalité de l'arme nucléaire en droit public[850]. Or ces limites cadrant la responsabilité pénale du Président de la République sont sujettes à caution. D'une part, à l'instar des déclarations faites lors de la ratification du Protocole I de la Convention de Genève, la ratification du Statut de Rome par la France fut conditionnée à la prise en compte de déclarations interprétatives concernant l'exclusion de la pratique de dissuasion nucléaire[851] et affirmant que la responsabilité de crime de guerre ne concerne pas l'arme nucléaire et son usage[852].

D'autre part, si une cause de non-responsabilité ne décharge pas son auteur de la responsabilité pénale[853], le statut du Président de la République semble demeurer exclu du traité de Rome selon le Conseil Constitutionnel. Dans sa décision du 22 janvier 1999, le Conseil a conclu à l'incompatibilité sur plusieurs aspects de l'objet même du Traité lequel permet de s'attaquer aux coupables « *sans aucune distinction fondée sur la qualité officielle* »[854], ce qui l'a amené à souligner que, s'agissant du Président de la République théoriquement concerné comme un autre, « *pendant la durée de ses fonctions, sa responsabilité pénale ne peut être mise en cause que devant la Haute Cour de Justice* »[855]. De fait était évitée toute querelle d'interprétation sur l'article 68 puisqu'en exercice et selon l'article 5 de la Constitution, au fait que sur lui pèse l'entière charge d'assurer la continuité de l'Etat. De plus, via l'article 67 de la Constitution, s'il n'est pas responsable des actes accomplis en cette qualité, sous réserve des dispositions des articles 53-2 et 68 de la Constitution, il ne

---

849 Décision n°98-408 *Cour pénale internationale* du 22 janvier 1999, *Rec.* 29, § 12.

850 Benoît Grémare, « La proportionnalité de l'arme nucléaire en droit public » *in* Olivier Gohin et Bertrand Pauvert, *Annuaire 2018 du droit de la sécurité et de la défense*, Marc & Martin, 2018, pp. 319-333.

851 On insistera à cet égard sur le contenu de la déclaration interprétative faite par la France lors du dépôt de l'instrument de ratification afférent à la Convention de Rome portant statut de la Cour pénale internationale en vertu duquel : « les dispositions de l'article 8 du Statut [...] concernent exclusivement les armements classiques et ne sauraient ni réglementer ni interdire l'emploi éventuel de l'arme nucléaire ni porter préjudice aux autres règles de droit international applicables à d'autres armes, nécessaires à l'exercice par la France de son droit naturel de légitime défense [...] ». V. aussi le projet de loi portant adaptation du droit pénal à l'institution de la Cour pénale internationale.

852 L'article 8 de la CPI exempte la menace urbanicide nucléaire en ne l'intégrant pas, confirmant implicitement l'exercice de la dissuasion nucléaire. Cf. David Cumin, *L'arme nucléaire française devant le droit international et le droit Constitutionnel*, *Op Cit*, p.82.

853 Stefan Glaser, « L'ordre hiérarchique en droit pénal international », *Revue de Droit pénal et de Criminologie*, n°4, janvier 1953, pp. 641-642.

854 DC n°98-408, Rec. 29, § 15.

855 DC n°98-408, Rec. 29, § 16.

peut, durant son mandat et devant aucune juridiction ou autorité administrative française, être requis de témoigner ni de faire l'objet d'une action, d'un acte d'information, d'instruction ou de poursuite, tout délai de prescription ou de forclusion étant suspendu.

Toutefois, l'article unique de la loi constitutionnelle n°99-568 du 8 juillet 1999 instaure qu'avec l'article 68 de la Constitution, la République peut reconnaître la juridiction de la Cour pénale internationale dans les conditions prévues par le traité *à défaut* d'une juridiction nationale. La reconnaissance française du statut de la Cour ne fait jamais référence à sa juridiction, mais à sa compétence : la difficulté que pourrait soulever l'emploi du terme juridiction tient à ce que ce mot recouvre un grand nombre de significations. La juridiction est en effet à la fois la mission de juger ; pouvoir et devoir de rendre la justice par application du droit et l'organe institué pour exercer ce pouvoir de juridiction. Or son champ d'application est limité dans les conditions prévues par le traité signé le 18 juillet 1998. On peut en déduire qu'il vise à rendre conformes à la Constitution les dispositions du statut qui lui ont été déclarées contraires et ne couvre pas les modifications futures du statut. Toutefois selon le Sénat, « *le statut lui-même prévoit la possibilité d'amendements au statut sept ans après son entrée en vigueur. Des amendements aux dispositions du statut de caractère exclusivement institutionnel sont même possibles sans attendre le délai de sept ans. Il serait donc possible de considérer que ces amendements font partie des conditions prévues par le traité du 18 juillet 1998. Le gouvernement considère néanmoins que la rédaction du projet de loi n'a pas pour effet de rendre automatiquement conformes à la Constitution les futurs amendements au statut quels qu'ils soient* »[856]. Les stipulations du statut relatives à sa révision et aux amendements sont souvent générales et ne permettent pas d'exclure *a priori* des modifications qui bouleverseraient l'équilibre du traité tel qu'il a été soumis en son temps au Conseil Constitutionnel.

A cet effet, au travers de la jurisprudence *Breisacher*, la Cour de Cassation a marqué son autonomie dans l'interprétation de la Constitution relative au statut pénal du Président de la République. L'arrêt du 10 octobre 2001 énonce une interprétation différente de l'article 68 de celle du Conseil Constitutionnel[857] sur le traité portant statut de la Cour Pénale Internationale, au fait qu' « *en l'espèce, la décision du 22 janvier 1999 n'a statué que sur la possibilité de déférer le président de la République à la Cour Pénale Internationale* [mais] *il appartient, dès lors, aux juridictions de l'ordre judiciaire de déterminer si le Président de la République peut être entendu en qualité de témoin ou être poursuivi devant elles pour y répondre de toute autre infraction commise en dehors de l'exercice de ses fonctions* ». La Cour de Cassation conclut que le Président ne peut être poursuivi devant les juridictions de droit commun pendant la durée de ses

---

856 Sénat, source : https://www.senat.fr/rap/l98-318/l98-3184.html (consulté le 30 avril 2020).

857 DC n°98-408 du 22 janvier 1999, *Rec.* 29

fonctions, la prescription de l'action publique étant alors suspendue[858], ce qui ne peut être supposée lors d'un contexte impliquant l'arme nucléaire. Cette hypothèse reste néanmoins théorique car l'application de l'article 16 dans un contexte de crise nucléaire peut toujours permettre au Président de garder l'initiative[859].

II. La résolution normative du conflit de compétence

Il existe un conflit de compétence à l'égard du Président de la République lequel, dans la pratique, est le maître de l'atome sans pour autant être explicitement nommé dans la Constitution[860]. Si nombreux sont les auteurs à admettre l'hégémonie du Président de la République en matière de défense, les justifications avancées sont de nature diverses et parfois conjuguées. A s'en tenir aux principales, il s'agit des articles de la Constitution, de la théorie du domaine réservé[861], de la compétence nucléaire, et d'une coutume constitutionnelle remontant à l'origine de la Ve République. En se basant sur les articles 5, 6, 9, 15 ou 16 de la Constitution, ces normes de référence constitutionnelles permettraient de neutraliser l'ordonnance de 1959, supérieure aux décrets ultérieurs. Pareil constat s'explique par la déconstruction postérieure du partage des compétences de défense entre le Président et le Premier ministre. Si, après la rédaction de la Constitution de 1958, l'ordonnance n°59-147 consacre une importance indéniable au Premier ministre en matière de défense pour éviter tout coup

---

858 Guillaume Drago, *Op Cit*, p. 666.

859 L'article 16 permet au Président de la République de s'octroyer des pouvoirs exceptionnels lorsqu'une menace grave et immédiate pèse sur les institutions de la République, l'indépendance de la Nation, l'intégrité de son territoire ou l'exécution de ses engagements internationaux. Dans l'esprit de chacun, l'emploi effectif de l'armement nucléaire implique la mise en œuvre, préalable ou au plus tard simultanée, de l'article 16 de la Constitution. Ce n'est que par ce moyen que pourraient être pris dans les délais les plus rapides les nombreux textes qui ont été préparés par le secrétariat général de la défense nationale d'organiser la nation pour le temps de guerre et qui n'ont jamais été soumis au Parlement. Dès lors, la totalité du pouvoir reviendrait au Président.

860 D'autres contentieux de pratiques constitutionnelles existent tels que la direction de la politique nationale, en contradiction avec l'article 20-1 ; la démission du Premier ministre à la demande du Président, en contradiction avec l'article 8-1 ; l'utilisation de la procédure référendaire de l'article 11 pour réviser la Constitution, en contradiction avec l'article 89. Cf Guillaume Drago, *Contentieux constitutionnel français*, Thémis Droit, PUF, 2011.

861 Issue du discours de Jacques Chaban-Delmas devant le congrès de l'U.N.R. le 15 novembre 1959 à Bordeaux, l'auteur distingue dans la gestion des affaires un secteur ouvert et un secteur spécifiquement présidentiel, se résumant à l'essentiel et nécessitant l'impulsion de ce dernier pour être traité, à savoir l'Algérie, les Affaires Etrangères et la Défense. Si cette théorie n'a pas de source normative établie ni d'existence constitutionnelle, la pratique attestée présenterait le caractère d'une convention de la Constitution, c'est-à-dire une règle politique non juridiquement obligatoire, qui dépend grandement de l'intérêt qu'y porte personnellement le Président de la République. Pour cette raison elle s'avère à l'expérience trompeuse en donnant à croire, à tort, à un cantonnement du Président de la République à certains domaines.

de force présidentiel, le Président porta discrètement et principalement son attention sur le nucléaire militaire de janvier 1959 jusqu'à avril 1962 où, dès ce moment, le nucléaire devint l'apanage du Président. Ce constat engendre le repli forcé du chef du Gouvernement sur des tâches secondaires qui n'auront plus la même dimension que prévue au regard des articles 21 de la Constitution et 9 de l'ordonnance de 1959 précitée[862]. Ainsi Charles de Gaulle avait compris qu'au travers de la Constitution de 1958, celui qui maîtrisait l'arme nucléaire bénéficierait *de facto* sinon *de jure* d'un levier formidable pour parfaire son autonomie stratégique et politique. Cette répartition se base sur une résolution normative impliquant l'extrapolation de l'article 5 de la Constitution (1), confortée par un consensus coutumier sur la question (2).

1. L'extrapolation de l'article 5 de la Constitution

La détention de l'arme nucléaire a donné aux formules des articles 5 et 15 de la Constitution une portée telle qu'elle a vidée de leur signification les autres dispositions constitutionnelles[863]. Si le conflit entre l'article 15 et les articles 20-2 et 21-1 peut être résolu avec l'article 6 issu de la révision constitutionnelle du 6 novembre 1962, comme base de validité des prérogatives présidentielles, notamment en raison du lien historique entre la révision et la réalisation de l'arme nucléaire, l'élection du Chef de l'Etat au suffrage universel direct est l'une des conséquences de la stratégie de dissuasion, dont la crédibilité doit reposer sur la légitimité nationale du décideur[864]. Et comme l'article 5 oblige le Président à dépasser son rôle d'arbitre du fait qu'il soit le garant de la Constitution, de la continuité de l'Etat, de l'indépendance nationale, de l'intégrité du territoire et du respect des traités, ses prérogatives en font nécessairement un acteur de la politique de défense. Pourtant, cette interprétation n'empêche pas que l'article 5, eu égard au caractère non équivoque des articles 19, 20 et 21 ne permet toujours pas d'affirmer que le Président est seul compétent en matière militaire, car cet article ne lui attribue aucune compétence militaire, veillant au respect de la Constitution avec les pouvoirs qui lui sont reconnus par les articles suivants 8-1, 9, 10 à 18, 52, 54, 56, 61-2, 64-1, et 65-1.

Les articles 9 et 16 apparaissent alors comme les seuls moyens constitutionnels de renforcer les articles 5 et 15 et de neutraliser les articles 19, 20 et 21. Soustrait au contreseing, l'article 16 justifierait le pouvoir militaire en général et nucléaire en particulier du Président, car l'emploi de

---

862 Florent Baude et Fabien Vallée, *Code de la Défense*, *op cit*, p. 196.

863 David Cumin, *op cit*, p.155.

864 Odile Rudelle, « Le général de Gaulle et l'élection directe du Président de la République. Etapes d'un processus stratégique », *in* Olivier Duhamel, Jean-Luc Parodi, *La Constitution de la République*, Paris, PFNSP, 1984, pp. 118, 121.

l'arme nucléaire impliquerait la mise en œuvre dudit article[865]. L'article 9, dépendant du contreseing du Premier ministre, peut infléchir les articles 20 et 21 du fait que la détermination et la conduite de la politique nationale, sous-entendant celle de la défense et la gestion en cas de crise, s'effectueraient par une formation gouvernementale, le Conseil des ministres que le chef de l'Etat préside. Le Premier ministre, qui dirige « l'action du gouvernement », ne ferait qu'assurer l'application de la politique définie en Conseil. De fait, sans avoir nominativement à intégrer dans le texte le Président de la République, la pratique d'exécution confirme la prééminence de la compétence de ce dernier pour diriger la défense nationale, laquelle comporte une dimension temporelle de nature constitutionnelle, car permanente, caractéristique de la dissuasion nucléaire.

En activant l'article 16 de la Constitution et selon l'article 5 du décret n°96-520 relatif à la discrétion du Chef de l'Etat, l'organisation de la défense nationale relève du gouvernement ou bénéficient au gouvernement[866], le Président incarnant le Souverain se retrouverait investi de la charge de la Défense par l'abdication volontaire de ceux qui en sont légalement chargés, mais qui sont impuissants à l'exercer sans son accord, une logique résumée par l'imbrication des articles 15, 19, 20-2 et 21-1 de la Constitution : le Président est le chef des armées dont dispose le gouvernement, sous la responsabilité du Premier ministre. Cette imbrication correspond à la distinction fondamentale entre organique et opérationnel, commandement et administration, l'armée comme instrument de guerre relevant du chef de l'Etat, et l'armée comme service public relevant du gouvernement et du Premier ministre[867].

Elément constitutif du régime politico-juridique, la défense nucléaire a soumis l'ordre constitutionnel à son emprise[868] en affectant ses équilibres internes. La puissance de l'arme nucléaire est devenue une nouvelle source du droit constitutionnel[869], illustrée par la présidentialisation du régime, l'impératif catégorique de l'indépendance nationale[870] et concrétisé par l'élection au suffrage universel direct. Dans ses mémoires, le général De Gaulle écrit qu'il avait souhaité par la Constitution « *que, désormais, le Chef de*

---

[865] Bernard Chantebout, « La dissuasion nucléaire et le pouvoir présidentiel », *Pouvoirs*, n°38, 1986, pp. 21-32 ; *Droit constitutionnel et science politique*, 9ème éd., Paris, A. Colin, 1989, p. 637.

[866] Cf. avis du Conseil d'Etat du 3 avril 1984 et la circulaire du Premier ministre du 12 novembre 1985.

[867] Henri Pac, *Le droit de la défense nucléaire*, *Op Cit*, p. 44.

[868] David Cumin, *L'arme nucléaire française devant le droit international et le droit constitutionnel, Op Cit*, p. 27.

[869] Jacques Robert, *Libertés publiques et défense*, RDP, septembre-octobre 1977, p. 936 : « On s'en remet à l'homme qu'on a élu au suffrage universel », écrit le futur membre du Conseil Constitutionnel qui s'inquiète de la concentration des pouvoirs militaires.

[870] La garantie de l'indépendance nationale est la condition nécessaire de l'application de l'article 20 de la Constitution aux termes duquel « le gouvernement détermine et conduit la politique de la nation », et il n'est pas de politique véritable de la nation sans nation indépendante.

l'Etat [...] *soit réellement le chef de l'armée, bref qu'émanent de lui toute décision importante aussi bien que toute autorité* [et que le Premier Ministre et son Gouvernement n'auraient à agir] *sur de graves sujets que d'après ses directives*[871] », ce qui engendre une responsabilité particulière.

2. Le consensus coutumier de l'irresponsabilité présidentielle

Reconnue par le droit, l'idée de la responsabilité politique des gouvernants n'a pas la même nature que les responsabilités civiles ou pénales du fait qu'elle n'ait pas le même objet. En effet, la finalité de la responsabilité politique est d'assurer la persistance de l'identité de volonté politique entre le gouverné, ou son représentant, et le gouvernement. De fait, il s'agit de garantir la justice politique au sens du maintien d'un ordre politique supérieur et nécessaire à la vie sociale. De sorte, la charge de la force de frappe assimile-t-elle la responsabilité politique et pénale ? La responsabilité politique ne suppose aucune faute[872], sans lien patrimonial même à considérer le Président comme un représentant du peuple et souverain à la fois, dans les diverses manifestations de la responsabilité électorale ce qui, au constat de la pratique d'irresponsabilité, tient à une nécessité constitutionnelle.

De sa fonction d'arbitre et de garant de la Constitution, le Président serait l'interprète de ses propres pouvoirs[873], ceux fixés aux articles 5, 8 à 18, 30, 52, 54, 56, 61-2, 64- 1, 65-1 et 89, ainsi que des dispositions qui appellent son appréciation dans le préambule de 1958. Or l'extension du Bloc de Constitutionnalité par la jurisprudence du Conseil Constitutionnel, la Déclaration de 1789 et le Préambule de 1946, a étendu parallèlement le domaine du pouvoir d'interprétation présidentiel depuis le 16 juillet 1971. Les attributs du Président se voient donc augmentés. Et, à la condition d'écarter les stipulations des articles 19, 20, 21 ou 35, et en élargissant celles des articles 5, 9 15 ou 16, les partisans de la prééminence et de la légalité du Président de la République décideur du feu nucléaire se basent sur la pratique du pouvoir pour cautionner la direction effective de la défense nucléaire laquelle s'organise en marge des textes constitutionnel et législatif. Mais conformément à une certaine logique du régime *et* à une certaine logique de l'arme atomique, dans sa décision d'emploi et son efficacité stratégique, ce « consensus coutumier[874] » au monopole présidentiel se justifie du fait que l'interprétation constitutionnelle ait changé comme en témoignent la constance de la pratique et l'*opinio juris* constituée[875] – à cet

---

871 Charles de Gaulle, *Mémoires d'espoir - Le renouveau 1958-1962*, Paris, 1970.

872 Denis Baranger, *Le droit constitutionnel*, *Op Cit*, p. 90.

873 David Cumin, *L'arme nucléaire française devant le droit international et le droit constitutionnel*, *Op Cit*, p. 150

874 *Ibid*, p. 153.

875 Olivier Gohin, « Les fondements juridiques de la défense nationale », *Droit et Défense*, juin 1993, n°93/1, p. 13.

égard, l'opposition parlementaire, même en période de cohabitation, n'a jamais proposé de loi ou provoquer la saisine du Conseil Constitutionnel.

De fait, ce consensus coutumier basé sur l'article 5 en tant que « gardien de la Constitution » élu démocratiquement met en relief l'*auctoritas* du Président, non une éventuelle *potestas* attribuée au Premier ministre, dont le droit présidentiel tire sa validité coutumièrement par rapport aux règles constitutionnelles écrites, au service de l'indépendance nationale. Le régime juridique de la défense nucléaire, résolvant les contraintes stratégiques de l'Etat de droit démocratique parlementaire, est commandé par le statut du Président de la République dont le pouvoir nucléaire a pour fondement de validité la *coutume*, véritable source normative[876], postérieurement à l'adoption du principe de l'élection du Chef de l'Etat au suffrage universel direct de 1962[877], avec le décret n°64-46 du 14 janvier 1964 et le décret n°96-520 du 12 juin 1996.

Dans son rapport remis au Président de la République le 15 février 1993, le comité consultatif Vedel, en charge de la révision de la Constitution et concernant la responsabilité nucléaire du Président de la République, avait considéré qu' « *il n'y a lieu, ni en ce qui concerne la conduite des relations internationales ni en ce qui concerne la défense nationale de revenir sur une tradition trentenaire* [...] *l'articulation des pouvoirs du Président de la République et du Gouvernement conduit à l'affirmation d'une primauté du Président, traduite dans la conception et la définition des objectifs, cependant que le Gouvernement est responsable devant le Parlement tant de la politique de la défense que de la conduite de la politique étrangère* »[878]. Cette suprématie présidentielle, en matière de défense nucléaire et d'engagement de la Force de Frappe, s'avère être une pratique appliquée comme une coutume constitutionnelle laquelle, bien que contraire aux articles 19, 20-2, 21-1, 34, 35 ou 37-1 de la Constitution, est néanmoins valide par « nécessité constitutionnelle[879] » afin d'assurer l'indépendance nationale, principe normatif suprême.

L'usage répété, durable et constant, s'appuie sur la conviction que cette pratique corresponde à une obligation juridique et fonde la coutume juridique. Ici, la pratique et l'*opinio juris* transmutent le fait en droit, rapprochant la norme juridique de la réalité politique si bien que la coutume, abrogative ou créatrice, a sa place dans le système des sources du droit comme principe de réalité, englobant à la fois le comportement réel des

---

[876] Henri Pac, *Droit et politiques nucléaires*, *op cit*, p. 230-232.

[877] La révision de la Constitution permettant l'élection du Président au suffrage universel direct s'inscrit inéluctablement dans la logique nucléaire. Ainsi que le relève Pierre Messmer : « notre politique militaire explique en partie l'évolution récente des institutions [...] le chef de l'Etat a seul l'emploi de la force stratégique. La conséquence dans un régime démocratique est que le Chef de l'Etat [...] doit être l'élu de toute la Nation qu'il peut plonger dans de terribles épreuves » in « Notre politique militaire », *R.D.N.*, mai 1963, p. 760.

[878] Georges Vedel, *Propositions pour une révision de la Constitution : rapport au Président de la République*, La Documentation française, 1993, p. 2540.

[879] David Cumin, *op cit*, p. 176.

autorités constituées et illustrant l'habilitation implicite des autorités à créer, en l'absence de contrôle juridictionnel, des règles coutumières ou conventionnelles au moyen de leur interprétation. Conception décisionniste[880], la juridicité de la pratique s'appuie sur un droit constitutionnel comme système d'institution, adaptant opportunément sa rigidité en recherchant l'effectivité du droit au travers de la volonté variable et des rapports de force des autorités institutionnelles. A l'évocation de la tradition « trentenaire » à laquelle se référait le comité Vedel, l'explication de la suprématie présidentielle serait fondée sur l'existence d'une coutume constitutionnelle[881]. Plusieurs auteurs sont convaincus de l'existence de cette coutume, entre autres MM. Bertrand Chantebout[882], Hugues Portelli[883], Henri Pac[884] et Olivier Gohin[885] pour lequel celle-ci est de nature constituante : « *Si malgré des textes, peu ou mal coordonnés entre eux, la situation en matière militaire est si favorable à l'action du président de la République, c'est bien au titre de la coutume constituante qui suffit, en dehors des textes applicables, à lui garantir en droit, le quasi-monopole qu'il détient depuis le début de la Ve République* »[886]. Ainsi, en surmontant les apparentes contradictions de la Constitution dans l'attribution des compétences et pouvoirs, la coutume constitutionnelle issue de la pratique institutionnelle inaugurée par le général De Gaulle et suivie par les présidents successifs, consacre la suprématie présidentielle en matière de défense et sa primauté sur l'arme nucléaire.

Seule l'autorité institutionnelle légitime sa pratique en l'érigeant en coutume par actions répétitives, et la coutume justifie en retour l'interprétation et la pratique de cette autorité. Les deux éléments constitutifs de la coutume, à savoir la pratique matérielle (*consuetudo*) et le sentiment d'obligation (*opinio juris sive necessitatis*) illustrent cette pratique[887]. Or, seule une règle préalablement posée peut autoriser l'élaboration coutumière du droit, objet de l'article 89 lequel, au regard de l'interprétation, permet de réviser la Constitution. Il s'agit alors d'appréhender le comportement illustrant la responsabilité politique, laquelle peut être de nature constitutionnelle ou

---

880 Olivier Camy, « Le retour au décisionnisme : l'exemple de l'interprétation des pratiques Constitutionnelles par la doctrine française », *RDP*, juillet-août 1996, pp. 1019-1067 ; « Le chef de l'Etat est-il souverain sous la Vème République ? », *RFDC*, n°25, 1996-1, pp. 3-20.

881 Olivier Gohin, « Les fondements juridiques de la Défense Nationale », *Droit et Défense*, 93/1, p. 8, note 19.

882 Bernard Chantebout, *Droit constitutionnel et science politique*, Armand Colin, 1996, p. 40 : « *la coutume constitutionnelle – dont la doctrine, en sa quasi-totalité, reconnait l'autorité lorsqu'il ne s'agit que de lever les ambiguïtés d'un texte – a tranché en faveur d'une prépondérance du chef de l'Etat en matière de défense, et même du monopole de celui-ci sur le nucléaire* ».

883 Hugues Portelli, « Union sacrée ? », *Pouvoirs n°58 - La France en guerre*, juin 1991, p.25 : évoquant « les règles (écrites et coutumières) de la Ve République qui font du Président le chef effectif des armées ».

884 Henri Pac, *Droit et politique nucléaire*, PUF, 1994, p. 30-33.

885 Olivier Gohin, *Droit Constitutionnel*, Coll. Manuel, LITEC, 2010, p. 887.

886 *Ibid.*

887 Florent Baude et Fabien Vallée, *Code de la Défense*, Ellipses, 2012, p. 205.

gouvernementale. La responsabilité constitutionnelle est encourue à raison d'une remise en cause des principes fondamentaux de l'organisation institutionnelle du régime, et le refus d'employer l'arme nucléaire en cas d'invasion impliquerait ladite responsabilité du Président de la République manquant à ses fonctions.

Enfin, la consécration de cette *opinio juris* apparait clairement en l'absence de contentieux sur la question. En restreignant l'arrêt Lavaurs au seul décret n°64-46, le décret n°96-520 n'a nullement encouru de reproches politique depuis sa promulgation, illustrant l'acceptation à tout le moins d'une *opinio juris*. Au surplus, lors de la codification de la partie réglementaire du Code de la Défense, la Commission Supérieure de Codification l'a jugé conforme à la Constitution, procédant à l'intégration des articles R1141-1 et suivants. Confirmation complémentaire, le codificateur est tenu de respecter la hiérarchie des normes et, au-delà de ces dispositions réglementaires, c'est surtout la coutume constitutionnelle qui consacre la primauté du Chef de l'Etat en matière nucléaire. S'observe ainsi une forme de validation, par la coutume constitutionnelle, de dispositions réglementaires, discutables[888] mais effectives.

888 *Ibid*, p. 262.

Titre III
La constitutionnalisation de l'arme nucléaire par le concept de Force de Frappe

« *Ce n'est plus le canon comme du temps du grand roi, ni même le char et l'avion comme hier mais bien le projectile atomique qui devient désormais* l'ultima ratio *des peuples* »

Charles Ailleret, « L'arme atomique : *ultima ratio* des peuples », 1954.

Le vocabulaire juridique est spécifique et assume deux fonctions, à savoir une fonction de désignation d'objets ou d'outils juridiques, et une fonction normative lorsqu'il véhicule et évoque des normes[889], d'où la nécessité de rechercher une précision terminologique et sémantique pour toute qualification de nouveau concept.

L'expression « force de frappe » se retrouve sous la plume d'un officier de l'Armée de l'Air, le général Paul Gérardot lequel, en mars 1956, prévoyait « *la réalisation d'engins air-sol, lancés par avions, afin de pouvoir disposer d'une force de frappe stratégiquement mobile et apte à se rassembler très rapidement n'importe où* »[890], concept que le général Pierre-Marie Gallois développa en promouvant en France l'armement atomique[891]. A la suite de la Guerre Froide, la révision de la stratégie nucléaire française, conduite entre 1998 et 2001 dans un contexte de cohabitation, a permis de confirmer le consensus politique de la dissuasion nucléaire dans la classe politique autour de quatre éléments structurant cette adhésion, à savoir une doctrine défensive avec une adaptation du discours au contexte, le refus des frappes nucléaires préventives avec l'option de l'Ultime Avertissement, le maintien d'outils diversifiés afin d'assurer la crédibilité de la dissuasion, une perspective tous azimuts sans dénomination précise d'ennemi, s'adressant « à qui de droit[892] ». Pour autant, n'ayant pas fait l'objet jusqu'alors de travaux ou de mise en cause doctrinale, le concept de Force de Frappe apparait aujourd'hui comme pertinent pour le droit public en vue de permettre l'inscription de l'arme nucléaire dans la Constitution.

---

[889] Paul Reuter, *Introduction au droit des traités*, 3e éd., I.U.H.E.I., Paris, PUF, 1995, p. 112.

[890] Général Paul Gérardot, « Plaidoyer pour l'attaque », *Revue de Défense Nationale*, mars 1956, p. 300. A noter que le général Gérardot incluait dans son plaidoyer des « *engins sol-sol de 500 à 2000 km de portée transportant des charges atomiques et thermonucléaires et l'organisation de batteries de lancement protégées et abritées* ».

[891] Lothar Ruehl, *La politique militaire de la cinquième République*, Presses de la fondation nationale des sciences politiques, Paris, 1976, p. 274.

[892] Michael Quilan, « Thinking about nuclear weapons », Whitehall Papers, Londres, *RUSI*, n°41, 1997, p. 28 : « *to whom it may concern* ».

Chapitre I
Le concept de Force de Frappe, des lois de programme à la valeur normative

Dès la IVe République, la création d'une force atomique nationale fut impulsée afin que la volonté de la France pèse dans l'ordre du monde[893]. La loi du 24 juillet 1952 avait déjà validé le premier plan quinquennal de l'énergie atomique afin de faire passer le programme français du stade des recherches à celui industriel[894]. Lors du débat, un amendement communiste proposa la renonciation de la France à l'arme atomique lequel fut repoussé, le premier essai britannique du 3 octobre 1952 accélérant la réflexion française. L'Etat-major général des armées reprenant le terme de force de frappe dans une fiche datée du 13 février 1958[895], le président du Conseil Félix Gaillard signa une décision secrète le 11 avril 1958 prévoyant la première explosion expérimentale d'une bombe atomique pour le premier semestre 1960.

Or après le référendum du 28 septembre 1958 et l'adoption de la Constitution de la Ve République, le président De Gaulle annonçait le 3 novembre 1959 devant les auditeurs de l'Institut des Hautes Etudes de Défense Nationale l'objectif de concrétisation : « *Il faut que nous sachions nous pourvoir au cours des prochaines années d'une force capable d'agir pour notre compte, de ce qu'on est convenu d'appeler une "force de frappe", susceptible de se déployer à tout moment et n'importe où* »[896] laquelle Force de Frappe française fut mise en œuvre par l'adoption de la loi de programme n°60-1305 du 8 décembre 1960 dont l'article 1er affirme la volonté de « doter les forces armées d'un ensemble cohérent de moyens nationaux, comportant un armement thermonucléaire ».

Si la possession de l'arme nucléaire impacte directement la nature du régime et les institutions françaises en renforçant son exécutif[897], son instauration fut permise par un instrument constitutionnel contenu à l'article

---

[893] Une note du Quai d'Orsay datée d'août 1954 explique que : « *La direction de la stratégie appartient désormais de plus au plus aux puissances disposant de l'arme atomique. Bien plus, une armée dépourvue de moyens atomiques ne sera plus une armée. [...] Il est donc essentiel que la France entreprenne un programme atomique militaire. Sinon sa sécurité sera entièrement assurée par les Anglo-Saxons* » (Jean-Marc Boegner, ministre des affaires étrangères, Service des pactes, note du 25 août 1954) *in* Bruno Tertrais, *La France et la dissuasion nucléaire : concept, moyens, avenir*, La documentation Française, Paris, 2017, p. 74

[894] Lors du débat, un amendement communiste proposa la renonciation de la France à l'arme atomique lequel fut repoussé, le premier essai britannique du 3 octobre 1952 accéléra la réflexion française.

[895] Comité pour l'histoire de l'Aéronautique (COMAERO), *Un demi-siècle d'aéronautique en France. Les missiles balistiques*, Délégation générale pour l'armement, ministère de la Défense, 2004, p. 64

[896] Charles de Gaulle, « Allocution à l'École militaire, 3 novembre 1959 », *Discours et messages. Avec le renouveau (1958-1962)*, vol. III, Paris, Plon, 1970.

[897] Lothar Ruehl, *La politique militaire de la cinquième République*, Presses de la fondation nationale des sciences politiques, Paris, 1976, p. 274.

34 qu'est la loi de programme. Celle-ci confère-t-elle pour autant à la Force de Frappe une valeur juridique ? L'hypothèse d'une dimension constitutionnelle s'envisage alors par l'étude du caractère spécifique des lois de programme (I) lesquelles permettent de s'interroger sur sa dimension constitutionnelle (II).

I. La création de la Force de Frappe par les lois de programmes militaires

Dès sa création, la Force de Frappe disposerait d'une essence constitutionnelle, outre sa raison d'être au service de l'Indépendance Nationale et de la souveraineté de l'Etat. Cette hypothèse s'établit sur les conditions de sa mise en place instituée par les crédits alloués à la première loi de programme[898], contemporaine à l'instauration de la politique de dissuasion. C'est la IVe République qui adopta les plans quinquennaux de développement économique et social, planification que le général De Gaulle avait qualifié à l'époque « d'ardente obligation[899] ». Pour cette fin, soulignant que « la loi détermine les principes fondamentaux de l'organisation générale de la Défense Nationale », l'article 34 de la Constitution précise pour cet objet que « des lois de programmation déterminent les objectifs de l'action de l'Etat ». Favorisant à cette fin le lien étroit entre les deux premières lois de programmation militaires de 1960 et 1965, lesquelles font porter l'essentiel de l'effort de défense sur le nucléaire[900] (1), les débats parlementaires ont apporté un éclairage contrasté sur les choix politiques effectués ainsi que sur la construction progressive de la Force de Frappe dans le cadre de la légalité républicaine et dans les normes constitutionnelles prévues à cet effet, eu égard de l'absence de contrôle gouvernemental (2).

1. La nature constitutionnelle des lois de programmes militaires

La loi de programme est au départ un document de financement des forces permettant au ministère des Armées d'organiser l'acquisition et l'entretien de l'équipement des forces en cohérence avec les orientations politiques et les financements disponibles, tout en sanctuarisant les crédits

---

[898] Loi de programme n° 60-1305 du 8 décembre 1960 relative à certains équipements militaires (1960 à 1964). Concernant la terminologie, les lois de 1960, 1964 et 1970 sont appelées « lois de programme » ; c'est à partir de 1976 que les lois portent « approbation de la programmation militaire » et seront désignées comme « loi de programmation » (1987, 1990) ; on utilisera l'appellation, devenue commune, de « loi de programmation militaire », notamment après la LOLF.

[899] Daniel Colard et Raymond Tourain, « Trente ans de programmation militaire : l'effort de défense nucléaire de la France de 1960 à 1991 », *Arès*, Défense et sécurité de la France, 1987/3, p. 51.

[900] Florent Baude et Fabien Vallée, *Code de la Défense*, Ellipses, 2012, p. 152. Les assemblées approuvant les programmes nucléaires militaires depuis 1960 – même si une fraction résolue des parlementaires s'y opposa de 1959 à 1978.

nécessaires sur une période de six années, malgré le principe d'annualité budgétaire.

La première loi de programme n°60-1305 du 8 décembre 1960 relative à certains équipements militaires pour les années 1960-1964 prévoyait le développement rapide de la Force de Frappe[901] mais ne fut adoptée qu'après des débats difficiles du fait que l'armement atomique était loin d'être accepté par les formations politiques lors du dépôt de la loi le 18 juillet 1960. Si les débats du mois de septembre dénommèrent la Force de Frappe comme une « force de dissuasion[902] » appellation privilégiant l'aspect défensif pour concilier les esprits, la décision gaullienne de conception de la Force de Frappe française nécessitait d'obliger le Parlement à se rallier à la nouvelle politique de défense et à imposer aux armées les réorganisations qui en découleraient[903]. Pour définir sa politique de défense, seule la loi de programme semblait utile au général De Gaulle car non seulement elle définissait la politique qu'il entendait mettre en œuvre, mais elle était votée par le Parlement ce qui lui donnait une plus grande légitimité[904] en engageant la Nation.

Les débats à l'Assemblée nationale, qui se déroulèrent du 13 au 25 octobre 1960, virent une vive opposition au projet de loi au point que le gouvernement fut obligé d'appliquer l'article 49-3 de la Constitution[905]. Au Sénat, l'opposition fut encore plus forte en repoussant le projet de loi le 9 novembre 1960. Le gouvernement Debré dut alors engager sa responsabilité devant l'Assemblée nationale à trois reprises, le 24 octobre, le 22 novembre et le 6 décembre 1960 sur la base de l'article 49-3, puis après ces trois motions de censure qui recueillirent respectivement 207, 214 et 215 voix[906] – la majorité absolue nécessaire à la censure étant de 277 voix – la première loi de programme militaire ne fut considérée comme adoptée, dans le sens de l'article 49-3, que le 8 décembre 1960. Ainsi, en vertu de l'article 1er de la loi n°60-1305 relative à certains équipements militaires : « *La politique de défense de la République est fondée sur la volonté d'assurer l'indépendance nationale et de*

[901] L'enveloppe financière votée pour les programmes nouveaux fut fixée à 11,8 milliards de francs en autorisation de programme dont 6 milliards de francs sont consacrés au nucléaire.

[902] Jean Planchais, « Les réactions de l'opinion à travers la presse et les sondages » in *L'aventure de la Bombe. De Gaulle et la dissuasion nucléaire 1958-1969*, Plon, 1985, pp. 246-247.

[903] Pierre Messmer, *Après tant de batailles*, Paris, Albin Michel, 1992, p. 304.

[904] Patrice Buffotot, « Les Lois de programmation militaire en France : un demi-siècle de programmation », *PSEI*, n° 4, juillet 2016.

[905] Article 49-3 de la Constitution du 4 octobre 1958 : « *Le Premier ministre peut, après délibération du Conseil des ministres, engager la responsabilité du Gouvernement devant l'Assemblée nationale sur le vote d'un texte. Dans ce cas, ce texte est considéré comme adopté, sauf si une motion de censure, déposée dans les vingt-quatre heures qui suivent, est votée dans les conditions prévues à l'alinéa précédent* ».

[906] Pierre Messmer, « Les deux lois de programme, la F.N.S. et les projets concernant l'arme nucléaire tactique » *in* Collectif, *L'aventure de la bombe. De Gaulle et la dissuasion nucléaire 1958-1969*, Plon, Paris, 1985, p. 96.

renforcer l'efficacité des alliances qui garantissent la sécurité du monde libre »[907]. La loi permet d'affirmer la volonté de se doter d'un armement nucléaire : « *Afin de mettre les forces armées en condition de remplir les missions qui en découlent, elle tend à doter celles-ci d'un ensemble cohérent de moyens nationaux, comportant un armement thermonucléaire, des unités de défense intérieure du territoire, un corps de bataille et un corps d'intervention interarmées* »[908].

En pleine crise algérienne, le gouvernement ressortit affaibli de cette épreuve parlementaire. Mais la détermination du pouvoir exécutif permit de concentrer entre ses mains la politique de défense, laquelle pratique dut se confirmer par le vote de la seconde loi de programmation militaire chargée d'entériner la primauté accordée aux forces nucléaires[909]. Présentée le 6 novembre 1964 par le ministre Pierre Messmer, celle-ci connut comme la première une vive opposition et fut adoptée malgré des conditions difficiles : le projet de loi fut rejeté par le Sénat lors des deux lectures, mais approuvé par l'Assemblée nationale à chaque présentation, le gouvernement disposant d'une large majorité depuis les élections législatives de novembre 1962. Les débats débutèrent le 1er décembre 1964 et, de nouveau, l'opposition fit entendre sa voix en déposant des amendements. Le Gouvernement appliqua de nouveau l'article 49-3 et le texte fut adopté le 2 décembre 1964. Lors de ce second débat parlementaire confirmant la Force de Frappe sur le long terme, le Premier ministre Georges Pompidou avait résumé l'objectif français poursuivi : « *Il faut donc que la France* [...] *dispose d'armes nucléaires telles que l'agresseur sache avec certitude qu'il ne peut espérer attaquer et vaincre sans subir à coup sûr des destructions telles qu'il ne pourrait les supporter, ou, du moins qu'elles enlèvent tout attrait à l'hypothèse de la victoire. D'où notre programme qui nous donne une capacité de destruction suffisante parce qu'équivalant à ce que notre pays peur représenter comme enjeu* »[910]. Le projet fut finalement adopté en troisième lecture à l'Assemblée nationale le 16 décembre 1964 par 279 voix contre 176.

Cette seconde loi de programme n°64-1270 du 23 décembre 1964 relative à certains équipements militaires pour la période 1965-1970 s'inscrivait dans la continuité de la précédente, consolidant l'effort budgétaire en programmant une triade stratégique française sur six exercices budgétaires, achevant la composante aérienne, créant la composante terrestre avec le Plateau d'Albion et sa composante maritime avec l'entrée en service du sous-marin *Le Redoutable.* Elle finançait aussi le programme des armes nucléaires tactiques et la création du Centre d'Expérimentations du

---

907 Article 1er alinéa 1 de la loi de programme n°60-1305 du 8 décembre 1960 relative à certains équipements militaires.

908 Article 1er alinéa 3 de la loi de programme n°60-1305 du 8 décembre 1960 relative à certains équipements militaires.

909 Bastien Irondelle, Olivier Rozenberg, Catherine Hoeffler, Jean Joana, Olivier Chopin, Christian Olsson, « Evolution du contrôle parlementaire des forces armées en Europe », IRSEM, n°22, 2012, p. 39.

910 Georges Pompidou, *Discours à l'Assemblée nationale*, 2 décembre 1964.

Pacifique pour les essais nucléaires à Mururoa et Fangataufa[911]. Selon l'exposé des motifs de la loi de programme n°64-1270 : « *La politique de défense du Gouvernement a pour but de maintenir la paix, sans rien concéder qui compromette l'indépendance, la sécurité et l'intégrité de la patrie* », nécessités à valeur constitutionnelle.

2. Régularité et objectifs constitutionnels des lois de programme

Les lois de programme suivantes[912] furent adoptées sans difficultés majeures et la dissuasion nucléaire ne fit plus l'objet de contestation[913], l'opposition de gauche étant minoritaire au Sénat comme à l'Assemblée jusqu'en 1981. L'exposé des motifs de la troisième loi de programme n°70-1058 du 19 novembre 1970 relative aux équipements militaires de la période 1971 à 1975 précisa pour sa part que : « *L'objectif majeur de la défense nationale est le maintien de l'indépendance de notre pays dans la liberté et pour la paix* » et acheva la mise en place de la force nucléaire, dont celle de l'armement tactique avec le missile Pluton. Si la part des crédits destinés au nucléaire représentait alors 50% en 1969, ce programme de dissuasion atteignit la triade stratégique souhaitée. L'outil mis en place, la quatrième loi de programme eut pour objectif de moderniser les missiles, le rapport annexé à la loi n°76-531 du 19 juin 1976 portant approbation de la programmation militaire pour les années 1977-1982 affirmant que « *la stratégie militaire de la France est fondée sur les capacités de dissuasion et de combat que lui confère l'existence de forces armées nucléaires et classiques, qui se valorisent mutuellement. Ces forces garantissent l'indépendance nationale* ». Avec la conversion effective de l'alternance politique à la dissuasion nucléaire[914], le centre et le parti socialiste se ralliant progressivement à la doctrine de dissuasion nucléaire, la discussion sur la loi n°83-606 du 8 juillet 1983 porta approbation de la programmation militaire pour les années 1984-1988 en permettant d'accroître l'arsenal nucléaire – le discours de Charles Hernu au Sénat le 14

---

[911] Marcel Duval et Dominique Mongin, *op cit*, p.45.

[912] Troisième loi de programme n°70-1058 du 19 novembre 1970 ; Quatrième loi de programme n° 76-531 du 19 juin 1976 ; Cinquième loi de programme n° 83-606 du 8 juillet 1983 ; Sixième loi de programme n° 87-342 du 22 mai 1987 ; Septième loi de programme n° 90-32 du 10 janvier 1990 ; Huitième loi de programme n° 94-507 du 23 juin 1994 ; Neuvième loi de programme n° 96-589 du 2 juillet 1996 ; Dixième loi de programmation militaire n°2003-73 du 27 janvier 2003 ; Onzième loi de programmation militaire n°2009-928 du 29 juillet 2009 ; Douzième loi de programmation militaire n°2013-1168 du 18 décembre 2013 ; Treizième loi de programmation militaire n°2018-607 du 13 juillet 2018 relative à la programmation militaire pour les années 2019 à 2025 et portant diverses dispositions intéressant la défense.

[913] Le Parti communiste s'est rallié le premier à la dissuasion en adoptant le rapport Kanapa le 11 mai 1977. Cf. Patrice Buffotot, « Les socialistes et le modèle de l'Armée nouvelle », *Cahiers Jaurès*, 2013/1-2, n°207-208, p. 28.

[914] Yannick Pincé, « La construction politique du consensus nucléaire français », *Note de recherche de l'IESD*, coll. « Pensée stratégique », n°5, novembre 2020.

juin 1983 illustra la conviction du choix de la Force de Frappe pour assurer l'indépendance et la sécurité de la France[915]. A la suite, le rapport annexé à la loi de programmation n°87-342 du 22 mai 1987 relative à l'équipement militaire pour les années 1987-1991 confirma que « *la France doit disposer des moyens de préserver son indépendance et de protéger l'intégrité de son territoire ainsi que ses intérêts vitaux* ». Par la suite, le rapport annexé à la loi de programmation n°90-32 du 10 janvier 1990 relative à l'équipement militaire pour les années 1990-1993 rappela que « *Le choix d'une défense indépendante, fondée sur une stratégie de dissuasion autonome acceptée par une très large majorité de nos concitoyens, lui permet d'affirmer une volonté de défense d'ailleurs incontestée* ».

Déclinaison de la politique d'indépendance nationale elle-même issue du concept de souveraineté, la notion d'autonomie stratégique apparut consécutivement au Livre Blanc de 1994 au travers des trois lois de programmation militaire subséquentes. Si l'orientation stratégique s'axa sur de nouveaux concepts, la dissuasion nucléaire demeure une constante. Ainsi, selon le rapport annexé à la loi n°94-507 du 23 juin 1994 relative à la programmation militaire pour les années 1995 à 2000 : « *L'autonomie stratégique de la France dépendra demain d'une maîtrise accrue de quelques fonctions clés : commandement-communication, renseignement, mobilité, gestion des crises* ». Puis, pour le rapport annexé à la loi n°96-589 du 2 juillet relative à la programmation militaire pour les années 1997 à 2002 : « *Depuis le début de la Ve République, la politique de défense de la France allie préservation de l'autonomie stratégique et respect des solidarités* », avant que le rapport annexé à la loi n°2003-73 du 27 janvier 2003 relative à la programmation militaire pour les années 2003 à 2008 ne réaffirma que « *la dissuasion est au cœur des moyens garantissant à la France l'autonomie stratégique qui est l'un des fondements de sa politique de défense* ». Toutefois, au cours de ces débats, si la dissuasion nucléaire n'a pas l'apanage de la garantie de l'indépendance[916], l'arme nucléaire demeura selon le rapport annexé à la loi n°2009-928 du 29 juillet 2009 relative à la programmation militaire pour les années 2009 à 2014, « *la garantie ultime de la sécurité et de l'indépendance de la France* »[917] et atténua la distinction entre sécurité intérieure et défense nationale opérée en 2008, qui se poursuivit avec la loi n°2013-1168 du 18 décembre 2013 ; et la loi n°2018-607 du 13 juillet 2018 relative à la programmation militaire pour les années 2019 à 2025 confirma le renouvellement des composantes navale et aérienne de la dissuasion,

---

[915] Au sein du rapport annexé à la loi n°83-606 du 8 juillet 1983, on peut lire que les « *forces armées sont celles de l'indépendance et de la solidarité* [...]. *De l'indépendance, car un grand pays se trouve toujours placé, lors des choix décisifs, seul en face de lui-même ; elle exige l'autonomie de nos décisions dans le domaine militaire* ».

[916] Henri Bentégeat rappelait lors de son audition dans le cadre des travaux du Livre Blanc que : « *Le choix de l'indépendance nationale correspond au choix d'une puissance militaire complète, de la dissuasion nucléaire à la capacité de commander une opération multinationale* » in *Livre blanc sur la défense et la sécurité nationale, Les Débats*, Odile Jacob, 2008, p. 271-272.

[917] Article 1er alinéa 3 de la loi de programmation n°2009-928 du 29 juillet 2009 relative à la programmation militaire pour les années 2009 à 2014 et portant diverses dispositions concernant la défense.

attesté par le lancement du premier sous-marin nucléaire de classe *Suffren* le 12 juillet 2019.

Depuis un jubilé et confirmées par les alternances politiques, les lois de programme puis de programmation militaire ont permis de bâtir, d'entretenir et de moderniser la Force de Frappe française au service du principe constitutionnel d'indépendance nationale. Or la révision constitutionnelle de 2008 au travers des articles 34-1 et 50-1 de la Constitution a indiqué que les lois de programmation déterminaient les objectifs de l'action de l'Etat en confirmant leur « dignité constitutionnelle[918] » avec l'article 34 précité au terme de son antépénultième aliéna : « Des lois de programmation déterminent les objectifs de l'action de l'Etat ». Indiquées comme « loi d'Etat », ces orientations exécutoires pluriannuelles s'inscrivent comme autant d'objectifs de valeurs constitutionnelles. Cependant, si les principes fondamentaux relatifs à l'organisation de la défense doivent en principe relever du législateur, tel le financement de la construction de la Force de Frappe nucléaire française, celle-ci fit l'objet de critiques sur son inconstitutionnalité.

II. L'évolution du statut constitutionnel des lois de programmation

Le général De Gaulle a voulu, en faisant voter la loi de Programme militaire par les députés et les sénateurs, associer le Parlement à la politique de défense. C'était en effet l'occasion d'un débat qui n'avait pas eu lieu sous la IVe République, et l'adoption d'une nouvelle politique de défense reposant sur la dissuasion nucléaire engageait le destin de la Nation, ce qui nécessitait une légitimation démocratique. Désormais, la politique de défense est approuvée par le Parlement, lui conférant une plus grande légitimité et permettant la formation progressive d'un consensus politique sur la dissuasion nucléaire qui était loin d'être acquis en 1960. Alliant utilité financière et intérêt politique, sa régularité efficiente, illustrée par treize textes législatifs pluriannuels successifs depuis les débuts de la Ve République, devrait être de nature à répondre aux critères de constitutionnalité relatifs à la particularité des lois de finances (1), mais au détriment de l'efficience normative des lois de programmation (2).

1. La portée organique des lois de programmation

Construite et maintenue par une volonté politique régulière au service de l'intérêt général, la Force de Frappe est imprégnée d'une dignité constitutionnelle pouvant indiquer une valeur constitutionnelle. Du fait du contexte agité dans lequel la Force de Frappe s'est constituée progressivement, le vocable de « loi de programme militaire » a été préféré à

[918] Guy Carcassonne et Marc Guillaume, *La Constitution - introduite et commentée*, Le Seuil, 2017, 14e édition, p.185.

celui de « loi organique », alors que chacune répond aux mêmes exigences et de contrôle qui leur sont communément affectés[919]. Même en remplaçant l'expression « loi de programme » et en supprimant la mention de leur caractère économique ou social, l'expression « loi de programmation » n'est pas nouvelle[920]. Le Conseil Constitutionnel reconnaît d'ailleurs qu'il n'accorde pas une attention particulière à l'expression, en assimilant les lois de programmation aux lois de programme[921].

Conciliant l'impératif constitutionnel de voter un budget annuel[922] découlant de l'article 14 de la Déclaration des Droits de l'Homme et du Citoyen, et la nécessité d'un engagement sur le long terme pour réaliser une opération d'investissement et, plus encore, la mise au point et l'acquisition de systèmes d'armes, les lois de programmation ne sont pas pour autant des lois de finances : elles ne valent pas autorisation de disposer des crédits inscrits dans leur contenu. En ce sens, quand les parlementaires votent un budget inférieur à ce qui était inscrit dans la loi de programmation, ils ne rompent pas un engagement juridique mais un engagement moral. Or les dépenses de l'État devant s'établir selon le principe de l'annualité, il n'aurait pas été possible d'engager l'État à financer une Force de Frappe au-delà de l'année du budget sans autorisation d'une loi de finances, rendant impossible l'investissement à long terme[923]. La première réponse à cette difficulté fut d'inclure dans le vote du budget de l'État des autorisations de programme[924],

---

[919] En revanche, d'autres qualifications telles que loi-cadre ou loi d'orientation ne sont que des appellations qui marquent une intention politique bien plus qu'une réalité juridique, des textes comportant ce que Jean Foyer appelait des « neutrons législatifs », c'est-à-dire des articles à charge juridique nulle tels que déclarations et pétitions de principe. Cf. Pierre Avril, Jean Gicquel, *Lexique de droit constitutionnel*, PUF, 2016, p. 83.

[920] Dix-sept lois ou lois rectificatives comportent le terme dans leur titre, de la loi n° 76-531 du 19 juin 1976 portant approbation de la programmation militaire pour les années 1977-1982 (JORF, 20 juin 1976, p. 3699) à la loi n° 2005-32 du 18 janvier 2005 de programmation pour la cohésion sociale (JORF, 27 janvier 2005, p. 1411).

[921] CC, déc. 2004-509 DC, 13 janvier 2005, *Rec.* p. 33.

[922] Patrice Dabos, Benoît Rademacher, « Lois de programmation et livre blanc : de la transparence dans le financement des forces à l'exposé de la politique de défense », *Note de recherche n°51*, IRSEM, mars 2018, p. 4.

[923] Ce principe, issu de la Déclaration des droits de l'Homme, précisé dans l'article 2 de l'ordonnance n° 59-2 du 2 janvier 1959 portant loi organique relative aux lois de finances, a été réaffirmé dans l'article 2 de la loi organique n° 2001-692 du 1er août 2001 relative aux lois de finances (LOLF) qui précise que les crédits ouverts, quelle que soit leur forme, ont une validité annuelle et énonce, dans son article 15 qu'ils ne créent « aucun droit au titre des années suivantes ».

[924] Les autorisations de programme qui sont devenues les autorisations d'engagements constituent « *la limite supérieure des dépenses pouvant être engagées. Elles sont entièrement consommées dès l'origine de la dépense, c'est-à-dire lors de la signature de l'acte juridique engageant la dépense de l'État. Les autorisations d'engagement sont le support de l'engagement de dépenses qui peuvent s'étaler sur plusieurs années, comme par exemple pour des investissements, dont la réalisation et le paiement peuvent être échelonnés sur plusieurs exercices* ». Elles doivent être reprises dans les budgets annuels. La quatrième LPM (1976) est libellée en Crédits de paiement, qui représentent « *la limite supérieure des dépenses pouvant être ordonnancées ou payées pendant l'année pour la couverture des engagements contractés dans le cadre des autorisations d'engagement* ». Ils sont le support de règlement de la dépense engagée au

prévues par l'article 12 de l'ordonnance n°59-2 du 2 janvier 1959 portant loi organique relative aux lois de finances. Mais à partir des années 1960, la nomenclature budgétaire devint trop complexe pour que l'on puisse avoir une vue d'ensemble des grands programmes au point qu'il fallut définir des autorisations de programme pluriannuelles avec le vote du Parlement au travers d'un nouveau texte législatif, appelé loi de programme à partir de 1960, puis loi de programmation à partir de 1976.

Les premières « lois programme » n'avaient pas l'ambition de retracer le budget de la Défense et de prévoir son évolution sur cinq années, mais de sanctuariser l'armement atomique dans la double volonté de mettre le Parlement devant ses responsabilités et de marquer l'engagement de l'État à mener à bien la réalisation des équipements majeurs destinés à moderniser les forces. Elles marquent ainsi le début d'une Ve République dont la rationalisation des dépenses publiques devint une exigence progressivement normative. De la première définition du besoin par les armées au financement des derniers crédits de maintien en condition opérationnelle[925] se constate, dès la deuxième loi de programme, l'apparition d'une ligne nucléaire qui prend la place la plus importante pour atteindre presque 30 % des crédits figurant dans la loi, soit 55 milliards de francs sur six années[926]. En indiquant des sommes globales, ce dispositif avait un avantage indirect, à savoir qu'il ne permettait ni au ministère du Budget ni au Parlement de décortiquer les coûts du grand programme de création de la Force de Frappe.

Une fois la triade stratégique constituée s'effectua le passage de la loi de programme à la loi de programmation[927]. Alors que la première ne retrace que l'effort sur les grands programmes, la seconde marque l'ensemble du financement de l'investissement de défense puis du financement tout entier de la Défense. Dépassant la forme juridique précise des lois de programme, les lois de programmation sont progressivement devenues un texte général marquant les inflexions et les politiques à long terme. La Constitution indique fréquemment le renvoi à des dispositions organiques pour l'application de règles constitutionnelles tels que ses articles 6, 11, 13, 23, 25, 34, 34-1, 39, 44, 47, 47-1, 56, 61-1, 63, 64, 65, 67, 68-2, 69, 71, 71-1, 72, 72-1, 72-2, 72-4, 73, 74, 77, 88-3. En outre, le fonctionnement des assemblées ou encore la cohérence de la hiérarchie des normes impose une conformité

---

préalable. Dans le cas d'un engagement juridique s'exécutant sur plusieurs exercices, la consommation des crédits de paiement est échelonnée sur plusieurs exercices budgétaires, jusqu'à atteindre le total des autorisations d'engagement initiales.

925 Patrice Dabos, Benoît Rademacher, *op cit*, p. 6 : « *La définition de la faisabilité, la mise en œuvre de recherche et développement nécessaires, la préparation éventuelle d'un outil industriel adapté, l'adoption d'une cible ou d'un volume d'équipements sont progressivement redéfinis par l'établissement d'une enveloppe financière réaliste, elle-même résultat d'arbitrages au sein d'une armée, ou au sein du ministère, à l'intérieur du budget* ».

926 *Ibid.*

927 Loi n° 76-531 du 19 juin 1976 portant approbation de la programmation militaire pour les années 1977-1982.

au regard de règles plus générales que sont les lois organiques qui fixent des éléments fondamentaux bien qu'absentes de la Constitution. Si leur intégration dans la Constitution répond plus à une nécessité qu'à une extension incontrôlée, les lois organiques font systématiquement l'objet d'un contrôle de constitutionnalité au travers des articles 45 et 61 de la Constitution avant leur promulgation. A cet effet, certaines lois organiques ont servi au Conseil Constitutionnel pour contrôler la constitutionnalité de certaines dispositions infraconstitutionnelles du fait qu'elles contiennent, au travers de l'article 46 de la Constitution, les éléments pour effectuer un contrôle concret de constitutionnalité[928]. Coutumière à quelques exceptions près, la loi de programmation militaire a été utilisée de manière quasi systématique sous la Ve République[929] et permit de traduire, sous la forme législative, la doctrine de dissuasion exprimée dans le Livre Blanc. C'est ainsi toute la Force de Frappe qui a été construite au travers de lois organiques constitutionnelles.

2. L'exigence de normativité constitutionnelle de la Force de Frappe

Par définition, une Loi de Programmation Militaire (LPM) est une loi visant à établir une programmation pluriannuelle des dépenses de l'État en matière militaire, mentionnée par l'article 34 de la Constitution du 4 octobre 1958. Avec la loi organique n°2001-692 du 1er août 2001, certaines dispositions de l'ordonnance n°59-2 du 2 janvier 1959 relatives aux lois de finances ont été abrogées, lesquelles donnaient une dimension essentiellement financière aux lois de programmation[930]. Ainsi, pour qu'une loi puisse entrer dans la catégorie constitutionnelle des lois de programmation au regard de la jurisprudence du Conseil Constitutionnel, celle-ci doit comporter une série d'objectifs qualitatifs ou quantitatifs dont le caractère financier n'est plus nécessairement avéré ni destinée au domaine économique et social, impactant sa portée normative et risquant la censure du juge constitutionnel.

Si, au travers de la Constitution du 5 octobre 1958, les lois de programme se sont vu conférer, par les articles 34 et 70, un statut constitutionnel, elles sont désormais cadrées par l'ordonnance organique du 2 janvier 1959 laquelle fait dépendre leurs effets juridiques aux conditions

---

[928] Georges Vedel, *La Déclaration des droits de l'homme et du citoyen et la jurisprudence*, PUF, 1989, p. 50.

[929] Ronan Doaré, *L'essentiel du droit de la défense*, Gualino, 1ère édition, 2016, p. 30.

[930] La loi organique n°2001-692 du 1er août 2001 relative aux lois de finances dite LOLF a remplacé les *autorisations de programme* par des *autorisations d'engagement*, mais le principe reste identique : concilier la nécessité d'un engagement juridiquement valable pour plus d'une année avec le pouvoir du Parlement. La LOLF ébauche une évolution prudente vers les engagements pluriannuels, comme dans le cadre de la charge financière de la dette, l'État étant autorisé à faire face à la charge que représente le versement des intérêts d'un emprunt sur plus d'un an, et dans le cas de certaines obligations de caractère international (art 24).

des lois de finances. Autrement dit, « *au moment même où, pour la première fois, les lois de programme se trouvent pourvues d'un fondement exprès, qui plus est de nature constitutionnelle, les prive-t-on de toute force juridique en rendant leur mise en œuvre totalement tributaire des lois de finances* »[931]. Et tant de l'abrogation de l'ordonnance organique du 2 janvier 1959 par la loi organique relative aux lois de finances du 1er août 2001 (dite LOLF) que de la révision essentielle de la Constitution intervenue par la loi du 23 juillet 2008, il résulte un affaiblissement de la portée normative des lois de programmation[932]. La LOLF, abrogeant l'ordonnance de 1959, a fait disparaître le lien budgétaire qu'entretenaient expressément les articles 1 et 2 de cette dernière entre le cadre pluriannuel de la loi de programmation et le cadre annuel des lois de finances. Ce faisant, disparaissait aussi toute dimension normative à la loi de programmation que le Conseil Constitutionnel perpétuait jusqu'alors[933]. Cette reconnaissance de normativité a toujours fait l'objet d'une considération exprimée dans la jurisprudence du Conseil Constitutionnel lequel a notamment pu opposer, dans deux décisions[934], que cette valeur normative de programmation de moyens, attachée aux lois de programme prévues par l'article 1er de l'ordonnance du 2 janvier 1959, ne concernait pas les orientations présentées dans le rapport annexé, ces dernières ne relevant d'aucune des catégories de textes législatifs prévues par la Constitution et ne seraient dès lors non revêtues « *de la valeur normative qui s'attache aux lois de programme* »[935]. Selon Guillaume Protière, « *cette partielle subsumption des dispositions d'orientation sous la notion de loi de programme altère alors l'homogénéité et la lisibilité de l'édifice jurisprudentiel*[936] [car] *retenir le critère matériel comme élément déterminant pour opérer une discrimination entre des dispositions déterminant des objectifs, rattachables à la catégorie des lois de programme, et des dispositions énonçant de simples orientations conduit en effet à une distinction à géométrie variable* »[937] .

---

931 Joël Molinier, *Dictionnaire encyclopédique des finances publiques*, Economica, 1991, p.1001.

932 Mathieu Conan, « Les limites juridiques de la programmation financière de la sécurité et de la défense », 5e séminaire annuel de l'Association française de droit de la sécurité et de la défense, 29 mars 2019.

933 *Ibid.*

934 Décision n°2002-460 DC, loi d'orientation et de programmation sur la sécurité intérieure du 22 août 2002, JORF du 30 août 2002, p. 14411 (commentaire dans *Les Cahiers du Conseil Constitutionnel* n°13 p. 2 et décision n°2002-461 DC Loi d'orientation et de programmation pour la justice du 29 août 2002, JOR du 10 septembre 2002, p. 14953.

935 Considérant n°21 de la décision n°2002-460 DC.

936 Dans sa décision 516 DC, le Conseil Constitutionnel a confirmé l'acception matérielle plus que formelle des fondements de la normativité.

937 Guillaume Protière. « Les lois de programmation, ou les ambiguïtés de la conception de la loi sous la Ve République ». *Les Petites Affiches, Journaux judiciaires associés*, 2008, p. 39. Voir aussi la décision 460 DC qui admet que le rapport annexe retraçant la programmation des moyens de la sécurité intérieure bénéficie de la « *valeur normative qui s'attache aux lois de programme* ».

Chapitre II
La valeur constitutionnelle de la Force de Frappe

La Force de Frappe, sur laquelle repose l'organisation de la Défense nationale en cas de crise grave, apparait comme un outil de souveraineté dont la finalité consiste à protéger les intérêts vitaux de la Nation. Du fait de sa mission opérationnelle au sens régalien, un rapprochement naturel s'effectue entre les concepts de souveraineté et de *Force de Frappe* (I), permettant d'identifier les caractéristiques constitutionnelles de cette seconde (II).

I. La pérennité du principe constitutionnel de souveraineté

Principe fondamental et droit de chaque individu attendu vis-à-vis de l'Etat, la souveraineté désigne d'un côté le pouvoir qui est exercé au sein de la communauté politique de manière à garantir son intégrité et celle des individus qui la composent, et de l'autre côté le caractère de cette communauté saisie comme institution juridique parce que la nécessité attribue à ce corps politique des prérogatives et des obligations[938]. De fait puissance de droit engendrant l'unité du corps politique, la souveraineté est reconnue par le droit et contient une capacité de produire un droit d'essence inflexible : une fois la loi constitutionnelle adoptée, plus personne n'est libre vis-à-vis d'elle et même le peuple ne détient plus que les prérogatives que la Constitution lui attribue[939]. Dès lors, si la souveraineté est un principe fondamental de l'Etat relevé par la Constitution (1), la Force de Frappe, en servant celui-ci, apparait comme un concept de valeur constitutionnelle (2).

1. La souveraineté, principe fondamental de l'Etat

La souveraineté est l'exercice du pouvoir suprême, la capacité de décider d'une manière libre de toute tutelle extérieure. En France, la souveraineté s'est développée au point qu'elle se confond avec l'intégrité de l'Etat français, et *vice versa*[940]. Or la souveraineté nationale et la survie de l'Etat français sont garanties par la détention des moyens de la puissance dont le nucléaire est sans doute l'un des plus transversaux (levier de décision politique à l'international, arme suprême, source énergétique facteur d'indépendance, excellence technologique nationale). De fait la souveraineté, pouvoir exercé au sein d'une communauté politique de manière à garantir son intégrité et les individus qui la composent, s'assure d'être indépendante

---

938 Denis Baranger, *Le droit constitutionnel*, *Op Cit*, p. 36.

939 *Ibidem*, p. 37 : « *En tant que législateur souverain, le peuple a épuisé son pouvoir en adoptant la Constitution* ».

940 Alexis Baconnet, op cit, p. 125 : « *C'est là, probablement, le poids de la culture stratégique française, dont les origines et l'ampleur n'apparaissent pas comme évidentes pour l'opinion* ».

et autonome, caractère d'une communauté politique saisie comme institution juridique étant sa propre fin, même en situation exceptionnelle[941]. Puissance de droit engendrant l'unité du corps politique, la souveraineté apparaît comme un principe fondamental de la Constitution de la Ve République, un droit attendu par chaque citoyen vis-à-vis de l'Etat, dont les limites ne se présumant pas, dans la liberté d'exercer ses droits.

Reconnue par le droit, la souveraineté consiste aussi en une capacité de produire le droit[942] si bien qu'elle a été associée à la puissance de faire des lois, soit le pouvoir législatif. Or, dès qu'une loi constitutionnelle organise l'Etat et les rapports des citoyens, le peuple ne détient plus que les prérogatives que la Constitution lui fixe. Un parallèle peut se dresser avec l'apparition de l'arme nucléaire dans l'humanité du fait que personne ne puisse l'ignorer depuis qu'elle a été créée. Un abandon au destin dans le cadre de la survie s'opère du fait qu'elle soit une valeur absolue aux conséquences inévitables, puissance exercée pour une finalité. Contribuant à l'Indépendance Nationale, la Force de Frappe assure une puissance de droit car elle ne se suffit pas à elle-même et reste au service de la Constitution qui, elle, statut un souverain indépendant.

Plus d'une fois, le pouvoir souverain est remis à un gardien lorsque l'unité et la sauvegarde de la communauté politique sont en péril[943], gouverné par la finalité supérieure de sauvegarde de l'Etat lequel reste le dernier rempart du droit. A l'inverse, la suprématie d'un principe fondamental ou d'une loi, à supposer qu'on puisse la séparer de l'autorité de son énonciateur, n'a aucune portée juridique si elle n'est pas accompagnée de la désignation d'une ou plusieurs personnes chargées de la faire appliquer, à l'instar du Président de la République, détenteur du pouvoir de mise à feu nucléaire. Dans ce cadre, la présomption de légitimité dont bénéficie le Président en tant qu'émanation directe de la souveraineté nationale, source de tous les pouvoirs constitués sur les procédures légales[944], assoit son

---

941 Carl Schmitt, *Théologie politique*, Gallimard, 1968, p. 16 : « *Est souverain celui qui décide de la situation exceptionnelle* », auquel répond Hermann Heller, objectant qu'il « *n'y a pas de 'situation normale' et de 'situation d'exception' sans une norme qui permette de les distinguer et celle-ci doit jouer encore dans la situation d'exception* ». Cité *in* Préface de O. Jouanjan, « Hermann Heller, crise de l'Etat, crise de la théorie », *La crise de la théorie de l'Etat*, Dalloz, 2012, p. 23.

942 Jean Bodin, *Les Six Livres de la République*, 1608.

943 Article 16 de la Constitution française de 1958 ; article 48 de la Constitution allemande de 1919.

944 Sur cette partie, cf. Etienne Hublot, « Le commandement en chef des forces armées dans le système français », *RDN*, août-septembre 1973, pp. 38-39 ; Maurice Duverger, « La crédibilité du décideur », in *L'aventure de la bombe*, *Op Cit.*, pp. 323-330 ; *La Constitution de la République française, Analyses et commentaires* sous la dir. de François Luchaire ; Guillaume Drago, *L'exécution des décisions du Conseil Constitutionnel. L'effectivité du contrôle de constitutionnalité des lois*, Paris/Aix-en-Provence, Economica/PUAM, 1991, préf. Yves Gaudemet, pp. 48-70 ; Jean-Paul Payre, « Pouvoirs discrétionnaires et compétences liées du Président de la République », *RDP*, novembre-décembre 1981, pp. 1613-1644 ; Jean Paucot, « Le pouvoir d'engager les hostilités en France », *Pouvoirs*, n°10, 1979, pp. 65-78, pp. 73-74 ; Samy Cohen : « Le Président

pouvoir de « maître de l'atome ». En effet, l'institution d'un exécutif suprême, responsable devant la Nation et doté de la plupart des prérogatives de la fonction exécutive, réalise cette concentration des pouvoirs et sa validité est « *subordonnée à la consécration d'une idée de droit (celle de l'indépendance nationale) et à la mise en œuvre d'une puissance militaire chargée d'en concrétiser la positivité* »[945].

Dans sa décision du 30 décembre 1976, le Conseil Constitutionnel a précisé la notion de souveraineté en déclarant que « *la souveraineté qui est définie à l'article 3 de la Constitution de la République française, tant dans son fondement que dans son exercice, ne peut être que nationale et* [...] *seuls peuvent être regardés comme participants à l'exercice de cette souveraineté les représentants du peuple français élus dans le cadre des institutions de la République* »[946]. Néanmoins, le Conseil Constitutionnel s'est déclaré incompétent[947] pour connaître des « lois constitutionnelles », expression qui, au demeurant, n'existe pas dans la Constitution laquelle n'évoque que des révisions. En bref, le cadre exclusivement national de la souveraineté exclut que celle-ci puisse être exercée dans un cadre supranational[948], anticonstitutionnel par défaut. Seul le peuple français en est le titulaire et son exercice se réalise selon les principes de la démocratie représentative ou par la voie du référendum, conformément à l'article 3 de la Constitution.

2. La Force de Frappe comme concept de valeur constitutionnelle

L'extension des principes de la Constitution s'est progressivement réalisée. Jusqu'alors, la seule norme de référence du contrôle de constitutionnalité était le texte constitutionnel de 1958. Mais dépassant totalement le cadre de sa volonté première qui était l'encadrement de la liberté d'association, le Conseil Constitutionnel étendit à partir de 1971 une liste de normes de référence non seulement au Préambule de la Constitution de 1946 mais aussi à la Déclaration des Droits de l'Homme et du Citoyen. Déjà le préambule de 1946 comporte plusieurs types de dispositions, annonçant l'existence de principes fondamentaux reconnus par les lois de la République. A partir de ce point, la liste des principes fondamentaux n'est pas énoncée, leur existence est seulement annoncée par le Préambule, ce qui a conduit à leur multiplication et à la constitutionnalisation de nouveaux principes en fonction de l'ère du temps, le Conseil Constitutionnel jouissant

---

chef des armées », idem, n°58, 1991, pp. 5-24, 33-40 ; Pierre Chabal, Patrick Fraissex, « Déclin et renouveau de la présidence française », *RFDC*, n°25, 1996-1, pp. 55-59.

945 Henri Pac, *Droit et politiques nucléaires*, *Op Cit*, p. 188.

946 DC *Elections de l'Assemblée des Communautés européennes*, n°76-71 du 30 décembre 1976, *Rec.* 15, § 6.

947 DC n°2003-469 du 26 mars 2003.

948 François Luchaire, « Le Conseil Constitutionnel et la souveraineté nationale », *RDP*, 1991, p. 1512.

dès lors d'une inédite et illimitée marge de manœuvre pour interférer dans le domaine de son choix.

Toutefois, un principe fondamental n'est reconnu par les lois de la République que s'il remplit un certain nombre de conditions cumulatives. Adopté sous régime républicain[949] avant l'entrée en vigueur de la Constitution du 27 octobre 1946, un principe fondamental doit présenter un certain degré de constance[950] et de généralité[951] touchant aux libertés fondamentales, notamment la souveraineté nationale[952], pour être reconnu. A noter qu'une loi peut suffire à dégager un principe fondamental[953] bien qu'elle puisse poser un problème de cohérence avec les autres principes dont celui de la constance dans la législation.

Au fait que l'arme nucléaire contribue à la nécessité de son temps, incarne l'Indépendance Nationale et la souveraineté, serait-elle susceptible de devenir un principe fondamental de valeur constitutionnelle ou ces dits principes demeurent-ils figés sans pouvoir bénéficier du pouvoir créateur du juge ? Seul le Conseil Constitutionnel est compétent pour énoncer un principe fondamentalement reconnu par les lois de la République au fait qu'il soit l'unique organe apte à énoncer des normes de valeur constitutionnelle par la voie juridictionnelle. Ce cadre, s'il n'est pas susceptible d'évolution, produit une jurisprudence prudente et mesurée, laquelle peut cependant s'actualiser. La législation républicaine, en particulier le champ de compétence donné au législateur par l'article 34 de la Constitution[954], permet de limiter la recherche des principes fondamentaux reconnus par les lois de la République dans cette compétence définie par la « tradition constitutionnelle républicaine[955] » qui réserve à la loi un certain nombre de matières susceptibles d'être reconnues à partir de 1958, la loi se définissant par des critères organiques, procéduraux et matériels, et devenant un acte adopté par le Parlement selon la procédure législative, dans les domaines de compétence résultant de la Constitution[956]. D'où une Force de Frappe d'essence constitutionnelle parce qu'établie par celle-ci.

---

[949] Cf. *Loi d'amnistie*, DC n°88-244 du 20 juillet 1988, *Rec.* 119, § 12.

[950] Cf. DC n°88-244 préc.

[951] Cf. DC n°93-321 du 20 juillet 1993, *Rec.* 196 ; DC n°94-343/344 du 27 juillet 1994, *Rec.* 100.

[952] J-E Schoettl, *AJDA*, 1999, p.219.

[953] Cf. DC n°77-87 du 23 novembre 1977, *Rec.* 42 à propos de la liberté d'enseignement tirée d'un article de la loi de finances du 31 mars 1931.

[954] Autrefois par la loi du 17 août 1948 ou dans celle du 11 juillet 1953. L'article 34 de la Constitution établit les rapports entre le Parlement et le Gouvernement au nombre desquels la loi détermine les principes fondamentaux de l'organisation générale de la Défense Nationale et pour lesquels des lois de programmation déterminent les objectifs de l'action de l'Etat.

[955] Guillaume Drago, *Op Cit*, p. 258.

[956] Guy Carcassonne et Marc Guillaume, *Op Cit*, p. 182.

II. Les caractéristiques constitutionnelles du concept de Force de Frappe

Posant l'hypothèse que la Force de Frappe contribue à assurer l'existence de certains droits fondamentaux tels que le droit d'asile sur le territoire de la République, rendant celui-ci inviolable ; le droit à la protection et à la sécurité ; le droit d'obtenir de la collectivité des moyens convenables d'existence ; elle permettrait aussi, par la souveraineté qu'elle assure à l'Etat, l'exécution de tous les droits fondamentaux traditionnels au fait qu'elle soit constituée d'une essence organique et constitutionnelle (1). Il serait ainsi possible, pour justifier la constitutionnalisation de la Force de Frappe, de se réclamer de la volonté du constituant pour proclamer son attachement à la Constitution à partir de sa définition juridique (2).

1. Une essence organique et constitutionnelle

Les conditions de naissance de la Force de Frappe ont été régies par l'article 34 de la Constitution instituant la loi comme déterminant les principes fondamentaux de l'organisation de la Défense Nationale. Si le législateur ne peut pas qualifier d'organique une loi que la Constitution n'a pas prévue, la Force de Frappe en l'occurrence relève bien de ses compétences organiques dans sa création, son utilisation impliquant la décision du Président de la République. A cet égard, le même article contient dans son dernier alinéa les dispositions d'une loi organique ayant la particularité d'envisager non pas un domaine mais une finalité, laquelle n'a pas encore été exploitée à ce jour au sujet de la Sécurité Sociale[957], et à laquelle pourrait répondre la nécessité d'une constitutionnalisation de la Force de Frappe.

L'article 40 de la Constitution indique que les propositions et amendements ne sont pas recevables si leur adoption a pour conséquence une diminution des ressources publiques soit la création ou l'aggravation d'une charge publique. En effet, l'équilibre budgétaire est une valeur constitutionnelle, et l'irrecevabilité financière en principe absolue. Or, à la vue des conditions de naissance de la Force de Frappe et de son effectivité politico-stratégique, la rentabilité engendrée par le ratio investissements budgétaires / résultats politiques et militaires apparait comme bénéfiques compte tenu de sa permanence et des avantages produits. A l'inverse, un abandon politique de la Force de Frappe apparaîtrait comme anticonstitutionnel. L'arrêt du complexe nucléaire militaro-stratégique puis sa reconstruction engendreraient une gabegie telle que l'article 40 empêcherait sa recevabilité du fait du caractère public des ressources et des charges que nécessiterait la restauration d'une Force de Frappe.

---

[957] *Ibid*, p. 234.

2. Une définition juridique de la Force de Frappe

Définir la Force de Frappe nécessite de revenir aux sources politiques et stratégiques des années de sa fabrication, avant sa déclinaison en politique de dissuasion. Les discours du général De Gaulle déterminent les bases à savoir une force armée, animée de sa propre « *personnalité nationale* [...] *capable d'agir à notre compte, de ce qu'on est convenu d'appeler une force de frappe susceptible de se déployer à tout moment et n'importe où,* [...] *faite pour agir où que ce soit sur la terre* »[958] et au service de l'indépendance[959]. Ce type d'armement doit être « *autonome,* [disposer d'une] *une efficacité certaine, et dans une mesure effrayante* [avec] *la sombre et terrible capacité de détruire en quelques instants des millions et des millions d'hommes* »[960]. Le caractère antidémographique de la stratégie anti-cités est affirmé sans réserve dans les textes de référence dès l'origine de la Force de Frappe[961], celle-ci apparaissant comme le « *corollaire de la dissuasion du faible au fort* »[962] si bien que lors des débats sur la stratégie nucléaire en 1994 souhaitant adapter la doctrine nucléaire d'emploi à des attaques limitées, le général Gallois défendit l'intérêt des stratégies de coercition pour la Force de Frappe qui ne saurait être enfermée dans une dissuasion pure et dure[963], en parallèle du général Poirier pour lequel « *la dissuasion nucléaire ne saurait résumer, à elle seule, la stratégie militaire d'aucun Etat* »[964] afin que le concept de Force de Frappe ne soit pas limité comme celui d'une dissuasion plongée dans l'attente stratégique. En outre, le général Gallois précisa les propriétés de la Force de Frappe au fait qu'elle devait être « *capable d'échapper à la destruction si la France était attaquée par surprise sur ses bases,*

---

[958] Charles de Gaulle, *Discours au Centre des Hautes Etudes militaires et aux trois écoles de guerre*, 3 novembre 1959.

[959] Charles de Gaulle, « Brouillon d'un manifeste de politique générale. Fin 1966 » in *Lettres, notes et carnets. Juin 1958 – novembre 1970*, Paris, Robert Laffont, 2010, pp. 854-855 : « *Il suffit que nos armes soient telles qu'elles puissent causer à tout agresseur des pertes assez lourdes pour décourager l'agression. C'est pourquoi nos armes doivent être atomiques et être en mesure de frapper un ennemi sur son sol, seul moyen de le dissuader de nous frapper sur le nôtre* »

[960] Charles de Gaulle, *Conférence de presse,* 14 janvier 1963.

[961] Charles De Gaulle, « Allocution devant le Centre des Hautes Etudes Militaires, 27 janvier 1968 », reproduit *in* Pierre Messmer et Alain Larcan, *Les écrits militaires du général de Gaulle*, Paris, PUF, 1985.

[962] Charles Hernu, « Répondre aux défis d'un monde dangereux », *Revue Défense nationale,* décembre 1981, pp. 5-24.

[963] Dans son *Livre noir sur la défense* publié en 1994, le général Gallois précisa que la capacité coercitive de l'arme nucléaire devait donner une assurance aux contingents français en opérations extérieures, surtout face à des Etats munis d'armes de destruction massive. Cf. André Dumoulin et Christophe Wasinski, « Justifier l'arme nucléaire. Le cas français pendant les années 1990 », *op cit*, p. 89.

[964] Lucien Poirier, *Stratégie théorique*, II, Economica, 1987, p. 252. Le même auteur ajoute dans son ouvrage Stratégie théorique, III, 1996, p. 32 : « *Faute d'ennemi désigné menaçant notre espace national* [...], *la manœuvre dissuasive est actuellement privée d'objet au bénéfice d'une posture d'attente stratégique, et le concept, hier incarné, est réduit à l'état de concept dormant* [...] *mais tout se passe comme si l'esprit de notre dissuasion nucléaire régnait encore malgré les transformations du contexte politico-stratégique* ».

conçue pour franchir les défenses adverses, et organisée de manière qu'une certaine automaticité décide de son emploi, la force de représailles devrait encore représenter une quantité de destruction suffisante pour que l'éventuel agresseur la redoute »[965]. La Force de Frappe donne le droit d'assurer soi-même sa sécurité et de se faire justice à soi-même pour peu, comme le précise le général Beaufre qu'elle « *repose d'abord sur un facteur matériel : une grande puissance de destruction* »[966].

Rappelant le principe de construire, de disposer en propre et d'employer cet armement pour provoquer d'épouvantables destructions, Charles de Gaulle insista pour que « *la France ait elle-même de quoi atteindre directement tout Etat qui serait son agresseur* [...] *avec la nécessité de disposer des armes les plus puissantes de l'époque,* [le principal devoir dans les contextes de crise étant] *d'être forts et d'être nous-mêmes*[967] ». Pouvant se concevoir comme un outil de souveraineté car transposable à tous les Etats pour peu que le pouvoir décisionnel la régissant obéisse à l'intérêt général, rendant les démocraties présidentielles au suffrage universel direct plus légitimes à la détenir, la Force de Frappe confère une inviolabilité territoriale, sanctuarisation théorique et politiquement déclamée.

Par cela, comme Force de Frappe s'entend une arme offensive et dissuasive en soi, capable de représailles massives et complémentaires de l'action des forces classiques aéroterrestres, aéronavales et aérospatiales, capable d'assurer l'indépendance et la pérennité à la nation qui la possède au fait qu'elle incarne et concrétise le concept constitutionnel français d'indépendance nationale. Disproportionnée dans ses effets, annihilatrice dans sa puissance, elle nécessite d'être en permanence déployée et d'avoir un ciblage tous azimuts[968] afin de conférer un statut stratégique supérieur fondé

---

[965] Pierre-Marie Gallois, *Stratégie de l'âge nucléaire*, Calmann-Lévy, Paris, 1960, pp. 173-174. L'inflexion des années 1970 est en fait liée à la réévaluation par la planification française des progrès de la défense civile soviétique. De surcroît, les rares textes français sur la politique de ciblage à cette époque sont sans ambiguïté sur le fait que la dimension morale, le fait d'épargner des civils, n'est pas première, ni même très présente dans cette dynamique. Selon Vincent Coussirat-Coustère, « Armes nucléaires et droit international. A propos des avis consultatifs du 8 juillet 1996 de la Cour internationale de Justice », *op cit*, p. 348, l'avis de la CIJ « *conduit sûrement à considérer comme illicites les stratégies de riposte massive et 'anti-cités' – sauf dans le cas où l'Etat défend sa survie même* ». Il convient de surcroît de rappeler que la stratégie anti-cités avait déjà fait l'objet d'une atténuation à la fin des années 1970 en ne visant plus seulement les principales villes soviétiques, mais les « œuvres vives », c'est-à-dire les infrastructures économiques et administratives. Toutefois, si la référence à l'« anti-cités » a disparu dans le discours public, rien ne signale une renonciation officielle et positiviste de la stratégie anti-cités, tout au plus la France n'en fait plus officiellement mention.

[966] André Beaufre. « Introduction à la stratégie atomique. II. La dissuasion », *Le Monde*, Paris, 5 décembre 1963, n°5874, p. 3.

[967] Charles de Gaulle, *Allocution télévisée*, 19 avril 1963.

[968] Charles Ailleret, « Défense dirigée ou défense tous azimuts », *Revue de Défense Nationale*, décembre 1967, p. 1925-1926 : « *un système de défense qui ne soit dirigé contre personne, mais mondial et tous azimuts. qui ait la puissance maximum permise par ses ressources nationales et qui, maniés avec autant de sang-froid que de détermination, devrait, par la dissuasion, lui permettre d'échapper à certaines grandes guerres et, s'il n'y échappe pas, d'y participer aux meilleures conditions ; enfin qui, au cours des crises*

sur la dissuasion et capable, selon les circonstances, de devenir offensif, la menace qu'elle fait peser sur les agresseurs éventuels étant déjà une forme d'emploi[969].

La Force de Frappe demeure en toute circonstance un atout pour la sécurité, l'indépendance et l'inviolabilité du territoire, s'élevant comme un élément géopolitique majeur dès lors que sa puissance procure une symétrie, ce qu'on désigne par l'effet compensateur qui produit des effets de sanctuarisation et de rééquilibrage interétatique. L'usage de la Force de Frappe est rattaché à la défense des intérêts vitaux de la Nation, intentionnellement non définis car appréciables suivant la conjoncture, afin de faire peser l'incertitude dans les choix d'un agresseur potentiel. De fait, ce n'est pas la qualité des moyens déployés qui conditionne l'enclenchement de la Force de Frappe mais la gravité de l'attaque jugée à l'aune de la pérennité de la Nation. Enfin, si la mise sur pied d'une Force de Frappe engage le destin d'un pays, elle est « *d'une importance immense, puisque d'elle dépendent l'intégrité territoriale et l'indépendance nationale, que le Président de la République a le devoir de maintenir, conformément à la Constitution. Ce devoir, il ne lui serait plus possible de l'accomplir si cette force ne pouvait pas être constituée* »[970] et, en cas de manquement, provoquerait de grands troubles à l'ordre étatique. Ainsi définie, la Force de Frappe répond par ses caractéristiques aux missions des pouvoirs publics et, afin d'assurer son effectivité, nécessiterait d'être inscrite dans la Constitution.

---

qui peuvent dans l'avenir ébranler le monde, mettrait la France en mesure de déterminer librement son destin ».

[969] Jean-Louis Georgelin, « Pertinence et permanence de la dissuasion », *La Revue Internationale et Stratégique*, Armand Colin, n°79, été 2010, p. 113.

[970] Alain Peyrefitte, *C'était De Gaulle*, Paris, Gallimard, 2002, p. 181.

Chapitre III
L'inscription de la Force de Frappe dans la Constitution

L'attribution d'une valeur constitutionnelle à un texte, si elle lui donne une force symbolique, ne constitue pas nécessairement une garantie d'effectivité supérieure à celle des autres normes. En effet, au niveau constitutionnel comme aux autres niveaux de la production normative, les droits et principes proclamés ne sont jamais absolus et nécessitent une conciliation formelle et fondée avec les autres normes de valeur constitutionnelle, avec lesquelles elle sera en interaction. Pour en convenir doit s'apprécier, dans la logique d'inclure l'arme nucléaire dans la Constitution, la qualification juridique du concept de Force de Frappe vis-à-vis de la Constitution, en prenant en compte son interaction avec le Bloc de Constitutionnalité (I) avant d'acter son inscription (II).

I. L'interaction de la Force de Frappe avec le Bloc de Constitutionnalité

Avec l'ensemble du Bloc de Constitutionnalité, il existe des normes de valeur constitutionnelle qui ne sont pas inscrites dans le texte de la loi constitutionnelle[971] de 1958 au fait qu'il soit possible, pour les justifier, de se réclamer de la volonté du constituant de proclamer son attachement aux Droits de l'Homme définis par la déclaration de 1789 confirmée et complétée par le Préambule de la Constitution de 1946. En ce sens, la jurisprudence du Conseil Constitutionnel offre une pluralité d'options pour intégrer la Force de Frappe dans le marbre constitutionnel (1), notamment par l'élargissement des libertés publiques (2).

1. La Force de Frappe et les valeurs constitutionnelles de la République

La compatibilité de la Force de Frappe avec la Constitution implique d'anticiper les contacts normatifs que l'on sait devoir survenir en affirmant *a priori* leur validité, voire leur légitimité. On postule qu'il n'existe aucune antinomie inhibitrice entre le concept de Force de Frappe et les principes constitutionnels, et que leur comptabilité est possible au regard des objectifs poursuivis de valeur constitutionnelle.

La Déclaration de 1789, intégrée au Bloc de Constitutionnalité avec le Préambule de 1946 et les principes fondamentaux reconnus par les lois de la République, comporte quatre dispositions applicables aux missions et aux moyens de la Défense. L'objectif est de défendre les droits de l'Homme et du citoyen – la « sûreté » étant l'un de ces droits, terme qui recouvre l'ensemble des protections que les citoyens sont en droit d'attendre de l'Etat, au premier rang desquelles la défense de la communauté – ainsi que la

---

971 Denis Baranger, *Le droit constitutionnel*, PUF, Paris, 2002, p.27.

souveraineté de la nation (articles 2 et 3), au moyen d'une force publique organisée et financée (articles 12 et 13). La Constitution de 1958 proclame, elle aussi, les droits de la personne et la souveraineté de la nation (préambule alinéa 1, articles 2-5 et 3-1), notamment dans le cadre de l'Union européenne (articles 88-1). Elle fait de l'indépendance nationale, de l'intégrité du territoire et du respect des traités (article 5-2) des principes à valeur normative qui pourraient se rapprocher des intérêts vitaux que protège doctrinalement la Force de Frappe.

Ces principes sont garantis par le Président de la République, le Premier ministre, le gouvernement et le Parlement. Premier garant de la Constitution, le Président détient les pleins pouvoirs en cas de crise (article 16) comme « chef des armées » présidant les « conseils et comités supérieurs de la défense » (article 15) ; à cela, il « nomme aux emplois civils et militaires de l'Etat » (articles 13-2 et 13-3), il négocie et ratifie les traités (article 52). Pour sa part, le Premier ministre contresigne une partie des actes du chef de l'Etat (article 19) ; comme « responsable de la défense nationale », il « supplée le cas échéant le Président de la République dans la présidence des conseils et comités prévus à l'article 15 » et « sous réserve des dispositions de l'article 13, [il] exerce le pouvoir réglementaire et nomme aux emplois civils et militaires » (articles 21-1, 21-3 et 37-1. Le gouvernement, dont les membres contresignent les actes du Premier ministre (article 22), « détermine et conduit la politique de la nation », « dispose de l'administration et de la force armée » (article 20-2), ainsi que des pouvoirs de crise prévus par la législation sur l'état de siège (article 36). Le Parlement, vis-à-vis duquel le gouvernement est responsable, autorise la prolongation de l'état de siège (article 36-2), la déclaration de guerre (article 35), la ratification ou l'approbation des traités (article 53) ; il vote les lois de finances ou de programme (article 34-4 et 47) et celles déterminant les « principes fondamentaux de l'organisation générale de la défense nationale » (article 34-3).

Il y a une interdépendance de ces organes : le Président dirige le Conseil des ministres (article 9) ; il est le « chef des armées » ; il est le « garant de l'indépendance nationale, de l'intégrité du territoire et du respect des traités ». Mais ces trois titres ne sont pas dispensés du contreseing ministériel sauf ceux énoncés à l'article 19, l'article 16 lui conférant la plénitude des pouvoirs en cas de crise majeure. Si le Premier ministre est responsable de la défense, le gouvernement parlementaire via les articles 20-3, 49 et 50 détermine et conduit la politique du pays, y compris la politique étrangère et de défense, disposant en cela de la force armée. C'est le Parlement qui vote le budget militaire et qui a la compétence d'organiser dans ses grandes lignes la défense nationale. Or la très relative ambiguïté de la Constitution avait été levée par l'ordonnance n°59-147 du 7 janvier 1959 portant organisation générale de la défense, et les décrets du 18 juillet 1962 et du 14 janvier 1964, appuyés par la pratique politique fondée sur l'interprétation extensive des articles 5, 6, 9, 15 ou 16 de la Constitution, ont accentué l'emprise du

Président sur ces organes, au point que de nombreux auteurs parlent d'une coutume qui prévaudrait contre les textes de la Constitution de 1958 et de l'ordonnance de 1959.

En donnant valeur constitutionnelle à une notion, le contenu de celle-ci est à l'abri de la volonté du législateur en la faisant bénéficier du caractère rigide de la Constitution, imposant la mise en œuvre d'une procédure plus complexe de révision, pour revenir sur les droits et principes émis – la loi se devant de respecter l'ensemble de ces droits et principes au même titre que ceux énoncés dans le texte de la Constitution. Tout droit intégré à la Constitution se voit également intégré à la catégorie juridique autonome des droits fondamentaux, faisant émerger de nouveaux droits fondamentaux[972]. L'exemple de la Charte de l'Environnement, se voyant conférer valeur constitutionnelle, engendre par les droits qu'elle proclame l'apparition de nouveaux droits fondamentaux, avec toutes les conséquences contentieuses qui en résultent devant le juge constitutionnel mais également devant le juge ordinaire[973].

Le rang constitutionnel confère une qualité de droit fondamental dans l'ordre juridique positif, et la constitutionnalisation reviendrait à valoriser dans la hiérarchie des normes, la valeur particulière d'une norme contenant un certain nombre de principes et valeurs correspondant à l'essence d'une société donnée[974]. L'idée qui sous-tend cette consécration constitutionnelle est de permettre la protection et la défense de ces dits droits au niveau du juge constitutionnel[975]. C'est donc une certaine conception de la Constitution qui est ainsi mise en œuvre, texte consacrant juridiquement des valeurs au plus haut degré de la hiérarchie. Par cette pratique, la Constitution a ainsi tendance à devenir un ordre de valeur[976], précédemment qualifié d'impérialisme juridique.

De même qu'avec la Déclaration de 1789 consacrée par la même valeur[977], le Conseil Constitutionnel a dégagé des principes constitutionnels

[972] Bertrand Mathieu, « Observations sur la portée normative de la Charte de l'environnement », *Les Cahiers du Conseil Constitutionnel*, n° 15, 2003, p. 145.

[973] Benoît Grémare, « Environnement et arme nucléaire : la Charte de l'environnement et le Code de la Défense sur la question de l'armement nucléaire » *in* O. Gohin, B. Pauvert (ss la dir.), *Annuaire 2016 du droit de la sécurité et de la défense*, Marc & Martin, octobre 2016, pp. 67-73.

[974] Jean-Sébastien Boda, « L'effectivité problématique des normes constitutionnelles : l'exemple de la charte de l'environnement » *in* Véronique Champeil-Desplats, Danièle Lochak, *À la recherche de l'effectivité des droits de l'homme*, Presses universitaires de Paris Ouest, 2008, pp. 77-88.

[975] *Ibid*, p. 82 : « *Le caractère constitutionnel de tel ou tel droit favorisera ainsi tout à la fois son invocation en tant que droit fondamental par les justiciables devant le juge ordinaire – on pense notamment aux justiciables s'adressant au juge administratif dans le cadre du référé-liberté et devant attester de l'existence d'une liberté fondamentale, et sa reconnaissance par ce même juge ordinaire, la référence à la valeur constitutionnelle du droit en question offrant une ressource de justification décisive* ».

[976] Stéphane Pierré-Caps, « La Constitution comme ordre de valeur », *Mélanges Lavroff*, Paris, Dalloz, 2005, p. 283.

[977] Décision du 27 décembre 1973 dite *taxation d'office* censurant une disposition fiscale portant atteinte au principe d'égalité devant la loi.

sans référence à aucun texte constitutionnel[978], permettant d'énoncer des droits individuels fondamentaux au détriment de la position traditionnelle selon laquelle la Constitution serait l'émanation de la volonté du peuple souverain. « Principes constitutionnels potentiels[979] », les *objectifs de valeur constitutionnelle* sont des exigences tirées de la combinaison de normes du Bloc de Constitutionnalité que le Conseil Constitutionnel rappelle au législateur pour une législation parfaitement conforme à la Constitution[980].

Se basant sur des objectifs d'intérêt général pour justifier une conciliation entre plusieurs principes constitutionnels, le Conseil Constitutionnel a été amené à préciser certains champs en faisant référence aux notions de sauvegarde des intérêts nationaux[981], de besoins essentiels du pays[982] ou encore de la sauvegarde de l'ordre public[983]. Or chacune de ces références à l'intérêt général ne se fonde pas nécessairement sur une règle constitutionnelle mais est bâtie sur l'idée que l'intérêt général peut justifier, dans une mesure limitée, une restriction à des droits protégés par la Constitution. En ce cas, il appartiendra au législateur d'assurer la conciliation entre les objectifs de valeur constitutionnelle et l'exercice des libertés publiques constitutionnellement garanties.

Concernant la Force de Frappe, celle-ci s'apparente à un objectif de valeur constitutionnelle à même d'être constitutionnalisé au travers des champs évoqués précédemment, relatifs à l'intérêt général. D'autant que l'originalité du concept de valeur constitutionnelle consiste à opérer une conciliation entre des normes constitutionnelles dont l'effet est de créer un principe constitutionnel nouveau élargissant le champ d'application des droits constitutionnels originaires, la Force de Frappe constitue en elle-même une norme constitutionnelle téléologique garantissant l'effectivité des droits et libertés constitutionnelles, au service de l'Indépendance Nationale et de la souveraineté de l'Etat. Au surplus, il ne s'agirait pas de droits mais « *de buts assignés par la Constitution au législateur, dont la particularité est d'être des conditions objectives d'effectivité des droits fondamentaux constitutionnels* »[984] .

2. La Force de Frappe comme principe de nécessité conjoncturelle

Au même titre que les objectifs de valeur constitutionnelle, la jurisprudence du Conseil Constitutionnel sur les circonstances

---

978 Décision du 25 juillet 1979 sur la continuité des services publics.

979 Nicolas Molfessis, « La dimension constitutionnelle des droits et libertés fondamentaux » *in* Rémy Cabrillac, Marie-Anne Frison-Roche, Thierry Revel (dir.), *Droits et libertés fondamentaux*, Dalloz, 8e édition, 2002.

980 Guillaume Drago, *Op Cit*, p. 277.

981 DC n°88-232 ; n°89-254, *Rec.* 43 § 6.

982 DC n°79-105 du 25 juillet 1979.

983 DC n°85-187 du 25 janvier 1985, Rec. 124, § 3. Le Conseil rappelle que le législateur dispose d'une compétence générale pour « *opérer la conciliation nécessaire entre le respect des libertés et la sauvegarde de l'ordre public sans lequel l'exercice des libertés ne saurait être assuré* ».

984 Pierre de Montalivet, *Les objectifs de valeur constitutionnelle*, Dalloz, Paris, 2006, p. 568.

exceptionnelles est à cet égard significative : la sauvegarde de l'intérêt général et de l'ordre public sont des impératifs car sans eux, l'exercice des libertés ne saurait être assuré. Par conséquent, il est du devoir pour l'Etat d'assurer le respect des institutions de la République, la continuité de la vie de la Nation et la garantie des droits et libertés des citoyens. Ces missions fondamentales incombent aux autorités constituées quelles que soient les circonstances, notamment lorsque les règles constitutionnelles ne sont plus adaptées pour le faire[985], avec notamment l'article 16 sur les circonstances de crise grave.

Appuyées par des nécessités conjoncturelles, certaines dispositions constitutionnelles bénéficient d'une large définition accréditant l'hypothèse d'une intégration de la Force de Frappe dans la Constitution et qui, bien qu'apparemment positive, demeure pourtant sans conséquence sur une compétence spécifique du Parlement. Au travers du Bloc de Constitutionnalité, la Force de Frappe apparait comme répondant aux objectifs fixés en tant que principe de nécessité conjoncturelle. A cet égard, l'article XII de la Déclaration des droits de l'Homme déclare que « *la garantie des droits de l'Homme et du Citoyen nécessite une force publique : cette force est donc instituée pour l'avantage de tous et non pour l'utilité particulière de ceux auxquels elle est confiée* ». Ces critères renvoient directement aux caractéristiques d'une Force de Frappe permanente comme service public de l'Etat[986] afin d'assurer sa souveraineté, sur décision directe du Président de la République dans son devoir d'Indépendance Nationale.

Le droit constitutionnel doit garantir la soumission des gouvernants, comme des gouvernés, aux règles et décisions posées par le constituant, le contrôle de constitutionnalité étant à cet égard l'auxiliaire de la souveraineté constituante. La seule norme de référence du contrôle de constitutionnalité fut la loi constitutionnelle de 1958 jusqu'à ce qu'en 1971, le Conseil Constitutionnel étende la liste de ces normes au Préambule de la Constitution de 1946 – qui, pour le reste, avait été abrogé par celle de 1958 et n'était plus en vigueur – et par la Déclaration des Droits de l'Homme et du Citoyen, créant par conséquent le concept de *principes fondamentaux reconnus par les lois de la République*. Or la liste de ces principes n'est pas énoncée, leur existence est seulement annoncée par le Préambule ce qui a permis au Conseil Constitutionnel de jouir d'une importante marge de manœuvre. En outre, le Préambule de 1946 fait référence à des *principes* politiques, économiques et sociaux *particulièrement nécessaires à notre temps*

---

985 Philippe Terneyre, « Les adaptations aux circonstances du principe de constitutionnalité. Contribution du Conseil Constitutionnel à un droit constitutionnel de la nécessité », *RDP*, novembre-décembre 1987, pp. 1489- 1515.

986 Le Conseil Constitutionnel a considéré que cette force doit toujours être publique, interdisant qu'un pouvoir de police puisse être délégué à une personne privée (cf. décision n°2011-625 DC du 10 mars 2011).

(PPNT[987]) et auxquels le Conseil Constitutionnel leur a aussi reconnu une pleine valeur constitutionnelle[988]. Souvent qualifiés de « *droits-créances en ce sens qu'ils créent des droits dont le citoyen peut réclamer à l'Etat le respect sinon la réalisation* »[989], certains de ces principes séculiers et résolument effectifs disposent d'un caractère politique[990] pouvant servir à l'exécution des missions de l'Etat. Principes dont pourrait tout autant se réclamer la Force de Frappe dans le cadre d'un processus de constitutionnalisation.

II. Le processus de constitutionnalisation de la Force de Frappe

Avec la Constitution de 1958, la loi devient l'acte adopté par le Parlement, selon la procédure législative, dans les domaines de compétence résultants de la Constitution, laquelle, au travers des lois organiques et des lois de programmation militaire, établit une Force de Frappe pour assurer l'Indépendance Nationale et la souveraineté de l'Etat. Intégrer la Force de Frappe au travers d'une révision constitutionnelle basée sur la pratique coutumière et son consensus coutumier nécessiterait de savoir s'il existe, de manière valide et effective, un mode de formation des règles constitutionnelles, car l'évolution législative[991] s'est vue complétée par la création d'un contrôle de constitutionnalité pour veiller au respect effectif par le Parlement des obligations que la Constitution lui impose. Le Conseil Constitutionnel a été amené à se référer à la pratique du législateur et à la coutume parlementaire pour apprécier la constitutionnalité d'acte déféré à son contrôle[992]. Mais, au-delà de la coutume constitutionnelle, la validité ou

---

987 Tels la garantie pour la femme, dans tous les domaines, de droits égaux à ceux de l'homme ; le droit d'asile sur le territoire de la République pour toute personne persécutée en raison de son action en faveur de la liberté ; le devoir de travailler et le droit d'obtenir un emploi ; le droit à l'action syndicale ; le droit de grève ; le droit à la participation et à la détermination collective des conditions de travail ainsi qu'à la gestion des entreprises ; la nationalisation des services publics nationaux ou des monopoles de fait ; le droit à la protection de la santé ; la sécurité matérielle ; le repos et les loisirs, notamment pour l'enfant, la mère et les vieux travailleurs ; le droit d'obtenir de la collectivité des moyens convenables d'existence ; l'égal accès de l'enfant et de l'adulte à l'instruction, à la formation professionnelle et à la culture.

988 Depuis sa décision du 15 janvier 1975 sur l'interruption volontaire de grossesse, la loi ne violant pas le principe selon lequel « la Nation garantit à l'enfant la protection de la santé ».

989 Guillaume Drago, *Op Cit*, p. 253.

990 Au travers du Préambule se retrouve le principe du droit d'asile (al. 4), l'engagement de se conformer aux règles du droit international (al. 14), l'acceptation de limites apportées à la souveraineté par des engagements internationaux sous réserve de réciprocité (al. 15). Ces principes concernent surtout les relations internationales de la France.

991 Le considérant du Conseil Constitutionnel résume cette différence de statut, selon lequel « la loi n'exprime la volonté générale que dans le respect de la Constitution » (Décision n°85-197 DC du 23 août 1985).

992 Dans sa décision n°86-225 du 23 janvier 1986 sur le vote personnel des parlementaires, il a posé une solution d'opportunité sur la délégation du droit de vote manifestement contraire à une disposition du texte de la Constitution, les alinéas 2 et 3 de l'article 27, mais qui a tenu compte des nécessités et des pratiques de la vie parlementaire. L'argumentation tendait à montrer que des nécessités et pratiques reconnues pourraient coutumièrement modifier un

l'invalidité d'une pratique peut être juridiquement inférée à partir du contenu de la Constitution. Il est donc nécessaire de démontrer le caractère institutionnel potentiel de la Force de Frappe dans la Constitution (1) avant de convenir de l'article susceptible de la mentionner (2).

1. Du consensus coutumier à l'institutionnalisation de la Force de Frappe

En se basant sur l'utilité posée en axiome de la démonstration, la Force de Frappe bénéficie d'un consensus coutumier lequel tendrait à son ordonnancement normatif. Une autre hypothèse consisterait à la considérer du point de vue du droit administratif comme un service public dévolu à l'activité de défense

De par sa double qualité de président du Conseil de défense et de chef des Armées, le Président de la République n'est pas libre de se délier des liens de gérance de l'indépendance nationale car le droit qu'il est susceptible d'introduire dans l'organisation positive, en prenant la décision d'engager la Force de Frappe, doit être conforme et subordonnée à l'idée d'Indépendance Nationale[993]. Ce devoir de souveraineté, auquel on associe via les lois de programmation militaire l'activité créatrice de l'arme suprême, oblige l'Etat de droit dans le sens où il se confond avec l'idée de droit qu'implique le service de l'indépendance et de la grandeur de la Nation, révélant la réalité de l'investiture politique du Président. Lié au respect de la norme juridique supérieure que génère la gérance de l'Indépendance Nationale, celui-ci est également garant du statut de puissance nucléaire que confère à l'Etat la détention d'une Force de Frappe. Pour développer cette proposition, l'existence même de l'ordonnancement normatif mis en forme par la notion de Force de Frappe introduit des obligations et lui permet d'assurer une véritable autonomie de décision pour l'Etat. C'est là le fondement du consensus coutumier de l'arme nucléaire dans les institutions.

Ne pouvant dès lors plus être ignorée, ce consensus caractérisant l'organisation des pouvoirs publics est d'autant plus important à normaliser que la doctrine est partagée sur les conséquences d'un manque d'intelligibilité de la loi. Pour les uns, le Conseil Constitutionnel a la compétence de censurer un texte seulement en raison de la méconnaissance du principe de clarté. Pour les autres, l'ignorance de l'objectif d'accessibilité et d'intelligibilité de la loi peut fonder une déclaration de non-conformité à la Constitution – les objectifs à valeur constitutionnelle permettant également selon eux de censurer une disposition législative[994]. En effet, le Conseil Constitutionnel a érigé en objectif à valeur constitutionnelle

---

article de la Constitution (« la circonstance que les délégations de vote excèdent les limites prévues par l'article 27 précité, ne saurait entacher de nullité la procédure d'adoption (d'un) texte »).

993 Henri Pac, *Droit et politiques nucléaires*, *Op Cit*, p. 189.

994 Alexandre Flückiger, « Le principe de clarté de la loi ou l'ambiguïté d'un idéal », *Cahiers du Conseil Constitutionnel*, n°21, janvier 2007.

l'accessibilité et l'intelligibilité de la loi[995] qu'il fonde sur les articles 4, 5, 6 et 16 de la Déclaration de 1789 dont le but est de « *prémunir les sujets de droit contre une interprétation contraire à la Constitution ou contre le risque d'arbitraire, sans reporter sur des autorités administratives ou juridictionnelles le soin de fixer des règles dont la détermination n'a été confiée par la Constitution qu'à la loi* », le Conseil d'État allant jusqu'à discerner dans la complexité croissante des normes une menace pour l'État de droit[996]. De la sorte, au nom de cet objectif qui entend conférer un contenu partiellement commun puisque « *le principe de clarté de la loi* [...] *et l'objectif de valeur constitutionnelle d'intelligibilité et d'accessibilité de la loi* [...] *imposent d'adopter des dispositions suffisamment précises et des formules non équivoques* »[997] pourrait-on proclamer la fin du consensus coutumier non déclaré sur la place de l'arme nucléaire dans les institutions de la Ve République en l'affirmant clairement par son inscription dans la Constitution[998].

De même, la mission d'exécution des lois que la Constitution confie traditionnellement au gouvernement implique le pouvoir de veiller à ce que les services publics soient en état de fonctionner. Cette notion de responsabilité d'un gouvernement investi des pouvoirs nécessaires traverse l'ensemble de la jurisprudence[999] et se conçoit au travers de la théorie des pouvoirs implicites[1000], conception extensive des pouvoirs non expressément disposés dans la Constitution et qui se déduisent de celle-ci par une interprétation évolutive qu'en donne le juge constitutionnel à l'occasion d'un litige. Avec le décret n°2009-1118, la mise en place du contrôle gouvernemental de la dissuasion appuie l'idée que la dissuasion nucléaire s'identifie à une mission de service public ayant pour but d'assurer la sécurité et la défense de la Nation, envers laquelle le gouvernement est responsable du maintien, de la fiabilité et de l'adéquation quant aux menaces envisagées tous azimuts.

S'appuyant sur la doctrine et la jurisprudence classique du droit administratif, la notion de service public comporte à la fois un sens matériel

---

995 CC, n° 2001-455 DC, 12 janv. 2002, cons. 9 ; n° 2001-451 DC, 27 nov. 2001, cons. 13 ; n° 98-401 DC, 10 juin 1998, cons. 10.

996 CE, *Rapport public 2006 : Sécurité juridique et complexité du droit*, Paris, La Documentation française, p. 233 et s.

997 CC, n° 2005-514 DC, 28 avr. 2005, cons. 14.

998 La décentralisation a acquis en 2003 un statut Constitutionnel au regard de son impact dans l'organisation des pouvoirs publics. L'impact de la mise en œuvre de la Force de Frappe et de la dissuasion nucléaire, tant au niveau national qu'international, permettrait de combler ce vide qui protège les intérêts vitaux de la Nation.

999 *Ibid.*

1000 Florian Mauger, *Les pouvoirs implicites en droit administratif français*, thèse de doctorat en droit public, Université Paris 2 Panthéon-Assas, 2013, p. 6 : « *La jurisprudence administrative témoigne de la reconnaissance de pouvoirs implicites. Leur identification est cependant le plus souvent incertaine. Par ailleurs, les termes par lesquels le juge admet ces pouvoirs lient étroitement la reconnaissance de ceux-ci à la nécessité de fait des mesures adoptées, en dépit d'une distinction indispensable. Enfin, l'origine le plus souvent textuelle des pouvoirs conditionne leur régime : issus du texte, ils y restent soumis* ».

et un sens organique. La Force de Frappe les contient tout autant, entre une matérialité concrétisée par les activités militaires d'intérêt général qui module l'organisation de la Défense nationale, et un fonctionnement organique géré par plusieurs personnalités publiques, entres autres le Président de la République. Or, en relevant le caractère de service public d'une activité déterminée, se constate la prise en charge de cette activité par les autorités administratives, ce service public tendant à devenir synonyme d'activité d'intérêt général[1001]. De plus, la qualification législative des activités militaires nucléaires se retrouve à la fois dans le vote des lois organiques de programmation militaire ainsi que dans l'application opérationnelle de l'arme nucléaire, la reprise des essais de 1995 ayant été cataloguée d'acte de gouvernement[1002].

Avec les « exigences constitutionnelles qui résultent de l'existence et de la continuité des services publics[1003] », le Conseil Constitutionnel a reconnu valeur constitutionnelle aux principes de continuité et d'égalité régissant les services publics, s'interdisant une interruption ainsi que toute discrimination entre usagers du service placés dans la même situation. Si la valeur constitutionnelle du principe de continuité des services publics[1004] a été reconnue à la fois par le Conseil d'État en 1950 et par le Conseil Constitutionnel en 1979, les deux juridictions ont également adhéré à la même conception[1005]. Ce principe impose le fonctionnement régulier et ponctuel des services publics, ponctualité et régularité dont les exigences varient en fonction de l'objet même de ces activités, que l'on peut retrouver dans la Force de Frappe avec la permanence et la crédibilité requises dans l'exercice de la dissuasion nucléaire. De la sorte, au nom de ces principes auxquels répond la Force de Frappe pourrait-on proclamer la fin du consensus coutumier non déclaré sur la place de l'arme nucléaire dans les institutions en l'inscrivant dans un article de la Constitution.

1001 Ludivine Thiaw-Po-Une, « Les services publics face au principe d'égalité », *Raison présente*, 2004, n°152, pp. 49-59.

1002 Conseil d'État du 29 septembre 1995, Rec. n°171277, en lien également avec l'arme nucléaire, voir Conseil d'État du 11 juillet 1975 et la Rec. n°92381. A titre d'exemple, est un acte de gouvernement la création d'une zone de sécurité dans les eaux internationales pendant les essais nucléaires.

1003 CC, déc. 14 avr. 2005, n° 2005-513 DC, *Aéroports de Paris*, AJDA 2006. 178, étude E. Fatôme ; *Dr. adm.* 2005, n° 6, p. 22, note R. Fraisse.

1004 CE, 7 juill. 1950, *Dehaene* : GAJA, 18e éd., comm. 62 ; CC, 25 juill. 1979, n° 79-105 DC, *Droit de grève à la radio et à la télévision* : GDCC, 14e éd., comm. 25.

1005 Norbert Foulquier et Frédéric Rolin, « Constitution et service public », *Nouveaux Cahiers du Conseil Constitutionnel*, n°37, octobre 2012 : « *si la notion de service public n'occupe pas une place prééminente dans la Constitution, son esprit marque le droit public français. Certains regretteront ces constats* [...] *il n'est pas acquis qu'une constitutionnalisation plus prononcée de la notion de service public et de son régime aurait mieux protéger « le service public à la française » contre, d'une part, les politiques de privatisation, menées par des majorités suffisantes pour modifier la Constitution et, d'autre part, les exigences européennes qui, fortes du principe de primauté du droit communautaire, n'ont que faire des spécificités constitutionnelles des États membres* ».

2. Les articles mentionnant la Force de Frappe dans la Constitution

Mené à son terme, le processus de constitutionnalisation de la Force de Frappe engendrerait son inscription dans la Constitution par l'ajout d'une mention spécifique dans un article existant. Dans la formulation de cette disposition sur l'arme nucléaire, un écueil à éviter dans la rédaction serait de se limiter à inscrire dans la Constitution un simple renvoi à une convention ou un traité international tel que le TNP ou le TIAN. Ce renvoi entre systèmes juridiques peut prêter à confusion, notamment au sujet du juge compétent pour contrôler la loi. A titre d'exemple, si le Conseil Constitutionnel s'assure de la conformité de la loi à la Constitution, c'est le juge ordinaire qui vérifie que la loi respecte les traités internationaux, en lieu et place du Président de la République et des comités et conseils supérieurs de la Défense Nationale cités à l'article 15 pour les affaires relatives à l'arme nucléaire. En outre, si la Constitution permet ou ordonne, il serait souhaitable qu'une disposition sur l'arme nucléaire prévoie une obligation de préserver cet outil qui articule toute l'organisation de la Défense Nationale.

Une disposition permissive consisterait en une simple habilitation du législateur à agir en matière de défense nucléaire laquelle, en cas de conflit de normes, permettrait de faire prévaloir plus aisément les exigences de la dissuasion nucléaire que le décret n°96-520 du 12 juin 1996 portant détermination des responsabilités concernant les forces nucléaires[1006]. Mais le Conseil d'Etat s'est déjà trouvé confronté à des situations de mise en balance entre différents principes concernant les forces nucléaires, comme lors de la reprise des essais nucléaires en 1995, qui l'amenèrent à les considérer comme un acte de gouvernement insusceptible de donner lieu à un recours en excès de pouvoir devant le juge administratif[1007]. En conséquence, une disposition relative à l'arme nucléaire doit être conçue comme un impératif catégorique au sens kantien, à savoir un absolu qui permet de fixer au législateur un rôle de gardien du gardien nucléaire – le Président – afin de contraindre toute tentation d'abrogation. Par analogie avec son titre II sur la souveraineté, la Constitution instituerait alors une obligation d'assurer au pouvoir régalien les moyens d'atteindre les objectifs de la Constitution et de préserver les principes fondamentaux d'indépendance nationale et d'intégrité du territoire.

L'hypothèse d'une Force de Frappe comme élément structurant de la Défense et assurance de la continuité des pouvoirs publics, faisait déjà l'objet d'une certaine attention en 1962 en Conseil des Ministres concernant la possibilité de sa constitutionnalisation, et le choix s'était d'abord porté sur

---

1006 Abrogé par le décret n°2007-583 du 23 avril 2007 relatif à certaines dispositions réglementaires de la première partie du code de la défense (Décrets en Conseil d'Etat et en conseil des ministres).

1007 CE, ass. 29/09/1995, Association Greenpeace France ; CE, 8/12/1995, M. Lavaurs et autres ; voir également Jean-François Lachaume, « Jurisprudence française relative au droit international », *Annuaire Français de Droit International*, 1996, n°42, alinéa 145 bis, p. 1003.

l'article 11 de la Constitution comme étant à la convergence de plusieurs principes gaulliens, entre l'intégrité territoriale, l'indépendance nationale et effectivité du pouvoir présidentiel, au regard de son impact dans l'organisation générale des pouvoirs publics[1008]. Une possibilité qu'appuie Jean-Pierre Camby pour lequel « *la Constitution française, si elle ne mentionne pas le mot, intègre à bien des égards la question nucléaire. Il reste, pour conclure, à envisager de nouveaux développements constitutionnels. Ceux-ci pourraient naturellement provenir du texte à l'occasion d'une future révision. Mais comme, si le mot n'est nulle part, la réalité est partout présente dans le cadre constitutionnel, de tels développements pourraient également venir, par exemple, d'une application d'un référendum* […] *et entre à ce titre dans le champ de l'article 11* »[1009].

A titre liminaire, l'article dans lequel figurerait la mention de l'arme nucléaire devrait comporter des dispositions organiques relatives à l'organisation de la Défense nationale. La difficulté vient alors de ce que la Constitution comporte principalement des règles formelles et pour cause : par sa structure, la Ve République offre peu d'options pour énoncer un principe substantiel, bien qu'originel à sa proclamation et l'ayant intrinsèquement modifiée. Si l'article 34 reste pertinent pour accueillir l'arme nucléaire du fait qu'il cite les principes fondamentaux de l'organisation de la Défense nationale, son objet définit le domaine de la loi, et l'on pourrait craindre qu'une disposition sur l'arme nucléaire se bornât à consacrer la compétence du législateur en matière de défense nucléaire sans véritablement énoncer sa fonction fondamentale.

L'article 5 conférant au Président de la République le rang de garant de l'indépendance nationale, de l'intégrité du territoire et du respect des traités apparait plus approprié. L'adjoindre d'une mention de la Force de Frappe renforcerait la place de l'arme nucléaire, déjà conséquente dans l'organisation des pouvoirs publics, et permettrait de lier statutairement le législatif à l'exécutif dans la conception, l'évolution, la modernisation et la maintenance de ce type d'armement. Son rattachement aurait le double bénéfice d'appuyer le poids de l'origine à l'énergie de la modernité.

1008 Alain Peyrefitte, *C'était De Gaulle*, I, Fayard, Paris, 1994, p. 167. L'auteur rapporte cette discussion qu'il tint avec le Président de la République le 11 juillet 1962 en Conseil des Ministres :

Général De Gaulle – « La mise sur pied de cette force engage le destin du pays. Elle est d'une importance immense, puisque d'elle dépendent l'intégrité territoriale et l'indépendance nationale, que le Président de la République a pour devoir de maintenir, conformément à la Constitution. Ce devoir, il ne lui serait plus possible de l'accomplir si cette force ne pouvait pas être constituée.

Alain Peyrefitte – Cela veut dire que la mise sur pied de la force nucléaire se rapporte à l'organisation des pouvoirs publics, et donc pourrait entrer dans le domaine de l'article 11 de la Constitution tel qu'il est ?

Général De Gaulle – En effet. Une bonne organisation des pouvoirs publics suppose que le plus éminent des pouvoirs publics, le Président de la République, ait la capacité d'exercer les prérogatives que la Constitution lui confère ».

1009 Jean-Pierre Camby, « Constitution et nucléaire » *in* Olivier Guézou et Stéphane Manson, *Droit public et nucléaire*, Bruylant, 2013, p. 82.

Toutefois, dans le cadre d'une révision constitutionnelle, David Cumin propose d'ajouter une troisième phrase à l'article 15, qui serait ainsi rédigé : « *le Président de la République est le chef des armées. Il préside les conseils et comités supérieurs de la défense nationale. Il décide de l'engagement des forces nucléaires* »[1010], tout en tenant compte de la dispense du contreseing ministériel de l'article 19, ainsi rédigé : « *les actes du Président de la République autres que ceux, prévus aux articles 8 (1er alinéa), 11, 12, 15 (3ème phrase), 16, 18, 54, 56 et 61 sont contresignés par le Premier ministre et, le cas échéant, par les ministres responsables* »[1011]. Il serait également dispensé de l'autorisation parlementaire de l'article 35, ainsi rédigé : « *la déclaration de guerre est autorisée par le Parlement, à l'exception de l'utilisation de l'armement nucléaire* ». Relevant d'une idée de droit[1012], l'indépendance nationale demeure une finalité suprême que le Chef de l'Etat, avec les autres autorités, a le devoir d'actualiser[1013], finalité confirmée par la jurisprudence constitutionnelle pour laquelle conformité des traités à la Constitution signifie essentiellement conformité des traités à la souveraineté nationale. Toutes ces dispositions normatives sont autant de fondements de validité à la pratique de la dissuasion, et donc d'inscription de la Force de Frappe dans la Constitution[1014].

La constitutionnalisation de la Force de Frappe est enfin étayée par le « droit de nécessité » ou droit d'agir d'une manière qui, tout en restant dans l'esprit des principes, se retrouve inscrite avec les règles formulées pour régir le fonctionnement normal des pouvoirs publics. La nécessité peut être entendue comme source de droit, c'est-à-dire comme source objective et autonome de production normative. Cette inscription dans la Constitution de la Force de Frappe à l'article 5, 11 ou 15, permettrait ainsi de définitivement sanctuariser l'arme nucléaire et valider la pratique de dissuasion nucléaire.

1010 David Cumin, *op cit*, p. 182.

1011 *Ibid.*

1012 Henri Pac, *Droit et politiques nucléaires*, *op cit.*, p. 186 : « *Le renforcement du vieux titre de pouvoir national que consacre ainsi le pouvoir nucléaire en tant qu'incarnation de l'idée d'indépendance [...] Elles sont telles qu'on ne peut attendre aucune productivité juridique d'une idée de droit dont le fondement ne serait pas l'indépendance nationale, car il est bien évident que le droit nucléaire militaire ne peut se concevoir* ».

1013 Inscrits dans les dispositions introductives de la Constitution et repris par divers articles ou alinéas des textes du bloc de Constitutionnalité, le principe de la République : « gouvernement du peuple, par le peuple et pour le peuple », ainsi que la devise de la République :« liberté, égalité, fraternité », présupposent la souveraineté et l'indépendance de la nation. Ces idées fondamentales sont mentionnées, avec l'intégrité du territoire, dans le préambule de 1958, les articles 1, 2, 3, 4, 5, 16, 20-1, 53 et 89-4 de la Constitution, l'article 3 de la Déclaration de 1789, les alinéas 10, 11, 12, 13, 14 et 17 du Préambule de 1946.

1014 A noter que l'inscription de l'arme nucléaire ne saurait se faire au titre de l'article 20 donnant sa responsabilité au gouvernement car elle serait susceptible d'entrer en conflit avec la décision présidentielle.

Conclusion
La France et l'arme nucléaire, un trésor acquis à tout jamais

« *Les contrats sans l'épée ne sont que des mots* »
Hobbes, *Le Léviathan*, XVII.

La proposition de constitutionnaliser l'arme nucléaire entend contribuer à la réflexion commune d'un droit positif et effectif. Puisque selon Hobbes, les conventions n'ont aucune force pour la sécurité de l'homme, la seule garantie possible contre la guerre pour une multitude d'individus reste d'ériger un pouvoir commun capable de les défendre, en réduisant leurs volontés en une seule volonté. Ce *Léviathan* ainsi constitué est-il le modèle de l'autoritarisme absolu, ou le meilleur exemple de l'intelligence des hommes vivant en société ?

Entre fabulation du droit naturel et mythe de la souveraineté, la philosophie du droit a développé des réponses qui se concrétisent dans une nouvelle dimension, celle du nucléaire. Le contrat social jadis passé entre les hommes s'est-il pour autant mû en contrat nucléaire entre les Etats ? Si la guerre civile se combat et s'étouffe en interne, il demeure un état de guerre de tous les instants entre les Etats en externe : ce désordre constant est une volonté avérée de réduire la puissance d'action concurrente pour obtenir l'hégémonie. Or si la politique externe du temps de Hobbes est un état d'exception permanent, l'arme nucléaire oblige les Etats à signer à leur niveau inter-étatique un contrat social, pacte régalien de l'Âge nucléaire dépassant l'état de nature pour stabiliser un ordre de coexistence interétatique. Dépassant la Nation pour la scène internationale, la question naturelle de droit positif de la souveraineté est forcée de composer avec l'apparition de l'arme nucléaire laquelle a modifié l'ordre du monde. Les accords et traités internationaux tiennent compte du poids que procure un arsenal nucléaire dans les rapports de force entre les Etats, donnant lieu à une hiérarchie et des traitements particuliers, privilégiant le *statu quo* permanent tel que l'illustre le Traité de Non-prolifération, entre les possesseurs de la bombe nucléaire et les dépourvus.

Des obstacles perdureront avec celui, majeur, de la volonté politique pour l'effectivité. Reste cependant l'amélioration des connaissances juridiques sur ce domaine peu étudié et que l'on dit réservé aux considérations politiques et stratégiques. « *Le droit n'est qu'un ensemble de tablettes qui reçoivent en gravure la résultante des forces et intérêts à un moment donné* »[1015], figeant dans l'Histoire le rapport de puissance établie. A l'image des essais nucléaires trop souvent critiqués[1016], l'attachement à

[1015] Abdulhay Sayed, *Op Cit.*

[1016] « *Aucun Etat n'a jamais élevé la voix d'une manière positive pour s'en prendre à l'une ou l'autre des parties qui ont fabriqué et continuent de fabriquer ces armements effrayants. Je ne sache qu'aucun Etat du monde ait rompu ses relations avec Londres, avec Moscou, avec Washington à cause de cela… Je ne sache pas*

l'indépendance nationale dans un domaine aussi vital que la défense nucléaire devrait évidemment prévaloir sur toute autre considération. Or la Nation, avec l'abandon de la conscription, a confié la défense de son territoire national à la Force de Frappe concrétisant cette mission régalienne, indispensable à la souveraineté. En ce sens, la Constitution étant une garantie d'avenir, la constitutionnalisation de la Force de Frappe permettrait de préserver l'arme nucléaire des tentatives abolitionnistes[1017]. Inédite dans l'histoire juridique des concepts, cette anticipation éviterait au législateur un retard[1018] au regard de l'évolution technologique, le souverain ayant besoin d'une Force de Frappe immédiatement apte à préserver ses constituants et leurs intérêts nationaux. D'après Solon, Périclès mit à jour la Constitution athénienne sans y apporter de nouveaux concepts mais en l'actualisant, la rendant plus précise et performante avec l'expérience. A ce titre, l'existence de la dissuasion nucléaire se doit d'être juridiquement soutenue, sa doctrine et l'usage de l'arme nucléaire appuyés par le droit international. A l'inverse, si l'illicéité de l'emploi des armes nucléaires se voyait confirmée par le droit international, l'absence d'intégration dans le droit constitutionnel français de l'arme nucléaire reviendrait à permettre la mise en cause de la responsabilité interne et internationale de l'Etat.

Historiquement, la Ve République a apporté à la France un régime perçu comme légitime et un système constitutionnel jugé efficace. Ces acquis méritent de ne pas être remis en cause sans pour autant signifier que chacun de ces éléments doive être gravé dans l'airain. La conjoncture qui oblige, l'expérience qui enseigne, sont autant de causes qui peuvent justifier des précisions voire des réformes. La particularité de la Constitution de 1958 réside dans son pouvoir exécutif fort, et l'institutionnalisation du pouvoir nucléaire a été déterminée par un ensemble de circonstances qui concourent

---

que les Nations Unies somment l'Amérique, l'Union soviétique, l'Angleterre de détruire leur armement atomique et leurs moyens de lancement. Alors voici que la France, pour les raisons qui concernent sa défense et celle de quelques autres, s'est vue contrainte de se doter à son tour d'un armement de cette sorte. Il est vrai que les armements qu'elle construit et qu'elle peut construire ne seront qu'une fraction assez réduite par rapport à tout ce que les autres ont fait. Il est vrai que les expériences auxquelles elle se livre sont en nombres très faibles par rapport à toutes les expériences que les autres ont accomplies. Mais cela ne fait rien, c'est contre la France et contre la France seulement que s'élève le tollé que vous savez. Les Américains ont fait des expériences nucléaires dans le désert du Nevada. Et je ne sache pas qu'il y ait eu des protestations ardentes de la part des vingt-sept autres Etats américains. On a vu les Russes faire leurs expériences au Turkestan et en Sibérie. Je ne sache pas que les vingt-huit Etats asiatiques aient élevé des protestations. Les Américains et les Anglais font des expériences dans le Pacifique : je ne sache pas que les vingt-sept pays – je les ai comptés – riverains du Pacifique aient considéré qu'ils étaient lésés. Assurément la France se doit à elle-même et doit à tous d'observer la prudence la plus rigoureuse dans les expériences qu'elle a encore à faire, comme elle l'a fait d'ailleurs pour les précédentes. Mais tant que d'autres auront les moyens de l'anéantir, il faudra qu'elle ait les moyens de se défendre ». Conférence de presse du général De Gaulle à l'Elysée, 11 avril 1961.

[1017] Par exemple les mouvements et idéologies apatrides de *Pugwash*, *Greenpeace*, *Global Zero*, *ICAN* entre autres.

[1018] Olivier Duhamel, *Droit constitutionnel II - Les Démocraties*, coll. « Points Politique », Le Seuil, 2000, p. 105 : « *Le défaut inhérent à tout changement constitutionnel tient au grand soin mis à régler les problèmes du passé au lieu de saisir ceux de l'avenir* ».

à la rendre inévitable. La puissance et la volonté régalienne de construire une Force de Frappe, adjointes aux règles stratégiques de la dissuasion au statut complexe du Président de la République, illustrent les différentes phases par lesquelles le droit nucléaire s'inscrit dans l'ordre juridique positif et en particulier le droit constitutionnel. Déterminée par les circonstances de sa naissance, la Ve République a pour fondement la volonté de la Nation de s'adapter et de conquérir l'avenir en résolvant les crises internes et internationales auxquelles elle serait confrontée. En cela, le régime est historiquement solidaire de la puissance nucléaire laquelle, faite pour ne jamais être aimée mais être crainte[1019], concrétise la notion gaullienne d'indépendance nationale. C'est par cette vérité existentielle, dogmatiquement fixée *ne varietur*, que sont liées la Ve République et la Force de Frappe, l'arme nucléaire s'érigeant en un *ktema es aei*, un trésor acquis à tout jamais.

[1019] François Géré, « La dissuasion concertée ? ou la concertation nucléaire européenne », *in* Alain Bauer (dir.), *Demain, l'ombre portée de l'arme nucléaire* : *l'arme nucléaire française en* question, CREST, La Documentation française, Paris, 1996, p. 82 : « *Tout au plus pourra-t-on apprécier les bienfaits qu'elle dispense sachant que l'ingratitude prévaudra en proportion croissante de la tranquillité obtenue. Mais tous, Français et Européens, devrions dans l'avenir être conscients que si nous abandonnons les armes nucléaires nous ne serions plus jamais en mesure de reconstituer une dissuasion efficace* ».

Postface
M. Henri PAC

Professeur associé à l'université de Nice Sophia Antipolis
(Institut du droit de la paix et du développement)
Président honoraire de tribunal administratif
et de cour administrative d'appel

Plus d'un demi-siècle s'est écoulé depuis que la France s'est hissée au rang de puissance nucléaire. Durant cette période qui pourrait sembler bien longue dans un temps stratégique où l'atome militaire n'a cessé de provoquer un foisonnement doctrinal d'une richesse extraordinaire, l'arme nucléaire française a suscité un effort d'analyse qui, au-delà de sa vocation naturelle comme objet de manipulation stratégique, a ouvert dans le champ du droit un chantier qui est l'un des plus importants à défricher dans la jungle des sciences juridiques. C'est qu'en effet, compte tenu de la dimension apocalyptique de cette arme suprême, il était fondamental que soit forgé dans le même temps un droit à l'architecture bien particulière, ceci afin qu'il puisse traduire sur le plan normatif cette réaction instinctive du Pouvoir nucléaire à se voir doter d'un appareil juridique propre destiné à l'opérationnaliser sur le plan politique, ne serait-ce que parce que cette arme de terreur a fait éclater les frontières traditionnelles du droit en faisant émerger à l'usage du Chef de l'Etat, devenu maître de l'arme atomique, une mécanique décisionnelle totalement inédite dans l'histoire du droit public français. Mais si, durant ces soixante dernières années, le droit nucléaire a suivi une courbe ascendante et que dans le même temps s'est amassé un matériel doctrinal considérable, il n'est pas moins avéré que les travaux effectués dans le domaine de ce droit très particulier sont susceptibles d'amélioration dès lors qu'ils se sont faits dans la promotion d'une nouvelle science juridique pleine de promesses.

Le moment était donc particulièrement opportun pour répondre à cette exigence de prolongement et de renouvellement de cette nouvelle discipline. Rendons grâce à Benoît Grémare de s'être engouffré dans cette nouvelle voie et surtout d'avoir en ce faisant renouvelé l'histoire juridique de l'arme nucléaire et trouvé une méthodologie efficace pour étudier la relation entre l'arme nucléaire française et le droit public. L'entreprise exigeait une double base conceptuelle et méthodologique très solide. Il fallait également débusquer les critères de l'appartenance des normes à l'ordre juridique nucléaire afin que le droit public le concernant soit capable de s'imposer par sa seule force. C'est là le grand intérêt de l'ouvrage de Benoît Grémare que de donner au droit de l'arme nucléaire une structure opératoire et de remplacer le pluralisme théorique si cher aux spécialistes du droit public par une cohérence qui fournit à l'arme nucléaire une énergie juristratégique qui est, il faut bien le reconnaître, une denrée rare sur le marché du droit.

Le rapprochement, sous le même titre, de « constitutionnalisation de l'arme nucléaire française », de la Constitution qui est la norme suprême et de l'arme nucléaire qui est son équivalent dans la panoplie de l'armée française est particulièrement instructif. Il traduit cette élévation du caractère suprême au plus haut degré de l'organisation étatique qui se manifeste par une expérience double : d'une part, le sentiment que ces deux notions visent une réalité juristratégique de première importance, d'autre part l'idée que la situation qu'elles recouvrent se retrouve dans l'intelligence de l'ampleur dès lors qu'elles sont toutes deux d'une grande lourdeur existentielle pour la France en tant que stato-nation.

En enrichissant et précisant la signification de la constitutionnalisation de la force de frappe nucléaire, Benoît Grémare complète la grille conceptuelle initiale du droit public nucléaire en ajoutant un nombre important de nouveaux repères normatifs, révélant par là même un effort très neuf de rationalisation de la structure constitutionnelle de l'arme nucléaire. Grâce à ce travail de réorganisation théorique qui situe le droit public nucléaire dans une armature conceptuelle nouvelle, ce n'est pas le moindre mérite du livre de Benoît Grémare, dont la démarche est empreinte d'une grande rigueur scientifique et d'une aussi grande maîtrise méthodologique, que de conforter la place irremplaçable du droit de l'arme nucléaire dans l'univers du droit public.

Remerciements

Je remercie chaleureusement mon directeur de recherche, Monsieur le Professeur Olivier Renaudie, pour son encadrement et son soutien en acceptant mon sujet doctoral. J'associe à ces remerciements Monsieur David Cumin, Maître de conférences à l'Université Jean Moulin Lyon III et directeur du CLESID, ainsi que Monsieur Henri Pac, théoricien de l'*Etat nucléaire*, lesquels ont fortement inspiré mes travaux par leurs réflexions.

Je remercie également Monsieur Dominique Mongin, enseignant et chercheur à l'INALCO et à l'ENS, m'ayant permis d'intervenir dans les séminaires organisés par le CIENS. J'exprime tout autant ma gratitude envers Monsieur Jean-Baptiste Jeangène-Vilmer, directeur de l'IRSEM ; Monsieur Marc Léger, directeur juridique du CEA ; Monsieur Patrick Boureille, historien au Service Historique de Défense ; Monsieur Florent Baude pour l'envoi de sa thèse ainsi qu'envers Monsieur Antonin Baudry pour notre rencontre sur le tournage du film *Le Chant du Loup* à Toulon.

Je salue les associations, organismes et comités de recherche ayant organisé les journées d'études et les colloques scientifiques dans lesquels il m'a été possible de participer, à la fois l'IESD, l'IES-IEC, l'AFDSD, l'AEGES, l'AFDC et la CJRC. Ces interventions interdisciplinaires m'ont permis de confronter plusieurs hypothèses et de promouvoir les avancées de mes travaux auprès de la communauté scientifique sur la question de l'arme nucléaire en droit public.

Durant ces années de recherche, j'ai pu constater l'accueil chaleureux au laboratoire IRÉNÉE de l'Université de Lorraine à Nancy que m'ont témoigné mes collègues doctorants, entre autres Héritage Bita Heyeghe, Arthur Braun, Jérémy Brzenczek, Steven Cornu, Anne Froment, Arthur Jully, Pascaline Motsch, Léandre Mvé Ella et Cécile Thomassin.

En ce sens, je voudrais aussi exprimer ma reconnaissance envers les collègues chercheurs avec lesquels nous partageons le même sujet, et qui m'ont apporté leur plus-value morale et intellectuelle tout au long de ma démarche tels qu'Océane Tranchez de l'IESD pour sa confiance et la pertinence de ses réflexions, Florian Galleri et Yannick Pincé pour nos échanges et analyses historiques, ainsi que les membres du réseau RNS-NG.

Enfin, je remercie ma compagne, Annaïg, qui a toujours été là pour m'encourager lors des épreuves traversées, des difficultés, des contingences, et sans laquelle l'exercice du doctorat n'aurait pas eu la même finalité. À tous ces intervenants et soutiens, je présente mes remerciements, mon respect et ma gratitude.

Bibliographie

1. Ouvrages spécialisés sur le droit de la défense

BAUDE Florent et VALLEE Fabien, *Code de la Défense*, Ellipses, 2012.

CHANTEBOUT Bernard, *L'organisation générale de la défense nationale en France depuis la fin de la Seconde Guerre mondiale*, LGDJ, Paris, 1967.

DOARE Ronan, *L'essentiel du droit de la défense*, Gualino, 1ère édition, 2016.

VIDELIN Jean-Christophe, *Droit de la défense nationale*, 2e éd., Bruxelles, Bruylant, 2014.

DAVID Eric, *Principes de droit des conflits armés*, Bruylant, 2002.

2. Ouvrages relatifs au droit nucléaire

GLASER Stefan, *L'arme nucléaire à la lumière du droit international*, Pedone, 1964.

GUEZOU Olivier, MANSON Stéphane, *Droit public et nucléaire*, Bruylant, 2013.

HAUPAIS Nicolas (dir.), *La France et l'arme nucléaire*, CNRS Editions, Paris, 2019.

LANFRANCHI Marie-Pierre, CHRISTAKIS Théodore, *La Licéité de l'emploi d'armes nucléaires devant la Cour Internationale de Justice, Analyse et documents*, Collection Coopération et Développement, CERIC, Université d'Aix-Marseille III, Economica, 1998.

LEGER Marc, GRAMMATICO Laetitia, *La loi relative à la transparence et à la sécurité en matière nucléaire : quelles évolutions pour le droit nucléaire français ?* CEA, 2007.

MIATELLO Angelo, *L'arme nucléaire en droit international*, Peter Lang, 1987.

PAC Henri, *Droit et politiques nucléaires*, PUF, Collection droit fondamental, droit politique et théorique, 1994.

PAC Henri, *Le droit de la défense nucléaire*, PUF, 1989.

PONTIER Jean-Marie et ROUX Emmanuel, *Droit nucléaire : Le contentieux du nucléaire,* Centre de Recherches Administratives, PUAM, 2011.

PONTIER Jean-Marie et ROUX Emmanuel, *Droit nucléaire : Démocratie et nucléaire,* Centre de Recherches Administratives, PUAM, 2013.

SAYED Abdullah, *Quand le droit est face à son néant : le droit à l'épreuve de l'emploi de l'arme nucléaire*, Bruxelles, Bruylant, 2000.

SUR Serge, *Le droit international des armes nucléaires : évolutions récentes, journée d'étude de la S.F.D.I.*, Pedone, 1998.

3. Ouvrages relatifs à l'histoire de l'arme nucléaire

AILLERET Charles, *L'aventure atomique française – Comment naquit la force de frappe*, Grasset, Paris, 1968, 404 p.

AILLERET Charles, *Histoire de l'armement*, Que Sais-Je ? PUF, 1948.

BAECHLER Jean et SOUTOU Georges-Henri, *Le Retour du nucléaire militaire*, collection de l'Académie des sciences morales et politiques, Hermann, Paris, 2019.

BARILLOT Bruno, *Les essais nucléaires français 1960-1996. Conséquences sur l'environnement et la santé*, CDRPC, 1996.

BAUER Alain (dir.), *Demain, l'ombre portée de l'arme nucléaire : l'arme nucléaire française en question*, CREST, La Documentation française, Paris, 1996.

BENDJEBBAR André, *Histoire secrète de la bombe atomique française*, Le Cherche-Midi, Paris, 2000.

CHAGNOLLAUD Jean-Paul, *Brève histoire de l'arme nucléaire : entre prolifération et désarmement*, Ellipses, 2011.

COHEN Samy, *La Défaite des généraux : le pouvoir politique et l'armée sous la Ve République*, Fayard, Paris, 1994.

COHEN Samy, *La monarchie nucléaire. Les coulisses de la politique étrangère sous la Ve République*, Paris, Hachette, 1986.

COLLECTIF, *L'aventure de la Bombe. De Gaulle et la dissuasion nucléaire (1958-1969)*, colloque organisé par l'Université de Franche-Comté et l'Institut Charles-de-Gaulle les 27, 28 et 29 septembre 1984, Plon, 1985, 380 p.

COLLECTIF, *Pour ou contre la force de frappe. Déclarations du Général De Gaulle. Opinions et commentaires*, Les Éditions John Didier, Paris, 1963.

DUVAL Marcel, LE BAUT Yves, *L'arme nucléaire française : pourquoi et comment ?* Kronos, Paris, 1992.

DUVAL Marcel, MONGIN Dominique, *Histoire des forces nucléaires françaises depuis 1945*, PUF, 1993.

GAUTIER Louis, *La défense de la France après la Guerre froide. Politique militaire et forces armées depuis 1989*, Paris, PUF, 2009.

GOLDSCHMIDT Bernard, *Le complexe atomique*, Fayard, 1980.

GUISNEL Jean et TERTRAIS Bruno, *Le président et la bombe*, Odile Jacob, 2016.

LEBAUT Yves (dir.), *Les essais nucléaires français*, Bruylant, 1996.

MONGIN Dominique, *La bombe atomique française 1945-1958*, Bruxelles, Bruylant, 1997.

MONGIN Dominique et JURGENSEN Céline (dir.), *Résistance et dissuasion*, Paris, Odile Jacob, 2018.

MONGIN Dominique, *Dissuasion et simulation*, Paris, Odile Jacob, 2018.

QUEREL Philippe, *Vers une Marine atomique*, Bruylant, 1997.

ROCHE Nicolas, *Pourquoi la dissuasion*, PUF, Paris, 2017.

WEART Spencer W., AUGER Pierre, GOLDSCHMIDT Bertrand, *La Grande aventure des atomistes français*, Fayard, Paris, 1980.

VAÏSSE Maurice (dir.), *La France et l'atome - Etudes d'histoire nucléaire*, Bruylant, 1994.

VAÏSSE Maurice, *Armement et Ve République*, CNRS Editions, 2002.

WODKA-GALLIEN Philippe, *Dictionnaire de la dissuasion*, Marines Editions, 2011.

WODKA-GALLIEN Philippe, *Essais nucléaires. La force de frappe française au XXIe siècle : défis, ambitions et stratégie*, Lavauzelle, 2014.

ZORGBIBE Charles, *Textes de stratégie nucléaire*, PUF, 1993.

Table des matières

Structures éditoriales du groupe L'Harmattan

L'Harmattan Italie
Via degli Artisti, 15
10124 Torino
harmattan.italia@gmail.com

L'Harmattan Hongrie
Kossuth l. u. 14-16.
1053 Budapest
harmattan@harmattan.hu

L'Harmattan Sénégal
10 VDN en face Mermoz
BP 45034 Dakar-Fann
senharmattan@gmail.com

L'Harmattan Cameroun
TSINGA/FECAFOOT
BP 11486 Yaoundé
inkoukam@gmail.com

L'Harmattan Burkina Faso
Achille Somé – tengnule@hotmail.fr

L'Harmattan Guinée
Almamya, rue KA 028 OKB Agency
BP 3470 Conakry
harmattanguinee@yahoo.fr

L'Harmattan RDC
185, avenue Nyangwe
Commune de Lingwala – Kinshasa
matangilamusadila@yahoo.fr

L'Harmattan Congo
67, boulevard Denis-Sassou-N'Guesso
BP 2874 Brazzaville
harmattan.congo@yahoo.fr

L'Harmattan Mali
ACI 2000 - Immeuble Mgr Jean Marie Cisse
Bureau 10
BP 145 Bamako-Mali
mali@harmattan.fr

L'Harmattan Togo
Djidjole – Lomé
Maison Amela
face EPP BATOME
ddamela@aol.com

L'Harmattan Côte d'Ivoire
Résidence Karl – Cité des Arts
Abidjan-Cocody
03 BP 1588 Abidjan
espace_harmattan.ci@hotmail.fr

Nos librairies en France

Librairie internationale
16, rue des Écoles
75005 Paris
librairie.internationale@harmattan.fr
01 40 46 79 11
www.librairieharmattan.com

Librairie des savoirs
21, rue des Écoles
75005 Paris
librairie.sh@harmattan.fr
01 46 34 13 71
www.librairieharmattansh.com

Librairie Le Lucernaire
53, rue Notre-Dame-des-Champs
75006 Paris
librairie@lucernaire.fr
01 42 22 67 13

www.ingramcontent.com/pod-product-compliance
Lightning Source LLC
LaVergne TN
LVHW011949220826
846092LV00001B/135